聖嚴法師年譜

3

林其賢 編著

美國紐約，東初禪寺

■ 上圖：2000 年 2 月 21 日，聖嚴法師
　等一行人，赴花蓮靜思精舍探望印
　順長老，並拜訪證嚴法師（左二），
　交換弘法、興學心得。

■ 右圖：2000 年 8 月 29 日，聖嚴法師
　應邀參加於紐約聯合國總部舉行之
　「千禧年世界宗教暨精神領袖和平
　高峰會」，並於大會開幕式後發表
　主題演說。

▌上圖：2000 年 9 月 3 日至 30 日，法鼓山僧團於法鼓山臨時寮結夏安居，聖嚴法師帶領僧眾晚課。

▌左圖：2000 年 9 月 29 日，聖嚴法師在工程人員蕭世斌的陪同下，仔細勘驗法鼓山工程的石材。

2001 年 1 月 11 日，聖嚴法師出席於臺北台泥大樓舉辦「法鼓山新世紀大好年」及楊麗花歌仔戲團義演記者會，與會來賓和大眾分享自己從「大好年」所得啟發。

自 1989 年購得法鼓山興建用地後，經由眾人的努力，法鼓山園區已逐漸成型。圖為 2001 年 2 月 18 日聖嚴法師巡視建設工程，眺望施工中的園區。

2001 年 9 月 30 日，法鼓山園區的教育行政大樓、男眾寮、教職員宿舍落成啟用，舉行大學院教育事業體的開學典禮。聖嚴法師致詞時，感謝十方信眾成就法鼓山建設。

2000 年 12 月 1 日，聖嚴法師於美國紐約象岡道場傳法予英國弟子賽門‧查爾得（左一）及瑞士弟子麥克斯‧卡林（中）。

2002 年 3 月 6 日，中華佛研所於法鼓山園區圖書資訊館正式啟用。圖資館內的「心經影壁」彙集二十種不同語文，中華佛學研究所副所長惠敏法師陪同聖嚴法師逐一觀賞。

2002 年 3 月 19 日，聖嚴法師在僧伽大學講授「高僧行誼」，期勉學僧以高僧為學習榜樣，承擔起如來家業。

2002 年 6 月 11 日，聖嚴法師於泰國曼谷佛統城會議中心
參加「世界宗教暨精神領袖理事會」，開幕典禮前的祈禱
儀式，展現不同宗教間的差異與尊重。

2002 年 8 月 17 日，於大型活動籌備期間，聖嚴法師親自
指導義工們如何透過活動，表現出法鼓山的理念。

2002 年 9 月 4 日,法鼓山教育事業體於法鼓山教育行政大樓舉行九十一學年度聯合典禮,典禮中,美國維吉尼亞大學宗教學系由霍普金斯(右二)代表,與中華佛研所簽約締結為姊妹系所。

2002 年 9 月 6 日,於農禪寺舉行九十一年度剃度典禮,由今能長老(中立者)與聖嚴法師共同主持,計有十三位佛子受戒出家。

上圖：2002 年 9 月 19 日，行政院宣布，同意法鼓山獲捐「古石雕佛頭像」贈還山東神通寺四門塔。聖嚴法師秉持佛法無私無我的精神，力促古佛頭回歸原處。

左圖：2002 年 9 月 29 日，法鼓山舉行「大殿上樑安寶大典」，聖嚴法師手書的「佛」字懸繫在大殿鋼樑上，安置於大殿主體工程的中央。

2002 年 10 月 3 日起,聖嚴法師帶領「法鼓山大陸佛教古蹟巡禮活動」赴大陸進行十六天的參訪。16 日前往廈門島南普陀寺,受到方丈聖輝法師率領僧俗四眾近千人,持香案舉傘蓋列隊歡迎。

2003 年 5 月 9 日起,聖嚴法師於莫斯科州克林鎮主持為期七天之禪修活動,共有八十位俄國人士參加。

2003 年 8 月 10 日，聖嚴法師至臺北市政府參加「暴風眼中有平安──SARS 後的心靈對話」座談會，與會座談者另有：臺北市市長馬英九（左二）、衛生署署長陳建仁（右二）、仁濟醫院院長葉金川（左一）等人。針對後 SARS 時期，有關心靈及價值觀重建等議題，提出建言。

2003 年 9 月 21 日，聖嚴法師與天主教樞機主教單國璽（中）參加浩然基金會所主辦「全球化趨勢下的信仰價值觀與教育」座談。此座談由該基金會董事長殷琪（右）主持。

2003 年 10 月 22 日，法鼓山人文社會獎助學術基金會與北京大
學舉辦之「北京大學法鼓人文講座」協議書簽署儀式，由聖嚴
法師與北大常務副校長遲惠生共同簽署，並設置「北京大學法
鼓人文講座暨獎學金」，鼓勵大陸地區進行「心靈環保」議題
相關研究。

2003 年 12 月 8 日至 16 日，聖嚴法師應以色列、巴勒斯坦政府
邀請，以世界宗教領袖理事會理事身分前往中東訪問，並於 11
日拜會猶太教全球最高領袖阿瑪爾拉比（右二）。

2003 年 12 月 13 日，聖嚴法師以世界宗教領袖理事會理事身分，拜會
巴勒斯坦總理柯瑞（左）等政府官員。

2004 年 1 月 3 日，聖嚴法師在法鼓山自然禪悅的戶外空間，親自為僧
伽大學的學僧上課。

2004 年 1 月 10 日，聖嚴法師於農禪寺與護法總會北區悅眾圍爐團
圓，約七百位勸募會員參加。

Board Meeting
World Council of Religious Leaders
February 26, BE 2547/CE 2004
Mahachulalongkornrajavidyalaya University

2004 年 2 月 26 日，聖嚴法師出席在泰國曼谷朱拉隆功佛教大學舉
辦的「世界宗教領袖理事會」董事會。

目　次

【第三冊】

第五卷 2000-2004　國際弘化・以世界為江湖

第五卷

2000 ～ 2004

國際弘化・以世界為江湖

民國八十九年／西元二〇〇〇年

聖嚴法師七十一歲

國內外重要大事

- 中華民國第十任總統、副總統選舉。民主進步黨候選人陳水扁及呂秀蓮當選，第一次政黨輪替。
- 行政院宣布停建核四廠。
- 新加坡航空經桃園飛洛杉磯班機，於中正國際機場起飛時失事。
- 五月十四日，首屆國定佛誕節。
- 宜蘭佛光大學開辦。
- 《人間福報》（日報）創刊，同年七月，美洲版同步發行。
- 美國第四十三任總統、副總統選舉，共和黨候選人喬治‧布希（George Bush）及理察‧錢尼（Richard Cheney）當選。

法師大事

- 出席於紐約聯合國大會堂舉行之「千禧年世界宗教暨精神領袖和平高峰會」，發表主題演說。
- 獲行政院文建會頒發「文化獎」。
- 出版：《法鼓全集》（七十冊）、《歡喜看生死》、《神會禪師的悟境》、《兩千年行腳》、《法鼓晨音》。
- 發表：〈印順長老著述中的真常唯心論——我讀《大乘起信論講記》〉。

訂定本年為「祝福平安年」，此為延續一九九九年之主題。

一月五日，自美返臺，抵達桃園中正機場。

　　去年十二月下旬主持紐約象岡道場禪七期間罹患重感
　　冒，元月一日解七，昏睡兩天後搭機返臺。於文化館
　　靜養一日，旋投入護法會活動企畫、僧團工作及中華
　　佛研所所務之各項事務。

一月八日上午，至政治大學公企中心出席「新時代的家庭
　　倫理──尊重與關懷」學術研討會開幕典禮，發表主
　　題演說：「心五四運動的時代意義」。研討會由法鼓
　　人文社會學院籌備處舉辦，邀請政府機關、學術界、
　　民間團體專家代表約一百五十位與會。（《抱疾遊高
　　峰》，法鼓全集 6 輯 12 冊，法鼓文化，頁 165-166）

　　下午，至農禪寺出席第二十九次社會菁英禪修營共修
　　會。因感冒未癒，現場開示改用影帶講解數息法，但
　　法師仍上座以鼓舞大眾。

一月九日，於農禪寺主持祈福皈依大典，約二千人參加。
　　指明法鼓山今年推展「心五四」運動是二十一世紀人
　　類生活指標。
　　　經過了去年九二一大地震的災難，以及進入下一世紀

的跨世紀風潮,社會大眾急切地希望尋求心靈的平靜和安定,使得法鼓山今年一月九日於聖嚴師父回國後,在農禪寺舉行的例行皈依大典,吸引了比以往更多人的參加。

聖嚴師父揭示了法鼓山今年推動的「心五四」運動,是二十一世紀人類的生活指標,而身為法鼓山的一員,更有責任要在自己的生活中落實「四安、四要、四它、四感、四福」心靈淨化的五項觀念和方法。(〈千人皈依三寶　迎向心靈世紀〉,《法鼓》,121 期,2000 年 1 月 15 日,版 1)

案:「心五四」運動為去年(一九九九)法鼓山成立十週年時提出,今年列為弘化主軸。

一月十日,於文化館接見美籍傑揚圖(Jayantou)比丘。比丘為泰國阿姜查徒孫,由泰訪臺特來拜訪,並參觀中華佛研所圖書館、網資室及珍藏貝葉經。

「財團法人法鼓山人文社會暨獎助學術基金會」成立。係以「東初老人紀念獎學金」為基礎加上各界人士捐助而成,期以獎助人文社會學科之人才。董事會成員有:聖嚴法師(董事長)、王景益、李亦園、吳俊億、陳維昭、惠敏法師、鄭深池等七人。

一九九七年九月,為了紀念先師東初老人,在農禪寺首次舉辦梁皇寶懺法會,籌得新臺幣三千多萬元,作為

東初老人紀念獎學金；第二年有一位果福居士，將往生前的積蓄捐給了法鼓山；今年（二○○○）春，我的專案祕書廖雲蓮兄弟姊妹，為其母親往生，也捐了一筆錢。金額相加起來總共是新臺幣五千萬元，因此，就計畫設立傘蓋型的永久紀念獎助學金，為二十一世紀的人文社會作一些有意義、有方案的獎助。因為我自己的過去世沒有積德修福，所以求學的過程崎嶇艱辛，為了報答曾經以順、逆兩種因緣幫助我的許多恩人，所以願意與社會各界的人士，共襄善舉，鼓勵大家，撙節婚喪壽慶等各項儀典費用，來個別設立永久性的紀念獎助學基金，我們的基金會願意代為管理和運作。醞釀了兩年多，到今年一月十日正式成立。（〈四三、人文社會獎助學金獲得捐款〉，《抱疾遊高峰》，法鼓全集6輯12冊，法鼓文化，頁257）

案：日後該基金會於二○○六年更名為「法鼓山人文社會基金會」。

一月十二日，出席於臺北安和分院舉行之「歲末萬人灑淨行腳──為家園祈福」之九二一災區灑淨行腳記者會，說明十六日南下災區灑淨之功用。

現代佛教學會理事長蕭麗華、祕書長李玉珍、創辦人藍吉富、《菩提長青》雜誌社發行人闞正宗至文化館拜訪法師。（〈法鼓山的每一天：一月日誌〉，《法鼓》，

122 期，2000 年 2 月 15 日，版 5）

一月十三日，出席於安和分院舉行之「九二一感恩記者
　　會」。先期說明十五日將於臺中舉辦「九二一災後人
　　心重建活動——感恩藝術祈福法會」。合辦單位國立
　　臺灣美術館館長倪再沁、旅美藝術家蔡國強、李明維，
　　臺灣楊茂林、薛保瑕、陳建北等人及朱銘基金會、朱
　　宗慶打擊樂團等團體代表參加。

清華大學廖炳惠、蔡雅芳、楊雪梅，偕同交通大學張
恬君、新竹師院王鼎銘等教授一行，來訪文化館拜會
法師。談及法師著作翻譯事宜，並針對二十一世紀科
技發展與人文對話交換意見。（〈法鼓山的每一天：一月
日誌〉，《法鼓》，122 期，2000 年 2 月 15 日，版 5）

一月十四日，於文化館聽取都監、監院報告灑淨行腳流程，
　　並指示參加禪四十九人選之標準：具穩定性、對常住
　　能有貢獻、有未來性。俾於參加後對禪修推廣有所著
　　力。（《隨師日誌》未刊稿）

與法鼓文化總編輯果毅法師、總經理張元隆討論法鼓
文化現況。包括正進行出版之《法鼓全集》、《聖嚴
法師七十年譜》以及未來發展方向。法師希望法鼓文
化不要過於商業化，維持佛教文化出版單位之單純性

質。（《隨師日誌》未刊稿）

一月十五日，上午十時，出席護法總會於臺中分院舉行之「臺中地區新進勸募會員授證典禮」，約一百六十名參加。法師親臨授證並開示從受災受難中植菩提種。

　　九二一大地震之後，中部陸續傳出餘震，許多人在精神與物質上均是受災戶。自己受災，還能夠貢獻時間、心力，便是有福報的人；有些人不缺錢、不缺物質資源，卻不快樂，是沒有福報的人。因此，法鼓山勸募會員，除了要自己種福，也要鼓勵他人培福，尤以培植福德善根因緣，更是可貴。培養慈悲心是大菩薩行，佛法稱為長養菩提根芽。勸募，並不是有欠於人，而是幫助他們種下菩提種子。否則今日我為諸位授證，豈不是欠大家太多？我是為了送佛法而來，灌漑菩提種子，使種子發芽、小樹成長。（《隨師日誌》未刊稿）

下午四時半，出席於國立臺灣美術館正門前廣場舉行之「感恩──九二一災後人心重建紀念會」，蔡國強、薛保瑕、陳建北、李明維、楊茂林，朱銘文教基金會等知名藝術家與團體受邀參與，運用雷射、爆破、影音、燈光等媒材，以藝術療癒人心。法師特撰〈藝術感恩──佛教與現代藝術的結合〉說明殊勝意義。（文見：《法鼓》，122 期，2000 年 2 月 15 日，版 2；另參見：〈現代藝術與宗教為人心重建再加油〉，《法鼓》，122 期，2000

年 2 月 15 日，版 1；及〈二八、現代藝術的災區感恩〉，《抱
疾遊高峰》，法鼓全集 6 輯 12 冊，法鼓文化，頁 167-174）

一月十六日，法鼓山與行政院農委會中部辦公室、南投縣
政府合辦「歲末萬人灑淨行腳──為家園祈福」活動，
帶領四十多位僧眾及近五千名信眾，分二十一條路線
繞境各鄉鎮持誦〈大悲咒〉，最後齊聚中興新村體育
場，舉行感恩迴向法會，南投縣縣長彭百顯及臺灣省
省主席趙守博均出席參與。法師於法會中說明舉辦「灑
淨行腳」之意義，並宣示除在南投、埔里、竹山、東
勢災區已啟用四個安心服務站，更要在全國持續推展
人心重建工作。

　　舉辦「灑淨行腳」有多重意義。第一，用灑淨的儀式，
消除、清淨心中所受恐嚇的汙染，使心理恢復正常、健
康、快樂。第二層意義，是以感恩心，感恩罹難者代我
們受了災難，以佛法為他們開解，使得他們能夠安息，
發願往生西方極樂世界，祈求這些菩薩們，早日成佛。
第三，希望透過灑淨，能為災區的市鎮重建，能夠平安
順利。

　　祈願罹難的菩薩們，都已經超生離苦，轉生為人，福
慧增長；或者已到佛國淨土成為菩薩，則願他們再來倒
駕慈航救度眾生。

　　至於在震災中倖存者，更需要我們從信心及精神層面
給予鼓勵、安慰。因此，我們法鼓山發願要為災區，甚

至於全國,持續地推展人心重建的工作。(〈灑淨行腳
——心安就有平安〉,《法鼓》,122 期,2000 年 2 月 15 日,
版 7)

一月十七日,即起接受《康健》雜誌專欄作家李慧菊專訪,
計進行八次,日後輯為《歡喜看生死》,於今年七月
出版。

一月十八日,巡視法鼓山建築工程。

一月二十日,於農禪寺齋堂為全體僧眾及專職人員舉行
「精神講話」:「建設人間淨土」。

南投慈光山大願法師來訪農禪寺,法師關懷地藏院、
文殊院九二一地震後情況。

下午,出席公關文宣室於農禪寺主辦之 CIS 會議,研
議法鼓山體系之「企業識別系統」。法師蒞會說明山
徽因緣最早起於印度朝聖時,接待者在沙盤呈現一隻
佛手。徵選山徽時,正有類似作品,法師因圖再賦予
深義。

一月二十一日,即日起二天,於法鼓山上、文化館舉辦
「祝福平安年——歲末大關懷」,法師親臨現場。二

天共關懷臺北市北投區及臺北縣金山、萬里、石門、三芝四鄉鎮，約六百三十餘低收入戶。

於文化館出席法鼓山工程空間規畫會議、歲末法鼓大關懷會議。

一月二十二日，七十歲生日。中華佛研所原擬發行《祝壽紀念論文集》，因九二一大地震避壽，原擬刊行論文轉刊《中華佛學學報》。

　　到一九九九年農曆十二月初四日是七十歲整，陽曆則是二○○○年元月二十二日滿七十歲整。

　　中華佛學研究所所長李志夫教授特別為我策畫出版《祝壽紀念論文集》，邀約了國內外相識的佛教學者，撰寫了數十篇論文。由於發生了九二一大地震，我怎敢言壽，所以把中、英文本的論集轉刊《中華佛學學報》，而日文的論集因為無法更改，照樣在日本出版。我總覺得很罪過，自己對佛法沒什麼貢獻，要勞動大家來為我做壽，幸虧應邀撰寫的各篇論文，都不是對我個人的歌功頌德，而是就他們自己的所長，撰寫了各種不同領域的論文，對學術界還是一項成果。（〈二六、七十自題〉，《抱疾遊高峰》，法鼓全集 6 輯 12 冊，法鼓文化，頁 162-164）

現代佛教學會、印順文教基金會、臺灣大學佛學研究中心等單位共同舉辦「印順思想：邁向二○○○年佛

學研討會」，於臺灣大學國際會議廳舉行，法師應邀演講「印順長老著述中的真常唯心論──我讀《大乘起信論講記》」。

法師自承蒙受印老治理佛學態度影響甚深，非常感恩印老著作對其一生學佛的啟發。謂：印順導師自稱受太虛大師影響，但多少有別；自己近十多年來提倡人間淨土，也受印老及太虛大師影響，但亦略有出入。

印老自己未必贊成如來藏系的真常唯心論，卻給了《起信論》相當高的評價。以《大乘起信論講記》來肯定中國佛學及印度如來藏系的法義，要比玄奘傳譯的印度唯識學，更為優越。

原則上印老是主張《起信論》非譯自印度的梵文，而是出於中國地論宗的北道派學者之手。

「在佛教史上，《起信論》有它自己的價值。這不能和鑑別古董一樣，不是某人的作品，就認為不值一錢。」（《講記》八頁）。同時以為站在唯識學的立場，評論《起信論》的教理是不對的；光以中國佛教的立場，來為唯識學與《起信論》作調和融通說，也未必恰當。

《大乘起信論講記》的特色：

（一）不師古人亦不師於己心。

（二）以真常唯心論的立場解釋《起信論》：以往的融和論者，會把各宗各系的觀點，調和統合著解釋，例如智旭及太虛兩位大師，都是站在中國佛教的立場，投

合中國文化大一統的理想,將各系發展以後的佛法,給予整合成為彼此互通互融的全體佛教,故不希望性宗與相宗分河飲水,互相角力。

（三）以《大乘起信論》介紹《大乘起信論》。

（四）以講解《大乘起信論》來釐清佛學中的許多問題。（〈印順長老著述中的真常唯心論——我讀《大乘起信論講記》〉,《學術論考 II》,法鼓全集 3 輯 9 冊,法鼓文化,頁 5-23）

一月二十三日,上午,於農禪寺大殿宣講《楞嚴經》。

下午,法鼓山與臺北市政府於士林官邸戶外音樂台舉辦「第六屆佛化聯合婚禮」,共有六十四對新人在法師及市長馬英九、總統府資政吳伯雄等人祝福下,結為法侶。

一月二十四日,於農禪寺接受中國廣播公司苗栗台台長賴勝清專訪。

一月二十五日,於農禪寺接受《自由時報》記者鄧立青專訪。

一月二十六日,即日起至二月二日,於法鼓山上舉行大專青年精進禪七,一百零九位青年參加。法師於首日為

學員開示。

印度達蘭莎拉辯經學院院長格桑占堆（Geshe Kalsang Damdul）格西、丹增米滂格西、蔣揚喇嘛，由中華佛研所李志夫所長陪同，至農禪寺拜會法師。除關心九二一災情，並討論辯經院與佛研所學術交流之可行性。

聖嚴師父透過蔣揚喇嘛的翻譯，向兩位來訪的格西請教了藏傳佛教中，顯、密對證量修行觀念及方法上的異同，也旁徵博引歷史上許多禪宗漸悟、頓悟的大師，為來賓解答漢傳佛法中的證悟與年齡之間的關聯。（〈辯經學院院長來訪〉，《法鼓》，122 期，2000 年 2 月 15 日，版 1）

一月二十七日，上午，青創會張耀煌理事長及謝水庸等六人至農禪寺拜見，就年度禪修活動事宜討論。

青創會理事長張耀煌及會務部文衛民，均為佛教徒，張理事長亦是畫家，常以生死、涅槃及修行為創作主題。張理事長表示，青創會希望每年舉辦禪修活動，若能接引會員參加三天禪修，影響甚於大學課程。法師回應，不只企業人士需要禪法，立法委員若能參加，相信可以改變立法院文化，對全民亦有幫助。（《隨師日誌》未刊稿）

下午，至聖靈寺探望今能長老。長老心臟手術後，法

師亦正感冒初癒,故利用年前探望長老並拜年。

佛教學者游祥洲博士至農禪寺拜會法師,建議邀集蔡耀明、杜正民、霍韜晦等教授組成小組,研議辦理法鼓網路大學。

一月二十八日,上午至桃園齋明寺,為近幾個月內骨灰安置萃靈塔的亡靈菩薩祝禱,並帶領家屬為往生者誦經、迴向。午後至桃園拜訪守成長老。

下午,於文化館召開中華佛研所發展會議,提出網路大學之構想,並強調重視漢傳佛教。法師對研究所發展指示:

　一、重視漢傳佛教人才不足:所裡研究方針,目前採三系並重。有學者指出,儒家有人才,佛教沒人才,只有整理文獻者,缺少有思想的人。有鑑於日本學界重新整理禪學成為新思想,希望佛研所也能朝此方向培養人才,鼓勵研究漢傳佛教,開風氣之先。

　二、有關僧伽大學辦學方向:(一)及早思考僧伽大學成立後,與僧團及佛研所三者互動關係。假使僧大獨立於僧團之外,人才留不住,亦無法培養。與佛研所則是教務統一,生活、運作如何互動,也要思考。(二)僧大畢業僧出路。僧大之辦學,將朝向培養學術及寺院管理人才,並要為僧大畢業僧指出出路。入學無論在家、

出家,畢業時均是出家眾。(三)舉辦僧伽大學交流座談。邀請具僧伽教育辦學經驗者,分享興學理念及其間遭遇的困難。法鼓山僧伽大學未來朝十方道場的方向走,要建立制度。

三、興辦網路大學的可行性:游祥洲教授表達對法鼓山在中華電子佛典協會(CBETA)、佛學中心及網路發展頗為讚歎,建議可朝網路大學方向發展。至於網路大學可否取代空中大學、遠距教學,仍值得觀察。另就網路大學之語文工具,首先是華文,其次為英文。

四、思考成立聖嚴法師思想研究專案:法師迄今已出版許多著作,有不同層次。希望未來能有學者,從學術、思想等多元面向,探究法師畢生思想。(《隨師日誌》未刊稿)

晚間,至法鼓山上為大專禪七學員開示。

一月三十日,上午於農禪寺大殿宣講《楞嚴經》。

至法鼓山上為大專禪七學員開示。

一月,《法鼓全集》(七十冊)發行。係七年前(一九九三)出版,總冊數四十一冊之增訂改版。

分類上從原本七大輯,新增兩輯,次序也略微調整,原來的第七輯外文著作移至第九輯,新的第七輯則為佛

教經典現代詮釋，第八輯乃是法師在各大報章雜誌對大
眾人生問題開示的結集。

　第一輯中增加《菩薩戒指要》；第三輯增添《聖嚴法
師學思歷程》，《律制生活》移至第五輯中；第四輯《信
心銘講錄》及《禪的世界》替代《禪門囈語》、《禪門
囈語續集》二書；第五輯新增《學佛知津》、《念佛生
淨土》，《漢藏佛學同異答問》遷移至第二輯與《密教
史》合為一冊；第六輯增加《步步蓮華》、《空花水月》；
第七輯《心經新釋》、《金剛經講記・福慧自在》、《維
摩經六講》、《四弘誓願講記・普賢菩薩行願讚講記・
慈雲懺主淨土文講記》、《四十二章經講記・觀世音菩
薩普門品講記》、《無量壽經講記》、《智慧一〇〇》
及第八輯《聖嚴法師心靈環保》、《法鼓鐘聲》、《叮
嚀》、《是非要溫柔》、《人行道・平安的人間》、《法
鼓山的方向》均為新增書；第九輯加入 *Dharma Drum*、
Zen Wisdom、*Complete Enlightenment* 三書。其中第六輯
的《學佛知津》乃是從《佛教入門》和《學佛群疑》打
散出來的文章集結而成；而第八輯中的《法鼓山的方向》
乃是法師多年來對法鼓山建設成為「人間淨土」的規畫、
藍圖和開示最新、最完整的結集。（〈改版編輯手札〉，
謝碧卿，法鼓全集《總目錄》，法鼓文化，頁30-33）
案：《法鼓全集》版權頁出版日期註明為「1999 年 12
月」，然據上引謝碧卿〈改版編輯手札〉篇末日期註記
為「2000 年 1 月 26 日」，因繫於此。

法師著作隨身經典系列之《心靈環保的維摩經》由法鼓文化出版。

二月一日，即起兩日，福田會與臺北市政府合辦「寒冬溫情送角落──法鼓山關懷獨居長者系列活動」，組成慰訪隊，分別到安康平宅、中正國宅之獨居長者家，致贈紅包祝福。法師協同社會局局長陳皎眉於一日至安康平宅關懷。

二月二日，偕同福田會王景益會長、廖雲蓮專案祕書等人前往臺北縣政府，代表法鼓山致贈新臺幣一百萬元，做為臺北縣關懷獨居老人之用。

上午，韓國松廣寺佛學院院長智雲法師一行十一人至農禪寺訪問並舉行座談。

聖嚴師父在主持座談時指出，中、韓、日佛教原是同一系統，尤其中、韓之間，關係更為密切，例如松廣寺的曹溪宗法派即源自中國的禪宗；著名的松廣寺、通度寺、海印寺等三大寺，與中國的淵源都很深。

聖嚴師父表示，在二十五年前對佛教歷史即進行研究，也出版了《韓國佛教史》一書，雖然內容僅從三國時代迄於近代二次世界大戰間，但仍相當關心近年韓國佛教的發展，對於目前佛法在韓國盛行的狀況，他表示非常欣喜。

　　松廣寺佛學院院長智雲法師對於中華佛研所在國際學
術地位上的成就則表示讚歎,因而此次受邀來臺參加會
議時,特別安排前來參訪;在座談時,也詢及了進行學
術交流的可能性。(〈韓國松廣寺佛學院來訪　促進與佛研
所交流合作〉,《法鼓》,123 期,2000 年 3 月 15 日,版 1)

　　**晚,楊子爵居士至農禪寺拜見。楊居士於法師求學日
本期間,常供養飲食及護持經費,法師甚為感念。
二十多年未晤面,經其銀行服務專員暨法鼓山資深義
工蔡妙珍聯繫,因得再度見面,並皈依三寶。**

二月四日,中午,於農禪寺舉辦除夕圍爐,與信眾共聚。

　　晚,在文化館與僧團圍爐。

**二月五日,大年初一,至農禪寺、金山法鼓山和安和分院
關懷新春普佛法會之信眾。**

　　**軍中同袍郭傳秀夫婦、金玉章夫人及女兒至農禪寺向
法師拜年。金玉章為軍中同事,去年往生。**

**二月六日,紐約東初禪寺舉辦春節慶典活動,仁俊長老應
邀開示。活動除佛法短劇、舞蹈、合唱外,並播放謝
啟文菩薩與義工們製作的「聖嚴法師遊化西方的回顧**

與展望」錄影帶。

「回顧與展望」是今年東初禪寺歡度中國新年的慶祝活動之一,構想是在迎接新世紀,展望未來的同時,也應該緬懷過去,回顧師父二十多年前隻身來美弘法度眾的艱辛歷程。籌備小組在果元法師的帶領下,開始策畫這個意義重大的節目,計畫從以前的老照片、錄影帶中汲取菁華,製作成三十分鐘的錄影帶。(〈照片褪色 悲願不退〉,《法鼓》,123 期,2000 年 3 月 15 日,版 2)

前往北投法藏寺。法藏寺為東初老人來臺初期閉關處,法師前往探望該寺常住眾,並為當年護關、已圓寂慧光長老尼誦經迴向。

新文豐出版公司創辦人高本釗、高道鵬父子至農禪寺向法師拜年。高氏父子昔曾協助東初老人印行《大正藏》。

二月八日,張震宇建築師至農禪寺拜訪法師,討論齋明寺古蹟維護規畫。

佛光山永芸法師與作家鄭羽書女士至農禪寺拜訪法師,為佛光山即將創辦出刊之《人間福報》,邀請法鼓山提供訊息與文稿。

二月九日，即日起至十八日，於農禪寺舉行「第六屆傳授
　　在家菩薩戒會」，由聖嚴法師、今能長老及普獻長老
　　擔任尊證師。由於已經二年未傳戒，今年報名熱烈，
　　原定二梯次活動增為三梯次，約有一千五百人參加。
　　（〈傳授第六屆菩薩戒〉，《法鼓》，123 期，2000 年 3 月 15 日，
　　版 1）

　　總統府資政吳伯雄至農禪寺拜訪法師，邀請法鼓山參
　　與五月十四日佛誕節活動。

二月十三日，中廣資訊網《打開心眼看人生》播出聖嚴法
　　師專訪。法師於節目中表達對千禧年的期許，並闡述
　　心靈環保及佛化婚禮等理念。

二月十五日，即日起至十六日，前往東勢、竹山、埔里、
　　南投等九二一受災地區關懷，並舉行四場皈依儀式，
　　共近千人參加。法師開示大眾應感恩受難者，並透過
　　修行化解恐懼。（〈聖嚴師父關懷災區居民〉，《法鼓》，
　　123 期，2000 年 3 月 15 日，版 1）

二月十七日，至齋明寺出席景觀設計會議，討論設計理念
　　與方向。會議由監院果建法師主持。

　　中午，於農禪寺，與《別為小事抓狂》系列作者，

美國心靈作家暨心理學博士理察‧卡爾森（Richard Carlson），以「東方宗教 vs. 西方心理學」為題舉行對談。卡爾森應邀來臺參加「第八屆臺北國際書展」。

對於去年臺灣所經歷的震災傷痛一直頗為關切的卡爾森博士指出，來臺灣之前，就已聽聞在發生九二一大地震後，許多人提及法鼓山聖嚴師父的一些談話，可說是災區民眾心靈最大撫慰力量的來源；作為一個心理學家及心靈學作家，他很好奇法師提出了怎樣的安慰，又是如何帶領大眾作人心重建？

「心安就有平安。」聖嚴師父在回答這一問題時指出，災難發生後，他告訴大眾事實已經發生，為了生者、亡者的兩相安寧，在悲傷中仍然要往未來看，這不只是從宗教的立場來看，也是由人本的關懷考量出發，因為也唯有生者的心理平安了，亡者才能安寧。

聽完師父的「處方」，卡爾森認同地表示，心理學、宗教均具有撫慰人類心靈的力量，但前者著眼於「治標」，而後者卻能「治本」；不過，心理學可以指引人們，抵達了解宗教的境地。

卡爾森不諱言的指出，西方心理學有其有限性，較難根本解決問題，因為在諮商過程中總是透過不斷地「追溯」，教人不停地回憶，有時反而引起更多的問題；而東方宗教教導人們放下過去的經驗、想法，活在當下，的確是安定心靈的良方。（〈大事小事化無事〉，《法鼓》，123 期，2000 年 3 月 15 日，版 8）

下午，前往臺北世貿中心參觀國際書展，並關懷法鼓
文化現場工作人員。記錄法師數十年來弘法歷程之《聖
嚴法師七十年譜》以及蒐集法師歷年著作之《法鼓全
集》（共七十冊），在書展首先展示。

案：《聖嚴法師七十年譜》於今年三月正式發行，見三
月三十一日譜文。

二月十八日，於農禪寺召開並主持佛學院籌備簡報會議；
指示師資待遇原則與招生方向。

二月十九日，護法會於農禪寺為各地召委及北部六轄區勸
募會員舉辦新春團拜：「元宵與法師有約」，二千多
人參加。法師勉勵大眾在奉獻中成長自我，並能運用
法鼓山理念與精神調整觀念，才能在面對繁複人事時，
忙得快樂、累得歡喜。

二月二十日，下午，護法會於農禪寺舉行北部新任勸募會
員授證活動，二百五十多人參加。

於農禪寺舉辦「一一五感恩餐會」，感謝助成元月十
五日於國立臺灣美術館舉辦「感恩──九二一災後人
心重建紀念會」相關成員。

二月二十一日，率中華佛研所副所長惠敏法師、法鼓人文

社會學院籌備處主任曾濟群等一行十人,赴花蓮靜思精舍探望印順導師,並拜訪證嚴法師,交換弘法、興學心得,隨後前往慈濟醫學、教育等事業單位參觀。

聖嚴師父表示,法鼓山成立十一年,而慈濟已有三十四年的歷史,希望此行能向慈濟學習、請益。慈濟和法鼓山兩個佛教團體,雖然弘法著力點上稍有不同,但是入世化世的方向是相同的,而慈濟的精神讓他很感動,法鼓山應該以慈濟三十四年的經驗為借鏡,效法其精神及信念。證嚴法師則立即回應表示,慈濟在文化和教育方面要請聖嚴師父多指導、幫忙。

聖嚴師父每年例行探訪印順導師的行程,今年適逢印順導師在靜思精舍靜養,故特別安排參訪活動,希望藉此與慈濟多方交流。兩位在臺灣、國際間極負德望的大德面晤,引起各大媒體高度重視。(〈聖嚴師父赴花蓮探訪印順長老〉,《法鼓》,123 期,2000 年 3 月 15 日,版 1)

二月二十二日,即日起至二十九日,主持於農禪寺舉辦之第八十三期中階止觀禪七,一百三十八人參加。

於農禪寺齋堂,對法鼓山全體僧眾及專職「精神講話」:「打破山頭迷思」。

二月二十三日,雲門舞集創辦人林懷民與聯電董事長曹興誠,分別至農禪寺拜訪,為即將於三月三日及五日舉

行之對談預做準備。

二月二十四日，上午，達賴喇嘛西藏宗教基金會董事長旦
增彭措‧阿底夏（T. Phuntsok）和祕書長貢葛扎西（K.
Tashi），至農禪寺拜訪，代表達賴喇嘛邀請法師至印
度達蘭莎拉訪問，並討論交流合作事宜。

　　聖嚴師父表示，漢藏佛教的交流可從經典著手，例如，
中華佛學研究所近年來便致力於宗喀巴、阿底峽思想及
《量論》的翻譯工作。而旦增彭措‧阿底夏亦指出，來臺
前，達賴喇嘛也曾提出相同指示，對於藏傳佛法中不足的
部分應加以補強，例如《大毘婆沙論》的中文翻譯，裨能
開啟藏傳佛教的新視野；他同時也強調，如果法鼓山在經
典翻譯工作推展上有需要協助的地方，基金會樂於提供所
有可能的協助。（〈西藏宗教基金會訪師父期許進一步合作
與交流〉，《法鼓》，123 期，2000 年 3 月 15 日，版 1）

二月，《漢傳佛教的智慧生活》及隨身經典《慈悲喜捨的
維摩經》，由法鼓文化出版。

今年春天起，因身體欠安移住文化館。午後得暇，常至戶
外健行至善光寺。（參見：〈師父，爬山去！〉，果光法師，
《法鼓》，134 期，2001 年 2 月 1 日，版 5）

三月二日，歌手張學友與作家侯文詠至農禪寺拜訪，為將

於三月四日舉行之對談預做溝通。

三月三日，法行會於臺北力霸飯店舉行例會，法師蒞臨關懷，頒發安心服務團工作小組聘書，並以「和能成事，敬可安人」、「同心同願，一師一門」勉勵。

　　法行會於去年榮董「圓滿一〇〇〇」晚會上正式成立，由政治大學校長鄭丁旺擔任第一任會長。九二一大地震後，法鼓山法行會的菩薩利用各項資源協助進行多項救災工作，並於災後安心服務團成立、安心義工訓練、安心服務站設立等工作上，投入了相當多的人力與心力。師父在餐會中特別頒發了二十多份聘書，主要是表達對大家的感恩，也是給予大家一份榮譽感，更希望所有參與的菩薩能夠扛起責任，持續地將法鼓山的安心服務工作做下去。

　　師父並提出「和能成事，敬可安人」、「同心同願，一師一門」的話勉勵大家，在團體共同做事時，才能達成力量相加相成的功能，達到工作的目標。（〈法行會例會歡聚在力霸　感恩在安心工作的奉獻〉，《法鼓》，123 期，2000 年 3 月 15 日，版 1）

即日起一連三天，法鼓山基金會於臺北國父紀念館舉辦三場「二〇〇〇年心靈饗宴──聖嚴法師與臺灣當代名人對談」，首場邀請「雲門舞集」創辦人林懷民與法師以「當理性遇見感性」對談，第二場邀請歌手

張學友、作家侯文詠與法師以「當佛法遇見 E 世代」
對談，第三場邀請聯電董事長曹興誠與法師以「當宗
教遇見科技」對談，共有五千多人聆聽，並經由網路
實況轉播。

在「當理性遇到感性」的對談會上，師父與林懷民談
慈悲、談智慧、談顛倒夢想的舞蹈創作，激動處，感性
的林懷民不僅哽咽，並擁抱師父表達內心的感動；他說
自己一直以為舞蹈和佛法是相反的，佛法講不著相，但
舞蹈卻全是色相的展演，佛法說禪定，但舞蹈卻是顛倒
夢想的創作，後來又思考到舞蹈表演是瞬間發生的事，
「這是否就是佛法說的無常？」

師父則說自己在看了林懷民《流浪者之歌》的舞作後，
心中大受震撼，原來舞蹈中也可以有禪機，藉由從中展
現的宗教情操與儀式，更看到了深沉的文化修養和對佛
法的感動。對談中，雙方也表達了對臺灣的愛護與對文
化發展的信心，並且共同呼籲：對臺灣，永遠不要失望。

第二場「當佛法遇見 E 世代」中，廣受各界推崇為「歌
神」的香港歌手張學友，除了與聽眾分享自己的學佛歷
程，透露了一段年少輕狂的酗酒歲月外，並以自己如何
在逆境中學會成長的經驗與年輕的聽眾朋友共勉。知名
醫生作家侯文詠則以佛經讓自己受益良多的經驗與大眾
分享，並指出在學佛路上的最大體驗之一是「回到第一
念」，他勉勵年輕朋友們若能以善念為做事待人接物的
出發點，自然會有許多助緣來成就。

第三場「當宗教遇見科技」對談會中，對於「高度科技發展是否加速環境資源的破壞」、「人類應該如何善用科技」、「二十一世紀中，宗教與科技的角色扮演」等議題，師父與曹興誠均提出許多引人深省的思惟方向。

這次對談也是國內宗教界首次進行現場網路的實況轉播，在法鼓山基金會、互聯科技和 SEED-Net（數位聯合）合作之下，民眾還可以透過 SEED-Net 網站，在電腦上觀看對談的實況。（〈2000 年心靈饗宴　為新世紀尋找出路〉，《法鼓》，123 期，2000 年 3 月 15 日，版 1；演講紀錄見〈跨世紀的省思——聖嚴法師與當代名人對談〉，《法鼓》，124 期，2000 年 4 月 15 日，版 6）

三月五日，泰國華宗尊長仁得長老至農禪寺參訪，法師贈送《法鼓全集》及《聖嚴法師七十年譜》各一套。雙方就僧伽教育交換心得。

三月六日，成功大學教授李士崇至農禪寺拜訪，討論成功大學主辦之遠距教學通識課程，將邀請法師於三月二十八日下午至政治大學主講「宗教與人生」。

明迦法師、施郁芬、潘法然至農禪寺拜見，帶來葛印卡居士（S. N. Goenka）託轉給法師信函。函文說明：印度教一向對佛教有所誤解，對佛陀描述有誤；現印度教領袖已同意此看法，並與葛印卡共同發表聲明。

三月八日，至文化館為中華佛研所師生舉行「創辦人時間」
　　　開示。

　　　即日起至十二日，僧團於土城教育訓練中心舉辦「第
　　　一屆全球法鼓山悅眾禪修師資培訓營」，三十六名資
　　　深悅眾參加，其中十五位從美、加、澳、新加坡、香
　　　港等地而來。（〈全球悅眾禪修師資培訓營展開〉，《法鼓》，
　　　123 期，2000 年 3 月 15 日，版 1）

三月九日，提供中正萬華區共修據點的李明祥夫婦，偕同
　　　地區悅眾至農禪寺拜見法師，討論中正萬華區之活動
　　　規畫，含環保、讀書會及念佛共修等。法師指示，期
　　　能藉各活動推廣「心五四」運動理念。（《隨師日誌》
　　　未刊稿）

　　　下午，行政院院長蕭萬長至農禪寺拜訪，請益九二一
　　　震災後心靈重建方向，並請教如何在繁重工作壓力下，
　　　以禪法調適身心。

　　　晚間，九歌文化發行人蔡文甫至農禪寺拜訪，表達九
　　　歌出版法師著作意願。法師同意，並指點出書方式。

三月十日，企業人士謝宏亮、吳國雄至農禪寺拜訪；請教
　　　生命意義等問題。法師期許大眾為全人類之和平而努

力。

　個人的能力很有限，但每個人的力量加起來就大了，我能為災區做的太少，要救的多，能救的少。願大家能為全人類之和平而努力。（《隨師日誌》未刊稿）

三月十二日，上午於農禪寺宣講《楞嚴經》。

　下午，四百多位來自國內、外榮董，回農禪寺參加「春季榮譽董事聯誼會」，法師親自頒發證書予一百三十多位新任榮董。（〈法鼓山全球榮董大團圓〉，《法鼓》，124 期，2000 年 4 月 15 日，版 1）

三月十三日，至中視攝影棚錄製《不一樣的聲音》節目。

三月十四日，內政部於國家圖書館舉辦「八十八年度寺廟教會捐資興辦公益慈善及社會教化事業績優團體表揚大會」，法鼓山佛教基金會榮獲「績優團體」獎，由果品法師代表出席領獎。

三月十五日，法鼓山僧團於農禪寺舉辦「佛學院辦學經驗交流座談會」，邀請普獻長老、大航法師、福嚴佛學院院長厚觀法師、慧日講堂住持厚賢法師、圓光佛學院監學宗實法師、妙德蘭若住持能淨法師、香光尼眾佛學院院長悟因法師等分享辦學經驗，法師擔任主席、

中華佛研所副所長惠敏法師擔任主持人。

與會者對於法鼓山未來若能投入佛學院的興學，以現有的辦學經驗、豐富的資源下，應能夠興辦一所具未來性、世界觀，培養具僧格人才的僧伽大學，尤其期許法鼓山辦的僧伽大學能爭取從學士到博士納入正式的體制，讓學生可以不必辛苦出國取學位。

討論的主題從現今的困境談起，例如與世學課程的比例分配、生活管理、學制，以及招生的來源等，都亟待思索新的出路；而面對未來，則討論到如何培養具有僧格、宗教情操、國際觀的人才，學制上如何與世間的文憑學位配合，課程的彈性規畫等，分別提出個人辦學的經驗，做為彼此的交流分享。（〈農禪寺舉辦教育座談會分享各佛學院辦學經驗〉，《法鼓》，124 期，2000 年 4 月15 日，版 1）

作家施叔青至農禪寺討論撰寫法師傳記相關問題。

三月十六日，以「法鼓山的選舉觀」為題，於農禪寺對全體專職人員「精神講話」，強調法鼓山不會運用團體影響選舉或支持候選人，但鼓勵踴躍投票，善盡國民義務。

法鼓山對政治一向保持中立的立場，對任何選舉都不會用團體的名義或組織的力量為任何人助選或參選。有人批評我們太消極，不關心政治，其實這是錯誤的。

超越種族、國家的立場

我們可以從佛陀的事蹟來看。當他遊化到哪個國家，就幫助那個國家，並告訴國王如何安定人心、治理國家、愛護人民，為人民謀福利，佛陀並不會站在某一國的立場而反對其他的國家，這是佛陀對政治的態度，也可以說是佛教的政治立場。這種政治立場是非常健康的，所以佛陀到任何一個國家都受到尊敬、歡迎，因此佛法才能夠傳遍恆河流域的多數國家。

法鼓山是繼承著佛陀的精神，對於政府官員都歡迎，他們來親近三寶，接觸佛教，除了要讓他們了解佛法外，同時也要為他們祝福，因為他們是為全民服務的，至於服務品質的好壞，則與他們的觀念有關，我們的祝福，就是希望帶給他們不同角度的觀念和思考，間接的便能對整個社會國家有幫助。

曾經有人認為，佛教自古以來都是統治階級的工具，說這句話是有偏頗的；當然不可否認的是，有一些佛教徒由於不清楚自己的立場和身分，而淪為統治階級的工具。事實上，佛教的本質與內涵，是不可能讓統治階級利用為工具，更不會因此而去壓迫不同意見的另一方。

關心而不干預的態度

相反的，又有人認為我們不參與競選，就是逃避現實，不去助選，就是不關心政治，甚至說我們不關心人群，這是絕對錯誤的。

《六祖壇經》説：「佛法在世間，不離世間覺」。佛教是不會逃避現實、厭離現實的，只是不跟隨現實的顛倒妄想見而痛苦煩惱，如果世間人顛倒，我們也跟著隨波逐流，便會沉淪苦海，痛苦不已。

所以我希望、勉勵每個人都去投票，表示我們對政治的關心。（〈法鼓山的選舉觀〉，《法鼓》，124 期，2000年 4 月 15 日，版 2）

臺灣大學土木系副教授詹穎雯、杜冠儒夫婦，偕同臺灣營建研究院院長陳振川夫婦，至農禪寺拜見法師，並於法師座下皈依三寶。杜冠儒女士因前期心理學博士李察·卡爾森來訪拜會法師，居中翻譯而結緣。

三月十七日，至安和分院出席「財團法人法鼓山人文社會獎助學術基金會」籌備會。

三月十八日，護法總會於法鼓山上舉辦「十年法鼓緣——萬人推動理念感恩分享大會」，約有二百多名資深悦眾參加。法師期許每人接引二十八位勸募會員，共同達成「萬人勸募，百萬護持」目標。（〈感恩的心再加油〉，《法鼓》，124 期，2000 年 4 月 15 日，版 2）

法師之弟子果暉法師獲頒日本立正大學文學碩士學位，並取得該校博士班入學許可。

上午,護法總會前副會長郭超星夫人許仙女及兒子,前來感謝法師在學佛道上的指導,法師亦感恩他在法鼓山開創時,推動的勸募。

案:郭超星居士於去年(一九九九)五月二十五日往生。

三月十九日,上午於農禪寺宣講《楞嚴經》。

下午,清華大學校長劉炯朗與新聞工作者陳月卿,至農禪寺拜會,洽談三月二十七日三賢鼎談事宜。

三月二十日,上午,陳水扁先生於當選第十任總統隔日,前來農禪寺拜訪。法師書寫「利益眾生」四字相贈。

陳水扁先生一早抵達農禪寺後,先在師父引領下至大殿禮佛、拈香祝禱,並在備好紙筆的方桌上書寫落款師父送他的「利益眾生」四字,他向在場的人士表示,絕對會將這四個字牢記在心。隨後師父也以「安人始能成事,敬人者人恆敬之。對人均宜尊重,寬大者化敵為友。氣度格局廣遠,愛己愛人愛世界。慈悲謙虛待人,智慧果斷理萬事。慎防身邊遠煩惱,隨時提起放得下。」等勉勵的話送給陳水扁先生。

在雙方對談間,陳水扁先生表示對師父的感恩之情,他說自己始終記得去年師父送給他的法語:「慈悲沒有敵人,智慧不起煩惱」。他透露在去年臺北市長選舉落敗卸任後,展開的學習之旅同樣來到農禪寺向師父請益

時，師父就是以這兩句話勉勵他，雖是看似簡單的幾個字，卻讓他豁然開朗、茅塞頓開，也讓他有勇氣在很短的時間內再站起來，承擔更大的責任；而在他當選總統後，師父送他的「以慈悲的感性照顧所有的人，以智慧的理性來處理一切事」法語，也將會是他在未來遵循的原則。（〈利益眾生贈陳水扁〉，《法鼓》，124 期，2000年 4 月 15 日，版 1）

至中視攝影棚錄製《不一樣的聲音》節目。

三月二十一日，晚，香港影星丁珮陪同演藝人員曾慶瑜及衛子雲夫婦至農禪寺，由法師證明皈依三寶。

三月二十二日，上午，至蔣經國基金會拜訪該會執行長李亦園院士，討論三月二十八日於政治大學開講之通識教育課程「宗教與人生」，並致贈《法鼓全集》及《聖嚴法師七十年譜》。

至文化館為中華佛研所師生開示。

三月二十三日，即日起至三月二十六日，於法鼓山臨時寮主持第十六屆社會菁英禪修營，參加者有聯電董事長曹興誠、宋楚瑜夫人陳萬水、焦雄屏、羅大佑、陳亞蘭等七十二位。

名作家吳念真亦為參加學員,日後述及此次參加感觸:

　　吳念真表示,過去他是個很「鐵齒」的人,雖然一直在找尋一種敬畏的力量及人與人之間和諧敬愛的心,卻無法得到滿意的答案。直到去年參加菁英禪三,受到聖嚴師父的引導啟發,突然感到自己有了一種全新的生命局度,而體認到宗教的意義。在他的觀點中,人與人之間的情義,就等於是宗教精神的實現。(〈學佛　改變鐵齒的吳念真〉,《法鼓》,139 期,2001 年 7 月 1 日,版 2;另參見:〈好像懂了!〉,吳念真,《法鼓》,137 期,2001 年 5 月 1 日,版 5)

三月二十七日,前往新竹交通大學參加座談會。會前至科學園區拜訪聯電董事長曹興誠及工研院院長史欽泰。

曹興誠甫從法鼓山參加法師主持之社會菁英禪修營歸來,歡喜地對員工分享禪修心得,法師隨緣簡短開示。

續訪工研院時,法師特別針對環保問題,建議建立從源頭減少或重複使用物資之觀念。並致贈《法鼓全集》與《聖嚴法師七十年譜》與工研院圖書館。

　　曹興誠推崇聖嚴師父推廣佛法不談鬼神,而是很生活化的,並鼓勵積極正面以感恩感謝的心對待周遭事物、即學即用等觀念,更讓人一改佛教消極無用的負面印象。曹興誠說,法鼓山推廣的禪修非常適合企業界人士修行。

在工研院，聖嚴師父特別針對環保問題提出：廢棄物再利用的研究雖然要做，但更究竟的方法，是從源頭的減少或重複使用物資的觀念，因為以現在的科技，廢棄物的再生成本是相當高的，師父強調，唯有結合科技的發展和人文的思想，如此才能夠建設人間淨土。（〈工研院、聯電沐浴禪風〉，《法鼓》，124期，2000年4月15日，版1）

晚，於交通大學參加「人文與科技三賢鼎談——挖掘科技人的溫柔」，與清華大學校長劉炯朗及交通大學校長張俊彥座談。陳月卿主持。

為時二個小時的對談會由網際網路的高度發展，與普遍深入社會、生活各角落所帶來的影響切入，兩位同樣都是科技人出身的校長一致認為，科技無庸置疑地為人類帶來便利與舒適的物質生活享受，例如相隔兩地的人透過網際網路，便能無遠弗屆地取得聲音與影像的聯絡，但他們同時也指出，這也是造成人際間日漸疏離的主要原因之一。

相同地，基因工程的研究發展也面臨同樣的問題，雖然可以讓醫療技術更進步，但同時也產生許多諸如複製人的新問題。劉炯朗指出，科技本身並無善惡之分，為善為惡其實端視人類的智慧，他認為適宜而嚴謹的法令規範是必需的；張俊彥同樣表示，科技就像一把刀，兩刃分別代表正義與邪惡，科技人帶著這樣的利器，更應

該懂得善加利用。他們一致肯定科技人應以人文陶冶性情，才能讓科技走上正道，服務人群。（〈人文與科技三賢鼎談〉，《法鼓》，124 期，2000 年 4 月 15 日，版 1）

三月二十八日，下午，至政治大學主持「宗教與人生」講座。此課程為成功大學主辦之「國家通識教育講座遠距教學」，邀請比爾・蓋茲（Bill Gates）、何大一、李遠哲、殷琪、王永慶等企業、科技、宗教界領袖人物授課，全國十五所大學選課學生同步上課。本場為第五講，由鄭丁旺校長主持，另邀請李亦園院士、吳京院士、馬遜校長與會座談。法師鼓勵現代年輕人，不要只追求宗教信仰，應提昇宗教情操、宗教修養以及宗教學養。並贈送政大圖書館《法鼓全集》及《聖嚴法師七十年譜》。（〈聖嚴師父教授宗教與人生〉，《法鼓》，124 期，2000 年 4 月 15 日，版 1；另參見：〈三四、政治大學上課・臺灣大學演講〉，《抱疾遊高峰》，法鼓全集 6 輯 12 冊，法鼓文化，頁 208）

三月二十九日，於農禪寺主持佛學院會議，討論佛學院之未來；會中對佛學院招生、畢業出路、僧團制度配合及經費等方面明確指示。（《隨師日誌》未刊稿）

三月三十日，上午，中國大陸上海靜安區中、小學校長一行十四人，至農禪寺參訪。

於安和分院與臺灣大學陳維昭校長、黃俊傑教授及法鼓人文社會學院籌備處主任曾濟群討論四月十四日將於圓山飯店舉行之「科技與人文對談」內容。

共同商討主題大綱，達成三點共識：

（一）從人類社會的發展，談生活科技與資訊科技的未來。

（二）多元文化的培養與社會價值體系的創造──多元文化與族群和諧。

（三）全球化與本土化──世界性思維與本土性觀點。（〈三五、追求卓越的大師對談〉，《抱疾遊高峰》，法鼓全集 6 輯 12 冊，法鼓文化，頁 213-214）

晚，張老師基金會一行十多人由執行長張德聰帶領，至農禪寺與法師洽談九二一災後重建安心服務團合作事宜，並就輔導中遭遇問題向法師請益。

這一波的關懷專案課程，主要是配合安心服務團在九二一災後人心重建的宗旨，並依循聖嚴師父於二月十五、十六日到四個安心服務站舉行皈依儀式時指示，「自己有傷痛，先放下自己的傷痛，去幫助別人，自己的傷痛就會減少」的觀念，提出「當地人服務當地人」的作法。所以，在當地舉辦了這一系列的教育課程，未來，這些受過課程訓練的人，將可以配合法鼓山安心服務站的安心工作，持續地為自己和周遭的親友做心靈重建的工作。（〈結合張老師專業訓練〉，《法鼓》，124 期，

2000 年 4 月 15 日，版 1）

三月三十一日，即日起至四月八日，農禪寺舉行第十八屆
　清明報恩佛七，法師每日親臨開示。

　　下午出席在農禪寺召開之「齋明寺景觀會議」。

三月，《兩千年行腳》、隨身經典《人間淨土的維摩經》，
　以及林其賢編著之《聖嚴法師七十年譜》由法鼓文化
　出版。

　　《兩千年行腳》係法師一九九八年重要行事紀錄，該
　年為佛教漢傳兩千週年，因將年度雲遊紀錄，題名為
　《兩千年行腳》。
　　今年（一九九八）最讓我願意跟讀者們分享的經歷是：
　跨出了漢傳佛教的領域，跨越了臺海兩岸的隔閡，並且
　把中國的禪法，傳進了社會主義的祖國。
　　首先是今年五月上旬，我與十四世達賴喇嘛，在紐約
　舉行漢藏佛學大對談，轟動了華人社會，也影響了世界
　佛教；五月中旬應邀至波士頓的南傳佛教內觀中心，演
　講並傳授默照禪法；九月下旬，前往俄羅斯的聖彼得堡，
　主持五日的禪修指導；七月上旬及九月上旬，分別在臺
　北及北京，我們主辦了臺海兩岸「佛教教育」及「佛教
　與東方文化」座談會和學術研討會。（〈代序〉，《兩千

年行腳》，法鼓全集 6 輯 11 冊，法鼓文化，頁 16）

《聖嚴法師七十年譜》由林其賢編撰，法師有序。並評論該書記述「忠實而詳細」云：

法鼓文化出版我的《七十年譜》。雖然在文化界的新聞媒體沒有造成像《枯木開花》那樣的熱門和轟動，對於我個人學思修行的人生歷程而言，要比傳記翔實豐富得多。林教授花了十多年的時間，遍讀我的著作以及相關的資料，以編年式的體裁，用文言文寫了四十六萬字，使我不得不在該書的序言中説：「許多東西，連我自己也有意無意地早就遺忘了的，卻都在這部《年譜》中現了原形。」作為歷史的、學術的、思想的、行誼的個人重點資料而言，這是一部相當忠實而詳細的著作。我個人有沒有年譜並不重要，為後人留下這個時代社會和佛教的歷史，應該是很有價值的。（〈四一、我的健康、團體、傳譜〉，《抱疾遊高峰》，法鼓全集 6 輯 12 冊，法鼓文化，頁 252）

四月一日，下午，《西藏生死書》作者索甲仁波切，由名建築師姚仁喜陪同，至農禪寺拜訪法師，並就漢藏佛教空性、中陰身等觀念對談。

仁波切對於漢傳佛教如何闡述「空性」，表示極高的興趣，他指出在西方世界，空性一詞很容易與虛無主義產生聯想，所以在他的著述中多以「心性」來代替。另

外，對於師父所提在藏傳中，對因果定業可不可轉的問題，他表示在藏傳佛教中許多經典記載，一個人若能真心、長期的懺悔修行，是可以化解消除業障。

針對同樣議題，師父回應在漢傳佛法的中觀、空觀，罪、業的自性也是空的、不存在的，同樣能藉由懺悔修行來化解，只是需要很長的修行時間。仁波切則喟嘆表示，以他個人經驗及觀察所得，一般人在精進修行時，比較能思惟到「空性」，但在日常生活中，卻總是被「習性」牽著走。

對於仁波切的體察，師父表示，對於佛法的概念性理解，只能讓人暫時的減輕煩惱，若不能落實於生活中，就很難知煩惱、伏煩惱，進而消除煩惱。他肯定仁波切所強調的觀念：一個人必須透過平時點滴的修行，以及別人的協助，才能在臨終時保持正念而不憂不懼。（〈索甲仁波切蒞臨農禪寺〉，《法鼓》，124 期，2000 年 4 月 15 日，版 1）

中華佛研所與臺灣大學合作「佛學數位圖書館暨博物館」，於臺大成立專用辦公室。

立基於民國八十三年起至今已完成書目資料約九萬筆、佛學全文資料千餘筆、各種佛學教學項目及多種網頁資料的網路資料庫（http://ccbs.ntu.edu.tw），今整合臺灣大學與法鼓山中華佛學研究所資源與專長，使「佛學數位圖書館暨博物館」能以更豐富的成果永續發展。

合作方式乃由中華佛研所網資室負責資料蒐集、組織

與數位化等工作。臺灣大學則提供研究室、主機，每年並提撥固定經費。原臺灣大學佛學中心之獅子吼 BBS 站（cbs.ntu.edu.tw），除保留原名外，並轉移至研究室內，委由佛研所維護管理。（〈佛學數位圖書館暨博物館成立〉，《法鼓》，120 期，1999 年 12 月 15 日，版 1）

四月二日，前往桃園齋明寺探望蒞臨弘講之仁俊長老，陪同長老參觀並解說該寺歷史及景觀。

四月五日，下午，聽取僧團教育院監院果竣法師等人報告整體教育、佛法推廣、禪修推廣等工作進展。

四月六日，下午，中央研究院柯嘉豪（John H. Kieschnick）、單德興、盧蕙馨等人至農禪寺拜訪，討論法師傳記外譯計畫。

四月七日，基隆月眉山靈泉禪寺晴虛長老、普因法師來訪，邀請法師擔任今年九月該寺舉行三壇大戒之教授阿闍梨。

四月九日，於農禪寺宣講《楞嚴經》。

四月十日，由法鼓人文社會學院籌備處曾濟群主任陪同，至中央研究院拜訪李遠哲院長，就四月十四日之對談

交換意見。

法鼓山「中華佛學研究所遷建工程」第二工區工程於
基金會辦公室舉行發包開標作業。第二工區工程為
「大三合一」，包括大殿、齋堂和接待大廳三棟建築。
發包作業經基金會工務室專業人員及聖嚴法師、陳朝
威、莊南田、林玫卿、遷建委員會主委楊正和護法總
會長陳嘉男等委員評估審核，最後由勝堡村營造公司
得標。（〈建設工程向前跨出一大步〉，《法鼓》，125 期，
2000 年 5 月 15 日，版 1）

四月十一日，上午，至農禪寺出席法鼓山聯合董事會會議。

「華裔專業青年研習會」成員一行五十七人至農禪寺
參訪。此研習會由僑務委員會與國際扶輪社聯合主辦，
參加成員為海外律師、國會助理、銀行、記者等，工
作傑出、致力公益活動之華裔專業青年。法師到場歡
迎，並致贈英文著作 *Ox Herding at Morgan's Bay*（《摩
根灣牧牛》），期盼學員對佛法有更清楚的體認。（〈全
球傑出華裔青年　慕名參訪農禪寺〉，《法鼓》，125 期，
2000 年 5 月 15 日，版 1）

四月十二日，晚，應臺灣大學共同教育委員會邀請，至該
校「通識教育論壇系列」主講「我的學思歷程」。該

系列邀請對象，包括中研院院長李遠哲、院士李亦園、胡佛及台積電董事長張忠謀等知名人士，法師為該校首次邀請之宗教師。

論壇一開始，師父便回憶當年留日回國，因為宗教身分，無法進入校園，三十年後，終於經由臺大共同教育委員會的邀請，得以進入臺大演講，一方面說明了臺灣社會日益開放，另一方面也足見社會已對佛教有正確的認識與正面的肯定。為使在場聽眾吸收容易，師父演講內容條理分明，主要分四個子題：一、我的求學過程。二、我的研究。三、我的學以致用。四、我所關心的事。（〈傳奇的苦學歷程　只為佛教與眾生〉，《法鼓》，125 期，2000年 5 月 15 日，版 1）

四月十三日，於農禪寺齋堂，對法鼓山全體僧眾及專職「精神講話」：「行政一元化的省思」。

晚，出席於農禪寺舉行的擴大主管聯席會議。

四月十四日，出席法鼓山人文社會獎助基金會於臺北圓山飯店舉辦之「跨越二〇〇〇──追求卓越」大師對談活動，與中央研究院院長李遠哲對談，臺灣大學校長陳維昭擔任主持人。中國廣播公司寶島網於翌日下午播出對談內容。主題為：生物科技與資訊科技的未來、多元文化與族群和諧、全球化與本土化。

　　這場跨世紀的對談,的確有它的特色:

　　(一)由我們三人同台,是非常難得的,因為他們兩位是代表學術及教育的科學家,而我是宗教師。

　　(二)所談的主題,具有時代意義,雖然沒有談到政治和經濟,但對臺灣未來的人文政經的穩定成長,必然產生一些影響力。

　　(三)對於陳水扁先生登上總統寶座,李遠哲院長有著關鍵性的影響力。這場座談會的建言,應會有些作用的。

　　(四)對於臺海兩岸之間的緊張氣氛,我和李院長都在憂心忡忡,卻不悲觀。我祈禱兩岸的領導階層,都要用智慧和慈悲來互相包容。(〈三五、追求卓越的大師對談〉,《抱疾遊高峰》,法鼓全集6輯12冊,法鼓文化,頁214-219)

晚,於農禪寺出席佛學院籌備會議並擔任主席,聽取籌備進度、分工、人事等報告;對佛學院與僧團結合程度及經費等方面明確指示。

四月十五日,於農禪寺聽取法鼓山影視簡介報告。

四月十六日,出席護法總會於農禪寺舉辦之「滿點加油感恩聯誼會」,約三百位悅眾參加。頒發榮董證書及「滿點加油」感謝狀。法師並開示:

　　法鼓山這個團體是為了弘揚佛法，藉由勸募方式而推廣法鼓山的理念，讓大家用佛法來自利利人。雖然護持的人數成長、品質的成長，以及金額的成長，三者間有連帶的關係，但有其輕重之別，其中應以人品的提昇為最重要，第二是人數的成長，第三才是護持金額的成長。

　　進一步來說，勸募是以「勸人來布施」的方式，與人建立關係，讓人藉布施的因緣來關心法鼓山，而後接受正信的佛法，再用正信的佛法幫助自己、關懷他人。也就是以勸募來達成教育的目的；因此，如果我們只捐款，而不知道用佛法來幫助自己、關懷他人，便離我們所希望的目的還有一段距離。

　　教育是百年樹人的事業，不是短時間就可以見到成效的。因此來參與我們這個團體，推動社會淨化運動，需要具備耐心，否則很容易便會感到失望，誤以為我們做的事情很少。大家應該能體會，我們不是沒有發揮力量，只是成果是需要長期累積的；所以對於還能夠繼續參與我們這個團體，繼續推廣法鼓山理念的護法大眾，我是非常感恩的。

　　今天的「滿點加油」活動，是請大家來發願共同護持，不是為我個人，而是為法鼓山全體信眾，以及所有的眾生。「滿點」代表每次階段圓滿了以後的歡喜，「加油」代表要永遠持續下去，諸位今天來參加這個活動，也可以說是一個階段的滿點。面對未來，我們還是要繼續以永不歇止的願力，為弘揚佛法及法鼓山的理念而加油！

（〈願力無窮盡〉，《法鼓》，125 期，2000 年 5 月 15 日，版 2；〈願力無窮盡〉，《法鼓山的方向 II》，法鼓全集 8 輯 13 冊，法鼓文化，頁 97）

下午起，第三十次社會菁英禪修營共修會於農禪寺大殿舉行，法師於傍晚開示，強調奉獻而無所求，於己、於人，乃至對整體社會，都是一股安定力量。

晚，行政院院長蕭萬長伉儷由護法總會副會長葉榮嘉陪同，至農禪寺拜訪，感謝法師關懷。蕭院長即將卸任院長職務，但強調身為公務人員，必須為國家事務盡心盡力，直到卸任那一刻為止。未來將以不同方式回饋國家社會栽培，所以，決定與同修朱俶賢一起加入法鼓山義工行列，參與推動法鼓山理念，以及受益最多的「心五四」運動。

甫結束總統大選的蕭萬長院長表示，師父所說的：「面對它、接受它、處理它、放下它」的「四它」觀念，一直讓他受益良多，過去最常使用的是：面對它、處理它，如今由於決定暫時告別公務生涯，所以他笑說，「現在要學習放下它」。

蕭萬長一再表示，每當親近聖嚴師父時，內心即能獲得無比清涼，過去曾在競選期間，偷得半日閒，但他沒有選擇在家休息，而是來到農禪寺向師父請教如何用禪修的方法放鬆身心，當時，師父也一再地邀請他於選後，

無論結果如何，一定要回來參加禪坐共修。

　蕭萬長說，他擔任公務員三十多年，一路走來，受國家栽培很多，雖然決定暫時告別公務員生涯，但對國家社會，仍十分關心，尤其對九二一震災中仍未復建的房屋、及仍舊不安的人心，感到憂慮，尤其對陸續有災區民眾自殺，感到十分心痛。他將為法鼓山「人心的重建」工作，盡一分心力。（〈放下得失　蕭萬長微笑依舊〉，《法鼓》，125期，2000年5月15日，版1）

四月十七日，美籍韓裔青少年丹尼・徐（Danny Seo）至法鼓山拜訪法師。丹尼於十二歲時，即籌設關懷動物與大自然之「Earth 2000」（地球二〇〇〇）青少年組織，創下三十天募到三萬美元紀錄而獲美、韓二國頒發多項獎章。

即日起法師赴美弘法。

四月十九日，於美國紐約象岡道場為《林子青居士文集》撰序。林居士為法師少年時代就讀上海靜安佛學院時之師長，分隔四十餘年，於一九九一年法師訪問北京時再度相遇，當即勸請邀約將生平著述輯集出版。計共成書三冊《長亭古道芳草碧──憶弘一大師等師友》、《菩提明鏡本無物──佛門人物制度》、《名山石室貝葉藏──石經塔寺文物》，將於今年六月起

由法鼓文化出版，同時作為林居士九十大壽賀禮。

　　這部《文集》的編成及出版，便是由於我在一九九一年春到北京訪問時，當面向他勸請邀約的。一則我知道他的一生寫過不少與近代佛教文史相關的論文及散文，若不及早由他親自輯集成書，時間久了，恐怕會不易蒐集，散迭了就是文獻史料的損失，非常可惜。二則林子老是我留在大陸的少數老師之一，他的文采與人品，一向使我景仰，為了報答他對我生平的影響，所以願意為他出版這部文集。

　　林子老生於一九一○年，畢竟歲數大了，對於編輯他自己的文集之事，有點意興闌珊，一九九五年林子老因參加「弘一大師墨寶展」來臺，我再度敦勸，進度還是十分緩慢，幸有他的女兒林志明女士，從中協助聯繫，也幫忙整理並且催促，終於將一大包的原稿資料，託由她外孫女帶到了臺灣，使我如獲至寶。卻由於文章中有些處所與現下時空稍感不妥者，尤其要將大量的簡體字，轉成繁體，使得法鼓文化公司的編輯同仁，頗費周章，跟林子老之間的信書往還，一再磋商，以致延遲至今，始得問世。今年林子老已經九十高齡，正好以此為他祝壽，這是我最高興的事，相信也是林子老喜歡的一份壽禮。

　　因為林子老精通佛學、史學、文學，也能嫻熟地運用漢文、日文、英文。畢其一生，從事佛教文史的研究與教學，所以文字素養加上學術的基礎，使得本書的可讀

性很高。可以作為文學的佛學作品讀,也可以作為史學
的文學作品讀。(〈序《林子青居士文集》〉,《書序 II》,
法鼓全集 3 輯 10 冊,法鼓文化,頁 21-23)
案:二〇〇八年,法鼓文化經林子青居士令媛林志明協
助,另再出版《林子青文集》四冊。法師亦有書〈序〉,
見二〇〇八年七月二十六日譜文。另參見:〈感師情意
淚長潸——沉痛悼念聖嚴法師〉(林志明,《香港佛教》,
586 期,2009 年 3 月)。

四月二十一日,於紐約東初禪寺主持「法集會」(Dharma
Gathering)開示。

四月二十三日,東初禪寺舉行浴佛法會,由仁俊長老及法
師共同主持,約有五百名信眾參加。

四月二十五日,撰〈《法鼓晨音》序〉。該書於今年十二
月由法鼓文化出版。(參見該條譜文)

四月二十八日,俄羅斯聖彼得堡大學(Saint Petersburg
State University)東方語言學系副教授鮑夫爾・格魯
克夫斯基(Pavel Grokhovski)來臺參訪法鼓山、農禪
寺、中華佛研所。鮑夫爾為聖彼得堡佛法中心主持人,
曾於一九九八年邀請法師前往主持禪修活動。(〈俄羅
斯青年學者來訪 感恩充實臺灣行程〉,《法鼓》,125 期,

2000 年 5 月 15 日，版 1）

四月，法師著作《公案一〇〇》、《聖嚴法師與科技對話》、
　　《聖嚴法師與人文對話》，由法鼓文化出版。

五月五日，旅美藝術家蔡國強夫婦至東初禪寺拜訪法師。

五月六日，即日起至六月二十四日，於紐約象岡道場舉行
　　首屆「禪四十九」。本次禪修專以默照禪為方法，前
　　六週為禪修，最後一週傳授在家菩薩戒，共有美、英、
　　法、葡、澳、克羅埃西亞等十三個國家、九十多位資
　　深禪眾參加禪修，一百多位參加菩薩戒，全程參加者
　　三十六位。本次禪修規畫經年，僧團並指派果品、果
　　醒、果東、果廣、果舫、果光六位法師前往協助並學
　　習。
　　　　二〇〇〇年五月六日至六月二十四日，我們在紐約的
　　象岡道場，舉辦了四十九天的默照七。前六週是禪修，
　　最後一週傳授菩薩戒。我們已經籌備了將近一年，主要
　　的工作人員是龔太太吳淑芳菩薩。由於我的出家弟子果
　　稠和果谷，現已返俗，果冶為仁俊長老的新州道場去做
　　當家，剩下的只有果元和果順一男一女兩位出家弟子。
　　要照顧道場事務以及禪修大眾的身心狀況，人手非常短
　　缺，所以從臺灣帶來了六位農禪寺的綱領執事，包括三
　　位比丘果品、果醒、果東，以及三位比丘尼果廣、果舫、

果光。

　讓臺灣的綱領執事，練習著如何舉辦長期的禪修活動，以便在臺灣的法鼓山，也能持續地推展長期的禪修活動。此外，不接受來自臺灣的信眾參加。

　在這次禪七中，西方的男眾五十七人，女眾二十人；東方人的男眾二十三人，女眾六十七人，在四十九天之中分成三個梯次，一共一百九十人。他們除了來自美國國內的九個州之外，尚有來自英國、法國、瑞士、葡萄牙、以色列、波蘭、沙烏地阿拉伯、克羅埃西亞、澳洲、墨西哥、加拿大、馬來西亞、新加坡等十三個國家，也是我主持禪修以來人數最多、範圍最廣的一次。（〈三六、打七個默照七〉，《抱疾遊高峰》，法鼓全集6輯12冊，法鼓文化，頁220-223；另參見：〈象岡道場舉辦四十九天默照禪修〉，《法鼓》，125期，2000年5月15日，版1）

五月十四日，母親節，也是首屆國定佛誕節。法鼓山參加各界慶祝國定佛誕節活動。由法行會策畫、執行之「台灣，加油！」主題花車，獲民眾票選為總冠軍。

　新任總統陳水扁應邀親臨現場致詞，並以聖嚴法師勉勵他的「慈悲沒有敵人，智慧不起煩惱」法語與現場大眾分享；前副總統連戰、前省長宋楚瑜、世界佛光會會長吳伯雄等也都到場參與，表達對佛教界的祝賀之意，教界的諸多長老也都應邀參加。

　為了增加民眾的參與感，主辦單位安排了在臺北縣、

市三天的花車遊行，並於晚上停置在板橋車站和臺北中正紀念堂前供民眾觀賞和票選；法鼓山以九二一震災後人心重建為主題所設計的「台灣，加油！」花車，由於設計新穎、主題明顯，並配合「平安鑼」與民眾的互動，榮獲花車總冠軍，並由星雲法師親自頒獎。

　　此次佛誕日的活動，包括主辦的佛光山全世界各分支機構、法鼓山、慈濟、慧日講堂、大雄精舍等各地道場都積極地參與，企業界的中華航空、中國石油、日月光集團也都設計了花車一同慶祝首屆佛誕節。（〈佛教界同慶首屆國定佛誕節〉，《法鼓》，126 期，2000 期 6 月 15 日，版 1）

五月二十一日，趙樸初老居士捨報於北京，享年九十三歲。法師正於象岡道場主持「默照禪四十九」，當即撰擬悼文致唁，後又於十月二十日撰文悼念，讚譽其為「復興中國大陸當代佛教的菩薩」。（〈趙樸初老居士──重興當代中國佛教的大德〉，《悼念 II》，法鼓全集 3 輯 11 冊，法鼓文化，頁 99）

五月，《聖嚴法師與宗教對話》由法鼓文化出版。

六月十七日，即日起至六月二十四日，紐約東初禪寺於象岡道場傳授「第三屆在家菩薩戒」，近百人參加。此為禪四十九的第四階段。

六月十九日，為《自家寶藏——如來藏經語體譯釋》撰
〈序〉。該書於禪四十九禪期中撰成，明年（二〇〇一）
七月出版。（詳見該譜文）

六月二十日，總統府邀集佛教界代表舉行茶敘。僧團指派
果竣法師及法鼓山文教基金會副執行長果肇法師代表
出席。出席者還有中國佛教會理事長淨心長老、中華
民國佛教青年會理事長淨耀法師、佛光山住持心定法
師等。陳水扁總統致詞感謝佛教界對社會貢獻，並特
別強調辦公室中掛有聖嚴法師「慈悲沒有敵人，智慧
不起煩惱」法語。承諾將以服務、解決問題之方式，
代替過去「管理」宗教之態度。

　　為了感恩佛教界多年來對國家社會的貢獻，在新政府
就職滿一個月的前夕，陳水扁總統特別在六月十九日邀
請佛教界大德出席在總統府舉辦的一場茶敘，致詞中，
他除了感謝佛教界對社會的貢獻之外，還特別強調了在
他的辦公室中，掛著一對宗教領袖贈送給他的「慈悲沒
有敵人，智慧不起煩惱」的法語字畫，讓他念茲在茲。

　　陳水扁總統在茶敘中表示，佛教界長久以來以宗教
的慈悲、博愛、無私無我的奉獻令人感動，尤其是在
九二一大地震之後，佛教界在重建的工作上充分地發揮
了服務奉獻的精神。他並承諾將實踐選舉時提出的「宗
教白皮書」的理念，以服務、解決問題的方式，代替過
去「管理」宗教的態度。（〈聖嚴師父智慧與慈悲法語為

新任總統的執政圭臬〉,《法鼓》,127 期,2000 年 7 月 15 日,
版 1)

六月二十三日,國際宗教中心創始人巴瓦·金(Bawa
Jain)及羅德泛公關公司(Ruder Finn, Inc.)副總裁
迪娜·梅瑞恩(Dena Merriam)至紐約象岡道場拜
訪,邀請法師參加八月二十八至三十一日於聯合國
舉辦之「千禧年世界宗教暨精神領袖和平高峰會」
(The Millennium World Peace Summit of Religious and
Spiritual Leaders),並於開幕典禮致詞。

　　六月二十三日,這位身為印度耆那教徒的巴瓦·金先
生,聽說我在紐約象岡主持禪七,所以特別跟他的助理
專程開車兩小時,到紐約上州造訪,共進晚餐。

　　我們談了兩小時,他請教我在高峰會議中,準備講些
什麼,並且希望有當頭棒喝的效果。他相信只有具有高
度智慧的宗教領袖才會講出這樣的話來,這也是他要特
別訪問我的目的。我答應他,我會講出大家不敢講以及
沒有講過的話。(〈四四、出席聯合國的宗教及精神領袖高
峰會議〉,《抱疾遊高峰》,法鼓全集 6 輯 12 冊,法鼓文化,
頁 266-267)

六月二十四日,禪四十九第四階段菩薩戒傳戒會圓滿,亦
即「第一屆禪四十九」全部圓滿。來自十三個國家
一百九十多位資深禪眾,接受法師指導。

禪期圓滿日，法師宣布有三位西方弟子：英國約翰・克魯克（John H. Crook）、瑞士麥克斯・卡林（Max Kalin），以及美國吉伯・古帝亞茲（Gilbert Gutierrez），獲認可獨立帶領禪修。法師特別強調，三位居士已跟隨法師修行多年，有深厚修行經驗，最重要者在具有三項特質：具備佛法正知見；個性非常穩定；已發菩薩誓願、具弘法熱情。且均已在不同國度推廣法師教導之禪法。

　　聖嚴師父自一九七七年在美國為西方人士主持禪七以來，至今已有二十多年，在臺灣、美國、歐洲等地主持過二百多場的禪七，不但帶動國內的禪修風氣，更將中國禪法傳揚到西方，由於象岡道場僅能容納六十位禪眾，原本報名「禪四十九」的一百二十多人也只能錄取一半。

　　除了來自美國當地的禪眾之外，還有鄰近的加拿大及墨西哥，歐洲有英國、波蘭、克羅埃西亞、瑞士，澳洲，亞洲有新加坡、以色列、沙烏地阿拉伯及馬來西亞。而這些禪眾中大多為老參，尤其西方人中，許多已有十年、二十年，甚至三十年以上的禪修經驗；波士頓內觀中心的老師 Narayan 具二十年以上的禪修經驗，加拿大的 Paul 已有三十年以上的修行基礎，曾在日本出家的 Bruce，已修行三十年以上。來自克羅埃西亞的三位禪眾，兩位男眾已具二十年以上的修行經驗，其中 Zarko 還領導了該國最大的一個禪修團體，而一位女眾 Karmen 也有十多年的修行經驗，更有很好的佛學、梵文基礎。

幾位師父的早期西方弟子，Karen Hean、Buffe、Debe 也恭逢盛會。

六週結束，師父宣布三位西方弟子，英國 Dr. John Crook，瑞士的 Max Kalin，以及美國加州的 Gilbert Gutierrez，獲得師父的認可，可以獨立帶領禪修。（〈象岡禪 49 圓滿　開創默照禪新生命〉，《法鼓》，127 期，2000 年 7 月 15 日，版 1；另參見：〈禪 49 在象岡：美國默照禪修活動紀實〉，果光法師、〈師父的西方弟子們〉，傅佩芳，《法鼓》，127 期，2000 年 7 月 15 日，版 8）

六月二十九日，由果元法師、王明怡、張光斗及郭重光等四名弟子陪同，第四度前往英國著名禪修中心蓋亞之家（Gaia House）主持禪七。法師原已婉拒三回，但考量該道場原為南傳佛教上座部系統，經克魯克爭取後同意中國禪師指導禪修，對中國禪法在歐洲之推廣與有力焉，因此勉力而行。

這是我第四次來到英國指導禪修，原先由於我工作太多，行程太緊，身體太虛弱，對這回的邀請婉拒了三次。可是從克魯克一次一次的電子郵件中，知道那是英國一個相當重要的禪修中心。這裡原先是南傳佛教上座部系統的居士專修道場，所以他們集合了歐美幾十個南傳佛教的指導內觀禪修的老師，輪流主持，這是個具有相當權威性和知名度的歐洲禪修重鎮。現在願意開放給中國大乘佛教的禪師來指導中國的禪修方法，還是他經過長

時間的努力爭取來的，如果輕易放棄這樣的因緣，對中國禪在歐洲的推廣，損失就很大了。基於這樣的原因，我應該學習古德先賢們為法亡軀的精神，為了中國禪法的西傳歐洲，就是去送死，只要我能親自到一下，鬆一鍬泥土，撒一把種子，也是應該的。至於能不能開花結果，蔚然成蔭，那就看克魯克以及後人的因緣而定吧！反正我這一生，已經奉獻給三寶，只要一口氣還在，什麼地方需要我，如果我還能去，我就去吧！（〈三七、第四度英國行〉，《抱疾遊高峰》，法鼓全集 6 輯 12 冊，法鼓文化，頁 224-225）

六月三十日，抵達英國倫敦希斯洛機場（Heathrow airport），參訪英格蘭德文郡（Devon）之夏芬學院（Sharphan College），與史帝芬·馬汀·巴契勒（Stephen and Martine Batchelor）夫婦共進晚餐。該學院為英格蘭南端佛教團體，提供對佛教有興趣人士修學，學制開放，學費不高，頗受歡迎。

七月一日，即日起，於蓋亞之家主持禪七，共有六十二人參加。果元法師、約翰·克魯克協助，王明怡翻譯。參加學員半數為克魯克學生，另有數位禪修指導老師。法師指導默照與話頭禪法，清楚介紹體證層次以建立是否見性、開悟之區別能力。並對華嚴法界緣起重點介紹。

　　聖嚴師父此行是第四次在英國主七，前三次皆在威爾斯，此行是緣於 John H. Crook 博士的推崇而促成。John H. Crook 博士，是師父授權得以指導禪修的西方弟子。他自大學教席退休之後，便全心投注禪修指導。由於曾在 Gaia House 主持過四次禪七，並常在禪七中提及自己的師父——聖嚴師父，因此此次禪七能由「老師的老師」親自指導，禪眾自是頗多期待。

　　此次共有六十多位來自十多個國家的禪眾，清一色的西方人士，其中約半數是 John H. Crook 的學生，另外也有內觀禪的指導老師，來自義大利禪中心的負責人，及兩位來自美國波士頓的指導老師。而為了打破門戶之見，並邀請該團體的指導老師及行政人員一起加入，因此禪眾中，也有三位經理及四位老師的參與。

　　聖嚴師父此次所指導的是默照和話頭禪法，對於能夠完整的介紹中國禪法，師父感到因緣殊勝難得。由於多數人對於「見性」和「開悟」的觀念模糊，所以，師父特別對此及「光音境、空寂境、聰明境、神通境」有非常清楚的介紹，強調這些體驗都還不是開悟，而許多禪眾經過師父的提示後，也都非常歡喜，更清楚自己修行的程度。尤其有人提出「一位非佛教徒有可能開悟嗎？」的問題，師父強調，若沒有緣起性空的認知和體驗是不可能開悟的，見佛性即見空性，空性的體驗是「凡所有相皆是虛妄」，任何的經驗都是現象。（〈聖嚴師父第四度應邀前往英國主持禪七　禪眾收穫分外多〉，《法鼓》，

128 期，2000 年 8 月 15 日，版 1；另參見：〈三九、蓋亞之
家〉，《抱疾遊高峰》，法鼓全集 6 輯 12 冊，法鼓文化，頁
236-237）

**《歡喜看生死》由天下文化公司出版，係李慧菊女士
今年訪談而成。內容包括：生命的意義、命理的正思
惟、死亡是怎麼回事、死亡的準備工夫、最後的旅程。
法師有〈序〉云：**

人類自有社會以來，沒有一天離開過宗教；但在中國
文化中，卻一直存在著反宗教的傾向，導致一般大眾不
能認知宗教的情操，雖然多神型態的民間信仰非常普及，
有其一定程度的安定力量，但卻不見得有益於人類生命
品質的提昇。

在中國文化傳承中，儒家思想一直居於主流地位，對
宗教的生死問題採取「存而不論」的態度，並不探究生
從何來、死往何去、因何而生等生命問題。

這種思想醞釀出中國知識階層的人本主義泛神論哲
學。知識分子多以活著的人為本，鑽研經世濟民實物；
市井百姓及一般庶民，並無法從上層社會獲得宗教的指
引；但在面對無常人生時，又的確需要宗教的安撫。於
是轉而投向民間信仰，一方面藉此獲得心靈寄託，二方
面也為祈求靈驗的經驗，助以解決現實困惑。因此，民
間的中國人成為多神論者，只要傳說出現了「有求必應」
的靈物，任何對象都可以膜拜，包括生人及非人的動物、

植物、礦物，均奉為神明；對於宗教的義理，則泛泛地以為「反正宗教都是勸人為善」，不求甚解。他們並不知道，善是有層次及真假的，不存害人之心，當然是善；但積極救人而不求回報為終身的志業，才是上善。

佛教的教法，即在幫助人發現這種隱藏在內心深處的煩惱，進而面對這些煩惱，然後用方法消融它；並且體悟煩惱的源頭，是在於執著一個「我」，而這個「我」又被貪、瞋、癡等無明覆蓋，不得清淨。所以今生的大功課，是要「以他為我」，處處為別人著想，如此才能化熱惱為清涼，化愚癡為智慧，化痛苦為喜悅。（〈自序──生死之間〉，《歡喜看生死》，法鼓全集 8 輯 10 冊，法鼓文化，頁 8-12）

七月八日，禪七結束後，前往英格蘭北方「畫眉鳥洞佛教修道院」（Throssel Hole Buddhist Abbey）參訪，住持摩根法師（Master Daishin Morgan）接待並介紹該僧團組織、運作、修行方法及生活模式。法師與該院僧眾兩次座談，回答提問。

當天我在那兒跟他們的僧眾，舉行了兩次座談會。我沒有採取演講的方式，而是建議他們提問，讓我來回答。一共有十五個問題，包括住持本人以及男、女僧眾向我交叉地發問，譬如說：我個人是怎麼修行的？開悟的意思是什麼？對出家的身分和出家的觀念如何來界定？如何在寺院中生活還不會與社會脫節？只管打坐的方法和

參話頭的方法比較起來，只管打坐似乎是消極了一些，
我的看法如何？如何建立好師父和徒弟之間的關係？等
等。（〈四〇、畫眉鳥洞佛教修道院〉，《抱疾遊高峰》，
法鼓全集 6 輯 12 冊，法鼓文化，頁 246）

七月十一日，下午，自英國威爾斯返臺。

七月十二日，上午至中華佛研所出席新生講習會，會後於
　　農禪寺主持僧團會議。晚上，於農禪寺主持擴大主管
　　聯席會議。

七月十三日，上午巡視法鼓山工程。於興建中之國際會議
　　廳圓形入口聽取工程簡報。再次強調工程建設原則：
　　簡樸、實用、容易維護，而且不採仿古宮殿式，為融
　　合基地環境、具本土特色之現代佛教建築。
　　　　「簡樸、實用、容易照顧維護，一直都是法鼓山工程
　　建設的原則。」在聽取了全部報告內容後，師父指示，
　　法鼓山致力推動環保理念，不是淪為口號而已，在工程
　　建設上就可以落實；以藏傳佛教、民間信仰在建築設計
　　上採用大量鮮豔的色彩來比對，師父強調，美觀上的要
　　求固然不可避免，但漢傳的佛教還是應從紮實、踏實、
　　不花俏的角度出發，這也是他個人及整個法鼓山在弘揚
　　佛法時所依循的精神和理念。他語重心長地說：「礙於
　　主、客觀因素的變化，許多時候工程設計內容往往必須

有所修正和調整，但我們要尊重專業的技術理念，更感謝每位協力廠商都能以整體性為考量出發，綜合表達出法鼓山的特色。」

而法鼓山的建築特色是什麼？「它跟現在一般宗教的建築是不一樣的，當今的寺院建築，不論是臺灣或中國大陸，甚或日本，多是仿古代的宮殿式建築，或唐代、宋代、明代、清代不等；在我們的規畫中，法鼓山的建築是現代佛教、現代人的建築，特別在今天，有關環保的維護也非常地重要。」師父解釋，法鼓山將是具有臺灣本土特色、甚至是金山鄉土本色的建築，有佛教的感受和精神，也有中國文化的內涵，再加上現代文明、現代人對空間環境的需求，諸如聲光、空氣、溫度調節和裝置設施等。他指示，所有工程規畫的理念，除參考使用需求、山坡地特性及法令規定外，對於優良傳統的傳承與現代化的開展創新也相當重視，並考量基地環境的融合利用，盡量保持原有山林溪壑地貌，力求呈現質樸自然的風格。（〈營造與大自然完美互動的淨土〉，《法鼓》，128 期，2000 年 8 月 15 日，版 8）

下午，於農禪寺聽取法鼓山美國加州地區召集委員林博文，報告美國加州洛杉磯法務近況。

七月十四日，於農禪寺接受《人生》主編辜琮瑜採訪，談本次舉辦「禪四十九」長期禪修活動，特色有：統合

基礎佛法、大乘佛法、禪的佛法以暢論默照禪法，分辨開悟層次，以及西方弟子精進學習等。

問：這次的禪四十九，在目前的中國禪宗傳承中，是一個相當特殊的狀況，能否請法師談談這個部分？

答：四十九天禪跟一般禪七不一樣，無論是引導的心態、方式，連進度的安排也不一樣。而這次的禪修，原則上用的是默照禪，這種方式不但國內沒有舉辦過，甚至可以說，在宏智正覺禪師之後，還沒有人舉辦過這樣的禪修活動，日本曹洞宗是否打過四十九天禪我不確定，但在中國禪宗史上，這是個新的開始。

次第嚴密的開示

問：在這麼長時間的禪修當中，法師開示的內容是不是也經過特別的安排，主要的主題是什麼？開示的安排會考量到哪些因素？

答：這四十九天禪七中的開示，主要是視參加者的狀況、程度及需求而規畫。這當中我的開示分為兩部分，首先是長蘆宗賾的〈坐禪儀〉，那是所有禪修者所應具備的共同基礎，包括怎樣開始準備坐禪，打坐的姿勢、條件、心態、原則。

其次，則為宏智正覺禪師有關默照禪的文獻，一個是〈坐禪箴〉，內容包括什麼是默？什麼是照？什麼是默照同時？從修行的歷程到徹悟後的境界，都有很清楚的說明，〈坐禪箴〉很短，內容卻相當紮實。另一個是宏

智正覺禪師的〈默照銘〉，詳細地講默照的方法、觀念、功能，還有默照的結果，不斷加強大家對默照禪的認識及練習。

過去的人談禪就只是單純講禪的方法，但我這次是以佛法的理論，將基礎佛法、大乘佛法以及禪的佛法貫穿起來，配合著默照，談什麼是見性，什麼是成佛。

關於見性成佛與悟境

問：一般禪眾參加禪修活動最關心的，大概不外是否能見性成佛，或者自己所體驗的是不是開悟的經驗，這部分法師有沒有特別的指導？

答：在這四十九天當中，我也提示了兩個重要的觀念與方法，一個是「只有方法，沒有妄念；不管妄念，回到方法。」另一個是「智慧不是觀念，智慧不是知識，智慧不是經驗，智慧是無我的態度。」凡是有我執，都不是智慧。我執是什麼？我執就是煩惱。放下我執，即是見性，見的是空性，是佛性。

很多人認為佛性是一個實質的東西，那是錯誤的。或是認為佛性就是跟宇宙合而為一的心，其實那是梵我的思想，是統一心，而不是佛性；能夠體驗到平等，體驗到自己與宇宙萬物合而為一，萬物與自己同生，這只是統一心。因此把佛性變成泛神的平等性，是錯誤的。要達到這種層次不一定要透過佛法或禪法的修習，一般人只要專注、用心，都可以體驗到。

此外，我也針對一般人容易誤解的「悟境」做了說明。一般而言，所謂的悟境有五個層次：第一是輕安境，第二是光音境，第三是空寂境，第四是聰明境，第五是神通境。而這全部都不是開悟，要到進入解脫境，才是真的開悟，在這之前的任何一種境界，都不是開悟。

所謂的解脫是指從自我執著中解脫，解脫境是見空性、佛性，經典中稱之為「得法眼淨」，也就是說，自我中心突然間脫落，從此以後，雖然煩惱還是有，還沒有得到究竟的解脫，雖然還是凡夫，但已經可以體驗到見性與解脫的滋味。

法師的西方弟子

問：法師這些年來指導過的弟子當中，除了中國人，也有很多西方人，是不是請法師談談對西方弟子的看法，以及修行上的建議與指導？

答：這麼多年下來，我對東、西方弟子確實有一些感想。西方人一開始接觸時，可能會有想要早點得到成就的心態，但修行了二、三十年之後，這種心態就沒有了，他們覺得能打一次禪七，就有一次禪七的收穫，對自己的身心、人格的健全都有幫助。

此外，西方弟子很重視傳承，對於師父的認可非常重視，如果沒有得到師父的認可，他們會認為那是沒有根的。一位西方人會脫離原先的修行系統，通常不是去自立門戶，而是去修其他法門，西方人不會在沒有得到傳

承的情況下，就出來獨立。

　　西方人也認定佛教是由東方傳去的，因此很重視源頭，如果是自己發展出來的，就不是佛教、不是禪，沒有源頭就是所謂的新興宗教。西方當然也有新興宗教，但他們開創了新教派之後，不會把自己歸到傳統宗教中。

　　因此對於真正想要學法修行的人，我認為最好要能得到傳承，前提當然是要花時間老實修行，畢竟修行不是一下子就能成就的。不過雖然修行是自己的事，見性也是自己的事，但如果沒有老師的認可、證明，就說自己已經見性、成佛，那是有問題的。就如同受戒，也是要有戒師證明一樣。（〈中國禪宗史上的新紀元——專訪聖嚴法師談禪四十九〉，《人生》，205 期，2000 年 9 月，頁 14-20）

陳慧劍居士至農禪寺拜訪，邀請法師參加中華民國弘一大師紀念學會於十一月舉辦之「弘一大師紀念音樂會」。然法師屆時已出國，無法參加。

七月十五日，傍晚，第三十一次社會菁英禪修營共修會於農禪寺舉行，法師開示勉勵學員投入禪修推廣。

於農禪寺第二會議室召開遷建會議，討論法鼓山各建築物內之裝潢及家具等施設原則。會議並決議設置專案小組，成員包括：果肇法師、戚肩時祕書長、陳洽

由總工程師、廖雲蓮祕書等人。（《隨師日誌》未刊稿）

七月十六日，於臺北中正高中主持祈福皈依大典，約有
　　二千人皈依三寶。法師以「信佛與學佛的重要性」為
　　題開示：「以慈悲對待人，以智慧處理事」，勉勵大
　　眾福慧雙修，自利利他。

七月十七日，凌陽科技共同創辦人施炳煌夫婦由許仁壽陪
　　同至農禪寺拜見法師。（《隨師日誌》未刊稿）

七月二十日，於農禪寺齋堂，對法鼓山全體僧眾及專職「精
　　神講話」，闡述實踐心靈環保的方法。

　　前副總統連戰夫婦偕同女兒連惠心與蘇起夫婦至農禪
　　寺拜訪法師。連戰先生致贈琉璃作品：《永續》。

　　於農禪寺錄音室接受中央廣播電台訪談人心重建、心
　　靈環保。

七月二十二日，上午，前往高雄美濃參訪朝元寺。四十年
　　前，法師在此閉關六年。拜訪朝元寺住持慧定法師，
　　及當年護關之融智法師，並致贈《聖嚴法師七十年
　　譜》及供養金。而後，法師帶領大眾至朝元寺開山法
　　師能淨長老舍利塔前恭誦《心經》迴向。離朝元寺後，

往鄰近之福慧寺參訪，與寺內恆藏、恆慧法師晤談。
（〈四一、我的健康、團體、傳譜〉，《抱疾遊高峰》，法
鼓全集 6 輯 12 冊，法鼓文化，頁 249-250；另參見：〈回到
朝元寺——聖嚴師父的感恩之行〉，《法鼓》，140-141 期，
2001 年 8-9 月，版 5）

下午，至高雄市企業家洪平森夫婦家拜訪，感謝洪氏
夫婦、高雄市議員王志雄夫婦長年提供三民道場及新
興道場。致贈兩家《聖嚴法師七十年譜》、《歡喜看
生死》、《平安》等書。（《隨師日誌》未刊稿）

晚，於高雄縣立勞工育樂中心主持高雄分院舉辦之祈
福皈依法會，開示「皈依的功德與意義」。市長謝長
廷、縣長余政憲均到場。

七月二十三日，上午，前往高雄縣立勞工育樂中心出席「南
區勸募會員暨信眾聯誼會」，為三百多位新勸募會員
授證，約一千名信眾參與。下午，前往大崗山高爾夫
球場出席「南區榮董暨菁英禪三聯誼會」，為二十多
位新任榮董頒發聘書。晚上於高雄分院會見高雄地區
護法悅眾。

於高雄圓山飯店會見竹山安心服務站地主黃憲宗、羅
玉屏夫婦，黃居士提供四十三坪用地給竹山安心服務

站使用。

即日起至三十日，第九十期大專禪七於法鼓山臨時寮舉行。

七月二十四日，於高雄圓山飯店會見本次高雄活動擔任護法菩薩，計有：雲林科技大學教授林廷隆夫婦、正興國中校長楊百世、中山國中校長劉鉅棟、五福國中校長陳平和、明義國中校長楊文慶、正興國中家長會會長陳志成。

即日起至七月三十一日，於農禪寺主持第九十一期禪七。此係首次舉辦「念佛禪」，共有四百五十人參加。念佛禪七係將念佛淨土法門回歸禪修要義，與彌陀法門念佛佛七有別。

　　七月二十四日至三十一日之間，舉辦了第一屆的念佛禪七，過去只有禪七和佛七，也用禪修的方法在輔助念佛的功能，還沒有正式把念佛算作是禪七。這回是把念佛的淨土法門，回歸於禪修的一項活動，念佛本是六念之一，也是禪觀的一種，念佛禪七的目的不在求感應，不求見瑞相，不求見佛國淨土依正莊嚴，而在達成《楞嚴經・大勢至菩薩圓通章》所說的：「都攝六根，淨念相繼。」然後把「淨念」二字分成專念、一念、無念三個層次，目的是能夠在修行念佛法門的當下，見到自心

淨土及自性彌陀，就能心淨國土淨而體現人間淨土。其實，我曾提出四種淨土觀：他方淨土、天國淨土、人間淨土、自心淨土；它們只有心願及層次上的不同，並沒有本質上的差異。今後的法鼓山，除了依舊還有彌陀法門的念佛佛七，也會舉辦禪修性質的念佛禪七。（〈四一、我的健康、團體、傳譜〉，《抱疾遊高峰》，法鼓全集 6 輯 12 冊，法鼓文化，頁 249）

案：本次念佛禪七開示與二〇〇〇年清明佛七、二〇〇三年清明佛七、二〇〇四年念佛禪七開示講稿，經整編，於二〇〇七年完成初稿，後由法鼓文化於二〇一〇年出版：《聖嚴法師教淨土法門》。

七月二十五日，印度駐臺協會谷南吉會長（Ranjit Gupta）偕夫人參訪中華佛研所，後由所長李志夫陪同，轉往農禪寺拜訪法師。

旅居新加坡之陳泇宏、林世昌至農禪寺拜見，面呈新加坡松年長老八年前託付贈送之墨寶。

旅居新加坡十七年的陳泇宏居士，為聖開法師的皈依弟子。一九九二年，曾受松年長老囑託，將其親筆墨寶「佛」字轉贈法師，可惜因緣不具足。事隔多年，老法師已於一九九七年圓寂，這件墨寶終於送到師父手中。陳居士分享，松年老法師晚年常拄一手杖，乃為東初老和尚所贈。陳、林二位居士當天也在法師座下皈依三寶，

法名常禪、常定。（《隨師日誌》未刊稿）

七月二十七日，於農禪寺受訪談新出版之傳記《枯木開
花──聖嚴法師傳》。由時報出版社安排，包括《中
國時報》、《聯合報》、《民生報》、《時報周刊》
採訪法師及作者施叔青女士。（另參見八月十日譜文）

七月二十九日，至中視攝影棚錄製《不一樣的聲音》節目。
上午以「正確的旅遊觀」為題，與談來賓為羅智成、
廖和敏。下午以「熱愛生命」為題，與談來賓為戴晨
志、林建隆、林煜智。該節目由葉樹姍主持。

七月三十日，新加坡外交部司長蔡艾伯先生至農禪寺拜訪
法師，並請教日常修行方法。（《隨師日誌》未刊稿）

七月三十一日，演藝人員吳宗憲偕同中國電視公司副總經
理曠湘霞至農禪寺拜會。吳宗憲談其成名後內心感受。
（《隨師日誌》未刊稿）

八月一日，於中華佛研所講授「比較宗教學」。

八月二日，於農禪寺召開「法鼓山第二屆僧團大會」，惠
敏法師擔任主持人。選出僧團代表、賢首院上座比丘、
比丘尼，並選出僧團都監果品法師、副都監果廣法師，

「法鼓山寺組織章程」亦經逐條討論三讀通過，對僧團人事組織和領導人產生方式，以及監督權行使等，均有明確規定，建立制度化運作之基礎。

法鼓山的僧團，有了一部根本的母法，類似於國家的憲法，所有一切制度的建立，都可依據此一組織章程來制定了，對於僧團的人事組織和領導人的產生，以及監督權的行使，都有了明確的規定。因此，法鼓山這個團體不論有沒有我這個人，都不會有多大的差異，法鼓山的共識以及對於佛教和社會所負的責任，也在組織章程中有明確的規定。這不僅是法鼓山歷史性的一椿大事，也是我們這個團體跨出了可大可久、永不動搖的一大步。過去有許多人為法鼓山擔心：一旦當我聖嚴不在的時候，這個團體由誰來領導？現在應該可以安心了，章程中規定我的繼承人選，若非由我預先指定，就由僧團代表選舉禮聘具德者擔任，當我隱退之後，法鼓山這個團體，絕對能夠繼續為人間奉獻。（〈四一、我的健康、團體、傳譜〉，《抱疾遊高峰》，法鼓全集 6 輯 12 冊，法鼓文化，頁 250-251；另參見：〈僧團通過「法鼓山寺組織章程」 建立制度化的運作 確立發展目標〉，《法鼓》，128 期，2000 年 8 月 15 日，版 1）

八月四日，上午，於農禪寺召集佛學院籌備小組及中華佛研所祕書，討論佛學院招生事宜。對佛學院之人事案、教育宗旨、未來展望、禪修指導法門、師資原則、招

生對象、學制等做出明確指示。(《隨師日誌》未刊稿)

下午,於基金會辦公室召集基金會主管及護法總會悅眾,檢視勸募系統現況並討論運作方向。(《隨師日誌》未刊稿)

晚,禪修推廣小組於農禪寺第一會議室向法師報告目前進度,包括推廣教材研製、師資培訓及禪修推廣現況。計畫成立禪修中心,強化師資培訓,以及禪修推廣。(《隨師日誌》未刊稿)

八月五日,下午,於農禪寺新禪堂舉行「安心義工關懷聯誼——與師父有約」活動,近三百位安心義工、安心服務站工作人員參加。法師感謝大眾奉獻,並勉勵從救難、救濟進而以佛法協助心靈重建。(〈安心義工關懷聯誼 師父期勉利人利己的奉獻〉,《法鼓》,128 期,2000 年 8 月 15 日,版 1)

八月六日,上午,於農禪寺宣講《楞嚴經》,講後舉行皈依典禮,約有三百人參加。

下午,於農禪寺召開大專禪七檢討會。考量大專禪七須轉型,考慮分層次階段舉辦,包括禪修營及禪七之不同層次。(《隨師日誌》未刊稿)

八月七日，上午十時，於農禪寺接受中央廣播電台《書香社會》主持人電話訪談近日出版之傳記《枯木開花──聖嚴法師傳》。十時半，另接受台北之音《早安！福爾摩莎》主持人高惠宇訪談同書。（《隨師日誌》未刊稿）

下午，召開佛學院籌備協調會議，討論翌年中華佛研所搬遷與佛學院開學後，空間使用之規畫。會中指示新生女眾住宿暫借教職員宿舍。（《隨師日誌》未刊稿）

八月八日，於中華佛研所教授「比較宗教學」。

八月九日，上午十時半，於農禪寺錄製《九二一：用愛與關懷迎未來》影帶。

下午，至農禪寺新簡介館參加中華佛研所舉辦之「佛教教育與佛學研究」座談會。座談會邀請各大學教授佛學相關課程二十多位青年學者參加，法師與會聆聽學者建言。

八月十日，上午，於農禪寺對全體僧眾及專職人員「精神講話」，談團體接引三條件：得到光榮、得到利益、得到成長。並期許大眾：好話大家說，好事大家做；大家說好話，大家做好事。勉勵同仁思考參加團體之意義，以及對個人身心及家庭之成長，並將個人好事、

團體好事書寫、報導、分享以帶動風氣。（〈大好年
──說好話，做好事〉，《法鼓》，131 期，2000 年 11 月 15
日，版 2；另參見：《法鼓山的方向 II》，法鼓全集 8 輯 13 冊，
法鼓文化，頁 125-127）

**下午，前往國家圖書館參加施叔青《枯木開花──聖
嚴法師傳》新書發表會。以傳主身分出席，親筆簽名
五百本珍藏限量本供義賣，所得捐予「九二一震區受
損家園復建服務團」及「九二一希望工程──雲門舞
集生活律動教學」二團體。**

　　發表會由時報出版公司副總編輯彭蕙仙主持，她表示，
聖嚴師父的傳記出版，不僅是時報出版公司的年度大事，
更引起了廣大的回響，所以現場佳賓雲集，除了師父及
作者，還有國立藝術學院教務長惠敏法師、中國時報副
董事長余範英、中國時報社社長黃肇松、雲門舞集創辦
人林懷民、總統府資政許信良、親民黨副主席張昭雄、
中央研究院院士李亦園、前監委王清峰、作家兼導演吳
念真等多位師父友人或弟子與會，並一一上台與現場大
眾分享閱讀傳記後的心得與收穫。

　　作者施叔青在致詞時表示，《枯木開花》共十九萬字，
是自己在過去八個月期間，幾乎是廢寢忘食、全神投注
的情況下完成。同時也是師父弟子的她表示，自己把寫
傳當作修行，日子過得極充實，心境一直保持前所未有
的穩定，平生首次體會到佛法的妙用，寫作過程中有如

被一股無形的力量所攝，感覺自己正走入一個高僧大德的內心世界，也從中認識了佛法。（〈聖嚴師父傳記《枯木開花》問世〉，《法鼓》，128 期，2000 年 8 月 15 日，版 1）

八月十二日，至中視攝影棚錄製《不一樣的聲音》節目。

即日起至八月十八日，農禪寺舉行梁皇寶懺法會，約有二千人參加，法師於法會期間，多次隨喜開示。此次法會，特別為去年九二一大地震罹難者設立超薦牌位。南投縣縣長彭百顯於十八日瑜伽焰口法會當日，專程由南投趕至農禪寺為罹難者迴向，並代表家屬感謝法鼓山對災區關懷與推動人心重建工作。

法鼓山青年學佛會（簡稱法青會）正式成立，創始學員於臺灣師範大學舉行同心茶會，共有二百零四人參加。輔導師果竣法師以「繼往開來」勉勵為弘揚佛法盡一分心力。

八月十五日，於農禪寺新簡介館聽取安心服務團報告。

於農禪寺聽取臺中分院悅眾菩薩報告臺中分院籌建之情況及進度。

即日起至二十二日，第八十九期大專禪七在法鼓山臨

時寮舉行。

八月十七日，中午，應臺大醫院之邀，於該院主講「生命
的態度」，李源德院長擔任引言。法師表示，人生的
意義一是為責任而來，二是為許願而來，若能抱持「人
是為對自己盡責，對他人許願利益而來」觀點，看待
生命之態度就會積極而有方向，生命中許多迷惑也會
豁然開朗。

下午二時，至國家圖書館參加法鼓山舉辦之「預約人
文世紀──給二十一世紀多一些人文關懷」記者會，
說明「法鼓山人文社會獎助學術基金會」成立宗旨，
呼籲大眾重視人文精神涵育，讓科技為人文所用，不
讓科技發展傷害人類精神文明。
記者會中安排捐贈儀式，由凌陽科技企業共同創辦人
施炳煌、吳宜燁伉儷，捐贈現值新臺幣貳億元股票贊
助基金會，由法師代表接受。新加坡吳一賢、黃淑玲
夫婦亦捐款五百萬元助成。
　　去年（一九九九）訪問新加坡時，有一對夫婦吳一賢、
黃淑玲，對我非常恭敬，也希望能夠為我做些什麼有關
弘法利生的工作。
　　七月回到臺灣之後，有一對新竹科學園區凌陽科技的
創辦人之一的施炳煌、吳宜燁夫婦，是桃園齋明寺的義
工，願意捐出一批股票給法鼓山，我就把正在進行中的

獎助學金基金會狀況向他們介紹，他們一口答應，捐出該公司的股票數額，相當於市值新臺幣兩億元，這對我來講是非常意外。最初他們夫婦並不希望在媒體上曝光，經過我的勸說，認為這能夠使得時下唯利是圖的社會風氣，有所反省，並且呼籲社會大眾無論有錢沒錢，應該盡心盡力付出人文和社會的關懷，請他們拋玉引玉，自己做好事，也讓大家一起來做好事。（〈四三、人文社會獎助學金獲得捐款〉，《抱疾遊高峰》，法鼓全 6 輯 12 冊，法鼓文化，頁 258-260；另參見：〈法鼓山人文社會獎助學術基金會　誠摯邀請大眾共同預約人文世紀〉，《法鼓》，129 期，2000 年 9 月 15 日，版 1）

案：當日因為施炳煌於捐款時向法師頂禮，引發宗教社會學者林端於《中國時報》投書，以「春秋責備賢者」態度，對僧俗之間不平等的大禮，直指那是「佛門內規的價值與法國大革命以來的自然法價值（人人生而平等），兩相對立」。並依佛陀教旨：「佛教是一個不拜偶像、反對『生人崇拜』的偉大宗教」，建議：「在一個公開的儀式中，而且向全世界公開展示的記者會裡，其實按照世俗平等的禮儀，行九十度鞠躬就夠了。佛教要走出去，要走向人群，走向世界，就應該不拘泥於佛門內規，更何況是一個不合時宜、頗具爭議性的儀軌。」（〈發揚人文精神　建立「僧俗平等」人間淨土〉，《中國時報》，時論廣場，2000 年 8 月 19 日，版 15）

　　法師日後說明謂：「其實，下跪頂禮，並非預先安排

的儀節，當時他們兩位下跪，我的內心也想跪下來感恩
他們，然而又想到我是他們的師父，與會觀禮的來賓，
也多半是法鼓山的弟子，如果我真的也下跪禮拜，可能
會引起台上台下的騷動不安；結果招引知識分子和局外
人士的議論，使我覺得非常慚愧。這也真如前面所說，
在新聞媒體上見光率太高，引起類似的反應，也是意料
中事。以後應該更加小心，特別是牽扯到這麼大的一筆
捐款，對許多人來說，這是天文數字。雖然我們是為捐
款人和整體的社會服務，並非我個人得到了這筆錢，但
是在有些人的錯覺中，好像是我聖嚴發了一筆橫財。」
（〈四三、人文社會獎助學金獲得捐款〉，《抱疾遊高峰》，
法鼓全集 6 輯 12 冊，法鼓文化，頁 260-261）

八月十八日，上午，青年創業協會祕書長于台利等十一人，
　　至農禪寺拜會法師。青創會於一九七二年成立，現有
　　一會館，將提供法鼓山辦活動及共修，目前已開辦禪
　　訓班。（《隨師日誌》未刊稿）

　　知名藝人林青霞至農禪寺拜訪法師。林青霞息影後對
　　禪修頗有興趣，前來請教禪修問題。（同上）

　　於農禪寺梁皇寶懺、瑜伽焰口法會開示。（同上）

八月十九日，至中視攝影棚錄製《不一樣的聲音》節目。

與陳亞蘭、朱凱蕾對談「現代人如何紓解壓力」；與施炳煌夫婦對談「給二十一世紀人文關懷」；與鄭石岩、姚仁喜對談「禪與生命潛能的開發」。

於農禪寺會客室會見黃金萬、黃金益夫婦。

　　黃金萬醫師就讀國防醫學院時，曾於松山寺參加佛學講座，與惠敏法師同學。多年來親近多位長老，並照顧長老身體，目前為智諭長老的醫師。黃醫師的父親近日往生，為感恩法鼓山蓮友關懷，前來致意，並捐款護持獎助學術基金會。（《隨師日誌》未刊稿）

八月二十日，上午於農禪寺宣講《楞嚴經》。

　　出席於成淵中學舉辦的「北區新勸募會員傳薪暨授證」活動，為大臺北地區、宜蘭、花蓮、桃園、新竹等地，約五百位新勸募會員授證。

　　即日起至二十七日，第九十二期中階禪七在三義心靈環保教育中心舉辦，觀看聖嚴法師之禪修開示影帶，共有一百零四人參加。

八月二十一日，佛寺協會理事長開證長老指派其在家弟子至農禪寺拜會，請求對謝啟大立委提案之宗教法草案表示意見。法師表示反對，並發表聲明，籲請立法院

重視信仰自由,維護宗教人士人權尊嚴及法律平等。

　　近年來,內政部為研擬推動「宗教團體法」的制定,出現有七、八個草案版本,其中引起宗教界普遍關切的,是去年由立法委員所提出的一個草案,該版草案條文中對宗教教義、教制、戒律、組織事務處理原則等宗教自主範圍,採取加以嚴格規範。由於影響所及已違背憲法規定「人民有信仰宗教之自由」的精神,因此,聖嚴師父於去年八月發表聲明,籲請立法院重視信仰的自由,維護宗教人士人權尊嚴及法律上之平等地位。(〈法鼓山支持宗教團體法草案〉,《法鼓》,139 期,2001 年 7 月 1 日,版 1)

案:一年後,因該法草案取消主管機關「解散宗教團體」之權力,故聖嚴法師轉為支持。見翌年(二〇〇一)六月三十日譜文。

八月二十二日,出席於基金會辦公室召開之事業體主官會議。法師指示:未來活動之籌辦,不以聖嚴法師為中心及重心,而是以理念代替法師個人。並著重會員對參加團體之榮譽感、修行利益及人品成長。(案:主官會議成員為各事業體負責人)(《隨師日誌》未刊稿)

　　上午,旅居義大利之藏僧根敦塔欽(Gedun Tharchin)格西至農禪寺拜訪。格西係應中華佛研所邀請,前來臺灣兩個月進行漢藏佛學交流。

八月二十五日，於農禪寺召開《法鼓山年鑑》籌備會議，
　　指示成立編輯小組，由果毅法師擔任總編輯，各單位
　　組成年鑑編輯委員會。年鑑內容將收錄法鼓山教團各
　　單位之沿革、史料記實。預計先行完成法鼓山第一個
　　十年年鑑。

八月二十六日，電子佛典先驅美國加州大學教授蘭卡斯特
　　（Lewis R. Lancaster）至農禪寺拜訪法師及參訪中華
　　佛研所。

　　下午，搭乘長榮航空赴美參加「千禧年世界宗教暨精
　　神領袖和平高峰會」。

八月二十八日，即日起至八月三十一日，應邀參加於紐約
　　聯合國總部（United Nations, New York）舉行之「千
　　禧年世界宗教暨精神領袖和平高峰會」。會議由聯合
　　國現任祕書長安南（Kofi A. Annan）委託聯合國外圍
　　宗教組織「國際宗教中心」（Interfaith Center）創始
　　人巴瓦・金承辦，來自全球一百多位宗教領袖與會，
　　探討如何運用宗教力量消弭戰亂、貧窮與環境等問題。
　　　這是聯合國成立五十五年以來，第一次盛大召開世界
　　宗教領袖會議。由於現任聯合國祕書長安南，有鑑於政
　　治的紛爭和民族的衝突息息相關，其間宗教的力量也不
　　可忽視，希望藉著宗教的信仰和愛的精神，來完成世界

和平的目的。因為沒有一個宗教會承認他們自己所信的
神是殘暴的，是希望殺人的，是願見人類毀滅的。雖有
無數的教派，各有不同的信仰，但是熱愛世人的原則，
應該是相同的。如果各宗教之間以及各宗教內部，都能
和諧相處，敵對的政治團體和不同的國家及民族之間，
所謂宿怨世仇，也會自然消弭。因此，透過一個聯合國
的外圍宗教組織，國際宗教中心的創始人巴瓦·金先生，
承辦這項「千禧年世界宗教暨精神領袖和平高峰會」，
並且請他擔任祕書處執行長。

在一九九九年八月十二日及十二月十五日，安南分別
寄出兩份親筆簽名的函件邀請參加。（〈四四、出席聯合
國的宗教及精神領袖高峰會議〉，《抱疾遊高峰》，法鼓全
集 6 輯 12 冊，法鼓文化，頁 262-263）
案：今年六月二十三日，巴瓦·金親至象岡道場邀請。
見該日譜文。

**法師出席會議時，由東初禪寺住持果元法師、象岡道
場經理凱洛琳·漢生（Carolyn Hansen）、英文翻譯李
世娟，以及文宣攝影胡嵐陵陪同。**（〈四五、接受安南
的午宴招待〉、〈四六、會議期間的餐會邀宴〉，《抱疾遊
高峰》，法鼓全集 6 輯 12 冊，法鼓文化，頁 270-274）

**下午，於聯合國大會堂舉行開幕典禮，並由各宗教領
袖代表祈禱讚頌。**

　　高峰會議的第一天，也就是八月二十八日的下午，是
正式在聯合國的大會堂舉行的開幕典禮。除了執行長巴
瓦‧金致開幕詞之外，還有各宗教領袖的祈禱詞，及宗
教團體代表的讚頌歌，一共有三十五個團體和個人。宗
教氣氛非常濃厚，讓與會者分享到各宗教對於世界和平
的希望和祈禱的心願。例如中國道教代表閔智學、韓國
天台宗代表、西藏佛教代表、日本佛教代表等，都是各
派的大宗教師和各國代表性的宗教團體。（〈四七、列名
卓越的世界宗教及精神領袖名單〉，《抱疾遊高峰》，法鼓
全集 6 輯 12 冊，法鼓文化，頁 275）

**八月二十九日，大會開幕式後，由各宗教領袖演說並穿插
宗教祈禱。法師於第一場次發表主題演說。**

　　這次站上聯合國大會堂發言台的七位佛教領袖中，五
位是演說者，兩位是祈禱者。除我之外，另外四位是日
本天台宗的渡邊先生、柬埔寨上座部的瑪哈‧哥沙納達
（Maha Ghosananda）、西藏佛教的止貢仁波切（Drikung
Chetsang Rinpoche）、斯里蘭卡上座部的大長老索必達
（Mahathero Sobita）。兩位祈禱者，一位是來自臺灣的
心道法師，另一位祈禱者是印度籍緬甸系統的葛印卡（S.
N. Goenka）居士。

　　主辦單位提供有一份名單，叫作「千禧年世界和平高
峰會卓越的世界宗教與精神領袖們」（Millennium World
Peace Summit Preeminent World Religious and Spiritual

Leaders），共有五十三人，包括全世界的各種傳統宗教。

我被列名第九位，還是佛教領袖的第一位。至於其他的佛教領袖，日本兩位，韓國兩位，其他分屬於泰國、錫蘭、美國、柬埔寨、印度、緬甸，因為我是被列入美國項下，所以臺灣和大陸的佛教徒，在這份卓越的世界宗教領袖的名單上是看不到的。不過，另外大會提供了一份出席會議的宗教領袖名冊，共有二十七頁，列出一百二十二位世界各宗教領袖的簡歷，我和心道法師在這份名冊中，都標明是來自臺灣。（〈四七、列名卓越的世界宗教及精神領袖名單〉、〈四八、臺灣和大陸的佛教代表們〉，《抱疾遊高峰》，法鼓全集 6 輯 12 冊，法鼓文化，頁 275-282）

法師以「泯絕隔閡，互重互愛」致詞表示，過去宗教界交流較少，造成彼此誤解與隔閡，因此籲請所有宗教領袖，及時展開對話。而為了世界永久和平，更籲請各宗教領袖：「如果發現你所信奉的教義，與促進世界和平有牴觸之處，應該對這些教義做出新的詮釋。」並針對二十一世紀現代人貧窮問題指出：「物質的貧窮，讓人的生命受到威脅；精神及心靈的貧窮，則導致人的生活環境失去平安和幸福。」法師以法鼓山推動十年之心靈環保運動為例，籲請共同為建設人間淨土努力。

由於世界人類共同的努力，世界和平運動已經受到普

遍的重視，不過在西元二○○○年的今天，我們大家還為了世界和平而集合在聯合國開會討論，就表示世界尚有衝突的事實，正等著我們找出辦法來解決。

本人要誠懇地建議：為了世界的永久和平，如果發現你所信奉的教義，或有不能寬容其他族群之點，若有與促進世界和平牴觸之處，都應該對這些教義做出新的詮釋。因為任何一個健康的宗教，都宜與其他族群和平相處，就能逐步影響世界人類，遠離各種原因的戰爭。

說到世界人類的貧窮問題，我希望指出一個事實：物質的貧窮，讓人的生命受到威脅；精神及心靈的貧窮，則導致人的生活環境失去平安和幸福。

因此，我們的團體「法鼓山」，正在推行一項名為「心靈環保」的運動。這個運動是從每一個人的心靈淨化做起，讓每一個人的內心充滿了對於生命的感恩和慈悲，願意將努力的成果奉獻給他人。心靈的充實比起物質的擁有，是更可貴的財富。簡樸的生活是中國禪宗的特色，禪修者由於物質生活的淡泊，所以能獲得心靈的自在平安。只要心靈安定，便不會受到外在物質環境的刺激與誘惑，也不會傷害他人，破壞環境。

我們相信，任何一個宗教，都會有一個永恆不變的希望，那就是神的天國，或是佛的淨土，都是為了人類而設置的。佛教雖主張眾生平等，但只有在人間，才能夠實踐佛陀的教法。如果我們努力於人間天國或人間淨土的建設工程，那麼不論於何時死亡，必定能夠蒙受神的

恩典及佛的接引。

　　不論給它什麼名稱，天國或淨土，我們不僅都是地球村的好鄰居，也都是同一個宇宙之母的同胞兒女；我們彼此之間，不僅是好朋友，根本就是同一個大家庭中的兄弟和姊妹。因此，我們除了共同用各種方法來保護這個地球的生存環境，除了撤除一切人與人之間的隔閡障礙而彼此相愛，沒有別的選擇。（《人生》，206 期，2000 年 10 月，頁 48-49；後收於：《建立全球倫理 —— 聖嚴法師宗教和平講錄》，臺北：聖嚴教育基金會，2008 年 1 月初版一刷，頁 30-37）

法師講詞，日後於十月二十日由立法委員丁守中發起，徵得國會各黨派共七十三位立委連署提案，經立法院院會通過，將該致詞列入紀錄並刊登於《立法院公報》。

　　本院委員丁守中等七十三人，針就法鼓山聖嚴大師以全球宗教領袖身分，受邀參加聯合國「千禧年世界宗教暨精神領袖和平高峰會」，於今年八月二十九日假聯合國大會該高峰會開幕時發表專題演講，本席等認為聖嚴大師長年弘揚佛法，推動心靈環保、淨化社會及促進世界和平，普獲國際肯定與重視，聖嚴大師發表的演講，更是當前國際、國內亂象下，人類應共同遵守的準則與追求的目標。為感念聖嚴大師的慈悲心與對國際、國內社會的大愛與關愛，吾等特提案要求將聖嚴大師聯合國

高峰會致詞全文，正式列入本院會會議紀錄，刊登公報，以普遍教化人心。

決定：照案通過。將該致詞列入紀錄並刊登公報。（《立法院公報》，第 89 卷第 56 期〔上〕，民國 89 年 10 月 25 日，頁 174-176）

八月三十日，下午，與十餘位各宗教代表受邀參加籌備會，擬籌組永久性之世界宗教精神領袖組織，以推動、實踐和平宣言。法師建議：「組織性質為服務機構而非權力機構，以協助聯合國解決特定問題」，獲得與會者一致認同。

這個籌備小組會被形容為高峰會中的高峰會，以巴瓦・金為召集人，出席的除我而外，有前美國駐聯合國大使凱希爾（Harry Cahill）、里約熱內盧的地球環境高峰會發起人墨利斯・史壯（Maurice Strong）、倫敦默斯林學院校長查吉・巴達烏（Dr. M. A. Zaki Badawi）、印度的國會資深領袖卡蘭・辛（Karan Singh）、日本神道教的黑住宗道（Rev. Munemichi Kurozumi）、天主教的名傳教士麥士米蘭・米茲（Father Maxmillan Mizzi）、美國聯合國協會總裁比爾・路瑞斯（Bill Leuris），還有天主教羅馬教廷的樞機主教安霖澤（Cardinal Arinze）、回教國際組織會長哈米・孟・阿瑪（Dr. Hamid Bin Ahmad Al-Rifaie）、《印度時報》集團發行人印杜・金（Indu Jain）、聯合國國際健康組織協調主席鍾・阿士姆（John

C. Osborne）、哈佛大學教授拉理·蘇里曼（Larry
Sullivan）、印度最高法院辛慧（Dr. L. M. Singhvi）等
十四位。

這個會議，是在討論：如何組成這個顧問組織？哪一
些人可以勝任顧問工作？如何執行聯合國交辦的宗教事
務的顧問工作？後來大家的焦點放在梵蒂岡能否允許這
樣的組織上，因為羅馬教廷就有一個世界宗教顧問會的
組織，也在擔任著聯合國的諮詢工作，如果兩個會的名
稱和任務相同，梵蒂岡是不會贊成的。那麼究竟是要用
什麼樣的名義，來組成另一個機構，大家討論得相當的
熱烈，但又得不到可行的答案。

在宣布散會之前，我提出了幾句簡單的建言說：「我
們討論的組織和定位，應該不是朝向設立一個權力機構
去思考，而是一個服務的組織，它的成員可以因應個別
的案件和狀況來邀請適合的人員擔任，它的基本條件不
是一定要有龐大的宗教團體為背景，主要是能夠為那個
特定的項目或事件，提供方法來協助聯合國解決問題。
也就是說，邀請具有智慧、慈悲和方法經驗的人，來擔
任個案的顧問，那才能夠順利地為世界解決各族群之間
的紛爭。」

當我提出這樣的建言之後，使得大家耳目一新，起立
鼓掌，認為他們的最後結論已經有了，明天的會議不必
開了。至於如何找到適當的人擔任顧問，來協助聯合國
祕書長安南，那就要委託這次大會的執行長巴瓦·金去

物色了。散會之後，巴瓦・金特別感謝我的建言，然後
請我加持祝福，讓他能夠順利完成這項艱鉅的任務。
（〈四九、高峰會中的高峰會〉，《抱疾遊高峰》，法鼓全
集 6 輯 12 冊，法鼓文化，頁 284-287）

下午，接受 CNN（美國有線電視新聞網）專訪，及世
界銀行副總裁凱撒琳・瑪沙（Katherine Marshall）拜
會。凱撒琳親至下榻飯店拜訪，請教世界銀行如何與
各地區宗教組織合作，以解決開發中與未開發國家貧
窮問題。法師指出：要幫助那些貧窮飢餓地區，不是
派傳教士去傳播宗教信仰，而是協助他們認識和發揮
他們所信宗教的愛心，愛自己也愛敵人。

　　參與了高峰會中的高峰會之後，立即在我的房間
接見了世界銀行的副總裁凱撒琳・瑪沙（Katherine
Marshall）和她的一位朋友，她們請教我有關救濟貧窮國
家的意見，希望聽聽我的想法。因為世界銀行對第三世
界投注的心力物力已經很多，但都是頭痛醫頭，腳痛醫
腳，沒有辦法作到一勞永逸的，長期和穩定的，把貧窮
的國家從飢餓貧窮與戰爭中拯救出來。

　　我說世界各國不論是已開發和未開發的地區和民族，
除了少數極端的唯物論者，都應該有各自的宗教信仰。
今天世界六十多億人口中的百分之八十以上，都有各自
的宗教信仰，每一個宗教都不會否認他們所信的神或崇
拜的什麼對象，是有愛心的。今天要幫助那些貧窮飢餓

地區，不是要派傳教士去介紹和傳播別的一種宗教信仰給他們，只要協助他們認識和發揮他們所信宗教的愛心，愛自己也愛敵人。在愛心之中是不會有敵人的，自己的族群要求生存，也應體諒其他的族群同樣也要求生存。唯有大家和平相處，才能走出戰爭的魔障；也唯有大家和平相處，方能共同協力，從事於生產技術的成長和居住環境的改善。

至於由誰去做這些工作？就要請世界銀行來號召和選擇合作度較高的宗教組織，以及訓練大批有愛心的義工人員，給予適當的課程之後，選定較為開放但還相當貧窮的國家地區，試著實施。把這種地區的人，從飢餓貧窮中救濟出來之後，作為一種範例，再來普遍地推廣至各個貧窮地區，就會有更多的宗教團體以及更多具有愛心的義工人員來參與合作了。（〈五〇、我對消弭飢餓與貧困的建議〉，《抱疾遊高峰》，法鼓全集 6 輯 12 冊，法鼓文化，頁 288-290）

晚，參加哈佛大學杜維明教授受獎及演講餐會。杜教授為翌日大會同屬環保小組發表人，法師商請其擔任英譯工作。（〈四六、會議期間的餐會邀宴〉，《抱疾遊高峰》，法鼓全集 6 輯 12 冊，法鼓文化，頁 274）

八月三十一日，大會議程為分組討論。法師參加環境保護討論，並發表演說。

大會圓滿後，至紐華克機場搭機返回臺北。

八月，《神會禪師的悟境》由法鼓文化出版。本書內容原
　為一九九五年至一九九七年農禪寺禪坐會週日共修之
　講詞，經謄錄後，於一九九八年五月下旬至六月上旬，
　全部重寫。神會禪師為六祖門下傑出龍象，在中國禪
　宗史上為承先啟後之人物，本書即以神會禪師〈顯宗
　記〉為講解教材。有序云：

　　真正中華禪宗的特色，是頓悟漸修與頓修頓悟的不二
　法門，乃在六祖惠能的《六祖壇經》（略稱《壇經》）
　開始。

　　依據日本近代學者關口真大博士，以及中國現代學者
　印順博士的研究所見，中國禪宗的成立，分為幾個階段：
　1. 以菩提達摩為中心的，稱為楞伽宗；2. 以道信及弘忍
　為中心的，稱為東山宗；3. 以神秀、惠能、神會等為中
　心的，稱為達摩宗；4. 又由達摩宗的分派，成立了淨眾
　宗、南山念佛門、保唐宗、洪州宗、石頭宗、荷澤宗；5. 然
　後才是中國禪宗的大成，以及五家七宗的展開。

　　在這中間，神會禪師（六六八～一七六○）對於中國
　禪宗的貢獻，扮演著承先啟後的角色，六祖圓寂後，弟
　子雖多，能夠通宗通教，飽覽儒道群書，深入三藏教誨，
　熱心國事安危的大師像神會這樣的人，則不做第二位想。

　　以〈顯宗記〉的內容來看，學殖深厚，文字簡要，宗
　義明確。全文以《壇經》的「無念為宗」做主題，以般

若、解脫、法身的涅槃三德做貫串，以大小三乘的道品
行果為架構。動用了印度空有三系，會歸空有不二。思
想與實踐並重，解與行相呼相應。雖未引經據典，然從
其所遣用的佛學名相及其表達的文義來看，背景資料相
當豐富，涉及的大小乘經論有數十種，而以《般若經》、
《涅槃經》、《維摩經》、《法華經》、《華嚴經》諸經，
以及《大智度論》、《中觀論》、《成唯識論》、《大
乘起信論》（略稱《起信論》）諸論，為其取材的根據，
目的是在向世人呈現惠能大師的《壇經》宗旨。

　　所以，神會禪師是六祖門下傑出的龍象，是一位代表
南宗去征服北方的功臣……。

　　〈顯宗記〉這篇文章，的確很值得流傳，涵蓋面也相
當深廣，可以把它當做《壇經》的輔助來讀，由於文體
古簡，卻又不像《壇經》那樣一看就懂，必須細心品味
琢磨，才能獲得這篇名作的神髓。（一九九八年六月
十一日，聖嚴序於紐約東初禪寺）（〈自序〉，《神會禪
師的悟境》，法鼓全集 4 輯 16 冊，法鼓文化，頁 3-7）

九月二日，上午，自美返臺，抵桃園機場。

　　下午於農禪寺召開記者會，說明赴美參加聯合國外圍
組織所主辦「千禧年世界宗教暨精神領袖和平高峰會」
成果。法師表示，倡導和平為此次會議重點。

九月三日，上午於農禪寺宣講《楞嚴經》，約三百人參加。
而後接見僧團新進行者及家長。（《隨師日誌》未刊稿）

即日起至九月三十日，僧團於法鼓山上結夏安居。法
師為大眾講授《華嚴經‧淨行品》，並指導於打坐前
多拜佛。

　　今年的安居，我們是以打坐為行門功課，解門方面，
師父則為我們講授《華嚴經‧淨行品》。但在上課的第
一天，師父告訴我們，如果煩惱重，心浮氣躁下，禪修
不容易得力，如果心不柔軟，只管打坐，自我容易愈坐
愈大，法不染心，所以師父勸勉我們打坐之前多拜佛。
師父要我們每天至少拜一千拜，師父說：拜佛容易生起
慚愧、懺悔、感恩的心，身心柔軟，法才能染心，身口
意才能清淨向道，成為法器。（〈穿鑿心中含藏的大岩層〉，
《法鼓》，131 期，2000 年 11 月 15 日，版 2）

九月四日，晨，於農禪寺接受飛碟電台《飛碟早餐》節目
主持人周玉蔻現場電話專訪，談參加聯合國世界和平
高峰會相關議題。

　　上午，出席八十九學年中華佛研所開學畢結業暨第
十一屆佛教學術徵文頒獎典禮。

　　下午，應臺北市政府政風處邀請，與市長馬英九就「心

靈物語──身在公門好修行」主題進行對談，一千多
名市府員工與民眾與會。（〈師父與馬英九對談心靈物語
──身在公門好修行〉，《法鼓》，129 期，2000 年 9 月 15 日，
版 1）

**為《法鼓山九二一震災週年紀實》撰〈序〉，申述法
鼓山救災重在「心靈重建」，並向全體參與救災工作
菩薩，及本書主編楊慧華致敬致謝。**

　　地震災變發生之後，我就思考到，災後的「人心重
建」，將會是最艱鉅的工作，可能需要投注十到二十年，
甚至更長的時間。法鼓山為了人心的安頓，發願要長期
在災區以及全臺灣進行這項工作，因此成立了「安心服
務團」。

　　我又提出一個觀念：「受苦受難的是大菩薩，在這次
震災之中，罹難的菩薩們都是我們的老師，是救了我們
下一代的大菩薩。」我又說：「受災的人還能救災，那
真是大菩薩。」菩薩都是從苦難中走過來的。所以，在
這次災難發生之後，也成就了許多人的菩薩心，在此我
們要虔誠地感謝，有那麼多人共同參與救災行動。

　　我又提出的另一個觀念是，已經往生的人並不希望活
著的親人，永遠為他們的過世而痛苦、悲傷。生者為了
協助亡者往生西方極樂世界，必須要很勇敢地活下去，
為他們多念佛、祈願。類似這樣的觀念，對災區的菩薩
們是非常有用的。（〈序《法鼓山九二一震災週年紀實》〉，

《書序Ⅱ》，法鼓全集 3 輯 10 冊，法鼓文化，頁 25-29）

九月六日，邀請中央研究院李遠哲院長夫婦、朱敬一副院
　　長夫婦、林懷民、陳維昭、楊國樞、李亦園、劉述先、
　　黃榮村、張葆樺、曾濟群等十二人至農禪寺餐敘。

九月七日，中央廣播電台節目人員至農禪寺專訪法師。

　　總統府祕書長游錫堃至農禪寺拜訪。游祕書長曾是法
　　鼓山社會菁英禪修營學員，對法鼓山在九二一震災後
　　所推行「人心重建」工作，相當肯定。
　　　游祕書長特別問起農禪寺入慈悲門前，照壁上所寫「應
　　無所住，而生其心」的意義，師父向他說明：「只要心
　　不執著，自然能生起清淨的智慧心」，只見游祕書長似
　　有所悟地頻頻點頭。（〈前總統李登輝等人請益禪法〉，《法
　　鼓》，130 期，2000 年 10 月 15 日，版 1）

九月九日，至中視攝影棚錄製《不一樣的聲音》節目：與
　　《網路家庭》雜誌總經理李宏麟及前教育部部長楊朝
　　祥對談「網路生活面面觀」。與安寧醫療義工趙可式、
　　周美淑及立法委員江綺雯對談「遠離臨終的磨難——
　　臨終關懷」。（《隨師日誌》未刊稿）

　　於農禪寺出席「中秋關懷暨音樂饗宴」。因颱風將至，

法師勉勵演出者及主持人:「雖有颱風看不見月亮,但我們心中有圓滿智慧的月亮、有圓滿慈悲的月亮、心中有光明。」

九月十日,上午,拜訪悟明長老、成一長老及今能長老,祝賀長老中秋如意。

上午,中國大陸陝西法門寺博物館館長韓金科由鹿野苑負責人吳文成陪同,至安和分院拜訪。韓館長非常景仰法師,向法師詳細說明法門寺地宮寶物;法師亦贈送館長多種著作。

九月十一日,上午,應藝術家李明維之邀,前往臺北市立美術館參觀「二〇〇〇臺北雙年展」。館長黃才郎、李明維陪同觀展。法師鼓勵現代人培養藝術與美之欣賞習慣,可減少暴力。

下午,法鼓山人文社會暨獎助學術基金會於國家圖書館演講廳舉行「推動生命教育・大師鼎談──e世代的生命觀」座談會,邀請教育部部長曾志朗、臺大校長陳維昭與法師針對生命議題進行座談,葉樹姍主持。(〈豁達大度談生死〉,《法鼓》,130期,2000年10月15日,版3)

座談最後，法師出示「預立遺囑」。此為法師首度公
開表達意願，明白交代有關法鼓山人事、財產、傳承。
法師鼓勵大眾，「人生無常」，不要忌諱談死亡，成
年人應該及早預立遺書，對身後事預做準備。

　我公開提出了我自己的遺願書，被《聯合報》一字不
漏地刊出：「一、病危醫療照顧：我若病危已失神智，
而也確定不能復甦時，請讓我有尊嚴地自然往生，勿用
機器來增加折磨。二、身後事的處理：我是佛教徒，悉
從佛化的臨終助念及簡樸莊嚴的追思火化。勿建墓塔、
勿立碑像，乘風化去，隨水流逝。三、財物及事物處理：
我是僧侶，任何財物，不屬俗家親屬，不歸任何私人，
一切權責均由法鼓山僧團依制依法處理。（〈四二、成為
媒體的焦點·預立遺書〉，《抱疾遊高峰》，法鼓全集 6 輯
12 冊，法鼓文化，頁 255）

九月十三日，午齋時對僧團開示，預告翌年（二〇〇一）
年度主題為「大好年」，推動「好話大家說，好事大
家做；大家說好話，大家做好事」，鼓勵大眾彼此分
享感動的故事。（〈大好年〉，《法鼓山的方向II》，法
鼓全集 8 輯 13 冊，法鼓文化，頁 129）

下午，台北之音《臺灣大不同》節目主持人鈕承澤，
至農禪寺採訪，主題為：現實人生的迷思以及參加聯
合國世界和平高峰會經驗。

九月十四日，上午，帶領果品法師、果廣法師、果光法師、
　　果毅法師、公關文宣祁止戈主任、特別助理許仁壽同
　　赴總統府拜訪陳總統，就九二一災後心靈重建等問題
　　交換意見。總統對法師日前在「千禧年世界宗教暨精
　　神領袖和平高峰會」所倡導「避免戰爭最好的方式，
　　就是尊重別人的信仰」表示贊同；法師亦就總統所提
　　社會亂象，以及九二一災後重建等問題，提出「在困
　　境中找到希望，從安定中看出危機」。（〈五一、陳水
　　扁總統的約見〉，《抱疾遊高峰》，法鼓全集 6 輯 12 冊，法
　　鼓文化，頁 291-292；另參見：〈陳總統與聖嚴師父慈悲智慧
　　的對話　提出從人心安定中出發〉，《法鼓》，130 期，2000
　　年 10 月 15 日，版 1）

九月十六日，於安和分院錄製《大法鼓》節目。

九月十七日，至臺灣大學思亮館出席兩岸青年學者論壇「中
　　華傳統文化的現代價值」閉幕式。活動由中華發展基
　　金會主辦、法鼓人文社會學院籌備處承辦，會期兩天。
　　兩岸一百六十多位青年學者與會，包括北京大學副校
　　長何芳川、南開大學副校長陳洪、中央研究院院士劉
　　述先等，共同探索中華傳統文化在面對科技新世紀可
　　能交織的鋒芒。法師應邀致詞表示：
　　　中華傳統文化中善於處理人與人，人與自然間的相處
　　智慧，將是二十一世紀重要的思潮，他同時也寄望身為

時代先驅的青年學人,要以新的視野重新詮釋固有文化,並結合全球思潮脈動,開拓中華文化新的契機。(〈法鼓大學拓展中華文化新視野　兩岸青年學者探討文化價值〉,《法鼓》,130 期,2000 年 10 月 15 日,版 1)

九月二十一日,上午,至臺北市東區頂好廣場與市長馬英九共同主持平安鐘揭幕典禮。「臺灣人心新地標——平安鐘」係由法鼓山與臺北捷運公司合作籌建,設於頂好廣場。國民黨主席連戰、親民黨主席宋楚瑜、新黨全委會召集人郝龍斌、天主教聖母聖心會侯發德神父等出席觀禮。藝術廣場主體作品「琉璃藝術平安鐘」由藝術家王俠軍創作,搭配建築師姚仁喜、燈光設計姚仁恭之景觀規畫。法師以〈好山好水的祝福〉致詞祝福。

　　災後的悲情,如果讓人持續地哀喪,固然不健康;但是災後很快就故意地遺忘掉從災變中獲得的教訓,及寶貴的經驗,也是重大的損失。唯有記取經驗,感恩曾經給了我們援手的友人,緬懷已經往生的菩薩們,我們必須鼓足勇氣,轉逆境為助緣,努力生活下去,才能報慰於他們。

　　平安鐘的功能,便是隨時提醒大家為平安祈福,同舟共濟守望相助,永遠象徵著明日會比今天更有希望,大家攜手同行,就不會再有災難。(〈好山好水的祝福〉,《法鼓》,130 期,2000 年 10 月 15 日,版 8)

中午，應立法委員聯誼會之邀，於臺北來來飯店演講
「提昇人的品質，建設人間淨土」，院長王金平、副
院長饒穎奇及上百位立委皆到場聆聽。由葉樹姍主持，
王金平院長引言及結語。法師呼籲落實「心五四」運
動以培養心性，去除困境，增進人類福祉。

師父在演講中表示，法鼓山所推動的「人間淨土」觀
念，聽起來似乎很抽象，實際上是具體可行的，這是強
調從每個人的心靈淨化做起，例如在演講會中，左右所
坐都是朋友，每個人的心散發出的是安定的、溫暖的，
這樣安寧、祥和的時空，就是人間淨土的展現。

師父強調，法鼓山致力推展「心五四」運動，為
二十一世紀的生活主張，就是以精神啟蒙運動為主的生
活教育。（〈聖嚴師父應立院、北縣府之邀演講〉，《法鼓》，
130 期，2000 年 10 月 15 日，版 1）

九月二十二日，僧團夏安居期間，於法鼓山召集相關人員
研議籌備中的佛學院師資。（案：即於二〇〇一年設
立之法鼓山僧伽大學）

九月二十三日，晨，帶領僧俗四眾多人，前往千霞山海明
寺，祝賀悟明長老九十嵩壽。法師已先致送「自在王
佛」壽匾。（〈悟明長老九秩嵩壽〉，《法鼓》，130 期，
2000 年 10 月 15 日，版 1）

護法總會於農禪寺舉行「授證、表揚暨生活佛法體驗
發表會」，法師為新任會團長、地區召委及關懷委員
授證。會中除表揚推展護法組織成果優異人員，並安
排四場生活佛法體驗分享、音樂及舞蹈節目，約有數
百人參加。

聖嚴師父強調，法鼓山近五年來的發展，已受到社會
各界普遍的認同，尤其在九二一震災後，更普遍被社會
大眾肯定「是一個觀念啟蒙的生活教育團體」。師父強
調，「我們主要的工作是以觀念來安定人心，別人沒有
想到的觀念、沒有做的事，我們來做，而我們做的也是
別人所沒有的。」

對於從地區召委職務圓滿任期，榮陞為關懷委員，師
父叮嚀他們要退而不休，要更照顧關懷新任召委，使他
們做得比以前更好、更深入。（〈護法總會授證、表揚暨
生活佛法體驗發表會　師父叮嚀一起推動說好話、做好事〉，
《法鼓》，130 期，2000 年 10 月 15 日，版 1）

九月二十四日，臺中分院喬遷至西屯區市政路新址，法師
特別南下主持啟用典禮，並出席「社會菁英與法師座
談暨榮董授證」。座談會結束後，法師為三十五位新
榮董授證及五百多位民眾主持皈依儀式。

新分院設備齊全，簡潔大方中尤其講究實用性與易維
護性，氛圍莊嚴，好似人間淨土一般。開示中指出，昨
晚一到分院，心裡就感到喜悅，在法鼓山工程尚未建好

之前，臺中分院這樣莊嚴、得天獨厚的道場算是第一個；
這也是法鼓山體系中一個先驅性的建設。

　　師父說，臺灣在九二一震災發生後，大眾的經濟能力
受到重大的影響；臺中分院經過九個月的籌畫、遷建，
從構想到成為事實，正說明了「有願必成」。他語重心
長地道出自己的心境：「我一到臺中新分院的門口，就
想跪下來禮拜，拜誰？拜各位菩薩。」師父的話語才說
完，許多菩薩的眼淚也禁不住滾落臉龐。一位帶著濃濃
鄉音的老菩薩對臺灣的佛教團體之間的資源整合問題頗
為關心，對於這一敏感話題，師父則是坦然地回答：「佛
教團體雖然是各有各的資源、各有各的作法及特色，但
彼此之間分工合作，以佛法利益人間，共同為社會奉獻
的理念是一致的。」（〈方向正確不怕路艱鉅〉，《法鼓》，
130 期，2000 年 10 月 15 日，版 2）

九月二十五日，上午，中央研究院院士李亦園與喬健教授，
　　由法鼓人文社會學院籌備處主任曾濟群陪同，至農禪
　　寺拜訪法師，討論翌年（二○○一）十月籌辦兩岸人
　　文學術會議構想。

九月二十七日，於中華佛研所「創辦人時間」，以「大學
　　院教育」期勉同學，說明中華佛研所與僧伽大學佛學
　　院之目標，分別為培養學術人才與宗教師人才。（〈大
　　學院教育　創辦人的期勉〉，《法鼓》，140 期，2001 年 8

月1日，版8）

九月二十八日，至基隆月眉山靈泉禪寺。該寺舉辦三壇大
　戒，法師接受方丈晴虛法師之邀，擔任教授阿闍梨。

印海法師自美返臺，法師邀請至法鼓山上參觀指導。

九月二十九日，與僧眾至法鼓山上，參觀各項建設工程。

九月三十日，上午，應臺北縣政府之邀前往演講「理性與
　感性」。講會由蘇貞昌縣長引言，三百多名主管聆聽。
　法師表示，一般人認為理性與感性是對立的，其實就
　佛法而言，理性是無私的智慧，而感性是平等的慈悲，
　二者相輔相成。
　　師父也提出了他的人生觀：「生命的價值，在於奉獻；
　生命的意義，在於盡責任；而生命的目的，則在於追求
　快樂。」師父強調，所謂對快樂的追尋，卻與一般人的
　看法不同。
　　師父詮釋快樂有不同的層次，一種是狂喜，一種是刺
　激性的歡樂，而兩者都強調官能上的享受與刺激，這是
　一般所謂的快樂；而真正的快樂，是保持心情的穩定，
　身心的安定，不會受到任何外在環境因素的影響，也就
　是要常保平常心。（〈聖嚴師父應立院、北縣府之邀演講〉，
　《法鼓》，130期，2000年10月15日，版1）

下午，榮譽董事聯誼會於農禪寺舉辦「秋季榮董聯誼會」，法師蒞會開示，約有四百多位來自國內、外榮董參加。

十月一日，上午九時半，於農禪寺宣講《楞嚴經》，約有四百多人參加。

淡江大學二位同學至農禪寺求見，擬邀請法師至該校佛學社演講。校園近日自殺案件增多，同學除學業、社團之外，不知如何處理情感問題，希望法師能以佛法開導學生。法師考量時間與效果，未克應允。

晚，出席護法總會於農禪寺舉辦之「關懷委員感恩聯誼會」。法鼓山各地區護法會召集委員卸任後擔任關懷委員。法師開示指出：法鼓山對社會之影響力及對二十一世紀而言，會被很多團體接受與肯定。關懷委員是法鼓山寶藏，然因尚未賦予任務，須請共同思考如何發揮奉獻。

　　法師向退任的召委們致歉，因沒有賦予任務、方針、範圍，特請大家一起思考，如何能加倍地奉獻。「你們是法鼓山的寶藏，卸任的召委不是退休，而是進入另一個階段、另一層次的任務，如此法鼓山才不至於浪費資源或資源外流，我們需要更多的人力來推動理念。」（《隨師日誌》未刊稿）

十月二日，晨，赴新竹科學園區參觀凌陽科技公司並拜訪，
　　感謝創辦人之一施炳煌夫婦捐資贊助「法鼓山人文社
　　會獎助學術基金會」，隨後並拜訪園區管理局局長黃
　　文雄。

　　國民黨前祕書長章孝嚴偕家人，至農禪寺拜訪法師並
　　一同晚餐。章孝嚴女兒章蕙蘭為電影導演，已至臺北
　　安和分院學過初級禪訓班。法師邀請章孝嚴參加翌年
　　菁英禪修營。（〈前總統李登輝等人請益禪法〉，《法鼓》，
　　130 期，2000 年 10 月 15 日，版 1）

十月三日，午時，前總統李登輝由前護法會會長楊正夫婦
　　及華泰飯店董事長陳天貴夫婦陪同，至農禪寺拜訪。
　　法師為李前總統解說示範禪修要點，請其立即體驗。
　　交換禪修心得後餐敘。
　　　前總統李登輝先生，自十一年前，邀請師父到官邸指
　　導禪修後，李前總統即一直視師父為他的禪修老師，如
　　今卸下國家重責大任，即於十月三日中午，風塵僕僕地
　　在法鼓山前護法會會長楊正菩薩的陪同下，前來拜訪師
　　父，希望能在禪修上多著力。（〈前總統李登輝等人請益
　　禪法〉，《法鼓》，130 期，2000 年 10 月 15 日，版 1）

　　至臺北安和分院參加「法鼓山人文社會獎助學術基金
　　會」諮詢委員會議。

　　與會者包括：蔣經國基金會執行長李亦園院士、傑出人才發展基金會蕭新煌、太平洋文化基金會張豫生、中山學術文化基金會祕書長施水池、國家文化藝術基金會執行長洪簡靜惠，以及法鼓人文社會學院籌備處主任曾濟群。提供獎基會未來的營運方式與發展方向的建言。法師感謝與會者提供智慧與經驗，並指出此基金會是國際性質。此外，亦談及將來是資訊科技與生活科技的時代，大陸已進行生物科技計畫，此種趨勢將使人類的未來更趨不可預測。（《隨師日誌》未刊稿）

十月四日，晚，至新竹清華大學體育館出席「菩提樹與蘋果樹的對話──探尋人類的智慧之光」座談會。會前，與對談人、主持人於清華第一招待所會餐。

座談會由法鼓山主辦，對談人有五位：清華大學校長劉炯朗、交通大學校長張俊彥、工研院院長史欽泰、聯電董事長曹興誠及法師，主持人由《中國時報》社長黃肇松擔任，近千人與會。福嚴佛學院院長厚觀法師帶領該校師生約三十人到場聽講。

　　為時二個半小時的座談會，從探討科技與人文兩者對話的必要性、兩者如何結合、以及如何運用兩者開創美好人生等三大主題切入，座談人一致認為科技與人文應是相輔相成，前者無庸置疑地為人類帶來便利與舒適的物質生活享受，但人文才是促成精神生活提昇與性靈成

長的原動力。

　他們肯定地指出，科技本身並無善惡之分，為善為惡端視人類的觀念與智慧。師父深入分析表示，人類因為發明、創造的思考能力，而能延長壽命、保障生活，也同時因為對人文的追尋與探索而讓心靈提昇、生活幸福；不論是哪個領域的人，都應該彼此尊重而讓它們多元並存，展現豐富面貌。

　當話題進入如何以人文涵養、挖掘科技人的溫柔，讓生活更美好時，與會人士不約而同地指出，「教育」是不二法門。他們說，藝術、宗教、文學等柔軟心靈的人文良方，可以透過教育來落實，而教育更能提昇人品，朝向悲智雙運的圓滿人生邁進。（〈五賢座談：菩提樹與蘋果樹的對話　呼籲應以人文領導科技〉，《法鼓》，130 期，2000 年 10 月 15 日，版 1）

十月五日，上午，於農禪寺齋堂，對法鼓山全體僧眾及專職「精神講話」：「邁向二十一世紀的省思」。

香港理工大學校長潘宗光來訪，帶來大陸許多佛教書籍相贈並請益佛法。潘校長此行亦參加社會菁英禪修營。

即日起至十月八日，於法鼓山臨時寮主持「第十七屆社會菁英禪修營」，共有九十七人參加，其中包括知

名藝人林青霞、曾慶瑜、曾志偉等各界人士。法師於下午五時，學員報到後，對學員開示。

十月九日，主持「菁英禪一」。此係為已報名但未能參加社會菁英禪修營之學員特別舉辦，期使與法鼓山結緣。

晚，於法鼓山上聽取護法會二○○一年萬人勸募主題報告。二○○一年主題精神為「感恩惜緣發願」，活動目標為：一、突破萬人勸募會員，二、帶動與拓展地區組織發展。法師勉勵組織發展室之企畫和推動，並指示版畫紀念品題字定為「大好年」。（〈以願力來成就〉，《法鼓》，135 期，2001 年 3 月 1 日，版 2）

十月十日，晨，前往基隆月眉山靈泉禪寺，與印海法師、明波法師共同主持三壇大戒初壇正授。法鼓山僧團有果旭、果幸、果乘、果啟、果濏、果攝等七位戒子臨壇求戒。

西藏佛教噶舉派直貢法王澈讚仁波切至農禪寺參訪，交換漢、藏體系修行觀念。法師帶領常住僧眾與悅眾，在入慈悲門外接駕，而後至一樓新禪堂座談，並開放提問，雙向交流。

師父與法王結緣於今年八月底在美國聯合國總部舉辦的和平高峰會，師父即面邀法王來臺參訪。法王強調，

每一位修行人的必要基礎是具足善根，而是否有善根，則可由對上師的虔敬心、前世是否有修行及今世的修行程度等多面進行考量。法王特別指出，只要有信心、恆心，並能一門深入，任何修行法門都能有所成就。

　　聖嚴師父則表示，臺灣目前有不少修習藏傳佛教的信眾，而漢、藏體系實是相融不衝突的，密教的修行也需要有顯教中觀論的基礎，顯、密只是方法不同，終歸的目標皆是發菩提心、得解脫，最後落實在建設人間淨土之上。（〈噶舉直貢法王來訪農禪寺〉，《法鼓》，131 期，2000 年 11 月 15 日，版 1）

承天禪寺肯定法鼓山辦學及培育佛教人才用心，捐款新臺幣一億元，做為法鼓人文社會學院建設基金。
（〈承天禪寺捐款一億元　支持建設法鼓大學〉，《法鼓》，131 期，2000 年 11 月 15 日，版 1）

十月十一日，上午，於農禪寺新簡介館對大寮行者及主廚義工開示。參加人員主要為擔任宴客之主廚、典座師。法師開示：「香積」為香積佛國之美味，能將法喜味、禪悅食供養十方大德，功德殊勝。期許大眾將喜悅、誠懇放進每一道菜肴，並隨時提起安定、歡喜、慈悲及恭敬心，以供養、感恩奉獻時間及心力，在大寮中就能修行。

　　烹調的技巧方面，師父依於一向秉持的環保理念，提

示了幾項重點。包括考量到避免對自然生態環境的破壞，法鼓山不使用髮菜及燕窩；另外，為落實心靈環保，在素食食材的選擇上，不使用以葷食的名稱、形狀、味道為樣本調製出的「素材」，應該以時鮮的蔬果為主。而針對供應數量多寡的不同，師父也提醒與會者不妨多運用不同的處理技巧，例如法會活動用餐人數眾多時，可著重在材料的實惠與實在上；若是招待需要，則以精細料理為佳，供應的分量不需太多，但可以接引受招待的人一改對素食飲食的印象，回味無窮之餘更能開動法輪。（〈師父與主廚們分享在大寮的心得〉，《法鼓》電子報，131 期，2000 年 11 月 15 日，版 1）

午前，至農禪寺一樓新禪堂為教育訓練室舉辦之「新進人員教育訓練課程結訓」開示。自十月二日起為期一週，每天安排半日課程，介紹法鼓山組織發展及理念。約有四十位參加。法師勉勵彼此同為推動理念之義工，而非資方、勞方關係。

我不是老闆，你們也不是員工，我不是資方，你們也不是勞方，我們都是共同推動法鼓山理念的義工。專職菩薩只有任務，在執行完成任務時，要採取共同合作，養成團隊共識。任務之中沒有個人的好壞，當別人完成工作時，也就等於是自己的工作完成。（〈這裡沒有老闆也沒有員工〉，《法鼓》，131 期，2000 年 11 月 15 日，版 6）

下午，出席於農禪寺新簡介館召開法鼓山各基金會之聯合董事會，此為每半年召開一次之例行性會議，由惠敏法師擔任主持人。

十月十二日，上午，於農禪寺新簡介館會見歌仔戲名角楊麗花、陳亞蘭。楊麗花約有十多年未巡迴表演，此次巡演係回饋戲迷。其中第一場為慈濟義演，最後一場則為法鼓山義演。法師感謝並回贈《枯木開花——聖嚴法師傳》、《歡喜看生死》等書。(《隨師日誌》未刊稿)

晚，第三十二次社會菁英禪修營共修會於農禪寺舉行，稍晚並於新禪堂聚會。法師共進晚餐，聽取禪修心得分享。

十月十三日，於農禪寺預錄法青會活動開示。

於農禪寺召開「禪四十九」第二次籌備會。

下午，至臺北安和分院出席人文社會獎助學術基金會董事會。

傍晚，率領僧團都監果品法師、文基會副執行長果肇法師，前往承天禪寺向住持傳悔法師致謝，感恩護持建設法鼓人文社會學院。一行人並到廣欽老和尚紀念

館頂禮，感念其奉獻佛教、救濟眾生之悲心。

　　傳悔法師與聖嚴師父過去即為舊識，近來傳悔法師雖因病無法行走，但兩位長老相見，分外親切，除了互贈個人傳記外，師父並贈送一套《法鼓全集》。翻看傳悔法師的自傳《覓菩提》一書，兩位法師細數著圖片中共同認識的法友，就如同回顧著近代佛教發展史，一生奉獻三寶的兩位長老，共同的感慨是年事已高，佛教界需要更多青年僧才的努力，以護持佛法常住。（〈承天禪寺捐款一億元　支持建設法鼓大學〉，《法鼓》，131 期，2000 年 11 月 15 日，版 1）

晚，出席於農禪寺召開之擴大主管聯席會議。會中說明接受承天禪寺捐款責任重大。

　　對於接受捐款事，師父以嚴肅的口吻說：「我們一則以喜，一則以憂。喜者我們辦學的理念能夠獲得認同，引起迴響。憂者，我們的責任更重了，這是因果錢呀！要負責呀！」短短的兩句話，五十個字不到，說來鏗鏘有聲。這就是師父接受捐款後的心情寫照。（〈一封未能送達的信〉，《法鼓》，135 期，2001 年 3 月 1 日，版 8）

十月十四日，至中視攝影棚錄製《不一樣的聲音》節目。上午主題為「中性時代來臨了嗎？」對談來賓為舞蹈家林秀偉、作家陳艾妮。下午由法師介紹「千禧年世界宗教暨精神領袖和平高峰會」。

晚，至法鼓山上出席護法總會舉辦之「滿點加油」感
恩分享大會與「萬人推動理念」活動，約有八百多人
參與。活動一連二天。法師與會感恩大眾護持，並為
一百二十位滿點菩薩授證。（《隨師日誌》未刊稿）

十月十五日，上午，於農禪寺會見劉岠墩，劉居士介紹高
雄澄清湖旁之紫雲寺捐予法鼓山。該寺僅有二項請求：
原有常住眾須繼續照顧，有住持一人約八十三歲，另
有四位女眾約七十多歲。再則，希望由女眾接管該寺。
法師應允並指示：請高雄分院監院果舟法師翌日即前
往拜訪了解。（《隨師日誌》未刊稿）

下午，於農禪寺新簡介館召開「法鼓山慈善基金會」
第一次董事籌備會。

十月十六日，農禪寺舉辦剃度典禮，有十六位青年發心出
家。典禮由法師主持，聖靈寺今能長老為教授阿闍梨，
鑑心法師、能定長老尼等為執剃阿闍梨。本年剃度弟
子為演派「果」字輩最後一屆，明年起遞沿至「常」
字輩。

當天除了六位新剃度法師，另有一位來自馬來西亞，
現就讀於中華佛學研究所的研究生依止師父，另有九位
行者一同參與典禮。

自今年起，農禪寺皈依弟子法名由「果」傳至「常」

字輩，因此新剃度法師將成為最後一屆果字輩法師。
（〈我今得入如來家〉，《法鼓》，131 期，2000 年 11 月 15
日，版 8）

十月十七日，於農禪寺會客室預錄〈法行會成立週年開
　　示〉。法行會成立週年慶祝晚會將於十一月十七日舉
　　辦。（《隨師日誌》未刊稿）

十月十八日，上午，赴美前至文化館祖堂禮祖告假。文化
　　館常住法師與中華佛研所師生職員於一樓列隊送行。
　　日本善光寺住持黑田武雄等人正巧來訪，法師贈書並
　　合照。（《隨師日誌》未刊稿）

　　下午四時，赴桃園中正機場，搭機前往美國。

十月二十日，晚，於美國紐約東初禪寺主持「法集會」。
　　以西方弟子為參加對象，集會先打坐二十分鐘，而後
　　一小時開示、三十分鐘問答。此次內容有：為何有自
　　我的煩惱？如何從虛妄自我轉化成智慧無我？無我的
　　空，如何不妨礙現實的有？（〈聖嚴師父在美講具神祕性
　　的四種神通〉，《法鼓》，131 期，2000 年 11 月 15 日，版 1）

　　深夜，撰寫〈趙樸初老居士──重興當代中國佛教的
　　大德〉。趙居士為中國文革以後重興佛教之重要人物。

法師於青少年在上海學僧時代即已對其佛學造詣、丰
采才華，十分心儀。近年來往較頻。今年五月二十一
日趙老居士捨報，法師有文致唁。（文見：《悼念Ⅱ》，
法鼓全集 3 輯 11 冊，法鼓文化，頁 99-103）

十月二十二日，於東初禪寺講「三十七道品」之「四如意
足」，數百名東、西方人士聆聽。（〈聖嚴師父在美講
具神祕性的四種神通〉，《法鼓》，131 期，2000 年 11 月 15 日，
版 1；《四如意足講記》，法鼓全集 7 輯 14 之 2，法鼓文化）

十月二十三日，法鼓山禪修推廣中心應行政院法務部之邀，
前往教授「禪修指引」課程，約有三百人參加。法務
部部長陳定南表示，禪修能調和身心健康，對法鼓山
推廣用心，至為感佩。

十月二十六日，為《李恆鉞長者遺著》撰〈序〉。李居士
曾任臺灣國立交通大學教授兼總務長及中山科學院電
子研究組組長，早年就讀唐山交通大學時即已學佛，
一九四九年來臺後，又從學於印順導師。盡心本職公
務外，勤於弘法，熱心護法，著有《向受過現代教育
者介紹佛教》，為一九六〇年代接引知識青年學佛之
名著。退休後赴美，與法師來往漸多。
　　當恆鉞長者謝世不久，他的子女到我紐約的幻居處相
探，我即鼓勵整理他的遺著出版，以資紀念，以利眾生。

他們經過兩年的辛苦，相繼完成輯為三書：《離苦得樂之道》、《中觀學佛綱要》及《解脫道及菩薩道》。多謝他生前聽講的學生和他賢孝的子女，並將錄音帶打字成稿，潤修成文，編輯成書。其思想組織體系和講出時的表達方式，皆存恆鈸長者的原貌，讀者仍如親炙音容，備感長者的悲智，依舊住在人間。（〈序《李恆鈸長者遺著》〉，《書序 II》，法鼓全集 3 輯 10 冊，法鼓文化，頁31-33；〈悼念李恆鈸長者〉，《悼念‧遊化》，法鼓全集 3 輯 7 冊，法鼓文化，頁 171-174）

晚，應邀於紐約上州卡茨基爾（Catskills）地區之哈特威克學院（Hartwick College），為該校師生演講「禪與平常生活」。此為該校舉辦為期二個月佛教講座「佛教在卡茨基爾（Buddhism in the Catskills）」之一，由該校佛學教授桑迪‧杭亭頓（C. W. Sandy Huntington）主持。

法師為他們介紹的是：（1）寺院禪修的日常生活及居家禪修的日常生活。（2）個人自我的體驗與宇宙大我的體驗。（3）觀念及方法的配合以達成自我解脫的目的。（4）基礎的放鬆身心為著手，以話頭或默照的修習，完成淨化身心、頓悟解脫的目標。（5）如何找到理想的老師？（〈聖嚴師父在美講具神祕性的四種神通〉，《法鼓》，131 期，2000 年 11 月 15 日，版 1）

十月二十七日，即日起一連三天，出席在象岡道場舉辦之
　　「法鼓山護法會北美分會二〇〇〇年會」，共有來自
　　北美十三州一百六十多人與會。主題為「回顧與展望
　　──超越二千年」，法師開示指出，法鼓山將翌年（二
　　〇〇一）訂為「大好年」，期勉結合「心五四」精神，
　　推動「大家說好話，大家做好事」。

即日起兩日，由交通大學與楊英風藝術教育基金會共
　　同成立之「楊英風藝術研究中心」，於新竹交通大
　　學舉行「人文、藝術與科技──楊英風國際學術研討
　　會」。法師發表書面致詞，歷數楊英風與法鼓山之因
　　緣。
　　　　〈善財禮觀音〉（一九八九），〈釋迦牟尼佛〉
　　（一九八九）二件現代佛教藝術造像，在法鼓人文社會
　　學院一九九三年和一九九八年先後二次的藝術義賣籌款
　　活動中，由「楊英風美術館」捐贈給法鼓山，「因緣深
　　切」地肯定與護持我們辦現代佛教教育的理念，更是由
　　衷地感謝與感恩。一九九六年埋在法鼓山地宮中的〈祈
　　安菩薩〉雕像（一九八四），法鼓山的整體景觀中有這
　　位闖蕩中外藝壇，穿越古今文化的雕塑大師的蹤影長相
　　左右，有緣和這位大藝術家結緣千古，實在無限榮幸。
　　（〈歷史氣質和宇宙氣勢──楊英風和法鼓山〉，《致詞》，
　　法鼓全集 3 輯 12 冊，法鼓文化，頁 89-93）

十月三十一日，法師榮獲八十九年行政院文化獎，獲頒「文化獎章」及新臺幣六十萬元獎金。

文化獎是一項終身榮譽的獎項，是表彰對中華文化的維護與發揚有特殊貢獻的人士而設，主辦單位表示，法鼓山禪修文教體系創辦人聖嚴師父，推動「人間淨土」思想，秉持「提昇人的品質，建設人間淨土」理念於不輟，近年來更於提倡「心靈環保」之外，致力以「心五四」運動，安定社會人心，成效卓著。八十九年行政院文化獎的得獎人士共有四名，另外三人分別是：布袋戲大師黃海岱、古籍校勘專家國學大師王叔岷、著作等身的作家葉石濤。（〈聖嚴師父榮獲文化獎殊榮　肯定終身致力教育文化貢獻〉，《法鼓》，131 期，2000 年 11 月 15 日，版 1）

上午，中央氣象局發布象神颱風陸上颱風警報。

晚上十一點，新加坡航空因強風豪雨，於桃園國際機場發生空難。法師從紐約傳真關心，並指示法鼓山緊急加入關懷慰問工作，由僧團、助念團、福田會及護法體系，共同至機場及林口長庚醫院探視關懷。法鼓山僧團關懷中心監院果東法師，率領桃園地區悅眾與助念團，在中正機場過境旅館所設臨時靈堂，為新航空難罹難者舉行助念儀式。（〈法鼓山展開風災空難關懷行動　師父嘉勉感恩默默奉獻的菩薩們〉，《法鼓》，131 期，2000 年 11 月 15 日，版 1）

象神颱風過境，強風豪雨將法鼓山左右兩側溪流沖成寬廣河流，並從上游沖下大量巨石。法師視此為菩薩與護法送來大禮。

十月的象神颱風，使我們花了大筆的金錢，做睦鄰支援整修工程，若從工務部分的角度來看，那的確是一場災難。

若從另一個角度思考，在一夜之間，便把兩條包抄在法鼓山左右兩側的野溪，沖成了既寬廣又有深度的兩條河流，自是好事。從上游沖下了大量的巨型石塊，大的有數噸重，小的也有百把公斤，當時在山中的常住眾果治等人，整夜都聽到溪裡似有連續雷鳴砲轟的巨響，原來就是那些大石塊成群結隊，好像泡泡棉一樣，順著洪流滾滾而下，以致山鳴谷應，聲勢浩蕩，但是對我們跨溪而建的橋樑，卻毫髮無損。其實這正是讓我已祈求了十來年的一大喜事，真的要感謝象神的賜助。

因為在十二年前物色到這一塊山坡地，命名為法鼓山以來，經常覺得由兩條野溪環抱著的法鼓山雖已很好，但是還不夠大好，因為兩溪雜草叢生，寬度太窄，深度太淺，處處是亂石，若非雨季，也留不住水，氣勢看起來就是不夠開朗。好幾次跟我們工務室主管陳洽由提出整治兩條溪流的想法，總是礙於它的產權屬於政府水利部門所有。

不能夠整治這兩條野溪，總是覺得遺憾。結果卻由於象神颱風為我們把這兩條野溪不僅是加寬了、加深了，

原來的雜草也多數被清除了，由上游滾送下來的無數石塊，正好可以拿來做為整治河床、加固河岸的建築材料，這麼一來，兩條不搶眼的野溪，竟然就好像是從天上放下了兩條神龍，在我們法鼓山的兩側騰躍了起來。經過一年的整理，逐段堆砌之後，現在已經多了好幾個段落的親水區，也增加了幾處小瀑布的景觀。這使我不得不相信，這是觀音菩薩和當地護法神，所賜的一項用錢都買不到的大好禮物。（〈一〇、納莉颱風和象神感應〉，《真正大好年》，法鼓全集 6 輯 13 冊，法鼓文化，頁 91）

十一月一日，越南國寶級清慈禪師率領僧俗四眾多人，至東初禪寺拜訪，並應邀以「禪佛教的源頭」為題演講，共有一百多位東、西方人士參與。聖嚴法師已有多種著作譯成越南文，清慈法師稱法師著作即當地佛教徒教科書。（〈越南清慈禪師訪東初禪寺　與聖嚴師父暢談佛教發展〉，《法鼓》，132 期，2000 年 12 月 15 日，版 1）

十一月五日，於東初禪寺講說「四如意足」圓滿。（《四如意足講記》，法鼓全集 7 輯 14 冊之 2，法鼓文化，頁 27）

十一月七日，撰寫〈《抱疾遊高峰》自序〉。此書為法師第十二冊遊記傳記，記述西元一九九九年一月至二〇〇〇年十月間事。書於翌年（二〇〇一）六月由法鼓文化出版。〈序〉見該日譜文。

十一月十七日，法行會於臺北力霸大飯店舉行週年慶祝晚
　　會，約有二百多人參加。會長鄭丁旺致詞時，期許法
　　行會將來更能發揮凝聚力量，在社會各階層推展佛法，
　　共同推動法鼓山理念。法師未能出席，以預錄影帶肯
　　定與慰勉法行會一年來會務推展，並說明法鼓山未來
　　之發展方針與重大推動事項，期許法行會發揮「智庫」
　　功能，與法鼓山體系密切配合。

十一月二十四日，利氏學社社長魏明德神父及兩位德籍學
　　者等一行四人，由法籍神父馬天賜帶領，參訪農禪寺、
　　法鼓文化及中華佛研所。

十一月二十五日，即日起至十二月二日，法師於紐約東初
　　禪寺主持第九十一期話頭禪七，共有五十二人參加。

十二月一日，下午，於紐約象岡道場主持禪七圓滿前，舉
　　行傳法儀式，交付法脈予來自瑞士之麥克斯・卡林與
　　英國之賽門・查爾得（Simon Child）。二位醫生弟子
　　均有豐富而紮實之禪修經驗，法師期許能將正統禪法
　　弘傳至西方社會，讓更多人得到佛法利益。法師弘揚
　　禪法多年，此前，包括英國之約翰・克魯克，只傳法
　　二人。
　　　師父強調，當前傳承中國禪法的人為數極少，而禪法
　　在西方的弘揚還只是在起步的階段，師父認為，由西方

人士傳承禪法,同時也能讓東方人士更重視中國禪宗的發揚;因此西方弟子能夠接受禪法傳承,固然應該感恩他,而他更感謝弟子們能夠擔負起傳承正法的責任。

對於傳承者的選擇,師父表示有四項條件,一是已經見性,因為見性以後的人,對於佛法和自己的信心便不會改變。第二是具有佛法的正見,對因果和因緣有正確的認知,並且不偏離戒、定、慧三學的修學。第三是性格穩定、柔和,只有能調伏自己的煩惱,才不會傷害其他人。第四是發菩提心,也就是具有傳持佛法、弘揚佛法的悲願。

兩位接受傳法的西方弟子,均有著豐富而紮實的禪修經驗,賽門‧查爾得近年在英國協助約翰‧克魯克博士在西方十多個國家及地區指導禪修;麥克斯‧卡林在瑞士蘇黎世,帶領一個數十人的禪修團體。接受承傳之後,二人均表示,此後將盡心盡力地為禪法在西方社會的弘傳而奉獻。(〈聖嚴師父傳法 Max Kalin、Simon Child 期許在西方國家弘揚正統漢傳禪法〉,《法鼓》,132 期,2000年 12 月 15 日,版 1)

十二月四日,即日起,法鼓山禪修推廣中心在新竹科學園區生活館,開辦禪修指引系列課程,提供科技人放鬆身心良方。(〈為科技人減壓放鬆　法鼓山禪修有妙方〉,《法鼓》,132 期,2000 年 12 月 15 日,版 1)

十二月九日，上午，西蓮淨苑開山住持智諭長老捨報圓寂，
　　住世七十六歲。長老為中華佛研所副所長惠敏法師剃
　　度法師。聖嚴法師刻在美國，感佩長老一生對佛教貢
　　獻良多，特手書致意以誌悼念：

　　　惠敏法師暨西蓮淨苑諸善知識：得知令師智諭長老捨
　　壽西歸，殊為感傷。他老人家抱病多年，示範說法，度
　　無知眾生。如今化緣已了，得自在身。托質蓮華，常侍
　　彌陀，恆以觀音勢至及諸上善人為伴侶。吾等當為其隨
　　喜助念，同霑法益，共結蓮池之緣。（〈智諭長老捨報圓
　　寂　聖嚴師父親函悼念〉，《法鼓》，133 期，2001 年 1 月 1
　　日，版 1）

十二月十四日，僧團召開「法鼓山僧伽大學探討會議」，
　　討論佛學院運作、確立組織架構以及僧團與僧伽大學
　　佛學院之關係。（〈法鼓山僧伽大學佛學院大事記〉，《臺
　　灣佛學院所教育年鑑創刊號》，2002 年 12 月，頁 228-232）

十二月十八日，第二十屆行政院「文化獎」頒獎典禮於國
　　家圖書館舉行。法師在美未克出席，由法鼓人文社會
　　學院籌備處主任曾濟群代表受獎，並於會中代讀得獎
　　感言〈從本土到全球〉。

　　　「我能以一個僧侶的身分，獲頒行政院文化獎，這是
　　作為一個佛教徒的光榮。」師父強調自己的基礎在臺灣，
　　逾八十部的著作及出版物中，多數以中文為主，部分作

品已譯成二十多種歐、亞文字，在世界各地流傳。而每一步弘化行程的展開，全是為了「將優良的中國民族文化的遺產，分享給今日世界的人類社會。」師父回溯自己三十餘年的國際弘法行腳表示，雖然經常處於不同國家的生活環境中，然而從不會忘記自己的文化背景及民族源流是中國的。

有鑑於此，對於臺灣文化的格局展現，他提出了多元文化視野的期許。「多元文化是為全球化必然的準備工作，臺灣在加強推展本土文化的同時，必須要承先啟後；承先是對中國文化的回顧，啟後則是對世界文化的前瞻。」師父表示，文化的變遷與成長，是從不同文化的相互激盪中形成的。

他特別舉出黃海岱先生的布袋戲，似乎全然是臺灣民間文化的創作，但故事情節卻取自於儒家的忠孝節義及佛家的因果義理；又如雲門舞集，雖然呈現的是現代舞風格，然而創作題材及精神內涵，卻又涵及中國古典文化，乃至佛教文化，然而一切舞作的起點，還是在臺灣。就佛法而言，也有異曲同工之妙，師父提到，他所弘揚的佛法基礎是印度及中國的，著眼及著力點是臺灣本土的，也是當今世界的。（〈聖嚴師父盼以文化超越地域、歷史局限〉，《法鼓》，133 期，2001 年 1 月 1 日，版 1；〈從本土到全球〉，《聖嚴法師與人文對話》，法鼓文化，2001 年 4 月，頁 131-134）

十二月二十五日,即日起至翌年（二〇〇一）一月一日,於
　　東初禪寺主持第九十二期默照禪七,共七十一人參加。

十二月,《法鼓晨音》、《四聖諦講記》,在臺北由法鼓
　　文化出版。《法鼓晨音》為平日對出家弟子之應機開
　　示,著重法義觀念引導以及生活制度規則之指點,有
　　〈序〉云:

　　　既然有了愈來愈多的出家弟子,建立清淨僧團的任務
　　責無旁貸。由於這個僧團是從零開始的,舉凡殿堂作息、
　　規章制度,都是在摸索中一點一滴,累積起來。除了參
　　考佛制的律儀,也參考中國古叢林的清規,尤其還得適
　　應當今社會環境的實際狀況。

　　　我便偶爾於早齋之後,應機開示僧團生活的種種威儀
　　規範,及入眾、隨眾、依眾、靠眾的基本準則。出家是
　　為離俗離欲、出離生死的牢獄;清淨的僧團,便是為出
　　家人提供了離生死苦、得解脫樂的修行環境。至於如何
　　能在僧團的生活環境中,實踐解脫道及菩薩行,法義的
　　觀念引導以及制度的生活規則,是兩大支柱。我的每一
　　篇開示,內容雖各不同,重心則不出這兩條軌道。(〈自
　　序〉,《法鼓晨音》,法鼓全集8輯8冊,法鼓文化,頁3-4)

民國九十年／西元二○○一年

聖嚴法師七十二歲

國內外重要大事

- 美國遭受恐怖攻擊（九一一事件）。
- 美國發動阿富汗戰爭。
- 達賴喇嘛來臺弘法八天。
- 南投埔里中台禪寺落成。

法師大事

- 於臺北「宗教與世界和平及心靈環保座談會」發表演說。
- 於臺北「世界宗教合作會議」發表演說。
- 創辦法鼓山僧伽大學佛學院。
- 出席於紐約舉行之「千禧年世界宗教暨精神領袖和平高峰會諮詢委員會」並發表演說。
- 至墨西哥指導禪修。
- 出版：《探索識界——八識規矩頌講記》、《抱疾遊高峰》、《自家寶藏——如來藏經語體譯釋》、*There is No Suffering: A Commentary on the Heart Sutra*（《度一切苦厄——心經講記》）、*Hoofprint of the Ox*（《牛的印跡》）。

訂定本年為「大好年」，以「大家說好話，大家做好事，大家轉好運」為行動目標。

一月四日,自美返臺。返抵農禪寺,為大眾開示:世界人
　　心浮動,正是我等著力處,應練習事雖多而心不煩。
　　並勉勵受大戒之法師,承擔更大責任。

一月五日,赴三峽西蓮淨苑智諭長老靈堂拈香。法師表示:
　　希望自己往生後,採用自然葬,並贊成法鼓山上及齋
　　明寺可規畫環保自然葬公園區。(《隨師日誌》未刊稿)

一月六日,於農禪寺早齋開示,向大眾介紹高雄紫雲寺概
　　況。
　　　　法師向大眾介紹高雄紫雲寺概況,希望法鼓山的精神
　　能在當地發揚。並向大眾介紹現任住持淨圓長老尼。紫
　　雲寺第一任住持是演禪長老尼,二位為師徒關係。淨圓
　　長老尼請求依止聖嚴法師,法名為果淨。(《隨師日誌》
　　未刊稿)

　　　　下午,第七屆佛化聯合婚禮於臺北劍潭青年活動中心
　　舉行,法師擔任祝福人,吳伯雄居士任證婚人,另有
　　蘇起、陳月卿夫婦任介紹人。共有五十四對新人參加。
　　(〈54對新人　新世紀佛化婚禮沐法雨〉,《法鼓》,134期,
　　2001年2月1日,版1)

一月七日,上午,主持於臺北中正高中舉行之祈福皈依大
　　典,約有一千五百人皈依三寶。開示云:

三寶對我們的世界，個人身心及家庭都有很大的利益。大家都知道現今的環境很不安定，不論是從哪個角度，很多人都有不安定的感覺，但不僅是這個時代如此，也不一定臺灣如此，每個時代都有它的問題，都有祈求平安的需求。求平安可得平安，但內心不平安，即是自己製造不平安。大家都埋怨環境不好，究竟是誰不好，應該反問我們自己的心。（《隨師日誌》未刊稿）

一月九日，藏傳唯識學學者傑福瑞・霍普金斯（Jeffrey Hopkins）教授，應邀至中華佛研所進行專題演講，特別至農禪寺拜訪法師。

上午十時至下午三時，前往中視錄製《不一樣的聲音》節目，與談主題有：「三通通向何處？」、「大好年」、「美國大選的思索」、「經濟黑暗期什麼最保值？」。

一月十日，法鼓人文社會學院籌備處主任曾濟群，代表出席於中央研究院召開之「科技發展與人文重建」學術研討會籌備委員會第一次會議，出席者尚有李亦園、楊國樞二位院士及喬健教授等學者專家。

南下拜訪高雄紫雲寺前任住持演禪法師、淨圓法師，承接紫雲寺法務。

法鼓山正式承接高雄縣紫雲寺法務，並更名為「法鼓

山紫雲寺」，這是繼桃園齋明寺之後，法鼓山再度承接他寺法務。一九六〇年創建的高雄縣鳥松鄉紫雲寺，由於第一、二任住持皆已老邁，經審慎評估後，決定將廟產及經營法務移轉給法鼓山繼續弘化。（《隨師日誌》未刊稿）

一月十一日，於臺北台泥大樓士敏廳舉辦「法鼓山新世紀大好年」及楊麗花歌仔戲團義演記者會，包括張學友、楊麗花、陳亞蘭、吳念真、吳宗憲、張清芳、羅大佑、柯受良等人，與大眾分享自己從「大好年」所得啟發，並宣言竭盡所能推廣此理念以裨益社會人心。（《隨師日誌》未刊稿）

一月十二日，九時，於農禪寺二樓新禪堂預錄新春賀詞及推動大好年開示。

十時，文化館舉辦冬令慰問，法師至現場關懷。

參加信眾何森庭居士告別式。何居士為何周瑜芬之同修，多年護持甚力，自奉儉省，講究環保，因許為「大智若愚」。法師有文悼念。（《隨師日誌》未刊稿；〈何森庭居士——大智若愚的佛法實踐者〉，《悼念Ⅱ》，法鼓全集 3 輯 11 冊，法鼓文化，頁 107-109）

傍晚，於農禪寺出席第三十三次社會菁英禪修營共修會並開示。

一月十三日，即日起二天，護法會於土城教育訓練中心舉辦「召委、副召委成長營暨聯誼會」，共有一百一十五人參加。法師以衣領、衣袖詮釋「領袖」意義，期許核心悅眾發揮耐磨個性，為大眾服務。

一月十四日，上午，於農禪寺宣講《楞嚴經》，約有二百多人參與。有線電視「御銘新知」頻道現場直播。此為該頻道開設《法鼓晨音》節目之首播。

　　新知頻道於一至四月份的每週日上午十點至十一點，開闢《法鼓晨音》節目，首播為法師之《楞嚴經》弘講，陸續將播放法師與當代名人對談節目。（〈大事記〉，《1989-2001法鼓山年鑑》，法鼓山基金會，2005年10月初版，頁239）

召開會議，由僧大籌備小組報告並討論未來佛學院、佛研所及僧團之間如何協調運作；法師強調建校初期確立校風之重要性，勉勵與會法師以身教、言教帶領學僧。

一月十六日，拜訪臺北濟南路華嚴蓮社成一長老、樹林海明寺悟明老和尚及五股妙雲禪寺今能長老。向三位長

老拜年係多年例行之感恩行程。

一月十七日，上午，於農禪寺會客室接見捷克籍性空法師、
中華佛研所畢業生齎因法師。關懷性空法師修學狀況。

下午，臺北捷運局局長李博文來訪，致贈印有法鼓山
標語之捷運紀念車票，並討論頂好廣場平安鐘設置後
續問題。

一月十八日，上午，於農禪寺齋堂，對法鼓山全體僧眾及
專職「精神講話」：「同心同願開創大好年」。

下午，法鼓文化於農禪寺禪堂舉行年終拜懺共修，法
師親臨開示：從事佛教文化工作需有悲願心及使命感，
期勉肩負文化工作者責任，並加強國際觀，出版契合
現代人心書籍。

做為現代佛教文化的弘法單位，必須滿足現代社會的
需求，了解現代人迫切需要的是什麼，出版契合現代人
心的著作。期勉大家肩負起文化工作者的責任，站在時
間崗位上寫歷史，做見證時代、為時代寫歷史的里程碑
之作。並以張曼濤先生所編的一百冊《中國佛教論叢》
為例，雖然銷售數字寂寥，但是作品意義深遠，凡是研
究中國近代佛教的人，必定會參考。因此師父勉勵身為
法鼓文化的專職們，再艱難的出書計畫，只要是可以為

佛教界盡力的，就值得做。

　　增加國際性訊息，則是師父對法鼓文化出版事業的另一項期許，包括對國際出版、文化及先驅文化運動的訊息，都是值得為當代社會推薦與報導的。（〈法鼓文化的使命〉，《法鼓》，135 期，2001 年 3 月 1 日，版 8）

一月十九日，行政院勞工委員會主任委員陳菊率領十多位一級主管，至農禪寺向法師拜年。並就人民求職就職狀況與社會風氣，以及政府政策等交換意見。

一月二十一日，西蓮淨苑智諭老和尚圓寂追思讚頌會於臺北縣三峽成福國小舉行，法師與悟明長老及今能長老共同擔任典禮三師。教界數千人與會，場面莊嚴隆重。法師於前數日先撰有〈智諭法師──與我前後同戒的法師〉。（《悼念 II》，法鼓全集 3 輯 11 冊，法鼓文化，頁 19-20）

一月二十二日，臺北大學校長李建興及夫人來訪，李校長邀請法師為該校湖水題字「心湖」，作碑傍湖。李校長也分享該校創建之艱辛過程，供籌備中的法鼓人文社會學院參考。（〈二、我的書法〉，《真正大好年》，法鼓全集 6 輯 13 冊，法鼓文化，頁 21-22）

一月二十三日，赴承天禪寺為該寺第二代住持傳悔法師封

棺說偈送行。

　　一生苦行念佛，並護持佛教興學的承天禪寺住持傳悔老和尚，於一月二十二日下午安詳捨報，住世七十八歲。師父以「入世化世，幻住化世；廣結善緣，普度群迷。所為何事，一事不為；屈伸臂頃，即到蓮池。」一偈為長老送行。

　　長老一生接受廣欽老和尚的教誨，盡心盡力奉獻常住。在去年十月十三日捐助法鼓大學新臺幣一億元建設經費，為此聖嚴師父特率領多位弟子前往感恩。（〈師父主持傳悔長老入殮儀式〉，《法鼓》，135 期，2001 年 3 月 1 日，版 1；另參見：〈傳悔法師──廣欽老和尚的高足〉，《悼念 II》，法鼓全集 3 輯 11 冊，法鼓文化，頁 21-23）

除夕，於農禪寺大殿與大眾一起晚課。課畢，於大殿接受 TVBS 電視台採訪，現場轉播向觀眾拜年，並拍攝發紅包予常住眾。

一月二十五日，前國民黨祕書長章孝嚴夫婦至農禪寺向法師拜年。

一月二十六日，下午，於齋明寺禪堂舉行皈依典禮，並在大殿接見信眾。有對未具名中年夫婦呈遞木盒表示作為護持，內裝各樣老式金飾。

　　一月二十六日大年初三下午，師父在齋明寺，許多菩

薩們闔家來拜見師父，並接受師父的新春祝福。其中有
一對夾雜在人群中的中年夫婦，呈給師父一個木盒子，
謙恭地表示護持之用。當時，師父隨即交給在旁的侍者，
當侍者打開一看，赫然發現裡面是滿滿的金飾，有龍鳳
手鐲、心形耳環、桃心戒、雙排手鍊……等大大小小的
老式金飾，從打造的樣式推看，這批飾品可能是他們父
母親年代所流行的。

侍者隨即跑出去尋找這對夫婦時，他們已不知去向
了！這樣的金飾和那對夫婦，讓人勾起了許多的想像：
可能是父母親遺留下來，為父母做功德的；或是他們結
婚的飾品，為發願而來的……。

雖然我們不知道他們的姓名，但就如許多默默在護持
佛法的人一樣，對他們，有無限的感恩。（〈小木盒的故
事〉，《法鼓》，135 期，2001 年 3 月 1 日，版 2）

一月二十七日，李鳳山老師等一行六人至農禪寺向法師拜
年，並就養生議題交換意見。

一月二十八日起至二月三日，農禪寺舉行「第七屆傳授在
家菩薩戒會」，由聖嚴法師、今能長老與淨耀法師擔
任尊證師。本屆兩梯次計有來自香港、新加坡、加拿
大、澳洲、阿根廷及臺灣本地共一千二百三十九人參
加，發願成為菩薩行者。

一月二十九日，前最高法院王甲乙院長偕同子女至農禪寺
　　拜訪法師。

一月三十日，國民黨副主席吳伯雄來訪拜年，法師贈法語：
　　「有錢難買老來壽」。

一月，《探索識界——八識規矩頌講記》以及隨身經典
　　《六波羅蜜講記》由法鼓文化出版。《探索識界》有
　　一九九八年底所撰〈自序〉，自述並非唯識學者、對
　　唯識學不夠深入，然而對唯識有興趣且多次講授。因
　　為唯識學對由凡而聖之分位次第，極其明確，學之即
　　不致以凡濫聖，含混籠統。尤其是禪修之士，若不釐
　　清無心、無念、無相層次界定，極易將無想定無想天
　　禪境，乃至輕安境，誤以為明心見性。
　　　　唯識，是一門很有趣味的佛學，從佛學名相及佛學組
　　織的觀點而言，這是初階的基礎。對於人的心理分析，
　　不僅重視現象，更是為了說明如何由煩惱的無明，轉變
　　為解脫的智慧，如何從普通的凡夫，一步一步地成為菩
　　薩、成就佛道，廣度眾生；而且是在修行的過程中，一
　　邊自利得解脫，一邊利他生慈悲，悲智圓滿之後，再以
　　三身四智，一邊自受用，一邊他受用。所以可說，唯識
　　學便是基礎佛學。
　　　　唯識學的名相較多，所以此一學派在中國佛教史上，
　　被稱為法相宗。正由於名相較多，所以由凡而聖的分位

次第,極其明確,不致以凡濫聖,含混籠統。它會告訴我們三乘佛法的行位及果位,八個心識在各層面中所扮演的角色功能。若不明白唯識而只修各種資糧加行,或者略有身心反應的覺受,便會濫作聖解。尤其是禪修之士,若不釐清無心、無念、無相在唯識學中的層次界定,極容易將無想定無想天的禪境,甚至僅僅是輕安境,便誤以為是明心見性,或將直覺、直觀的尋思境,謬認為是無我無心;其實這都跟初得轉依的見道位所證真如自性,相去十萬八千里了。

我除了參考《成唯識論》,主要的資料來源是太虛的《八識規矩頌講錄》、王恩洋的《八識規矩頌釋論》、《卍續藏經》所收明清諸先賢的《八識規矩頌》註釋,以及近人楊白衣的《唯識要義》。前人的智慧,不敢掠美,我很感恩。(〈自序〉,《探索識界——八識規矩頌講記》,法鼓全集 7 輯 9 冊,法鼓文化,頁 3-5)

「法鼓山慈善基金會」獲准成立。法師說明建立緣起云:法鼓山人間淨土之建設,推動教育與落實關懷原即為主要方法;三大教育:「大學院、大普化、大關懷」亦涵有慈善事業之一環;唯從推動「心靈環保」主軸理念言,法鼓山從事社會慈善是「精神重於物質」,而對社會急難是「救急不救窮」。因為:世界動亂起因於人類心靈的貧窮,唯有徹底改造心靈,能徹底改善人類命運。(〈九十一年慈基會年報師父的話〉,《法

鼓山的方向 II》，法鼓全集 8 輯 13 冊，法鼓文化，頁 105-
106）

二月一日，捐贈新臺幣十萬元予西蓮淨苑作為智諭長老紀
念基金。

二月三日，榮譽董事聯誼會總召集人陳盛沺夫婦至農禪寺
拜年，法師以東初老人語分享：

銀行要有錢，心中不要有錢；公司要有事，心中不要
有事。心要放寬，須勤禪修，培訓接班人，凡事自有因
緣。（《隨師日誌》未刊稿）

二月四日，對大眾發表〈二○○一年新春賀詞〉。

進入新世紀的一年，除了祝福之外，更祈願大家都有
個「大好年」。這是法鼓山今年推出的年度主題，期望
每一個法鼓人能從自己內心出發，在身、口、意三業上
落實「好」意，大家一起來說好話、做好事、轉好運，
共同營造一個大好年。

一個人如果在觀念、生活方式上沒有改變，語言和行
為也沒有改善，那麼所謂的新世紀、新年代，對個人並
沒有太大的意義；重要的是能夠有新展望、新心願、新
出發，一切從新開始。

說好話、做好事的意義很廣，與別人分享成長的故事，
或是自我檢討，都可以說是好話、好事。例如分享加入

法鼓山行列之後，個人在觀念、語言、行為上的改變，人品的提昇，以及如何增進家庭的和樂，並進而對社會也產生影響力，這些過程的分享，都是做好事。（〈二○○一年新春賀詞〉，《法鼓山的方向Ⅱ》，法鼓全集 8 輯 13 冊，法鼓文化，頁 9-10）

新竹以北六個轄區勸募會員，分區輪流至農禪寺拜見法師。

下午，舉行新勸募會員授證儀式，共有三百五十位接受授證。

二月五日，報恩寺普瑛長老尼至農禪寺向法師拜年。

二月六日，紫雲寺老住持演禪長老尼身體微恙，法師特南下高雄長庚醫院探望。請老住持「多吃飯、多念佛，身體才會好。」

二月七日，與中華佛研所教師餐敘。感謝佛研所歷任教師投入參與，揭示未來走向，並懇請對佛研所新型態經營提出建議。

聯電集團董事長曹興誠由前安心服務團團長張葆樺陪同，至農禪寺向法師拜年，就科技與人文的重要性及

觀念交換意見。曹董事長並捐款新臺幣五百萬襄贊法
鼓山人文社會獎助學術基金。

二月八日至十一日，於法鼓山臨時寮主持「第十八屆社會
菁英禪修營」，共七十九人參加。

二月九日，金山鄉民代表邱陳金線及金山區召委、悅眾共
六人前來拜會，邱代表回饋日前法鼓山在金山舉辦法
會鄉民反映甚佳。法師表示，希望能對金山地區有幫
助。

二月十一日，新加坡外交部司長蔡艾伯，由吳一賢夫婦陪
同前來拜會，法師邀請其協助思考法鼓山新加坡辦事
處推動法務。

金山鄉警察分局長葉思廉夫婦至法鼓山上拜訪。

二月十二日，依道法師及其弟子聖慧法師至農禪寺向法師
拜年並捐贈新臺幣一百萬元，法師指示將捐款移作法
鼓山佛教基金會基金，並回贈一套《法鼓全集》。依
道法師為佛光山佛學院第一屆學生，法師曾任教授課。

下午，副總統呂秀蓮至農禪寺拜訪，討論當前社會、
媒體、環保議題及中美洲與印度災情。法師提供《地

球憲章》（*The Earth Charter*）文獻，呂副總統承諾將
在政務中致力推展尊重地球理念。

二月十三日，公共電視將播放佛陀傳記影片，邀請法師題
　　字，特來拍攝現場揮毫。

　　公視為播放由日本放送協會（NHK）製作的佛陀生平
及佛教弘傳紀錄片，特別邀請師父為中文片名「佛陀的
本懷」題字，並針對「佛陀的本懷」意義作補充說明。
（《隨師日誌》未刊稿）

佛教蓮花臨終關懷基金會邀請法師擔任臨終關懷會議
大會顧問。莊南田董事長親送聘書、企畫書及邀請函。

二月十四日，應國防部之邀，以「科技發展與人文關懷」
　　為題，於陽明山中山樓介壽堂對國軍陸軍副總司令等
　　一百五十位三軍軍官演講。該講座為國防部「九十年
　　度國軍高級幹部研習會」系列課程之一。

　　人與人、國與國、民族與民族會產生矛盾、衝突的主
因之一是沒有整體意識，但是在科技促進下，人類愈來
愈能朝向整體溝通，也愈來愈有共同體的自覺，這是人
心的潮流。只堅持自我和家國族群的利益不符合時代所
趨，反而消融自我、成長自我、擴大關懷是成長的重要
課題。如何著手這個課題，師父提出「心五四」運動的
作法，並一一解析，提供在場者具體的參考。

對防止自我傷害事件的發生，應從立定人生的目標著手，並對前途感到茫然失望的年輕人提出建議：「未來不可知，不如立足現在，現在就充實自己、增進各項知識、技能經驗，當下盡好工作責任，而能不斷地將自己貢獻出去，人生的價值就在其中。」（〈師父深入軍中提倡「心五四」運動〉，《法鼓》，135 期，2001 年 3 月 1 日，版 1）

泰國天園寺住持神代澤多長老、善田鄉森林寺住持該薩路長老、大自然森林寺住持悟開長老等四十一位國際僧侶，在臺環島祈福行腳三十九天後，前來農禪寺參訪，向法師致意並交流學習。（〈四十一位國際僧侶向師父致意〉，《法鼓》，135 期，2001 年 3 月 1 日，版 1）

即日起兩天，於安和分院召開法鼓山人文社會獎助學術基金會主辦之「專案研究計畫聯誼會」及九十年度第一次董事會會議。通過八十九年度工作報告及九十年度工作計畫、預算，亦通過「世紀人文獎」設置草案。

已進行推展的三項研究專案，包括「宗教信仰於災難後心理復健歷程中的功能──法鼓山的理念與實務研究」、「非營利組織發展及運作之研究」、「人文教育之推動與落實──人文社會化、社會人文化之研究」。研究者包括中研院副院長楊國樞、前北市府教育局局長

吳英璋、前政治大學校長鄭丁旺教授等十二人。未來論
文成果將以英文發表,提供智慧給臺灣社會與全球共同
分享。

　「世紀人文獎」主要宗旨是為推動人文社會化、社會
人文化的理念,透過設獎鼓勵終身致力於推動人文教育、
對社會關懷有特殊貢獻的人士、機構或團體。師父比喻,
法鼓山就如一條輸血管,在失血與捐血者之間扮演傳遞
的媒介,當社會中許多想要付出或需要援助的人皆不得
其門時,讓法鼓山擔負起串聯兩端的服務工程。(〈「世
紀人文獎」暨三專案研究會議上　師父以輸血管妙喻法鼓
山〉,《法鼓》,135 期,2001 年 3 月 1 日,版 1)

二月十五日,上午九時,於農禪寺齋堂對法鼓山全體僧眾
　　及專職「精神講話」:「科技發展與人文關懷」。強
　　調環保意識當代精神,並期勉大家自即日起,不論外
　　出或參加活動,能隨身攜帶環保餐具。(〈聖嚴師父籲
　　隨身攜帶環保餐具〉,《法鼓》,135 期,2001 年 3 月 1 日,
　　版 1)

　　上午十時,作家陳慧劍老居士受邀來訪。法師邀請陳
　　居士增補《聖嚴法師》小傳內容,並提供最近十年書
　　面資料予陳居士參考。該小傳係陳老居士一九九〇年
　　所撰。

二月十七日起至二十四日，於法鼓山臨時寮主持「第一屆
　　社會菁英禪七」，共一百一十九位歷屆學員精進共修。
　　法鼓山自一九九二年迄今已舉辦十八屆「社會菁英禪
　　修營」，歷時七日之菁英禪修則為首度舉行。（〈法鼓
　　山舉辦第一屆社會菁英禪七〉，《法鼓》，136 期，2001 年 4
　　月 1 日，版 2）

二月十八日，楊麗花歌仔戲團於臺南市立文化中心義演《梁
　　山伯與祝英台》。義演所得約新臺幣五百萬元，捐贈
　　慈基會。由楊麗花夫婿擔任董事長之臺北市六桂慈善
　　基金會，亦同時捐出新臺幣一百二十萬元響應大好年
　　運動。（〈法鼓日誌〉，《法鼓》電子報，136 期，2001 年
　　4 月 1 日，版 2）

　　影星林青霞偕同女兒及友人至法鼓山上拜見法師，並
　　捐助護持圓滿榮董。（〈法鼓日誌〉，《法鼓》，136 期，
　　2001 年 4 月 1 日，版 2）

二月二十日起至三月四日，《大成影劇報》響應法鼓山「大
　　好年」運動，推出「說好話、做好事、轉好運──星
　　願心願」系列活動，邀請高怡平、周杰倫、陳美鳳、
　　五月天、黃子佼等影視藝文界名人，與讀者分享他們
　　對「好話、好事」的定義、主張及如何親身實踐。

二月二十四日，中山精舍成立，地點位於臺北市民權東路，
　　由法行會成員黃楚琪發心提供。

二月二十五日，於農禪寺宣講《楞嚴經》，並以衛星轉播
　　同步傳送至各分院，有線頻道「御銘新知」亦同步播
　　出。講經後主持皈依典禮。

二月，《地藏菩薩的大願法門》由法鼓文化出版。係一九
　　九五年七月講於農禪寺之紀錄。

三月一日，上午九時，於農禪寺齋堂對法鼓山全體僧眾及
　　專職「精神講話」：「環保與國際化」，強調國際化
　　之重要。法師舉《大法鼓》節目為例，該節目配上英
　　文字幕在美國播出，獲得極佳回響，弘法工作往前邁
　　一大步。法師稱許成就此工作幕後功臣──國際事務
　　組。
　　　將佛法推上國際舞台，讓東西方的娑婆眾生均能同霑
　　法益為出發點，師父不只一次的在公開場合發出這個新
　　世紀的期許。無論是對法鼓文化、佛研所、資訊中心或
　　任何事業體，師父希望在文宣品、國際學術會議或是網
　　際網路的網頁設計上，都能朝國際化的方向努力。
　　　師父並提示階段性的做法，須先從加強培養國際觀、
　　提昇學術出版品到達國際水準，與增進語文能力等著
　　手。師父期勉人人不能懈怠。因為在開放的地球村時代，

資訊快速流通的結果，無可避免將伴隨著交流激盪而生的壓力，師父藉此鼓勵，「要將壓力視為惕勵成長的動力。」（〈前進地球村 聖嚴師父籲各事業體朝國際化方向努力〉，《法鼓》，136期，2001年4月1日，版1；另參見：〈聖嚴師父籲隨身攜帶環保餐具〉，《法鼓》，135，期2001年3月15日，版1）

中午，行政院院長張俊雄、新聞局副局長張正男等人，至農禪寺拜訪法師，就當前社會輕生現象向法師請益。

有關自殺潮的形成，師父認為與當前價值觀混亂的社會風氣、個人的身心狀況，及整體的世界潮流等有關。他以宗教立場表示，輕生絕對無法一了百了。生命是難能可貴的，雖然窮途末路，不代表已經沒有路走；就算只剩下一口氣，生命是隨時充滿希望的。

師父提出以「面對它、接受它、處理它、放下它」觀念，鼓勵大眾學習去接受逆境人生，他以自己總在困頓中走出路來的一生為例分享說到：人生的智慧，除了生而知之、學而知之，另一個就是困而知之。「如果能勇敢面對生命中的挫折，那便是一次人生的轉機，可以幫助我們走出新的路來。」（〈張俊雄院長就輕生現象向師父請益〉，《法鼓》，136期，2001年4月1日，版1）

三月二日，於農禪寺舉辦剃度典禮，擔任戒和尚，今能長老為教授阿闍梨，果醒法師擔任執剃阿闍梨，共有常

寬、常智及常持三位弟子落髮出家。（〈農禪寺三新戒
法師受剃度〉，《法鼓》，136 期，2001 年 4 月 1 日，版 1）

中午，至力霸飯店參加法行會第十四次例行聚會。法
行會會員數已由創會時八十人增至二百三十人。法師
致詞指出：近代中國佛教復興與楊仁山、李炳南、周
宣德等幾位居士積極護教有關，勉勵法行會會員應繼
承前人精神，發願積極弘揚佛法，從事自利利他菩薩
行，啟蒙社會人心。（〈法行會第十四次例會　師父期勉
發揮居士護法精神〉，《法鼓》，136 期，2001 年 4 月 1 日，
版 1）

三月三日，上午，應航發會董事長暨現任交通大學校長張
俊彥之邀，至松山機場華航員工演講廳，以「四安
──安心、安身、安家、安業」為題，為中華航空公
司四十多位高階主管專題演講。

下午，接待日本母校東京立正大學前任校長渡邊寶陽
博士率領之「日本友好團暨廣明寺代表」一行二十一
人。
　渡邊校長是師父的舊識，一九九二年八月師父為了考
察教育設施，回立正大學訪問，當時即是渡邊前校長接
待。渡邊先生表示，一九九二年當時即對師父留下深刻
的印象，後來曾有臺灣媒體因為想了解師父在日本的求

學過程而到日本採訪他，他才知道原來師父已是名聞國
際的禪師。師父則是向來訪貴賓介紹法鼓山的理念，及
法鼓人文社會學院建校計畫。渡邊前校長等一行人，此
行也參訪了法鼓文化及中華佛研所，對於法鼓文化在有
限人力資源下，每年能出版這麼多書籍、刊物感到訝異，
同時他也對於結緣書刊的印刷精美充滿興趣。（〈立正大
學前校長渡邊來訪〉，《法鼓》，136 期，2001 年 4 月 1 日，
版 1）

三月四日起至四月二十二日，於法鼓山臨時寮主持「默照
　　禪四十九」，共有臺灣、香港、新加坡等地一百多位
　　僧、俗四眾參加。此次指導法門為默照禪，藉此培養
　　禪修指導人才。去年五月首度在美國象岡道場舉辦「禪
　　四十九」，此次係國內首次舉辦。禪期間，法師開示
　　近百場，詳細說明修行歷程與悟境。

　　在禪四十九期間，將近一百場的開示，分別講述了長
蘆宗賾的〈坐禪儀〉、宏智正覺的〈默照銘〉和〈坐禪
箴〉。內容從禪修者應有的心態、觀念，和禪坐的姿勢、
方法、原則，對修行的歷程到徹悟的境界，都有詳盡的
說明。

　　師父在開示中特別著重在正知見的建立、安全而健康
的方法、生活的應用，對禪修過程所產生的身心覺受，
也有詳細的說明。提醒大家日常生活中，無論工作、打
坐都是修行，每次都要回到原點，找回初發心，以歡喜

心體驗修行的每一個歷程。(〈師父開示重點〉,《法鼓》,
138 期,2001 年 6 月 1 日,版 7)

上午,於農禪寺宣講《楞嚴經》。講經後舉行皈依典
禮。

三月五日,前臺北縣縣長尤清及公子前來拜訪,法師陪同
參觀法鼓山工程。

三月七日,於安和分院錄製《大法鼓》節目。

三月九日,由潤泰建設尹衍樑總裁等人陪同至臺灣綜合研
究院大樓拜訪前總統李登輝。(《隨師日誌》未刊稿)

三月十日,於中國電視公司錄製《不一樣的聲音》節目。
與作家吳娟瑜、卡內基講師黑立言,討論「二十一世
紀的溝通與情緒管理」;與衛生署食品處處長陳樹恭、
臺大食品科技研究所教授孫璐西討論「如何保障食品
安全」。

三月十四日,於中華佛研所「創辦人時間」,期許同學充
實自己、奉獻他人;勉勵確立人生大方向,不斷提昇,
向前邁進。

晚，於安和分院邀請華視總經理周蓉、主持人陳月卿、
製作人趙大深等人餐敘，感謝華視支持《大法鼓》節
目。

三月十五日，臺北市住都局許志堅局長、人事處鐘處長一
　　行來訪安和分院。處長夫人於二○○○年八月往生，
　　家人一時無法面對，法師因予開示。住都局曾到農禪
　　寺為該單位員工舉辦禪一，希望能續辦。

三月十六日，九時半，傳一法師與黃昭順立委助理等人為
　　宗教法立法草案請命而來，尋求法師支持反對立法，
　　並提供相關資料。

三月十七日，中國佛教會來電，轉達淨心長老邀請法師參
　　與達賴喇嘛此次來臺討論比丘尼戒律之小型座談，法
　　師因身體不適婉謝。
　　案：法師於身體調適康復之後即表示，希望親自向法王
　　問候，是以出席四月七日達賴喇嘛離臺記者會。

三月十八日，於農禪寺宣講《楞嚴經》。

三月二十日，佛像收藏家陳哲敬夫婦前來拜訪。法師表示，
　　將來法鼓山博物館不收藏古董，而是鼓勵青年人創作
　　當代藝術。

三月二十四日，即日起一連二天下午，於臺北國父紀念館，
　分梯為五千位核心悅眾宣講「法鼓山的方向與理念」。
　旨在說明：法鼓山理念是以「人間淨土」思想為根據。
　而「人間淨土」思想，傳承自太虛大師「人生佛教」、
　印順導師「人間佛教」思想，將漢傳大乘佛法優點發
　揚，承先啟後，適應當代時空特性。法鼓山主要工作
　為「建設人間淨土」，而建設人間淨土的方法，則為
　「三大教育」與「四種環保」。其展開則是以「四眾
　佛子共勉語」為三大教育基礎；以「法鼓山的共識」
　為三大教育的目標；以「祝福你平安」推廣四種環保；
　以「心五四」啟蒙運動，實踐四種環保；以「大好年」
　運動，落實四種環保。期許大眾發揮「急需要做，正
　要人做的事，我來吧！」精神。

　　一、薪火相傳的大任務
　　　我的信心和願心
　　出家之後，在一位教我課誦的老師的啟發下，我才知
道，原來佛說的經典和中國的四書五經相似，是給人照
著去用的，不是唸給鬼聽的，是為解救人間的一切苦惱
而說出的，不是專為超度亡靈才要誦經。因此，我便非
常感動地對自己說：「佛法這樣的好，知道的人這樣的
少，誤解的人這樣的多。」我就發願：「要盡量地學習，
將我知道的佛法分享給他人。」這是我少年時代所建立
的信心和願心，爾後我也一直在這條路上走了過來。

懇求諸位悅眾菩薩，不用對我個人感恩什麼，但請把我的信心和願心，當作你們自己的信心和願心，擔負起淨化人心、淨化社會的大任務。也請大家立下弘願說：「急需要做、正要人做的事，我來吧！」

二、人生佛教與人間佛教

「人生佛教」這個名詞，是由近代的太虛大師提倡「佛教的人生觀」而來。因為晚近數百年間的中國佛教，總離不開「死了往何處去」的主題，……似乎也是為了死亡的準備而修行。因此有人譏諷說：「佛教只談人死觀，哪配談人生觀。」太虛大師於是參考西藏宗喀巴大師所說的上士道、中士道、下士道，而提出人生道德是佛法諸乘的共法，十善業道是五乘共學，所以主張「仰止唯佛陀，完成在人格，人成即佛成，是名真現實」，這也就是即人生而成佛的人生佛教。

到了太虛大師的學生，我的先師東初老人，於一九四九年來臺灣之後，創辦《人生》雜誌，闡揚人生佛教，發表〈人生佛教〉及〈人生佛教根本的原理〉、〈人生佛教的本質〉等文章，並且引用太虛大師的相關言論：「適應現實的人生故，當以求人類生存發達為中心而施設契時機之佛學。……適應現代人生之組織的群眾化故，當以大悲大智並為群眾之大乘法為中心，而施設契時機之佛學。……適應重徵驗、重秩序、重證據之現代科學化故，當以圓漸的大乘法為中心，而施設契時

機之佛學。」指出現代佛教,必須是合乎人生的、群體的、科學的。

　印順長老繼承了太虛大師所說人生佛教的真義,而發揚人間的佛教。因為佛教傳到中國,受了「人死為鬼」觀念的影響,脫離了佛法原本以人為中心的方向,偏重於為死亡的準備及對鬼的信仰。印度的後期大乘佛教,也非以人為本,偏重以天神為中心的信仰,一者是鬼化,一者是神化,都不是正確的佛法,所以要用「人間」二字來對治這兩種偏差現象。印順長老到了一九八九年又出版一本《契理契機之人間佛教》,就是為了貫徹太虛大師所說「施設契時機之佛學」,乃由人生佛教的加強,成為人間佛教的弘揚者。

三、人間淨土
法鼓山的「人間淨土」

（一）歷史的背景

　是太虛大師、東初、印順三位大師的人生佛教、人間佛教、人間淨土的延伸,……同時也發揚漢傳大乘佛教的優點,希望能承先啟後,適應各種人及時空。

（二）經教的依據

　除了前輩三位大師所引用的教法是證據之外,尚有不少的佛經祖語可為佐證。

　五乘一切教法,都是人間淨土的依據。

　往生西方極樂淨土的資糧行就是建設人間淨土。

四、如何建設人間淨土

建設人間淨土，首要提昇人的品質

1. 以大學院教育，造就高層次的專業研究、教學、弘法及專業服務的人才。

2. 以大普化教育，普及佛法對社會大眾人心的淨化及風氣習俗的淨化。內容是我們提倡的四種環保。

3. 以大關懷教育，普遍而平等地關懷人間的社會大眾。從每一個人的出生，以至人的死亡，以及亡者的家屬，都是我們要關懷的時段和對象，只要有人需要關懷，那就是我們的福田，那就是成就我們修行菩薩道及增長菩提心的著力點，就是讓我們提昇人品及建設淨土的恩人。

這項大關懷教育，既是大學院教育的目的，也是大普化教育的目的。我們要在從事關懷他人的行動之中，感化自己、奉獻自己、成長自己、成熟眾生、莊嚴人間淨土。

建設人間淨土的簡易辦法

我們除了提供次第分明的觀念和辦法，例如利用定期的、分層的禪修以及分階的佛學課程之外，也對我們的會員菩薩及社會大眾，提供了幾種很容易懂、很容易學、很容易照著練習的資料，那是將深奧的佛教哲學及繁複的專業名詞，經過消化整理，用現代大眾都能看懂、聽懂、容易認同的語言，簡明扼要地表達出來。迄今為止，有如下的幾項：

以「四眾佛子共勉語」作為三大教育的基礎。

以「法鼓山的共識」作為三大教育的目標。

以「祝福你平安」，推廣四種環保。

以「心五四」的「啟蒙」運動，實踐四種環保。

以「大好年」運動，落實四種環保。

用三大教育及四種環保，來建設人間淨土

以三大教育為契機契理的施設，以四種環保為契機契理的方便。以心靈環保為主導，來實踐禮儀、生活、自然生態的三種環保。以超然的觀念及健康的方法來淨化心靈、提昇人品、淨化社會，便能達成建設人間淨土的大悲心願。（〈傳薪、信心、願心〉，《法鼓山的方向Ⅱ》，法鼓全集 8 輯 13 冊，法鼓文化，頁 69-89；另參見：〈六千悅眾齊心發願〉，《法鼓》，136 期，2001 年 4 月 1 日，版 2）

三月二十五日，下午同昨日於國父紀念館為大眾上課。上午則另舉行一場「三福田──滿點加油、萬人勸募、生活佛法」感恩分享活動，表揚推廣勸募的優異地區及個人，並安排生活佛法體驗分享。此係護法會「萬人勸募」系列活動，目前護法會勸募會員已達八千二百多人，希望今年達成一萬位勸募會員目標。（〈信心──鼓勵、分享，再加油！〉，《法鼓》，136 期，2001 年 4 月 1 日，版 2）

三月二十七日，於安和分院邀請台灣電視公司董事長賴國洲、總經理胡元輝等人餐敘。法鼓山即將舉辦「說好

話、做好事、轉好運」活動，擬邀請各有線、無線電視台，及新聞局局長共同出席響應，以期達成淨化人心、淨化社會。

三月二十八日，至文化館出席日本立正大學假中華佛研所舉行之《聖嚴博士古稀記念論集》贈予典禮，由該校三友健容教授代表致贈。

　　一場為感佩聖嚴師父一生對佛教界的貢獻，同時做為慶賀師父七十大壽的《聖嚴法師七秩壽慶論文集》贈予典禮，在日本立正大學三友健容教授及該校師生代表團、悟明長老、今能長老等人盛情出席中，於三月二十八日假中華佛研所舉行。成為溫馨聚會裡眾人祝賀的主角，師父不斷以「感恩」表述他的感動。

　　三友教授表示，這本厚達五百五十頁的大論文集是為百年大業所寫的，內容範圍為東亞佛教相關問題。而師父在接過後，則感恩地提起立正大學當時的三位指導教授，及當時尚是助手的三友教授所給予的協助。代表團中除了日本代表，也有來自大陸、韓國、斯里蘭卡等各國人士，因此讓師父幽默形容為一場具國際情調的溫馨聚會。（〈師父論文集　校友當贈禮〉，《法鼓》，137期，2001年5月1日，版1）

案：法師向來避言慶生，七十壽辰臺灣又遭九二一大震，於是更不言壽。唯不忍拒絕日本好友善意，因此七十大壽僅此論文集持續進行。該書為日文論文集：《東アジ

1433

ア仏教の諸問題：聖嚴博士古稀記念論集》（亞洲佛教之諸問題：聖嚴博士古稀紀念論文集）。由東京山喜房佛書林出版。

又：「山喜房」出版社為聖嚴法師負笈東瀛時最主要的購書場所，也是法師博士論文出版機構。與時為出版社職員的淺地康平即已結下良緣。一九七五年，法師取得博士學位後接受美國佛教會敦聘赴美，離日時，即是淺地和另一名「山喜房」職員吉山載送法師至羽田機場搭機。

三月三十日，上午，長榮航空公司鄭深池董事長至法鼓山拜訪。

《中國時報》系記者鄧美玲、彭蕙仙，及《勁報》吳清和等至法鼓山上拜會。法師鼓勵媒體從業人員多做正面報導。

下午，日本立正大學三友健容教授、山喜房淺地康平等一行人至法鼓山上參訪。法師親自導覽。

三月三十一日，出席於安和分院舉行之新任榮譽董事授證典禮，頒贈榮董證書予行政院政務委員蔡清彥等六十人。有多人從外縣市及海外專程趕回參與盛會。

四月六日,教育部宗教教育專案小組一行八位教授至中華
　　佛研所參訪,並與佛研所師生舉行座談,討論成立宗
　　教研修學院可行性。

四月七日,應邀前往福華飯店與達賴喇嘛晤談,出席達賴
　　喇嘛離臺記者會。達賴喇嘛此行來臺弘法期間(三月
　　三十一日至四月七日),法鼓山共配合近五百名義工
　　投入支援相關工作。

四月七日,至中視錄製《不一樣的聲音》節目。對談貴賓
　　為王清峰、沈世宏與林佩樂。

四月八日,於農禪寺宣講《楞嚴經》。

四月十一日,上午十時,至國立歷史博物館出席「八十九
　　年行政院文化獎特展」開幕典禮。展出本屆文化獎得
　　主:布袋戲大師黃海岱、作家葉石濤、訓詁校勘學者
　　王叔岷以及聖嚴法師四人作品。

　　中午,前往金山南路何創時基金會書藝館,參觀「以
　　翰墨為佛事──佛門墨妙書法展」。展場有多件明、
　　清近代大師墨寶:憨山大師、虛雲老和尚、弘一法師、
　　印順法師、達賴喇嘛等八十餘件珍貴字墨;公共電視
　　日前邀請法師為日本NHK佛教弘傳紀錄片《佛陀的

本懷》揮毫墨寶亦在其中。何創時基金會董事長何國
慶親為引領介紹。(〈高僧書法展 收錄師父墨跡〉,《法
鼓》,137 期,2001 年 5 月 1 日,版 1)

四月十二日,於農禪寺齋堂對法鼓山全體僧眾及專職「精
神講話」:「奉獻與敬業」。

四月十三日,應邀至新竹交通大學參加該校舉辦之「科技
與人文大師論壇」座談會,與中研院院長李遠哲、哈
佛大學教授丘成桐、日本前文部省大臣(教育部長)
有馬朗人(Akito Arima)、諾貝爾物理獎得主江崎玲
於奈博士(Leo Esaki)及交大校長張俊彥等專家,以
「二十一世紀的科技發展與人文精神」為題對談。法
師提出「科技與人文、無常與永續、自私與無我」三
項論點:

　　科技與人文的關係,本來就應該是合作無間的,人文
的施設,必須是合情合理的、是有益於人類大眾的、是
美化人生的。能夠通過時空的考驗,便具有科學的精神。
科技的發明,必須是為人類生活品質的豐富、生命內涵
的充實、生存環境的保護。換句話說,科技的發明,必
須是為人文作服務,並且當以人文精神為主導。人文與
科學的兩者之間並無矛盾,能夠經得起時空考驗的一切
施設,便是最好的人文科學。今日人類所面臨的高科技
問題,主要是恐懼高科技技術的迅速發展,會為地球世

界，帶來不可預測的危機，例如生化科技中的基因工程，施之於植物與動物，給未來的自然生態及人類的生命，會造成什麼樣的後果？如果直接施之於人類，除了親族倫理的考量，對於生理病變的未知數，更應該審慎的預防。

無常是一切現象的自然律則，自然環境是變化不已的，人文環境是變化不已的，乃至每一個人的身心狀態也是變化不已的。這種無常的變化，為人類留下了文化史，也為人類展示出無限可能的將來性，所以無常即是永續，它可以讓人類感受到消極面的無奈，更可以讓人類創造欣欣向榮、日新又新的許多願景。問題點是新興高科技的迅速發展，必須隨時隨地考慮到自然生態的平衡，在無常的變化之中，要注意到地球生態的永續性。值得我們警惕的是，現代化的科學技術，很少思考到消長互動的自然規律，以致快速地破壞了各種地球資源，使得大量的生物種類，迅速消失，也為人類賴以生存的環境，伏下不可預知的隱憂。

我們必須呼籲：每一項高科技的發明和生產，首先要考慮到它與地球生態環境及人文精神的平衡性及永續性。這種人道的素養，一般人稱為無我，其實是將個人的小我融入於宇宙全體的大我。至於真正的無我，是指只有以智慧與慈悲來利益眾生，絕不考慮對於自己的有利或無利。（〈四、兩場高峰座談會〉，《真正大好年》，法鼓全集 6 輯 13 冊，法鼓文化，頁 31-33）

四月十四日，出席護法總會於農禪寺舉辦之勸募會員授證典禮，約三百人參加。法師自喻如撒網漁夫，常因忙碌而未及收網，期許勸募會員接手持續關懷所接引會員，助其了解法鼓山理念。

前往北投，向於四月十二日晚間往生的陳慧劍老居士致悼拈香，並誦經迴向。陳老居士為《弘一大師傳》作者，亦曾撰寫《聖嚴法師》小傳（一九九〇）。法師致悼謂：「陳老居士一生護持正法，是駁斥附佛外道的中流砥柱。」另並撰〈陳慧劍居士──維護正法的文字伯樂〉追念。

一九七七年陳居士出任李雲鵬居士出資成立的「天華文化事業公司」的總編輯，第二年便向我徵詢《正信的佛教》及《戒律學綱要》的出版權。陳居士對這兩書的評價甚高，他說《正信的佛教》是我的傳道書，《戒律學綱要》是我第一種謹嚴的學術論著，他可謂是這二書的伯樂，自彼之後，此二書長銷不衰。

陳居士既是創作傳記文學的高手，所以也曾為悟明長老撰作自敘傳《仁恩夢存》（一九六二），並於一九八三年撰著《當代佛門人物》。那時我才五十四歲，尚未創設法鼓山團體，無人無勢亦無財物，可是也被陳居士選為當代佛門人物的傳主之一。……其實我哪裡成了什麼高僧，多虧是陳居士把我寫進了他的著作，濫竽充數，也成了見之於經傳的二十位當代佛門人物之一，

除了證嚴比丘尼,我的年齡最輕,他的著眼點,是在於我的一生,尚無爭議,而且不斷地在法門中成長,不斷地在佛教文化及佛教教育的領域內奉獻。

陳居士的一生,都在修學佛法、護持佛法、宣揚佛法,是一位標準的現代學佛人,他是菩薩行者,是學問居士,是捍衛三寶的護法,是縱橫於史傳、文學、經典、論書的多產作家,總其一生,除了主編各種類型的佛教報刊,撰著、譯註、編纂校訂而出版成書者,多達三十四種。

陳居士曾為我的先師東初老人編輯《佛法真義》、《民主世紀之佛教》、《佛教文化之重新》三書出版,一九九〇也為我編寫過一冊簡傳《聖嚴法師》,故與我們師徒兩代,都結有文字緣。(〈陳慧劍居士——維護正法的文字伯樂〉,《悼念 II》,法鼓全集 3 輯 11 冊,法鼓文化,頁 112-115)

四月十五日,邀請聯合國「千禧年世界宗教暨精神領袖和平高峰會」祕書長巴瓦・金來臺北訪問。於農禪寺接待。

二〇〇〇年十二月下旬,巴瓦和迪娜兩位,專程到紐約的東初禪寺來看我,並且提出要到臺灣訪問的意願。因為他們正計畫前往中國大陸訪問,希望海峽兩岸都能成立一個跨宗教領袖顧問群,然後兩岸以宗教的關係來影響社會和政府,共同為永久的和平而努力。從去年八月以來,他們已經將這項活動在英國、印度、瑞士、哥

倫比亞等地順利推展，相信中國大陸和中華民國的臺灣
也有這樣的可能，而且我自己就是這個高峰會的顧問，
所以希望我能在臺灣扮演溝通、協調、整合的聯繫人
（coordinator）；因此，我一口答應由我們法鼓山基金
會出函邀請。（〈五、宗教高峰會到了臺灣〉，《真正大好
年》，法鼓全集 6 輯 13 冊，法鼓文化，頁 44-45）

四月十六日，出席於圓山大飯店舉行之「宗教與世界和平
及心靈環保座談會」。座談會由法鼓山主辦，邀集國
內佛教、天主教、道教、伊斯蘭教及一貫道等宗教領
袖，及政界、工商界、學術界代表等二十多位參與，
歡迎聯合國宗教和平組織祕書長巴瓦・金及和迪娜・
梅瑞恩來臺訪問。副總統呂秀蓮、行政院院長張俊雄、
立法院院長王金平、內政部部長張博雅等均出席並致
詞。法師開幕時以「關懷世界與消弭衝突」為題致詞。
　　首先是由我引言和發表對世界和平及心靈環保的想法
和做法，然後有二十多位與會人士，各自宣讀了五分鐘
的講詞，也請巴瓦・金先生說明他這一次來到臺灣的因
緣和目的，最後共同簽署了去年在聯合國世界宗教暨精
神領袖和平高峰會（The Millennium World Peace Summit
of Religious and Spritual Leaders）中，所通過的「世界宗
教領袖的和平宣言」（A Commitment to World Peace by
World Religious Leaders）。除了陳水扁總統是在事後補
簽之外，當場簽名的人士有二十五位，分別是：

　　副總統呂秀蓮女士、行政院院長張俊雄先生、立法院院長王金平先生、巴瓦・金先生、迪娜・梅瑞恩女士、內政部部長張博雅女士、教育部國際文教處處長李振清先生、全國工業總會理事林坤鐘先生、統一超商總經理徐重仁先生、法鼓山創辦人聖嚴法師、中國佛教會理事長淨心法師、靈鷲山創辦人心道法師、聖靈寺住持今能法師、南華大學人文學院院長慧開法師、中台佛教學院院長見滌法師、華梵大學校長馬遜女士、華梵大學東方人文思想研究所講師悟觀法師、國立藝術學院教務長及中華佛學研究所副所長惠敏法師、天主教男修會會長聯合會主席柯博識神父、道教協會理事長高忠信先生、道教協會祕書長張檉先生、伊斯蘭教協會祕書長倪國安先生、一貫道總會祕書長李玉柱先生、一貫道總會副祕書長蕭家振先生、臺灣大學校長陳維昭先生。（〈五、宗教高峰會到了臺灣〉，《真正大好年》，法鼓全集 6 輯 13 冊，法鼓文化，頁 41-42；另參見：〈關懷世界與消弭衝突〉，《致詞》，法鼓全集 3 輯 12 冊，法鼓文化，頁 17-19）

下午，陪同巴瓦・金與迪娜・梅瑞恩到法鼓山上參觀工程建設，由總工程師陳洽由導覽解說。

　　望著一處處高難度的的建物，巴瓦・金詢問工程中是否曾發生意外，結果當獲知全然平安無事時，他先是露出不可置信的神情，而後若有所思地，以一種像是問話般結論的語氣對著聖嚴師父道，「一定是信仰，成就了

這麼傑出的工程！」（《隨師日誌》未刊稿）

護法會輔導師果東法師及慈基會執委會會長王景益，前往中華民國紅十字會總會拜會，委請該會代轉新臺幣一百萬元，協助元月二十六日印度吉拉特邦（Gujarat）大地震之災後復建工作，由紅十字會總會會長陳長文接受。

四月十七日，於圓山飯店與淨心長老、馬天賜神父、巴瓦‧金等人會談。

四月十八日，上午，陪同巴瓦‧金及迪娜‧梅瑞恩前往總統府拜會陳水扁總統，靈鷲山心道法師同行。法師致贈陳總統《枯木開花──聖嚴法師傳》一書。陳總統以「慈悲沒有敵人，智慧不起煩惱」二句法師的法語，回應聯合國訪客請教有關政治人物如何致力世界和平議題。（〈總統引師父法語贈貴賓〉，《法鼓》，137 期，2001 年 5 月 1 日，版 8）

傍晚，於農禪寺出席第三十四次社會菁英禪修營共修會並開示。

四月二十日，雲門舞集於國家戲劇院為四月二十三日義演活動舉行記者會，法師出席感恩。

四月二十一日，赴高雄，前往宏法寺開證長老、龍泉寺廣
　仁老和尚靈堂拈香致悼。（〈開證法師——大心量廣開風
　氣〉，《悼念Ⅱ》，法鼓全集 3 輯 11 冊，法鼓文化，頁 31-
　35）

四月二十二日，新竹清華大學慶祝九十週年校慶，舉辦「大
　師真情——歲月的智慧」座談會。法師應邀與諾貝爾
　物理學獎得主楊振寧、武俠小說家金庸及前清大校長
　劉兆玄對談，由蔡康永擔任主持人，近千名清大師生
　與會。
　　金庸請教知識與智慧的關聯。師父表示，知識有時是
　增長智慧的來源，但不等於智慧。佛教一般以稱智慧為
　般若，但它並不是經驗，也不是學問，而是一種無我的
　態度。
　　另外，主持人向師父問到：把一生奉獻給大眾，這樣
　的人生累嗎？師父回答，一件事情是不是辛苦，完全是
　主觀的反應，如果是出於自己的意願，就不會感到累。
　他說，在奉獻的過程中所得到的是個人的成長，這種成
　長既快速而又踏實。（〈歲月的智慧　大師真情分享〉，《法
　鼓》，137 期，2001 年 5 月 1 日，版 1）

四月二十三日，上午，國民黨組織發展委員會主任委員趙
　守博前來農禪寺拜訪。

晚，雲門舞集於國家戲劇院演出新作《竹夢》，門票收入全數捐予法鼓山人文社會獎助學術基金會，法師到場觀賞致謝。

「法鼓山社會福利慈善事業基金會」成立，董事會成員有：聖嚴法師（董事長）、果東法師、王景益、許仁壽、郭永森、莊南田、施炳煌、張葆樺、楊黃玉淑等九人。

四月二十四日起，前往馬來西亞弘法五天。臺灣信眾二百多人組成「聽經護法團」隨行。

由果肇法師、施建昌、廖雲蓮等人成立籌備小組，邀請護法總會的陳嘉男會長擔任團長，周文進擔任副團長，組成法鼓山海外聽經弘法團。施建昌、廖雲蓮二人負起總責，再從團員之中，物色各組的工作人員。團員紀念冊收有我的一篇短文，茲錄如下：

聖嚴師父叮嚀語

大家要彼此照顧自己，希望大家能夠把法鼓山的精神，法鼓山的形象，以身作則，用我們萬行菩薩的言行在馬來西亞產生淨化人心、淨化社會的功能，因此首先要非常重視禮儀、禮貌。

我們重視環保，所謂環保除了禮儀外，到任何地方不要製造垃圾，不要大聲喧嘩，秩序不要混亂，一路上在

上下飛機車輛，不能爭先恐後。吃飯、進旅館、進房間、分床鋪，請大家不要你爭我搶，不要在旅行中產生一些不愉快的狀況。我在馬來西亞只有三天時間，能夠把法鼓山的形象留在馬來西亞的就是你們，也可以說我用口說法，你們諸位是用行動來說法，這樣才能將法鼓山的精神、法鼓山的理念傳遞到馬來西亞。（〈六、終於去成了馬來西亞〉，《真正大好年》，法鼓全集 6 輯 13 冊，法鼓文化，頁 48-50）

四月二十五日，於吉隆坡綠野沙灘飯店接受《星洲日報》訪問，勉勵大家要有勇氣面對經濟不景氣，並以「另一個經濟高峰就在面前」之態度泰然處之。

由馬來西亞佛教青年總會前會長繼程法師陪同，前往芙蓉妙應寺拜訪大馬佛教總會會長寂晃長老。

下午，主持法鼓山馬來西亞分會禪中心灑淨、啟用儀式。

四月二十六日，下午，應邀出席於綠野沙灘飯店國際經貿會場舉辦「禪與現代企業」座談會，約有一百五十多位企業人士出席，就生活、企業經營、經濟景氣等問題請益。

連續兩晚,於綠野沙灘飯店國際經貿會場演講「修行在紅塵」、「聖嚴法師說禪」,每場均有六千多人與會,其中約有兩百多位僧眾。法師講述「心五四」運動之觀念及方法,並指導大眾注意呼吸、放鬆身心,現場體驗禪修。

　　這兩個晚上,每晚都有來自全國各地的聽眾六、七千人,即使是在臺灣,也可算是不尋常的,這使我相當的意外,馬來西亞的華人佛教徒居然會有這麼多,而且其中半數以上的聽眾,都是三十歲以下的青年,聽說其中有不少的人,都看過我的一、兩種著作。那兩晚的聽眾之中,有幾位是當地華人界的領袖人士,除了李金友夫婦,尚有拿督(爵位)黃家泉及胡亞橋、部長林時清及黃家定、華人婦女總會的會長陳真達、中華民國駐馬代表處祕書紀小雲。演講結束之後,當場原地為全部的聽眾說三皈五戒,最初登記皈依的只有四十幾位,念完三皈五戒詞之後,竟然有八百多位來填寫皈依表,希望得到法名,這也大大出乎主辦單位的意料之外。(〈六、終於去成了馬來西亞〉,《真正大好年》,法鼓全集 6 輯 13 冊,法鼓文化,頁 61-62)

四月二十七日,上午,為馬來西亞籌辦此次活動之義工鼓勵開示。(〈小螞蟻義工精神〉,《法鼓》,138 期,2001年 6 月 1 日,版 8)

四月二十八日,晚,自馬返抵臺灣桃園中正機場。

四月二十九日,前往紐約。此次有八十二位僧俗弟子由臺北隨行拜訪法鼓山美國分會所屬的象岡道場。

中華電子佛典協會於臺北慧日講堂發表最新成果,完成《大正藏》第一至五十五冊及第八十五冊,共八千多萬字數位化製作。

五月一日,由臺灣隨行之聽經團成員至紐約東初禪寺參訪,而後於象岡道場舉辦三天禪修活動。

八十二位由臺北啟程的僧俗弟子,由慈基會會長王景益帶團來到位於紐約上州的象岡道場。該處雖仍處工程整建之中,但已可接待百人上下的禪修大眾。果元法師及分會義工菩薩們群策群力,為國內來訪的團員舉行了前後三天的禪修活動。聖嚴師父則比照禪七的課程,每天為大家作兩場開示。

團員親睹東初禪寺大殿、禪堂、圖書室、辦公室、法師寮及師父寮如此簡樸乃至簡陋,十分意外。法師簡短介紹二十五年前初來紐約之辛苦及奮鬥,並指出東初禪寺目前雖然簡陋,卻是慘澹經營並三易其居後始站穩腳步。並稱國內來此大眾有類於「尋根之旅」,因為留日期間資助人沈家楨長者在此、法師禪修指導

課程在美國開發、經過改良之菩薩戒授戒儀範先從美國試辦，甚至「法鼓山」命名，亦先用在美國之出版社，然美國道場自始即未使用臺灣道場經費資源。（〈臺灣法鼓山溯源美國　兩地人喜相逢〉，《法鼓》，138期，2001年6月1日，版1）

五月四日，於紐約東初禪寺主持「法集會」。「法集會」原只限西方弟子參加，近來開放，然對象仍保持為以英語為主要語言者。

五月六日，於紐約東初禪寺主持浴佛法會，約有七百人參加。

五月七日，由中華佛研所、國立臺灣藝術大學科技藝術研究中心與臺灣大學合作成立之「佛學數位圖書館暨博物館」，於臺灣大學國科會人文學研究中心召開週年成果發表會。

五月九日，應邀出席由「世界宗教暨精神領袖和平高峰會」祕書長巴瓦・金於美國紐約召開之「Roundtable Planning Meeting with Religious Leaders」小型顧問會議，討論各宗教如何推動全球性轉衝突為溝通、轉戰爭為和平的工作。法師提議：以人的立場而非宗教信仰來共同面對。

　　會中，討論如何繼續推動全球性的轉衝突為溝通，轉戰爭為和平的工作，並且報告自去年八月召開大會以來，他們已經在中東、韓國、非洲、印度、中國大陸等地做了些什麼，認為成效最大，做得最成功的是中華民國的臺灣，並且已經將此行的狀況向聯合國祕書長安南先生提出報告。

　　席間討論的是：「高峰會後做了什麼？」、「如何做法？」大家都知道要將一切宗教結合起來是不可能的，聖嚴師父提出：「宗教間的信仰認同是辦不到的，如果站在人的立場共同挽救人類世界的危機與災難，就可讓各宗教共同參與了。」（〈聖嚴師父出席世界宗教領袖顧問會議〉，《法鼓》，138 期，2001 年 6 月 1 日，版 1）

前往紐約華埠光明寺壽冶老和尚靈前上香致敬。（〈壽冶老和尚──廣結善緣的五台行者〉，《悼念 II》，法鼓全集 3 輯 11 冊，法鼓文化，頁 25-29）

五月十四日，前美國佛教會會長敏智長老往生四週年，有文悼念。（〈敏智長老──慈祥、豁達中略顯孤單〉，《悼念 II》，法鼓全集 3 輯 11 冊，法鼓文化，頁 37-42）
　　案：敏智長老於一九七四年起擔任美國佛教會會長，法師曾於一九七五年底至一九七七年底兩年間，在紐約大覺寺共住。

五月十八日，為《中華佛學研究所二十週年特刊》撰序。
〈序中華佛學研究所二十週年特刊《耕耘播種》——
我是這樣走過來的〉云：

　　因為我自己早年失學，沒有受到完整的佛教教育，所以我希望為我們的下一代，提供一個能受到高等教育的機會。

　　因為中國佛教的衰微沒落，是由於缺乏足夠的人才，所以我要說：「今日不辦教育，佛教就沒有明天。」

　　我在出國留學之前，沒有護法信眾，一九七八年，我初回國接任所長之時，也不知向誰去化緣來支援我辦教育。一九八一年張創辦人（案：指文化大學創辦人張其昀）鼓勵我招生，幸得華嚴蓮社的成一長老，屈就了副所長職，把他們蓮社的數十位信眾，和我所認識的若干位菩薩，組成了一個護法理事會，按月捐助佛研所的開支。一九八四年，由於張創辦人病臥不起，學校人事更動，即命本所停止招生，並且計畫結束。我為了佛教教育工作的延續，第二年便創辦了「中華佛學研究所」，在北投的農禪寺，繼續招考新生，上課則仍在陽明山校園。一九八六年，先師東初老人遺下的北投中華佛教文化館，由我張羅重建落成，借給本所，我們便有了比較安定的校舍和大部分的師生宿舍，直到今年的九月，我們又搬上了法鼓山，這是本所屬於自己的永久性校舍了。

　　我也要感謝歷年來為本所擔任教職及行政工作的諸位老師與同事們，大家都能把本所的理念看作自己的理念

和自己的事，尤其是把歷屆的研究生視作自己的弟妹來愛護，使我沒有後顧之憂。當然，如果沒有我們廣大功德的護法信眾全力資助，巧婦難做無米之炊，本所再好的理念也是無從實現的，我要就此機會向大家說：「感恩，感恩，無限的感恩！」

二十年的教育工作，不算很長，但在中國佛教界已不算短了，上了法鼓山之後的本所，又是另一個前瞻性的階段開始，從此要走上研究多元化、視野世界化的里程了。

我很高興被人稱作傻子，因為辦教育既不能有立竿見影的速效，也尚未見到有多少成果。我的信念則是：「播種耕耘，重於收割。」所謂百年樹人，由本所培養的人才，目前仍在繼續成長之中，他們一定不會辜負本所的栽培，百年之內，一定會讓後人見到豐收的季節。因敘所感，作為特刊及專刊的代序。（〈序中華佛學研究所二十週年特刊《耕耘播種》——我是這樣走過來的〉，《書序Ⅱ》，法鼓全集 3 輯 10 冊，法鼓文化，頁 35-40）

五月十九日，即日起至六月二日，於紐約象岡道場主持默照禪十四，共有四十一人參加。

案：此次禪十四期間開示講詞經謄錄後訂補，收入二〇〇四年出版《聖嚴法師教默照禪》之第一篇〈默照禪法〉。

五月，《世紀對話》叢書系列由法鼓文化出版一至三冊：
《聖嚴法師與人文對話》、《聖嚴法師與科技對話》、
《聖嚴法師與宗教對話》。法師撰有該叢書〈總序：
為二十一世紀開新思路〉。

案：《世紀對話》系列計共十三冊，前三冊內容為名人
對談，今年三月起陸續出版。後十冊從《不一樣的聲音》
電視節目系列編輯而成，二〇〇六年及二〇〇七年各出
版五冊。

六月一日，中華佛研所所長李志夫應邀出席由法光佛教文
化研究所主辦之「宗教研修學院設置相關法案」討論
會，會中初步達成修法草案共識，預計八月提供教育
部做為修法參考，加速宗教學院之設立。

法鼓山與臺北市政府於市立第二殯儀館舉行第二十七
次佛化聯合奠祭，為十位往生者祝福、送行。

六月二日，默照禪十四圓滿。克羅埃西亞（Croatia）查可·
安德列塞維克（Žarko Andričević）於圓滿日，獲法師
交付中國禪宗法脈法鼓山系統傳承，承擔起在西方弘
揚禪法責任。

扎寇·安珠確維是克國最大且唯一得到正式立案，受
政府承認的佛教團體的負責人，以指導中國功夫及瑜伽
為業。近六年以來，扎寇每年均抽空參加聖嚴師父親自

指導的精進禪修活動，去年他全程參加了四十九天的精
進禪修。

　在此次的禪十四活動中，扎寇・安珠確維曾有過完全
放下自我中心的經驗，聖嚴師父深切地託付他不忘以弘
揚禪法為己任，並傳承中國禪宗法脈。扎寇回國後不久，
即將主持一個為期五天的精進禪修，並計畫採取兼重佛
教教義及禪法的途徑，盡力在克國乃至其他西方國家傳
播佛法。（〈東歐人 Žarko Andričević 獲法脈傳承〉，《法鼓》，
139 期，2001 年 7 月 1 日，版 1）

**應 Tricycle（《三輪》）佛教雜誌之邀，出席於紐約中
央公園舉辦之「改變想法之日」活動，以「逆向思考」
為主題，向西方人士介紹如何運用「逆向思考」來因
應現代、未來環境，並超越現況和環境。**

　《三輪》佛教雜誌取名「三」，Tricycle，即是希望擷
取北傳、藏傳及南傳三大系統的佛教精華，向世界各地
人士介紹佛法的意思。

　六年以來，該雜誌於每年初夏皆選擇一天，在美國幾
個最具代表性的大城市，邀請三大系統中的代表性弘法
師，同時舉辦一天的演講及祈福活動。聖嚴師父即是第
一屆活動中的演講人。

　當天共有十二位主講及祈福人，他們分別來自北傳、
南傳及藏傳佛教系統。（〈聖嚴師父紐約談逆向思考〉，《法
鼓》，139 期，2001 年 7 月 1 日，版 1）

六月五日，中華佛研所印度籍教授穆克紀已任職十五年，
　　今年七月退休。臨別前舉行演講會，講題為「喬達摩
　　成佛──尼柯耶傳統的分析」；佛研所並發行《穆克
　　紀教授訪臺講學紀念專輯》光碟。

六月十日，僧團都監果品法師率領多位法師前往中國大陸
　　鎮江焦山定慧寺，代表聖嚴法師出席該寺住持茗山長
　　老讚頌大典。茗山長老為東初老人法子，與聖嚴法師
　　有同門同鄉之誼，曾來臺傳戒亦曾至農禪寺參訪。本
　　月一日圓寂，法師親撰塔銘並書。銘曰：

童真入道	英年遊學	作育僧才	禪講不輟
有教無類	眾機利樂	十年動亂	玉琢冰清
戒德香嚴	定慧雙隆	弘護正法	吼獅騰龍
化蹤所至	風起雲從	國內海外	雨澍雷同
復興祖庭	建萬佛塔	法筵盛開	為六寺主
公務法業	鞠躬盡瘁	服膺太虛	人間佛教
柔而不剛	大師矚目	法襲曹洞	脈紹東初
學貫內外	博涉三藏	中觀唯識	空有相資
解精行實	福智兩佐	詩才書藝	二絕馳美
文章儀範	傳世永懷	不動寂光	乘願再來

　　（〈茗山法師──彼岸的同門師兄〉，《悼念II》，法鼓
　　全集3輯11冊，法鼓文化，頁17-18）

六月二十日，即日起至七月四日，於紐約象岡道場主持話

頭禪十四,共有三十九人參加。

六月二十九日,法鼓山僧伽大學佛學院首屆招生考試放榜,
　　錄取人數包括:男眾正取五名、備取一名,女眾正取
　　十八名、備取三名。

　　法鼓山獲內政部評選為「八十九年度寺廟教會捐資興
　　辦公益慈善及社會教化事業」績優單位,表揚大會於
　　上午假國家圖書館演講廳舉行,由文化館住持鑑心法
　　師代表受獎。

六月,隨身經典系列《四正勤講記》、《抱疾遊高峰》由
　　法鼓文化出版。

　　《抱疾遊高峰》為法師第十二冊遊記和傳記,記述西
　　元一九九九年元月至二〇〇〇年十月間事。有序云:
　　　本書命名「抱疾遊高峰」,乃因這一陣子,算是我歷
　　年來衰老病弱的頂點;接觸高層人物的機會之多,參與
　　場面,往往就是標明為高峰(summit),都是我生平的
　　首遇;多場暢談及演講,被視為具有國家層級乃至國際
　　水準。在這期間,我有三本英文著述被美國香巴拉、雙
　　日、牛津等三家名出版公司接受出版;增訂的《法鼓全
　　集》共七十冊面世;林其賢編著的《聖嚴法師七十年譜》
　　鉅著成書出版;施叔青為我撰寫的傳記《枯木開花》成

為市面的暢銷書；到了十月底，又知道我得到行政院文
建會頒發的「國家文化獎」，是對文化工作有傑出及終
身貢獻者的肯定。類似的許多事件，都破了我生命史的
紀錄。

　　曾有一位傑出的登山家，於聖母峰歷劫歸來後告訴
朋友們說：「高峰絕無坦途」。我以老病之身，活到
七十一歲，才經歷到人生的高峰，旁觀者可能覺得風光，
而我自己，雖非攀登極峰與死神賭命可比，由於體力不
濟、學問淺薄、德養未充、業障太重，所以一路顛顛沛
沛。博得這些榮譽，對於佛法的普及當然有用，於我個
人的幻軀來說，無非是虛名而已！（〈自序〉，《抱疾遊
高峰》，法鼓全集6輯12冊，法鼓文化，頁3-6）

七月一日，即日起至十二月，自述簡傳〈我的修行與傳承〉
　　於每月發行之《法鼓》雜誌刊登，六篇主題包含：沙
　　彌拜佛、靈老震喝、閉關修學、日本留學、佛法傳承、
　　臨濟曹洞。（《法鼓》，139-144期，2001年7月1日-12
　　月1日，版5）
　　案：該簡傳英譯後收入翌年（二〇〇二）由紐約法鼓出
　　版之 *Chan Comes West*（《禪法西來》）。

於《法鼓》雜誌刊布消息支持「宗教團體法」立法。
　　法師先前並不贊同「宗教團體法」立法（見二〇〇〇
　　年八月二十一日），主要原因為原提出草案第二十九

條付予主管機關「解散」宗教團體之權力。今由內政部重新提出「宗教團體法」草案中,已經取消該權限,法師因轉為支持「宗教團體法」立法。(〈法鼓山支持宗教團體法草案〉,《法鼓》,139期,2001年7月1日,版1)

七月五日,《天台心鑰──教觀綱宗貫註》初稿完成,撰〈序〉敘述闡揚天台學目的在於弘傳漢傳佛教,漢傳佛教之包容性及消融性,當必為今後世界佛教之主流。

《教觀綱宗》對我有相當大的影響,尤其是它的組織架構及思想體系,書中一開頭就開宗明義地說:「佛祖之要,教觀而已,觀非教不正,教非觀不傳。」所謂教觀,便是義理的指導以及禪觀的修證,也就是「從禪出教」與「藉教悟宗」的一體兩面,相互資成。

《教觀綱宗》除了重視天台學的五時八教,也重視以觀法配合五時八教的修證行位及道品次第。如果不明天台學的教觀軌則,就可能造成兩種跛腳型態的佛教徒:1.若僅專修禪觀而不重視教義者,便會成為以凡濫聖、增上慢型的暗證禪師,略有小小的身心反應,便認為已經大徹大悟。2.若僅專研義理而忽略了禪觀實修,便會成為說食數寶型的文字法師,光點菜單,不嘗菜味,算數他家寶,自無半毫分。

漢傳佛教的智慧,若以實修的廣大影響而言,當推禪宗為其巨擘;若以教觀義理的深入影響來說,則捨天台學便不能作第二家想。近半個世紀以來,漢傳佛教的教

乘及宗乘,少有偉大的善知識出世,以致許多淺學的佛
教徒們,便以為漢傳佛教已經沒有前途,這對漢傳佛教
兩千年來,許多大師們所遺留給我們的智慧寶藏而言,
實在是最大的憾事,更是人類文化的重大損失!我則深
信,今後的世界佛教,當以具有包容性及消融性的漢傳
佛教為主流,才能結合各宗異見,回歸佛陀本懷,推出
全人類共同需要的佛教來。否則的話,任何偏狹和優越
感的佛教教派,都無法帶來世界佛教前瞻性和將來性的
希望。(〈自序〉,《天台心鑰──教觀綱宗貫註》,法鼓全
集 7 輯 12 冊,法鼓文化,頁 5-11)

**七月七日,自美返臺。返臺前,前往紐約羅德泛國際公關
公司討論舉辦國際性「聖嚴人文獎」,期引發世人對
人文關懷之重視。**

為了籌畫設立一國際性「聖嚴人文獎」,而去了總
部設立在美國紐約的羅德泛國際公關公司(Ruder Finn,
Inc.),與他們的總裁大衛‧藩(David Finn)及副總裁
迪娜‧梅瑞恩,舉行了幾次原則性的會議,讓他們了解
我們要設計這個獎項的性質、宗旨和目的。初步計畫是
每年頒發一名美金五十萬元獎金,希望藉此頒獎活動,
引起全世界對於人文關懷的普遍重視和持久推廣,以期
帶來全球性的人類平安和永續性的生態保護。(〈八、
聖嚴人文獎的始末〉,《真正大好年》,法鼓全集 6 輯 13 冊,
法鼓文化,頁 70-73)

案：本案於本年九月二十七日法鼓山人文社會獎助學術基金會董事會，獲得全體董事們一致通過，並已準備與羅德泛公關公司簽署合約。唯後來臺灣、美國乃至全世界陸續發生大災難，如：臺灣桃芝颱風、納莉颱風，美國紐約曼哈頓雙子星大樓、華盛頓五角大廈遭受恐怖攻擊。法師感覺，此項世界性「聖嚴人文獎」，推出時機尚未成熟。因於十一月，通知羅德泛公關公司，暫時中止計畫。（〈八、聖嚴人文獎的始末〉，《真正大好年》，法鼓全集 6 輯 13 冊，法鼓文化，頁 70-73）

七月十日，於農禪寺宴請畫家李自健夫婦、政治大學前校長鄭丁旺、音樂家羅大佑等。法師邀請李自健為法鼓山繪製乙幅「人間淨土」油畫。

七月十一日，法鼓人文社會學院選出第二屆董事會董事。十一位董事皆為上屆董事連任，任期三年。

董事為：聖嚴師父（法鼓山文教基金會董事長）、吳京（中央研究院院士）、李亦園（中央研究院院士）、楊國樞（中央研究院院士）、鄭丁旺（國立政治大學會計系教授）、陳伯璋（國立臺灣師範大學教授）、惠敏法師（國立臺北藝術大學教授兼教務長）、果肇法師（法鼓山文教基金會副執行長）、陳盛沺（聲寶公司董事長）、莊南田（太子建設公司副董事長）、周瑜芬（永森企業董事）。（〈法鼓大學第二屆董事會名單出爐〉，《法

鼓》，140 期，2001 年 8 月 1 日，版 1）

七月十二日，於農禪寺為專職人員「精神講話」：「自利利他的菩薩精神」，開示：大好年應從說好話、存好心、在利他中自我成長。

大好年應說好話，這是禮儀環保，各有分寸、威儀，人與人間應保持尊重、禮讓、謙虛、誠懇。不說流俗語、粗俗語、低俗語。禮儀有三：身儀、心儀、口儀，若說話不得體、講粗俗語，這不是法鼓山的風格。法鼓山正建設人間淨土，應從人的品質開始提昇，從內心開始改變，從存好心開始。所謂品質，除了存心的純真、誠懇，應須有益於其他的人，即是心靈環保，亦是有利於己。若僅利他而不利己，是犧牲。奉獻之後是成長最多的，在工作奉獻之中成長，即是心靈環保。（《隨師日誌》未刊稿）

七月十三日，下午，至法鼓山巡視工程。

七月底前，包括汙水處理廠、男眾寮房、教職員宿舍及涵括教育行政大樓、國際會議廳、圖書館的「小三合一」均已取得建築使用執照，目前正積極進行內部裝設作業。

師父尤其關心佛研所和僧伽大學學生的學習環境和空間品質，不時提出和工程人員討論。針對即將從農禪寺搬遷上來的男眾部法師，以及僧伽大學男眾新生所居住

的男寮，師父尤其注重其修行的環境，只見師父一一詢
問佛堂、齋堂等各個空間的配置，以及環境的設施，期
　盼營造一個培育僧才的最佳環境。（〈佛研所新舍將落成
　　九月迎接學子報到〉，《法鼓》，140 期，2001 年 8 月 1 日，
　版 1）

七月十四日，至中視攝影棚錄製《不一樣的聲音》節目。
　與命理協會副會長吳正宏對談「命與運如何解」、「命
　與運——活在當下」；與新光醫院醫師張尚文對談「用
　關懷與體諒看待精神患者」；與行政院衛生署基隆醫
　院資深社工盛慧中對談「幫他們走出生命的憂谷」；
　與中國人權協會理事林信和律師對談「眾生平等——
　精神病患的刑責問題」。

七月十四日至二十一日，主持「第一屆大專青年禪修營」，
　共計五百位全國各大專院校、研究所在學青年參與。
　活動借基隆市月眉山靈泉禪寺舉辦，參加者大都為各
　社團幹部，其中部分為佛教徒，或者為法鼓山信眾。
　　聖嚴師父指出，這項定名為「塑造二十一世紀菁英」
　的大專青年禪修營，主要的目的是培養現代青年人獨立
　判斷與自主的人格。
　　聖嚴師父在觀念與方法的指導上，主要有四環四大方
　向及二十四字箴言：「要把生命留在現在，不管妄念回
　到方法，放鬆身心放下身心」，四大方向就是實踐心靈

環保、禮儀環保、生活環保與自然環保等四種環保,期許青年學生能從個人內在心靈淨化做起,再進而擴大到與他人的禮儀、正確的生活態度,以及愛護自然環境與地球資源。最終目的,在培養新一代年輕人獨立健全的人格與奉獻社會的精神。(〈首屆大專禪修營 塑造二十一世紀的青年菁英〉,《法鼓》,140 期,2001 年 8 月 1 日,版 1;另參見:〈一二、忙碌的三個半月〉,《真正大好年》,法鼓全集 6 輯 13 冊,法鼓文化,頁 101-102)

七月十七日,邀集政治大學前校長鄭丁旺、國立花蓮師範學院前校長陳伯璋,就法鼓人文社會學院籌備事務交換意見。

七月十八日,中華佛研所與行政院蒙藏委員會合辦第一屆「漢藏佛教文化交流研究班」公布錄取名單,計正取六名、備取二名。該研究班七月九日舉行甄試,共有十八位來自尼泊爾、印度、西藏等地西藏僧侶報名。

　　十八位參試的西藏僧侶,最後錄取六人,西藏僧侶學生來到法鼓山教育體系學習,是法鼓山大學院教育的新里程,也是國際化教育的新開端。(〈僧伽大學、漢藏交流班放榜〉,《法鼓》,140 期,2001 年 8 月 1 日,版 1)

七月二十一日,上午,大專青年禪修營結束。下午,赴臺中參加護法總會於臺中分院舉辦之「中部新勸募會員

授證暨法鼓傳薪」活動，共有二百九十二位來自臺中
九個地區新勸募會員參加。

　　法師鼓勵大眾了解自己角色定位，以及未來承擔之責
任。開示指出，「勸募目的不是為了師父，而是護持法
鼓山所辦的三大教育。如果能在與護持會員互動中，讓
大眾來關心、了解、護持法鼓山的教育理念，就是在建
設人間的淨土。」（〈好是無止盡的！〉，《法鼓》，140 期，
2001 年 8 月 1 日，版 2）

七月二十二日，上午至臺中市逢甲大學，下午至苗栗縣文
　　化局出席法鼓山臺中分院舉辦之「大好年祈福皈依法
　　會」活動，開示勉勵大家以光明、正面、積極態度面
　　對全球經濟不景氣潮流，一起帶動「大好年」運動。
　　兩場活動會後均辦理皈依典禮。上午第一場「大好年」
　　祈福開示，共有一千五百多人參加，逢甲大學劉安之
　　校長及李元棟副校長出席全程聆聽。下午場「大好年」
　　開示，上千人參加，由苗栗縣副縣長陳秀龍開場引言。

　　師父在中部的兩場弘講大會中，勉勵國人要以光明、
正面、積極的態度來面對，只要大家能一起帶動「大好
年」運動，人人發願成為大好年的種子，影響周遭的人
說好話、做好事，就能大家一起轉好運，共創大好年，
那麼不僅今年是大好年，年年都是大好年。

　　師父指出當前臺灣社會普遍缺乏安全感，是因為大家
對危機的發生，沒有辦法坦然去面對和處理，所以著急

得像熱鍋上的螞蟻，不知往哪裡爬。「但是，如果在內
心之中有了一定的目標，就一定是可以爬出來的。」

　　師父說，「從心理上來講，好是無止盡的。只要能往
正面去思考，則年年是好年、日日是好日、時時是好
時。」但要如何處理困境，師父說，「心態要積極，但
不是著急，過程中盡力去做，但不要感到壓力。遇到任
何狀況發生，都不需要有壓力的感覺。」（〈好是無止盡
的！〉，《法鼓》，140 期，2001 年 8 月 1 日，版 2）

七月二十四日，於臺北市中山北路、酒泉街草坪出外景拍
　　攝「大好年」公益廣告。由「大好傳播」負責人王念
　　慈策畫指導，立人國小同學與法師共同入鏡。

七月二十五日，接受 *OpenWeekly* 記者專訪。
　　案：該週刊為巴西華僑張勝凱參與籌辦之中、英雙語刊
　　物。（參見：〈一二、忙碌的三個半月〉，《真正大好年》，
　　法鼓全集 6 輯 13 冊，法鼓文化，頁 104）

七月二十六日，臺北市工務局、都發局同仁七十餘人至農
　　禪寺舉行精進禪一，法師於上午前往歡迎並開示，期
　　許將禪修觀念運用在日常生活中，身處公門，能夠借
　　境鍊心，把握「行、住、坐、臥皆是禪」原則，隨時
　　隨地調適身心。（〈都發局、工務局農禪寺打禪一〉，《法
　　鼓》，141 期，2001 年 9 月 1 日，版 1）

十一時，臺北市市長馬英九令尊馬鶴凌至農禪寺拜見。
馬先生於五十多歲時曾寫「聖明開悟無邊法　嚴正修
持萬古心」書法贈送法師，掛於客堂中。馬先生認為
從事和平事務，對佛法之潛修及弘揚都有正面功用。

七月二十七日，於農禪寺接受《中央日報》「當代人物版」
採訪，主題為：「心五四運動及僧伽大學辦學理念」。

七月二十九日，至中視攝影棚錄製《不一樣的聲音》節目。
與中國人權協會理事長柴松林教授對談「我們都是一
家人」；與行政院蔡清彥政務委員對談「樂觀過生
活──跨越震災的陰影」；與臺南藝術學院徐小虎教
授對談「從本土化到全球化」。

七月三十一日，於農禪寺召開緊急救災會議，因應前日（七
月二十九日）桃芝颱風重創臺灣東部、中南部之災情。
決議成立「救災協調指揮中心」，由果肇法師擔任總
負責人，並指派果東法師赴花蓮關懷，臺中分院監院
果舫法師等三位法師前往南投及臺中各災區關懷。

邀請林懷民及舞者共四十多人至農禪寺餐敘，感謝雲
門舞集四月《竹夢》義演。

七月，為菁英禪修營學員陳辭修出版之新書撰序：〈序陳

辭修居士《做！就對了》〉。（《書序 II 》，法鼓全集 3
輯 10 冊，法鼓文化，頁 41-43 ）

《自家寶藏：如來藏經語體譯釋》由法鼓文化出版。
此係去（二〇〇〇）年六月在紐約象岡道場主持禪
四十九期間所撰寫。法師深信：如來藏思想不違背緣
起空義，具寬容性。從歷史與當代佛教弘傳來看，如
來藏信仰有適應不同文化環境之彈性，易被各種民族
接受。認為展望未來之世界佛教，仍將以如來藏思想
為主軸，既可滿足哲學思辨要求，也能滿足信仰需求；
可以連接緣起性空源頭，也可貫通究竟實在諸法實相。
該書於翌年（二〇〇一）七月由法鼓文化出版。〈序〉
云：

　　如來藏的思想，是最受漢、藏兩系大乘佛教所信受的，
雖於近代善知識之中，對於如來藏的信仰，有所批評，
認為是跟神我思想接近，與阿含佛法的緣起性空義之間
有其差異性，認為那是為了接引神我外道而作的方便說，
甚至是為使佛法能生存於神教環境之中而作的迎合之
說。我相信善知識的研究，有其資料的客觀性、有其剖
析的正確性，但我更相信如來藏思想，並不違背緣起的
空義，而具有其寬容性。

　　近年來，我有多半的時間，是在指導禪修，我主張，
漢傳佛教的遺產，也應該受到重視及弘揚。因為今日世
界的佛教，多係日本的禪及西藏的密，南傳上座部系的

佛法,則比較保守,深度及廣度也不易被世界環境普遍認同。……而不論日本的禪,西藏的密,都跟如來藏的信仰有關,因為有其適應不同文化環境的彈性,比較容易被各種民族所接受。……

因此我敢相信,適應未來的世界佛教,仍將以如來藏思想為其主軸,因為如來藏思想,既可滿足哲學思辨的要求,也可滿足信仰的要求,可以連接緣起性空的源頭,也可貫通究竟實在的諸法實相。

實相無相而無不相,法身無身而遍在身,便是無漏智慧所見的空性。佛性、如來藏、常住涅槃等,其實就是空性的異名。佛為某些人說緣起空性,又為某些人說眾生悉有佛性,常住不變,但是因緣法無有不變的,唯有自性空的真理是常住不變的。有了無我的智慧,便見佛性,見了佛性的真常自我,是向凡夫表達的假名我,並不是在成佛之後,尚有一個煩惱執著的自我;那也就是《金剛經》所說的:「無住生心」的一切智心,絕對不是神教的梵我神我。……

如來藏思想能使發心菩薩,願意接受一切眾生都是現前菩薩未來佛的觀念,也能使發心菩薩,願意尊敬、尊重每一個人。若能將順、逆兩種因緣的發動者,都看作是順行菩薩及逆行菩薩,也就能將在苦難中失去的親友,視作菩薩的現身說法,幫助自己改變對於人生的態度。因此,我們要推動人間淨土的建設工程,佛性如來藏的信仰就太重要了。……

由於《如來藏經》是如來藏思想系列經典中的最主要者之一，尤其即以如來藏為其經名，且以極淺顯易懂的九則譬喻，為其全經的骨幹，平易近人的表達方式之中，含有眾生身中本具佛性如來寶藏的勝義。故於象岡道場主持四十九日默照禪七期中，趕日趕夜地完成了這冊小書。（〈自序〉，《自家寶藏——如來藏經語體譯釋》，法鼓全集 7 輯 10 冊，法鼓文化，頁 3-8）

僧團公布僧伽大學佛學院九十學年度請執榜單，聖嚴法師任院長、副院長兼教務長由惠敏法師擔任、副院長兼女眾學務長由果光法師擔任。

男眾學務長為果建法師、總務長為果峙法師。教務長助理兼註冊及課務組組長由果見法師擔任、學務處學僧輔導組組長由果幸法師擔任，並請果惟法師擔任庶務保健組組長，常慧法師擔任學務規畫組組長兼學務助理及僧大佛學院祕書。（〈法鼓山僧伽大學佛學院（籌備）大事紀〉，http://www.ddsu.org/?page_id=348）

八月一日，赴花蓮訪視因桃芝颱風受創慘重之萬榮鄉見晴村、光復鄉大興村等地，關懷慰問災區民眾。並於當晚指示花蓮共修處成立花蓮安心服務站，以二年為期，進行災區慰訪工作。

隨行者有護法總會陳嘉男會長、陳治明菩薩及張葆樺菩薩，在抵達花蓮後，另有果東法師及三十多位悅眾在

當地會合。

　師父等人先行來到萬榮鄉見晴村。村民們對於能見到一位佛教的法師來此關懷，態度從好奇轉為感謝，他們告訴師父村裡未來的計畫，一個月後可望住進組合屋，最終則必須遷村不可。

　遷村的迫切性，也同樣出現在光復鄉大興村，當地遭土石流危害極為慘重，有上百位災區民眾被安置於大興國小臨時收容中心。光復鄉鄉長陳重成向師父表示，災區除了需要物資援助外，更重要的是心靈的關懷。

　師父走進每一間教室，盡可能與每位民眾交談，鼓勵災區民眾們說出內心的感受。

　風災造成許多家庭離散，一位頓時成為家族唯一倖存者的小女孩顯得彷徨，師父安慰她說道：「災難中的遺孤，往往都是日後國家社會有成就的人，因為他們走過災難，曉得生命的可貴及人生價值的意義。」

　隨後，師父轉往鳳林榮民醫院殯儀館，為二十多位亡者祝禱，並親自領眾誦《阿彌陀經》迴向。（〈到最需要的地方　聖嚴師父桃芝風災三度勘災〉，《法鼓》，141 期，2001 年 9 月 1 日，版 2）

於榮民醫院探視傷者時，與慈濟功德會證嚴法師不期而遇，兩位法師彼此期勉「為臺灣這塊土地相互珍重」。

八月二日，清晨，由松山機場搭機，至南投勘災。南投縣
竹山鎮延正里受創嚴重，里長曾文煌向法師陳述災情，
並帶領法師爬上險峻斜坡，站在中二高速公路上實地
勘查。行程中法師對災區民眾鼓舞安慰，並勉勵水里
鄉鄉長詹登雲、信義鄉鄉長魏錫堯救災奔波時仍要保
重身體，並適時讓頭腦放鬆，如此才能持續為大眾奉
獻。

　　一位身材高大的年輕人激動地走向師父陳述受災的苦
楚，他說經營的廠房在九二一地震中全毀，如今二度建
造的廠房才開始生產又全流失，五百萬的投資全泡湯，
他真的不知未來要怎麼走下去？

　　師父則告訴他，自己小時候家裡也兩次被大水沖走，
但是幸好家人平安。而世界上到處有災難，「災難讓人
很痛苦，但還是要活下去、還是要往前走。」以他的勇
氣、年紀還可以全新來過，師父勸導他冷靜下來面對萬
難。（〈到最需要的地方　聖嚴師父桃芝風災三度勘災〉，《法
鼓》，141 期，2001 年 9 月 1 日，版 2）

法師表示，大災難是一種磨練，走過災難，讓人深刻
體會生命意義。勉勵災區民眾：「災難發生，就是去
面對它、接受它，對未來要保持信心，因為活著就是
最可貴的。」

　　經過了九二一大地震，這一次又見到桃芝颱風所帶來
的災難慘狀，都是我有生以來最難得的人生閱歷，佛說

「國土危脆，世事無常」，這就是現成的教材。我總覺得，這麼多人受到災難，而我自己還很安全，不但沒有為自己慶幸，倒覺得非常的罪過，這應該是我們這個時代、這個環境之中，人間大眾的共業招感，卻讓那些人代替我們罹難。所以任何地方一遇到災難，我的第一個念頭，就是去慰問他們的家屬，請他們用佛法安心，同時也用佛法來為罹難者祈福，願他們平安的離開人間，求生佛國淨土。（〈九、桃芝颱風〉，《真正大好年》，法鼓全集6輯13冊，法鼓文化，頁74-82）

八月四日，接受《新新聞》專訪談「心靈環保」（文刊登於該刊第752期，2001年8月8日，頁48-49）。

下午，南下高雄出席於高雄縣勞工育樂中心舉行之「跨越困境、拯救貧窮、安和樂利南臺灣」名人對談，與高雄市市長謝長廷、高雄地檢署檢察長朱楠及中山大學校長劉維琪對談，名導演吳念真擔任主持人，近二千位民眾到場聆聽。

八月五日，上午，法鼓山高雄分院於高雄縣育樂中心舉行「祈福皈依法會」；下午，於同地舉辦「新勸募會員授證暨信眾聯誼會」。法師皆到場關懷、開示。祈福皈依法會約有二千多位信眾參加，其中約有一千八百人皈依三寶，包括前任警政署署長姚高橋。法師開示

主題為「正信的佛教」以及「心五四」運動。

八月七日，再度前往南投勘災。法師為受災戶誦經祈福，
　　慰勉鼓舞住民。致贈慰問金時，受災民眾不願收下，
　　法師告以此非救濟，而是社會大眾之關心與祝福。

　　從亂石與泥濘中勉強搶通的便道，隨時可能因大雨再
度中斷，讓隨行人員感到憂心，就連信義鄉鄉公所人員
也勸請師父以安全為重，取消勘災。

　　但是師父以堅持與願心說服勸說的聲浪，勘災行程依
原計畫進行，在救難總隊及玉山國家公園警察局車隊引
導下，終於順利地進入山區。

　　師父進入水里、頂崁、新山、郡坑、信義、筆石、久
美等沿線一帶九個村落，沿途盡是土石流衝毀破壞的家
園。一對年輕夫婦在災難中喪失了家中的兩位老菩薩，
房子也幾乎被夷為平地，師父走進斷垣殘壁的家，為這
一家人誦經祈福。

　　一位遍尋不著親人遺體的住民，一整天孤立在亂石堆
中，不肯離去。師父越過溪床走近他，輕拍他的肩膀，
向他勸說接受親人的離去，堅強地活下去。

　　師父在慰勉同時，也準備致贈慰問金，但住民們卻不
願收下。他們向師父說，能夠得到師父的祝福，就是大
家的大福報，現在他們的生活還過得去，請師父把錢留
給更需要的人。

　　師父告訴他們：「慰問金的目的，並不是救濟，而是

代表社會大眾對你們的關心與祝福。」這才讓受災民眾們接下這一份全民的祝福。

師父此行勘災,除了慰勉受災民眾,救援工作人員也是關懷的對象。師父注意到工作人員因為救災心切,心也顯得急躁,因此他告訴現場挖土機操作人員「可以一邊挖,一邊念觀世音菩薩」,讓心情緩和下來。

從災區回來,師父告訴大眾,在災區他看到一群示現的菩薩提醒防災的重要,因此,除了懷抱感恩心之外,讓我們一起來幫助他們。(〈到最需要的地方　聖嚴師父桃芝風災三度勘災〉,《法鼓》,141 期,2001 年 9 月 1 日,版 2)

自七月三十日起至今,各地法鼓山會員已超過一千六百餘人次進入災區慰訪,後續則將由臺中、南投、竹山、東勢、埔里、花蓮六個安心站,持續關懷。

七月三十日當天,臺中地區五個安心站即密切關切桃芝颱風動態。當日下午,臺中張玉青及楊淑麗師姊便帶著礦泉水及粽子,進入竹山木屐寮進行第一波救援行動。

南投、竹山、埔里、東勢安心站也同時動員參與,每站皆派員慰訪就近的罹難者家屬和房屋全倒戶,並致贈慰問金。同時送水、乾糧、衣服及其他日用品給急需的災區民眾,物資發放地區涵蓋竹山、水里、信義、鹿谷、東勢、谷關及石崗等。

東部花蓮在李子春、鄧美美、林玉霞、林蓉敏等悅眾

帶領下，從八月一日至十五日，每天皆投入二十五人次，
至光復鄉大興村和萬榮鄉見晴村進行關懷。

　　八月一日、二日，江元燦等一行十餘人會同中部菩薩
前往臺中、彰化員林地區關懷，施建昌和許仁壽等一行
則至南投水里鄉新山、郡坑、上安輸送災後急需的雨鞋、
大耙、抽水機。而從八月十日起至十二日，包括臺北、
桃竹苗等北部地區有一百多人分三梯次至南投災區，協
助災戶清理土石流。（〈送物資、清理家園、助念、慰訪
　法鼓山助災民度過難關〉，《法鼓》，141 期，2001 年 9
　月 1 日，版 2）

八月八日，為僧伽大學佛學院題寫校訓「悲智和敬」墨迹。
　　二〇〇一年八月八日，聖嚴師父為即將上法鼓山創校
的僧伽大學親自揮毫題校訓──「悲智和敬」。爾後，師
父更完整說出「悲智和敬」之涵義，「悲──以慈悲關懷
人，智──以智慧處理事，和──以和樂同生活，敬──以
尊敬相對待」。這四句偈已將僧伽大學學僧之學習，及
進入後所開展另一階段的生命學習意義詳盡闡述。（〈學
　僧──學做出家人、學做宗教師〉，《法鼓》，159 期，2003
　年 3 月 1 日，版 6）

**前往臺北市立第二殯儀館參加林懷民令尊林金生先生
告別式。**（〈林公金生長者告別式開示〉，《悼念 II》，法
鼓全集 3 輯 11 冊，法鼓文化，頁 105-106）

案：《法鼓全集》上文〈告別式開示〉註記日期誤作
二○○○年八月八日，應據《法鼓》雜誌一四一期，
二○○一年九月一日第一版報導，更正為二○○一年八
月八日。

八月九日，於農禪寺齋堂對法鼓山全體僧眾及專職「精神
講話」：「對自己負責」，強調盡責盡職，對得起自己，
便是負責，便是尊重生命。（《隨師日誌》未刊稿）

八月十日，於農禪寺分別接受 *OpenWeekly*、《中國時報》
及《自由時報》訪問，談三度進入桃芝風災災區見聞
觀感。法師強調：「我去災區不是去關懷受災的人，
而是抱著曾經遭遇同樣災難的心情，陪他們一起承擔、
接受，並向他們學習受苦受難的精神。」

八月十一日，至中視攝影棚錄製《不一樣的聲音》節目。
與前法務部部長葉金鳳對談「正視法治教育」；與文
化大學傳播系教授方蘭生對談「媒體與隱私權」；與
律師王清峰對談「土石流的傷害」；與律師涂又明對
談「宗教法有立法之必要嗎？」。

傍晚，於農禪寺出席第三十五次社會菁英禪修營共修
會並開示：「自我肯定」。

八月十二日，於農禪寺宣講《楞嚴經》。

即日起，為改善社會風氣，推動「說好話、做好事」活動，法鼓山舉辦「把愛傳出去──好話好事遍台灣」徵文活動，內容包括好話精選、好事分享二類。

八月十三日，接受《商業周刊》專訪，談「亂世中　身心安頓的力量」。（《商業周刊》，1107 期，2009 年 2 月 5 日）

八月十七日，接受《中央日報》專訪，談創辦僧伽大學、法鼓人文社會學院緣起與理念。

撰〈序連寶猜居士《微笑菩薩》〉。（《書序 II》，法鼓全集 3 輯 10 冊，法鼓文化，頁 45-46）

八月十八日，主持護法總會於臺北成淵高中禮堂舉行之「北區新勸募會員授證典禮」，共有來自新竹以北六個轄區約五百多位會員參加。

八月十九日，即日起，農禪寺舉行一年一度之梁皇寶懺法會。法師於啟懺時，開示拜懺、齋天，以及「放焰口」意義，強調每一位參與法會者均是功德主，是財布施、法布施功德主。同時強調修行目的在增長智慧、慈悲，而修行過程即是行菩薩道歷程。

法師於開示時同時布達籌募「萬人青年禪坐」活動經
費。該活動擬於九月二十九日在臺北市政府廣場前舉
辦，因於法會期間在農禪寺簡介館舉辦小型義賣會，
以籌募經費。義賣項目包括佛像以及法師親題「水月
道場」、「空中三千」、「自在」等墨迹。法師強調，
義賣不在於物品價值，而在於認同、護持接引青年禪
修。（〈籌募萬人青年禪坐經費　師父墨寶義賣獲回響〉，《法
鼓》，141 期，2001 年 9 月 1 日，版 1）

十時至下午四時，至中視攝影棚錄製《不一樣的聲音》
節目，與談人及主題為：靜宜大學陳玉峰教授「大地
的重建工作——土地與心靈環保」；應曉薇女士「積
極的行善」；作家黃明堅女士「簡單過生活——生活
環保」；西雅圖咖啡營運部經理游宗埕先生「在不景
氣中如何自保？」

八月二十四日，撰〈《聖嚴法師教觀音法門》自序〉。本
書內容原為《大法鼓》節目之口述，解說七種觀世音
菩薩修行法門。經作家梁寒衣居士整理成文稿。後於
二〇〇三年五月出版。〈序〉見出版日譜文。

中午，臺北縣縣長蘇貞昌夫婦由建築師陳柏森陪同，
至農禪寺拜訪。（〈臺北縣蘇貞昌縣長拜訪師父〉，《法
鼓》，141 期，2001 年 9 月 1 日，版 1）

中華佛研所於法鼓文化舉行《法鼓全集》網路版成果發表會,「測試版」預計九月完成。

八月二十五日,前教育部部長楊朝祥至農禪寺拜會法師。

八月二十六日,上午於農禪寺宣講《楞嚴經》,約有二百多人參加。

八月二十七日,佛光山慧寬法師為法門寺展出佛舍利來訪,邀請共襄盛舉。

八月二十七日,前往陽明山關懷全度法師。全度法師母親近日捨報,法師特為誦經開示。

八月二十八日,於農禪寺齋堂,為即將搬遷上法鼓山之僧團男眾法師開示。

九時,接受 *OpenWeekly* 記者採訪。

八月三十日,在台泥大樓召開記者會,將九月份定為「大好月」,十家電視台總經理如中視江奉琪、華視周蓉生、台視董事長賴國洲、TVBS 李濤、民視陳剛信等皆出席盛會,共同簽署推動「大好月」宣言,並邀請廖筱君、沈春華、李四端等名主播分享一句好話;期

盼在現在與未來，經由每一個人每一天說好話、做一件好事，重啟大眾良情美意。

記者會一開始先由各家的老闆致詞，勉勵大家說好話、做好事，並且和我共同簽署「大好月宣言」，再由各主播們，分別手持說好話、做好事、轉好運等的標語牌，與我合影，當晚各電視台便以播報重要新聞的時段，報導了這項活動的現場實況，翌日各大平面媒體，也刊出了這個記者會的彩色畫面。

當天出席人士有台視董事長賴國洲、總經理胡元輝、主播廖筱君；中視總經理江奉琪、副總經理曠湘霞、主播沈春華；華視總經理周蓉生、副總經理徐璐、經理陳月卿、主播莊開文；三立電視台總經理張榮華、副總經理劉忠繼、主播姜怡如；TVBS總經理李濤、主播蘇逸洪；東森總經理張樹森；民視總經理陳剛信、主播胡婉玲；公視總經理李永得、主播葉明蘭；年代執行董事王麟祥、主播葉樹姍；中天董事長簡漢生、主播李晶玉。

像這樣一個場面，在媒體界是難得一見的，因為他們競爭激烈，彼此之間雖不能說是仇人或敵人，卻都是王不見王的競爭對手。由於我們法鼓山的菩薩，拿了我的名片一家一家去拜訪懇請，終於促成了這樣一個記者會。很難做到的事，竟然做到了，以此可見，想做好事的心，能凝聚大家的共識，拉近距離。雖然後來遇到美國九一一恐怖事件，以及臺灣九一七到九一九納莉颱風的施虐，中視、台視、華視、中天等都是受災戶，而且損

失慘重，但他們還是把這個活動延續到九月三十日才圓
滿。（〈一三、大好月的媒體響應〉，《真正大好年》，法
鼓全集 6 輯 13 冊，法鼓文化，頁 113-119）

**同時，法鼓山製作「台灣大好」公益廣告，請名製作
人王念慈策畫，由法師與三十位七、八歲小學生，在
臺北圓山公園大榕樹下，同聲祝福「台灣加油、台灣
大好」。**

　　我說出以下的幾句話：「每人每天多說一句好話，多
做一件好事，全臺灣二千三百萬個小小的好，成就為一
個大大的好。」然後由我和小朋友們，異口同聲地祝福
一句「台灣加油、台灣大好」。

　　這個活動也是延續前年臺灣發生九二一大地震之後，
我們所提倡的「台灣加油」運動，由於大家的記憶猶新，
所以獲得了大眾傳播界的普遍回響。電子媒體除了上述
的電視台外，還包括慈濟大愛電視台的參與，各大平面
媒體，則包括了《聯合報》、《中國時報》、《自由時
報》、《民生報》、《經濟日報》、《中央日報》、《中
華日報》、《大成報》等，都不只一次提供半頁大的篇
幅刊出「說好話、做好事、轉好運，台灣大好」的廣告。
那個畫面跟電視播出的相同，是我和三十位小朋友在以
藍天白雲為背景的一棵大榕樹下，一齊合掌祈禱的情
景。（〈一三、大好月的媒體響應〉，《真正大好年》，法
鼓全集 6 輯 13 冊，法鼓文化，頁 113-119）

八月三十一日，至來來飯店出席「社會光明面新聞報導
　獎」頒獎典禮。活動由臺北市新聞記者公會為慶祝第
　五十八屆記者節所舉辦。法師受邀與考試院院長許水
　德、立法院院長王金平、監察院院長錢復、司法院院
　長翁岳生、臺大校長陳維昭，共同頒發「光明面新聞
　報導記者及團體獎」。法師致詞時表示，媒體具社會
　責任，應多報導人性光輝面，期盼媒體加入心靈環保
　行列。（〈一二、忙碌的三個半月〉，《真正大好年》，法
　鼓全集 6 輯 13 冊，法鼓文化，頁 105）

八月，隨身經典《四如意講記》由法鼓文化出版，係二
　〇〇〇年講於紐約東初禪寺。

八月起，法鼓山第一期工程部分建築開始啟用，包括教育
　行政大樓、圖資館、教職員宿舍及男寮。建築群雖由
　不同建築師設計規畫，然法師要求「建築群要融合於
　自然環境」之理念，於是有降低量體、建築基本三色
　褐灰白、屋頂斜率統一等應用方法，期達到建築「就
　像是從地上長出來的一般」，體現建築與環境間之和
　諧關係。
　　法鼓山的建設從十多年前的尋地、開發，到現在的建
　設，一路走來，雖然艱辛，卻是踏實穩健。師父期許法
　鼓山建築群要融合於自然環境，就像是從地上長出來的
　一般，而且融諧之至，就像是一幅水墨畫，畫中的景致

異中有同、同中有異。

為了體現建築與環境間的和諧關係，法鼓山工程最具體的作法是以「減量」做為回應。法鼓山工務室總工程師陳洽由表示，原始的建築規畫案的空間量體需求非常大，然而因考量山坡地形與承載壓力，及整體環境的融合感，工程會議決議降低建築量體，讓建築融合於自然環抱之中。

法鼓山建築群，分別由不同的建築師所規畫設計，在各自獨具的巧思中，建築群之間維持著一致的協調性，包括基本三色的應用及各建築屋頂斜率的統一等。（〈國際佛教園區開花結果〉，《法鼓》，145 期，2002 年 1 月 1 日，版 8）

九月二日，世新大學劉新白教授來訪，談自然葬議題。

九月三日，至佛光山臺北道場拜會星雲法師。法師簡述法鼓山建設、僧伽大學設立、佛研所搬遷等概況。星雲法師與慈惠法師則以佛光大學設立過程回應。雙方除就法鼓山園區與佛光山北海道場地理環境與氣候交換意見，另提及大陸之行與佛舍利之展示，以及佛光山、法鼓山、慈濟功德會三道場共同舉辦活動。

九月三日下午，我去佛光山的臺北道場拜訪星雲法師。原因有二：第一是我們已經有多年不曾見面談談了；第二是由於佛光會的總會長吳伯雄先生對法鼓山也很照

顧，今年上半年他就向我的顧問戚肩時將軍提起，是不是有可能由佛光山的星雲法師、慈濟功德會的證嚴法師和法鼓山的我，共同舉辦一次安定社會人心的座談會。我是非常想念星雲法師的，因為他是我早年的老友、好友，近年來由於大家各自都在忙於弘法的事業，難得有機會見面，所以聽說他到了臺北，我就特別前去拜訪。星雲法師只比我大兩歲，但是他的成就，以及對佛法的貢獻，對世人的影響，都遠遠在我之上，與其說我去看他，不如說我去向他致敬。

　　見面時他跟我提到在明年（二○○二）有一個向大陸法門寺迎請佛指舍利，到臺灣巡迴供養的計畫，我當場欣然答應，如果也能夠在法鼓山展出供養，我很願意親自隨著他到大陸迎請。當天見面雖僅一個小時，卻很愉快。只是當初吳伯雄先生的提議，探詢星雲法師的意見，覺得可行；再跟證嚴法師近身的幾位弟子接觸，卻久久沒有回音了，這場座談會的建議，也就不了了之。（〈一二、忙碌的三個半月〉，《真正大好年》，法鼓全集6輯13冊，法鼓文化，頁105-106）

九月四日，接受 *OpenWeekly* 記者採訪。

九月五日，輔仁大學退休教授王宇清至農禪寺拜會，王教授為中國服裝史專家。

九月六日,於農禪寺齋堂對體系內專職人員舉行「精神講話」,指出:所謂「精神」即是如何完成法鼓山之使命──三大教育,我們團體自師父至每位護法菩薩,皆為完成此使命而努力。(《隨師日誌》未刊稿)

九月七日,臺北北投及淡水附近山區因連續大雨爆發土石流,造成五人死亡、十五人受傷。法師前往市立第二殯儀館,帶領家屬為往生者誦經祈福、致贈慰問金。

九月九日,於農禪寺宣講《楞嚴經》,法會後主持皈依典禮。約有二百人參加。

九月十日,德國學人歐克福來訪,請教禪法。

下午,世界書局董事長閻初來訪。法師詢問書局營運狀況,談及合作系列出版品,使中學以上程度者能懂,大學程度者所需。(《隨師日誌》未刊稿)

九月十一日,上午,交通銀行董事長鄭深池至農禪寺拜會。

晚上九時多,法師於臺北就醫時,知悉美國華府和紐約恐怖攻擊事件,並於電視轉播見到飛機衝撞雙子星大樓等畫面。

紐約世界貿易中心（World Trade Center）雙子星大樓（The Twin Towers）發生恐怖分子襲擊事件，東初禪寺晚間特別舉辦超度法會，為所有受難者祝禱，並發動北美二十一個聯絡處舉行祈禱法會及賑災活動。

九月十二日，即日起一連三天，僧伽大學舉行第一屆開學暨新生講習。法師於始業式中以「宗教師的胸襟與悲願」為題，說明僧伽大學創校宗旨及僧伽大學在法鼓山「三大教育」之定位，並勉勵學僧成為一位具有奉獻精神，全生命投入修學佛法、護持佛法、弘揚佛法之宗教師。

法鼓山的弘化事業裡，屬於實踐方面的，就是「大普化教育」、「大關懷教育」。出家人的修行和在家人的修行，都是屬於大普化教育及大關懷教育的範疇。用佛法來提昇我們自己和社會的品質，提昇整個人間的精神領域，就是推行「大普化教育」與「大關懷教育」的宗旨所在。至於施設「大學院教育」的目的，則是為了深化「大普化教育」及「大關懷教育」的落實。

現在法鼓山的「大學院教育」約略可分成兩個系統，其一是培育人文社會工作及學術研究方面的人才，另一則是培養宗教師的人才。前者是由中華佛學研究所及將來的法鼓大學來進行，至於後者則是由僧伽大學來負責。

宗教師，必須懂得修行的觀念、修行的方法，除了自己依教奉行之外，還能引導其他的人、帶動其他的人來

接受佛法的智慧，用佛法來幫助自己、幫助別人。

宗教師的觀念在西方宗教已行之多年，因此西方的宗教才得以傳布於世界各地。他們的精神十分值得我們佩服，他們毫不留戀西方社會優渥舒適的生活，不辭辛勞地遠渡重洋來到臺灣的窮鄉僻壤，過著艱苦的日子。這就像是被流放到不毛之地一樣，一般人是不會願意去的。

真正的宗教師，必須有奉獻的精神，奉獻生命、奉獻一切來修學佛法、護持佛法和弘揚佛法。一個宗教師就應該要有這樣的胸襟和悲願。如果出家的目的，只是希望過一個安靜的生活或是逃避現實，抱這種心態出家以後，保證是一個自私的煩惱鬼，不可能得解脫，而且因為沒有正確的發心，煩惱只會愈來愈重、愈來愈多。

正確的發心，就是剛才我所說的「修學佛法，護持佛法，弘揚佛法」，這三者之間有連屬的關係。當我們修學佛法稍微有基礎之後，便要去護持佛法，也就是用我們的時間、體力去參與所有和佛法有關的事，在護持佛法的同時，就已經達到了弘揚佛法的效果。而且因為教學相長，所以在弘揚佛法的同時，又修學到了佛法。

初發心很容易，但恆常心不容易，僧伽大學的學習期間有四年，漢藏班只有一年，希望你們在學習過程中不要打退堂鼓，要堅持「常」，不要「斷」。但願我們這裡沒有魚子、菴羅華，希望諸位菩薩發心之後，都是非常堅固的。（〈宗教師的胸襟與悲願〉，《法鼓家風》，法鼓全集 8 輯 11 冊，法鼓文化，頁 11-16）

僧伽大學之創辦歷經兩年又半之籌備，係法師有感於
「社會一般大學課程，只能教人如何做一個有作有為
的在家人，卻沒有教人如何去做一個如理如法的出家
人」，因此結合佛教義理學習、生活實踐與宗教意志
磨鍊建立此僧伽高等教育機構。法師期許僧伽大學之
規畫非僅以此時之法鼓山乃至臺灣佛教為考量，而係
以未來五十年、一百年整體佛教為考量，朝向臺灣是
未來世界佛教中心目標規畫。

聖嚴師父在一九九九年三月二日所召開的第一次籌備
會議中，勉勵籌備小組的成員，不要只站在法鼓山，或
臺灣的立場，應以廣大的心胸、前瞻性遠見，朝未來
五十年、一百年的方向思考；並以整體佛教為考量，朝
向臺灣是未來世界佛教中心目標規畫。相信唯有如此，
必定能如印度那爛陀大學一般，吸引一流出家人來讀，
並邀請到具有教育理念的優秀師資加入陣容。

在這一次佛學院籌備會議中，中華佛研所副所長惠敏
法師適時提出了僧伽大學的具體建議，恰與師父多年來
醞釀的構想不謀而合，經過與會人員熱烈討論之後，有
了初步的共識。

僧伽大學的設立，是為了培育能夠洞悉新時代的要求、
足以代表漢傳佛教的精神與內涵，並在國際宗教界和學
術界占有一席地位的僧眾人才。讓二十一世紀的僧眾更
具深廣的氣度與宏觀，以漢傳佛教為基礎，吸收南傳、
藏傳佛教之優點，開創出佛教的新紀元。僧伽大學的成

立,是邁向此宏大願景的第一步,讓有心以弘法利生為
志業的學生,能在此奠定下紮實的基礎。(〈另類的大學:
法鼓山僧伽大學〉,《法鼓》,133期,2001年1月1日,版6)

九月十二日,召集僧團執事人員,指示隔晚集合信眾來寺,
　　由常住眾帶領,為美國遭受恐怖分子攻擊事件罹難者
　　誦經、念佛、迴向。

於法鼓山教育行政大樓四樓教室錄影,對美國遭受恐
怖分子攻擊事件,發表聲明呼籲冷靜、勿以暴制暴:
「這是人類邁入二十一世紀的大悲劇。雖然事件發生
在美國,卻影響全世界每一個人,造成人心普遍不安、
充滿恐懼。」法師提出呼籲:「不論是東、西方宗教,
不分傳統或新興教派,世界各宗教界人士都應為災後
人心安定而努力。」
　　「除了共同為受難者祈禱,希望大眾以理性來面對,
勿存怨恨心,勿再進一步引起宗教、國家的衝突。以博
愛與慈悲,為人類的未來留下和平的契機。」法鼓山聖
嚴法師在得知美國華府和紐約遭恐怖攻擊事件後,以沉
痛、哀切的心情提出上述的呼籲。他並指出,應冷靜面
對這一巨大的災難,以暴制暴絕非解決之道,只會進一
步造成永無止盡的冤冤相報。聖嚴法師表示,這是人類
邁入二十一世紀初的一大悲劇,雖然事件發生在美國,
但影響的卻是全世界每一個人,造成人心普遍惶惶不安,

充滿恐懼。因此他特別呼籲全世界各宗教人士，一致為此事件祈禱，希望不論是東西方宗教，不分傳統或新興教派，不論教團大小，都能為災難後的全世界人心安定而努力。

對肇事者的處理，聖嚴法師也提出「應適當、合理處理，勿損及無辜」的呼籲，尤其不要採取報復性的手段，以免造成永無止盡的殘殺。聖嚴法師表示，主事者策動如此兇猛激烈的手段，必然有其長久以來所累積的因素，是由於信仰、思想的偏差與激進，造成行動的殘暴。

針對這一點，聖嚴法師再度嚴正指出，如果對所信仰的宗教，發現有與世界和平牴觸之時，應該做出新的詮釋。因為所有的宗教應該都是主張和平、寬恕、愛人、離地獄上天堂，為什麼還會有此殘暴的行動？（〈一一、美國遭受九一一恐怖攻擊事件〉，《真正大好年》，法鼓全集 6 輯 13 冊，法鼓文化，頁 92-100）

九月十三日，於農禪寺會客室接受 *OpenWeekly* 記者專訪。

九月十四日，晨五時，於法鼓山臨時寮大殿主持僧伽大學第一屆學生行同沙彌（尼）戒授戒儀式。此為新生講習最後一天，為所有學僧舉行行同沙彌（尼）授戒典禮。

九時，應臺北市政府社會局之邀，至敦化南路富邦國

際會議廳與市長馬英九及社會局局長陳皎眉共同主持「生命禮儀文化博覽會」開幕典禮。中華佛研所副所長惠敏法師應邀於開幕後發表首場演說,以「繁花落盡香猶在——談生命去留之本質與關照」為題,從佛教觀點談人生最後四十八小時歷程。

九月十五日,資深廣告人何英超、孫大偉分別至法鼓山上拜會。另有政治大學教授李紀珠來山拜訪。

九月十六日,上午八時,至五股妙雲禪寺拜訪今能長老敬賀中秋。兩位長老相互頂禮。九時,至樹林海明寺拜訪悟明長老敬賀中秋,悟明長老特請法師不要頂禮。法師面報長老:已應淨心法師邀請參加「世界宗教合作會議」並任閉幕致詞。十月中旬出國後將前往墨西哥。十時,至濟南路華嚴蓮社拜訪成一長老敬賀中秋。適長老外出,由賢度法師接待。

午後,出席護法總會於臺北劍潭青年活動中心舉行之「三福田感恩授證大會」,為新任正副會團長、轄召及召委授證。法師期許大眾於未來新年,繼續推動「大好年說好話、做好事」,將此善的訊息傳送全人類。活動中,中華佛研所師生組成感恩隊伍以十三種語言向大眾感恩致意。
　整場活動感恩的主角包括「滿點加油」護持滿點的會

眾、推動「萬人理念」成績卓越的地區及個人,以及新舊任正副會團長、正副轄召、正副召委及委員等。他們是推動法鼓山理念的重要鼓手,法鼓山能於當今社會中扮演心靈的領航團體,護法幹部們的付出,功不可沒。

到活動下半場,一支由中華佛學研究所師生組成的十三人感恩隊伍,在音樂及燈光配合中神祕上台,一字一字排開的「中華佛學研究所感恩您牽成」字牌乍現在與會者面前,效果極為震撼。

不久,字牌一轉,出現的是全球十三個國家區域名稱,包括印度、錫蘭、法國、德國、馬來西亞、美國、泰國、西班牙、日本、中國大陸以及臺灣,意味著中華佛研所經過二十年的努力,在師資、學生、校友留學深造及與國際名校合作的幅員上,已遍及國際。台上人員此時便以十三種語言致意道感恩。(〈三福田大會 13 國語言道感恩〉,《法鼓》,142 期,2001 年 10 月 1 日,版 2)

下午四時,新聞局局長蘇正平、勞委會主委陳菊至農禪寺拜會,邀請出席九月二十一日新聞局主辦之「熱愛臺灣生命力──優質廣告影片票選」記者會。

紐約東初禪寺為美國九一一事件舉辦祈禱追思法會,約有二百多人參加。

九月十七日,納莉颱風侵襲北臺灣,豪雨造成嚴重災情。

法師身著連身雨衣，搭橡皮筏後涉水再轉搭汽車，前往北投溫泉路一帶關懷受災民眾，並致贈罹難者家屬慰問金。農禪寺於淹水中另架鍋爐，製作便當供應受災戶。

大臺北地區到處都是一片汪洋，基隆、汐止、內湖的淹水深度高達二樓，而臺北捷運的地下隧道，都變成海水倒灌及雨水奔騰的洩洪道了。此次單是在臺北市區，就有約六千多棟大樓的地下室進水，三十七萬多戶停電，九十一萬多戶斷水。

位在臺北市關渡平原的農禪寺，也是淪於一片澤國之中。廚房的鍋灶仍然被淹沒在水中，必須在大殿後方架起臨時的鍋爐，在水中炊煮麵條，除了供應寺內的住眾，也接濟周遭的鄰居。同時，由全體住眾與數百位義工菩薩，每天做出六千個素食便當，派專人分送到臺北市嚴重的受災戶，以及在災區救災的市府人員和國軍官兵，這項為災區提供飲食的救援工作，一直延續到九月二十二日。（〈一〇、納莉颱風和象神感應〉，《真正大好年》，法鼓全集 6 輯 13 冊，法鼓文化，頁 83-85）

下午四時，弘一大師紀念學會於臺灣師範大學舉行第四屆「弘一大師德學會議」，共有來自海峽兩岸及日本學者發表十九篇論文。法師應學會理事長侯秋東邀請出席閉幕典禮，以「弘一大師──近代佛教的完人」為題致詞。

我不是研究弘一大師的專家，卻是弘一大師的崇拜者和私淑者。他的《晚晴集》讓我初知佛法的概要；我寫《戒律學綱要》時，參考了弘一大師的三十三種律學著作；林子青先生為他寫的兩種年譜，幾乎是我隨身經常攜帶的精神食糧；在臺灣及大陸出版的《弘一大師法集》和《全集》兩套書，我不僅收藏，而且讓我得益良多；臺海兩岸研究弘一大師的兩位專家林子青及陳慧劍，前者是我老師，後者是我知友，他們兩人的相關著作，都會供我參考。

我的演講使得諸位與會學者聽了之後，錯認為我是研究弘一大師的專家，其實我不是研究他，而是尊敬他，讓他活在我們的生活中。（〈一二、忙碌的三個半月〉，《真正大好年》，法鼓全集 6 輯 13 冊，法鼓文化，頁 106-107；講詞見〈弘一大師──近代佛教的完人〉，《致詞》，法鼓全集 3 輯 12 冊，法鼓文化，頁 85-87）

晚上六時半，應中國電視公司副總經理曠湘霞邀請，至忠孝西路該公司接受主播沈春華訪談，以慰撫災後人心。

九月十八日，僧伽大學正式開課，由法師「高僧行誼」課程展開序幕。第一屆共二十一名新生，男眾部四名、女眾部十七名。

「漢藏佛教文化交流研究班」正式上課,本期共錄取九位藏僧,涵蓋寧瑪、薩迦、噶舉、格魯等四教派。課程包括漢語、中國佛教史、各宗介紹、漢藏佛教名相對讀及電腦應用等。

法師於「創辦人時間」對佛研所、僧伽大學、漢藏班同學開示學習語言要訣,並以培養宗教師情操期勉大眾。

僧伽大學、中華佛研所、漢藏班三個單位的性質都不相同。漢藏班的目的很單純:學語言、學電腦,以便在漢人社會中傳播藏傳佛法。研究所同學則是朝學術、研究、文化思考去努力,如果現在出家法師多,也有可能朝向宗教師、宗教家的方向發展。譬如我,主要是宗教師,如果只是學者,每次有大災難,就不會去災區接觸民眾、救災了。而我的師父即訓勉我:「寧作宗教家,勿作宗教學者。」學者就是看書、寫書、教書,一輩子離不開書本,這種人是書生、文人、文士,我不是!

在佛研所三年的基礎課程裡,語文相當重要,譬如梵文、巴利文、藏文,不一定是要會寫,但參考資料時要能看得懂,才能吸收原典材料。

例如天台智者大師與華嚴法藏大師,智者大師因為不懂梵文,所以理解的佛法是自己的想法,而法藏大師因曾參與玄奘大師的譯經工作,懂得梵文,所以理解的佛法比較正確。從思想體系來講,兩位大師皆有獨到的看

法，但對原典的理解，還是法藏大師比較正確。這是研究工具的重要。

培養具宗教家情操的佛教人才

諸位不要忘記這裡是佛學研究所，應該要有宗教師、宗教家的情操，否則我們就失敗了。宗教家的情操不是嘴上說發心而已，還要有修持的工夫。農禪寺一天、三天、七天的禪七或佛七都有，不要以為自己是研究生而不去參加。以後我要想辦法讓禪七成為一科，也要計算學分，讓同學感受什麼是禪悅。一定要解行、定慧並重，當然最重要的是要持戒！

最後，介紹佛學院的學生，他們一共要讀四年，比你們多一年。研究所本來是兩年，但要先上一年大學佛學語文的課程，因此變成三年；佛學院是大學部，所以是四年。他們一進佛學院即受沙彌戒，全部都是行同沙彌，可是穿行者的服裝，還不現出家相。但一年後如果因緣具足則全部要落髮，在這一年內，如果發現不適合出家，那就離開僧大。因為佛學院主要是培養出家的法師。

我告訴他們，他們有兩個任務：護持佛法、住持三寶，這就是宗教師。過去出家人認為，出家就是要受供養，但中國人沒有這種福報，中國人不像印度人、西藏人、南傳人，有供僧的習慣，認為供僧就是修行。中國的法師一定要有付出，所以不要想只受供養，就如百丈禪師說：「一日不作，一日不食。」其實這樣也很好，有付

出才能得到回饋。

　所以我們出家的目的是為了奉獻，奉獻身心給三寶——護持佛法、住持三寶，但要有學問、經教的基礎，才不會成為暗證禪師；當然也要有修行的基礎，才不會成為文字法師。所以佛學院是出家人的養成教育，不是每個人都當住持，但是是以佛法來為社會服務，所以性質與研究所不一樣。（節錄自聖嚴法師於 2001 年 9 月 19 日「創辦人時間」開示：「對漢藏班的期勉與鼓勵」，網址：http://www.chibs.edu.tw/ch_html/CHIBS30/ch/265.html）

九月十九日，上午九時半，於文化館接受 *OpenWeekly* 記者採訪。

中午，於文化館與世界宗教領袖高峰會祕書長巴瓦・金餐敘，詳談今年十月回美國參與聯合國會議主題事宜。巴瓦・金此次訪臺出席淨心長老主辦於九月十八至二十一日舉行之「世界宗教合作會議」。

　來自全球二十九個國家，近一百四十位宗教代表與會，包括香港佛教聯合會會長覺光長老、天主教史瓦濟蘭恩得羅夫主教、沙烏地阿拉伯代表伊斯蘭教的奧瑞法教授等。（〈師父出席世界宗教合作會議籲宗教合作〉，《法鼓》，142 期，2001 年 10 月 1 日，版 2）

九月二十日，下午，應邀於臺北圓山飯店舉行之「世界宗

教合作會議」閉幕典禮，以「宗教的了解與宗教的合作」為題演說。

　這場會議在圓山飯店舉行，邀請來自全球二十九個國家，二十多個不同的宗教，近一百四十位代表，是一個歷史性的大會。我能夠被邀請為閉幕典禮的主題演說人，是因為我曾經在西元二〇〇〇年，出席了聯合國「世界宗教暨精神領袖和平高峰會」，發表演說，受到大會注目和禮遇。

　在我的專題演說中，特別強調互相尊重、彼此包容、異中求同的觀念；我也將那篇講詞的英文稿，提供高峰會作為參考資料。故在會議期間，巴瓦‧金先生特別抽出時間，兩度到農禪寺訪談，請教我如何以宗教領袖的智慧來協助聯合國祕書長，解決世界宗教衝突的問題。正逢九一一事件之後，這類問題的解決，顯得更為迫切。（〈一二、忙碌的三個半月〉，《真正大好年》，法鼓全集6輯13冊，法鼓文化，頁107-109；講詞見〈宗教的了解與宗教的合作〉，《致詞》，法鼓全集3輯12冊，法鼓文化，頁21-30）

九月二十一日，上午十一時，應邀參加「熱愛臺灣生命力——優質廣告影片票選」記者會，號召民眾參與票選。活動由行政院新聞局與臺灣廣告主協會合辦，會中新聞局局長蘇正平特別推崇法鼓山製作之「台灣加油」、「台灣大好」等公益廣告。

僧伽大學「創辦人時間」，為學生開示「要出家，先
學三年婆娘」（〈要出家，先學三年婆娘〉，《法鼓家風》，
法鼓全集 8 輯 11 冊，法鼓文化，頁 115-120）

九月二十二日，上午十時，全國教師會與《講義》雜誌社
於臺北來來飯店聯合舉辦「Power 教師獎」頒獎典禮，
全國教師會理事長張輝山邀請法師擔任頒獎人。
　　他們邀請我的原因，就是認為我代表著社會的光明和
溫暖，這與我正在提倡說好話、做好事、轉好運的大好
年運動有關。（〈一二、忙碌的三個半月〉，《真正大好年》，
法鼓全集 6 輯 13 冊，法鼓文化，頁 105）

九月二十四日，上午九時，天主教馬天賜神父陪同三位主
教至農禪寺拜訪。

十時，《雪洞》作者藏傳比丘尼丹津・葩默（Tenzin
Palmo）至農禪寺參訪，並與法師就閉關修行與東、
西方弘化交流心得。

下午三時，新加坡「南海飛來佛堂」住持慧賢居士等
至農禪寺拜訪。

下午五點，臺北市政府於市立第二殯儀館為二十七位
納莉風災中罹難市民舉行超薦法會，法師應邀與馬英

九市長共同主持，為納莉颱風罹難者祝禱開示。

九月二十六日，為靈泉禪寺去年（二〇〇〇）十月啟建之
　　千佛三壇大戒《同戒錄》撰序。法師應靈泉寺住持晴
　　虛法師邀請擔任該戒會初壇教授阿闍梨。（〈序《三壇
　　大戒同戒錄》〉，《書序 II》，法鼓全集 3 輯 10 冊，法鼓文化，
　　頁 47-48）

　　晚，邀請 China Post（《中國郵報》）社長黃致祥、
　　新聞通訊事業協會理事長袁希光、中央通訊社總編輯
　　及新聞編輯人協會理事長孟繼淇、《中華日報》董事
　　長兼北市新聞記者公會理事長詹天性、中國廣播公司
　　總經理兼廣播電視事業協會理事長李慶平至農禪寺餐
　　敘，討論「大好月」後續活動。

九月二十八日，接受《中廣新聞通》節目主持人葉樹姍電
　　話連線採訪，談「一念之間改變人生」。

九月二十九日，《講義》雜誌董事長林獻章至農禪寺拜訪。

　　原計畫於今日媒體「大好月」活動圓滿日，借用臺北
　　市政府前廣場，辦理一場萬人青年禪坐活動，作為「大
　　好月」句點，同時作為延伸「大好年」另一起點。因
　　近來災情甚多，延至翌年舉辦。

九月三十日，法鼓山教育行政大樓、男眾寮、教職員暨貴
　賓宿舍落成啟用。同日，共七項活動。中國佛教會前
　理事長，亦為中華佛研所董事悟明長老、今能長老，
　以及蒙藏委員會委員長徐正光、法鼓山所在金山鄉鄉
　長許春財等應邀與會。七項活動為：
　　（1）中華佛學研究所創校二十週年慶典。
　　（2）中華佛學研究所九十學年度，研究生畢業和結業
　典禮。
　　（3）僧伽大學佛學院創校及開學典禮。
　　（4）第一屆漢藏文化交流班開學典禮。
　　（5）佛學研究所校舍落成啟用典禮。
　　（6）頒發中華佛學研究所第十三屆博士、碩士論文獎
　典禮。
　　（7）法鼓山護法會榮譽董事聯誼會。

法師致詞感謝十方信眾成就法鼓山工程，對教育園區
竣工使得中華佛研所、佛學院、漢藏交流班能形成一
綜合及連貫性佛學教育，及朝向國際化感到相當欣慰
與欣喜。同時說明：法鼓山係以心靈環保為主軸，實
踐大學院、大關懷與大普化教育，使人心安定、社會
安定。三所學校創辦目標有別：佛學院以培養宗教師
為主，佛研所則著重研究、學術、文化人才養成，漢
藏文化交流班則是促進藏傳人才認識漢傳佛教，並以
中文弘化藏傳佛教。（〈大學院教育起飛〉，《法鼓》，

143 期，2001 年 11 月 1 日，版 8）

下午，參加中華佛研所舉行之校友會。歷屆校友返校同賀盛會並召開校友會，法師一一關懷校友近況。自述以七十二歲之齡尚能見到此景實為難得，並期許佛研所遷至法鼓山教育園區有一新局。

東初禪寺邀請紐約各佛教團體，共同於唐人街哥倫布公園舉辦九一一追悼法會。

十月一日，農禪寺原訂舉辦中秋音樂饗宴，改為三時繫念中秋祈福超薦法會，為美國九一一事件及臺灣納莉風災罹難者超度，並為國內、外全體眾生消災祈福，參加共修者有三千多人。法師對罹難者及失蹤者有祝禱詞：

　　我深切感受到，災難與我們每一個人的生命都是息息相關的。因為這塊土地是我們大家所共同居住的，任何一個地方發生災難，都是彼此互相關聯的，正所謂牽一髮而動全身。所以我們每個人都有照顧災區災情的責任。

　　有人認為，受難的災區民眾是由於造了惡業，自作自受。這是錯誤的！這場大災難，其實是全臺灣二千三百萬人共同的業力招感，卻由災區的民眾為我們承受了，我們應該抱有慚愧及感恩的心。而他們如同菩薩的示現，更是為了激發我們的慈悲心，讓我們提高警覺，反省檢

討，知道今後該如何防災，進一步思考該如何與環境和
諧共處。

　　生命是無限光輝的延伸，人生是無數任務的一站。

　　肉體的生命雖都是無常的，功德的慧命卻又是永續的。

　　在災難中失去生命的人們，都是現身說法的菩薩，都
是教導後人的老師。（〈一〇、納莉颱風和象神感應〉，《真
正大好年》，法鼓全集 6 輯 13 冊，法鼓文化，頁 88）

十月二日，新竹福嚴佛學院院長厚觀法師帶領四十三位師
　　生，參訪法鼓山各事業體系。法師於開示中期許學僧，
　　勇於負起重任，推動「人間佛教、青年佛教」。

十月三日，法鼓山認養於臺中大肚鄉萬陵段種植五千棵相
　　思樹。響應行政院農委會於九月二十日發起之全國民
　　眾認養造林活動。

十月四日，上午十一時，於農禪寺為全體專職人員、義工
　　及法師們舉行「精神講話」，講解法鼓山企業識別系
　　統（CIS）內涵，並就法鼓山核心主軸、方向詳加說明。
　　法師指出：法鼓山核心主軸為「心靈環保」，現在及
　　未來任何活動其性質比率為──百分之八十是心靈環
　　保，百分之二十是慈善。法師並深入闡述心靈環保、
　　心五四運動及三大教育之推動與聯繫關係。（〈法鼓山
　　明年推出 CIS〉，《法鼓》，144 期，2001 年 12 月 1 日，版 1）

中午，前臺北縣縣長尤清來訪，由法師陪同參訪法鼓山工程。

十月四日至七日，於法鼓山臨時寮主持「第十九屆社會菁英禪修營」，共有公共服務部副主任等一百零八人參加。

十月五日，於法鼓山為中華佛研所主編，明年十二月出版之《臺灣佛學院所教育年鑑》撰〈序〉。該《年鑑》係二○○○年八月「第十一屆佛學論文聯合發表會」會前座談會中決議籌編，期呈現臺灣佛教教育事業成果。

臺灣佛教素質的提昇及形象的建立，與佛學院及佛學研究所的教育事業，是息息相關的。培養了一批批住持佛教的人才，包括寺院的住持、學術研究、經論弘講、文教工作、各項佛教事業的經營開創，尤其是宗教師資的養成、佛教徒視野的開拓等，普遍地說，大多是出於佛學院所的教育成果。

臺灣的佛教界，是非常多元的，也是非常自由的，臺灣佛教的教育界，就在這樣多元與自由的環境中，多姿多彩，各有殊勝。雖然，各佛學院所的學歷學位，尚未被政府的教育當局採認，各佛學院所之間的學程學制，尚未有統一的規範可循。但在彼此觀摩、各美其美的運作下，原則和方向，大致都是相近相通的。

歷屆佛學院所的論文聯合發表會，已使得各院所間的研究精神趨於一致，現在增加了《教育年鑑》的創刊發行，對於佛教教育的凝聚與前瞻，必將產生更大的功能。因此樂為之序。（〈序《臺灣佛學院所教育年鑑》〉，《書序Ⅱ》，法鼓全集 3 輯 10 冊，法鼓文化，頁 49-50）

十月六日，於法鼓山上臨時寮知客處會見墨西哥駐臺辦事處陳怡蓉。

十月七日，於法鼓山臨時寮知客處會見留學義大利之李清波居士等人，對於訪客請益之生命緣起、《六祖壇經》及《心經》等扣問，逐一開解。

於法鼓山上會見香港林富華夫婦。林為本屆菁英禪修營學員，因而勉勵於菁英禪修營結束後，回港負起弘法及推動法鼓山理念之使命。

於法鼓山上會見交通部部長葉菊蘭及祕書莊錦華。婉謝葉部長演講邀請。

十月八日，即日起三天，出席於國家圖書館及臺灣大學第二學生活動中心舉行之「科技發展與人文重建」學術研討會。此係由行政院文建會主辦，法鼓人文社會學院籌備處承辦，李亦園、金耀基、喬健等教授為籌備

委員，邀集兩岸三地多位跨足科技及人文學界專家學者參加，一則慶賀法師去年榮獲行政院文化獎殊榮，同時藉此響應法師一貫強調人文與科技融合的主張。

研討會共有二十篇論文參與發表。包括大陸人類學大師費孝通，及臺灣、香港學者何懷碩、周建林等人，針對網路與文化、科技衝擊與人文教育相關議題論述，並邀請沈君山、黃鎮台、鄭瑞成、牟宗燦等擔任研討會主持人。

　　文建會主委陳郁秀推崇師父在人文、宗教及教育方面的貢獻，同時期盼研討會帶給人們安定省思的空間，讓科技與人文能相互依存，共同發展。

　　大會特別舉辦一場「大師鼎談」，邀請聖嚴師父、香港中文大學副校長金耀基院士，及清華大學劉炯朗校長以研討會主題進行鼎談。三位大師分別代表宗教、社會學及科技層面，探討科技與人文在新世紀的可能發展。其間對話風趣又富含智慧，不僅讓聽眾一飽耳福，更為科技發展與人文重建的相互合作，開展出新契機。

　　為了讓與會者具體了解聖嚴師父的理念，主辦單位也安排一場祝賀會，由法鼓人文社會學院籌備處主任曾濟群及編寫《聖嚴法師七十年譜》的林其賢副教授，為大眾介紹師父的思想與志業。（〈科技與人文和而不同的新出路〉，《法鼓》，143 期，2001 年 11 月 1 日，版 1；另參見：〈一二、忙碌的三個半月〉，《真正大好年》，法鼓全

集 6 輯 13 冊，法鼓文化，頁 109-111）

法師於開幕時以「人文指導科技・科技服務人文」為題致詞。

我們並不反對科技的發展，但我們急切地呼籲：科技的發展，必須是為人文作服務；科學的源頭是自然與人文；科技的發展，必須要以人文精神作為指導原則，才能保護自然，重建人文。所謂人文精神，毋寧是人性的尊嚴感及生命的安全感，正由於科技的快速發展，使得現代人失落了人性的尊嚴感及生命的安全感，所以要呼籲大家，建立一個共識，那就是：科技的發展，是為了人文的重建。（〈人文指導科技・科技服務人文〉，《致詞》，法鼓全集 3 輯 12 冊，法鼓文化，頁 95-97）

十月九日，即日起至十二日，於法鼓山上臨時寮主持「第二十屆社會菁英禪修營」，共有九十四人參加。因風聞本屆為最後一屆，報名者眾，因此分兩梯次辦理。

十月四日至十二日，我在法鼓山臨時寮，主持了第二十屆社會菁英禪修營，接連兩個梯次，共有二百多位社會領導階層人士參加，這是開辦十年以來的最後一屆。十年來已有一千五百多人接受了這項禪修課程，對臺灣人心的安定和社會的淨化，有其廣泛的影響功能，因為我的年事已高，已經沒有過去那樣的體力，來親自全程帶領這樣的禪修營了。雖然愈辦聲譽愈好，我也必須宣布，

這是最後一屆,所以趕來報名的人數,超出以往的一倍,就不得不增加了一個梯次;在此期間,我還要到僧伽大學上課、主持會議、出席研討會以及接見好幾批訪客,以至累得我精疲力盡。(〈一二、忙碌的三個半月〉,《真正大好年》,法鼓全集 6 輯 13 冊,法鼓文化,頁 111-112)

案:本屆原擬為社會菁英禪修營最後一屆,然因需求者眾,法師於是順應續辦至二〇〇八年三月,第三十屆為止。後又更名為「自我超越營」,持續舉辦,一年二次。

十月十二日,於僧伽大學「創辦人時間」為學僧開示「法鼓山僧伽大學的創校精神」,勉勵效法太虛大師為整體佛教之精神。

佛教的精神,可以說就是「菩提心」與「出離心」。「菩提心」就是「覺」,「覺」是自覺與覺他,所以,菩提心是包含悲願與智慧的。如果智慧之中沒有蘊涵度眾生的悲願,那麼這樣的菩提心不完整;如果菩提心和出離心不相應,那麼就不得解脫。所謂「出離心」就是出離三界生死輪迴的心,通常一般人講出離,往往只談到出離五欲,但出離五欲還是在欲界,必須更進一步出離三界;舉例來說,不僅是五欲的樂,連定境的樂都要出離。

一般人一講出離心,往往就忘掉了菩提心。常常聽到有人嘴巴說著:「我要度眾生。」若問他:「什麼時候度呢?」回答可能是:「那要等我自己修好了、解脫了以後再度。」其實,出離心、菩提心必須是同時並行的,

不是說完成了其中一項，另一項才開始著手出發。

所以，大乘菩薩心就是為眾生的心，為眾生，所以我們要修行，而自己修行的同時也是為了利益眾生，兩者是同時進行的。不是說一定要自己先成就了以後，才來弘法利益眾生。

放眼全世界，處處為佛教

曾經有一位日本的天台宗祖師講過，如果看了蕅益大師的《靈峯宗論》而不流淚的話，那人一定沒有菩提心。我們從傳記裡看到，蕅益大師的一生就是為了佛法、為了眾生而做努力。他窮畢生之力深入經藏、廣註經論典籍，其目的不為其他，純粹就是為了度化眾生。譬如他注解《梵網經》，是為了讓眾生懂得《梵網經》；他研究《法華經》，也是為了讓眾生懂得《法華經》；又為了在家居士能好好持戒，所以他就編了一部《在家律學》；為了使出家人能持戒，就寫了幾套有關戒律的書。

蕅益大師的精神令我很感動，受到他的影響，我也本著要把佛法與人分享的心，所以書一本一本地寫出。這不是為了表示我很有學問，也不是為了學術上的地位，我真正為學術而寫的書只有兩本：一本是我的博士論文，一本是我的碩士論文。

另外，太虛大師對我的影響也很大，但他被當時很多守舊派的人士稱為「魔」，認為他離經叛道，因為他會參加各種會議，和很多有名望的人來往，甚至他也看外

道的書、有關革命的書，而於文章中表現他個人強烈的主張與看法。雖然如此，太虛大師卻從不計較、氣餒，還是把所有佛教的道場、信徒都當作是自己的道場、信徒來照顧，而不管那個人是否與他對立，就如同他的法號般，心量廣大如虛空，無論受到什麼樣的批判誤解，他心心念念就是為整個佛教、為所有眾生。

我沒有像太虛大師那麼大的心量，但我以他為榜樣，學習他的精神。所以，我思考問題乃至傳遞給弟子的訊息，都是從「整體佛教」、「全部佛法」來著眼。而我這一生的立足點雖是漢傳佛教，但在我心裡，對任何一個系統下的正統佛教都尊重、讚歎，因為佛法是一味的。此外，我們也應該放眼全世界，要有世界觀，不要把自己局限在「臺灣佛教」或「中國佛教」的地域化思考中。

實踐創校的精神

一所學校的發展，和創校理念與校長的治校精神有很大的關係。我們僧伽大學現在是創校的初階段，我這個創辦人沒有辦法和你們每天生活在一起，我只能給你們精神，希望你們能把握這精神，誠懇謙虛、努力踏實、心胸寬大，不單為自己個人著想。尤其你們是僧伽大學的第一代學僧，更要把握住創校的精神，好好經營下去。

一個出家人不一定要會背多少經、多少論，但一定要有慈悲心，能為人解決困難；有出離心，自己少欲知足、少煩少惱；有菩提心，為大眾奉獻、服務。

「不為自己求安樂，但願眾生得離苦」，這句話就是最好的說明，但這句話如果僅是用嘴巴念是沒有用的，它的重點其實就在於不要老是為自己設想。至於這樣的精神是否發揮得出來，則有賴平日有用心的方法、修行的工夫。（〈法鼓山僧伽大學的創校精神〉，《法鼓家風》，法鼓全集 8 輯 11 冊，法鼓文化，頁 32-41）

十月十二日，於法鼓山上臨時寮知客處接受香港《溫暖人間》採訪。

十月十三日，傍晚，於農禪寺出席第三十六次社會菁英禪修營共修會並開示。

十月十四日，下午三時，淨心長老至北投慈航寺傳戒說法，順道至農禪寺探視法師。

下午四時四十分，接受《光華》雜誌專訪。法師從世界各國戰爭、災難看臺灣現況，實為「安和樂利」；即使經濟發展停頓但並未倒退。但仍需有危機意識：有危機感而不慌亂，此即心靈環保。

宗教信仰是一種生命教育，透過生死的界線來看待生命，但生命教育不僅是生命和死亡，如果人相信死後有未來、有所歸依，恐懼感會減少很多，生命也有著力點。

多年來我一直提倡「心靈環保」，也就是從自己的心

態、觀念、想法上調整，因為想法和情緒是成正比的。
如果觀念不正確，導致情緒起伏，心境痛苦；如果想法
健康，情緒會比較平穩，「心靈環保」就是希望人心盡
量不要受環境影響。所謂泰山崩於前不動於心，心安定
了，觀念也向正面積極思考，就能把危機當成機會和挑
戰。（〈臺灣很有福報──聖嚴法師專訪〉，《光華》，
2001 年 12 月 1 日，頁 20）

十月十五日，中午，真華長老由其就讀中華佛研所弟子如
　　碩法師等陪同來訪，並共進午餐。

　　下午二時半，雲門舞集創辦人林懷民來訪。

　　下午三時半，於農禪寺停車場花園錄影，說明推動企
　　業識別系統緣起與重要性。

十月十六日，中午，搭機前往美國。九一一事件後，有不
　　少弟子勸請延後赴美，法師以宗教師職分所在，按原
　　訂時程前往災區，共度難關。
　　　有不少信眾弟子向我勸請：「在這樣的狀況下，美國
　　人都準備到外國避難，師父怎麼還要去啊？」
　　　我的回答則是：「我是個宗教師，我個人的生命並不
　　重要，當何處有受災的大眾需要用佛法來安心之時，我
　　就應該到那個災區中去，和那些不安的大眾生活在一起，

讓他們也能夠分享到使用佛法安心的好處。所以我在臺灣時，哪個地方有災難我就到哪個地方，現在紐約有災難，人心不安，我也應該去跟他們共度難關。」（〈一一、美國遭受九一一恐怖攻擊事件〉，《真正大好年》，法鼓全集 6 輯 13 冊，法鼓文化，頁 97-98）

十月十九日，晚間，在紐約東初禪寺「法集會」對四十多位西方弟子分享「危難中的安心法門」。

十月二十一日，上午，於紐約東初禪寺週日講座，開講「三十七道品」之「五根及五力」。針對九一一恐怖事件造成人心不安，闡述禪修者安心法門，並舉因果及因緣法則，勉勵大眾面對事件、接受事件、處理事件、放下事件。（《五根五力》，法鼓全集 7 輯 14 冊之 3，法鼓文化，頁 43-45）

下午，主持東初禪寺及象岡道場兩單位董事會。下午六時，以疲勞抱病之身，至紐約上州洛克菲勒兄弟基金會樸肯替克會議中心（The Pocantico Conference of the Rockefeller Brothers Fund），參加世界宗教暨精神領袖理事會諮詢委員會歡迎晚宴。果元法師及英語翻譯李世娟隨行。

十月二十二日，即日起三天，出席世界宗教暨精神領

袖理事會諮詢委員會（Inaugural Steering Council Meeting for the World Council of Religious and Spiritual Leaders），與會委員包括祕書長巴瓦・金、副主席迪娜・梅瑞恩及各宗教代表等十八人，討論如何成立常任理事會，以執行會務，會中議決理事會宗旨、使命、願景。

　　與會的人員一共十八位，包括祕書長巴瓦・金、副主席迪娜・梅瑞恩、顧問大衛・藩，佛教領袖兩位，除了我尚有泰國朱拉隆功大學校長、三位基督教領袖、三位伊斯蘭教領袖、二位猶太教領袖、印度教、東正教及美國原住民印地安領袖各一位，尚有兩位女士，一位是工商界領袖，另一位是來自南非的民權運動家。（〈一四、出席高峰會的諮詢委員會〉，《真正大好年》，法鼓全集 6 輯 13 冊，法鼓文化，頁 120-123）

十月二十三日，上午，第一場會議，法師擔任第一位祈禱人及發表人。祕書長巴瓦・金今年兩次來臺，邀請法師出席此次會議並就會議主軸請教法師，遂有此篇講詞及首場發表之安排。祈禱詞為：

　　我們以至誠懇切之心，向世界各宗教信奉的真理及其守護者祈禱：

　　願賜給全體人類大智慧，解除所有一切的危機及災難。

　　願賜給全體人類大慈悲，帶來永遠持續的和平及幸福。

　　願保佑地球世界的全體人類，彼此之間，永遠能夠相

敬相愛。

　請我們大家，攝心內觀，冥想一分鐘。（〈一四、出席高峰會的諮詢委員會〉，《真正大好年》，法鼓全集6輯13冊，法鼓文化，頁120-123）

法師講詞以「宗教領袖的願景與使命」為題，共分五節：（1）對世界各宗教共同的三點認知；（2）人類常犯的兩個盲點；（3）在宗教多元化的現代社會中，大家應該共同努力做到的三個重點；（4）對消弭反美恐怖暴行的觀點提出兩項建議；（5）對於協助中國大陸人民、提昇宗教信仰的品質方面，提出三項建議。講詞所提建議成為此次會議討論主軸。

　我們必須認清，站在世界任何一種宗教的自身立場，都會認為自己是熱愛生命的，也都會認為自己是熱愛和平的。

　我們必須認清，站在世界任何一個種族及國家的自身立場，都會認為自己是熱愛自家族群的，也都會認為自己是熱愛朋友和鄰居的。

　我們必須認清，站在世界任何一種宗教、任何一種種族、任何一派政治思想的自身立場，都會認為自己是要保護生命安全的，是要保障生活幸福的，是要維持愛與和平的，是要爭取自由平等的，也都會認為，人類的彼此互動，絕不能偏離了正義的原則。

　以上三點認知，個人以為即是人類為世界的永久和平

共同努力，所應有的基礎共識。

「人類的愚癡」，最主要的是指人類在思考上常犯的兩個盲點：

一、在思考問題、觀察問題、處理問題之時，只考慮到自己內部的、自私的、主觀的立場，很少想到去了解、體會、同情對方的想法、說法、作法和處境的需求。是以往往造成了對立和仇恨、衝突和戰爭。

二、面對一切複雜的狀況和問題，一律以簡單的二分法來作判斷。世人總認為自己是站在真理、正義、神聖的一邊，而與自己信仰、理念不同的一方，便是虛偽、邪惡、魔鬼，兩者壁壘分明，永遠不能妥協共存。於是便製造出許多水火不容的世仇大敵，相互殺伐不已。

一旦人類能跳脫這兩個盲點，永久的和平與幸福便指日可待了。

現在，我們面對這兩個盲點所造成的重大問題，急待找出緩衝與化解的方法來。正本清源，個人以為，我們務必在多元化的現代社會中，共同努力做到以下三點：

一、全力爭取自己的利益，但同時也顧慮到他人的利益。

二、全力伸張自己的信念，但同時也尊重他人所持的信念。

三、全力預防遭受敵人攻擊：或讓敵人找不到攻擊的原因，或使敵人投鼠忌器，失去攻擊的勇氣。

以上三點，簡而言之，便是知道自己也要知道他人、

尊重自己也要尊重他人、將敵人化解成為朋友。這當然要付出時間及耐心，也要付出財力資源來建立防衛設施及人際關係。唯有如此，才能減少由於彼此間的誤解猜疑而產生的敵意，才能減輕由於彼此間的敵對衝突而產生的恐懼，才能減免由於恐懼不安而引發的攻擊與報復。

秉持以上的原則，接下來，我想分別就消弭反美恐怖暴行及提昇中國大陸人民的宗教信仰品質兩方面，提出幾點看法及建議：

一、在九一一恐怖攻擊事件發生後的今天，我們除了要為六千多位無辜的罹難者祈禱，也要為那十九個自毀毀人的劫機恐怖分子祈禱，因為不論是被害者或加害者，都是受害者，其生命的喪失同是人間的慘劇。恐怖行為是因為愚癡，也是因為懦弱，使得恐怖分子的心中充滿了仇恨。唯有用智慧的疏導及慈悲的溫暖，才能幫助他們走出自我封閉及恐懼忿怒的陰霾。

要消弭反美的恐怖主義及暴行，個人以為美國宜多跟阿拉伯世界的民族國家做朋友，就人類文明的共通問題，彼此多協助、多接觸、多溝通、多探討、多認同。

二、目前，中國大陸政府雖然允許人民有信仰宗教的自由，但這只是在共產主義社會革命中的一個階段；一旦到了理想中的社會改革完成之時，人民就不需要宗教了。因為從唯物史觀的角度看任何宗教，都只是人民用來獲得暫時安慰的「鴉片」而已。所以，中國大陸雖不致於消滅宗教，但也不必奢望他們會大力發展宗教。

　　我們不知道，事實會不會正如他們所說，到了理想中的社會改革完成之時，人民就真的不需要宗教了。但是目前，中國人民絕大部分還是需要宗教的，因為宗教信仰的本身，就是一股安慰人心、安定社會的力量。如今，在不造成中國社會動亂的原則之下，我們還是有很多空間，可以協助中國人民提昇宗教信仰的品質。我們能夠努力的工作，至少可有以下三種：

　　一、推動臺灣海峽兩岸的宗教教育及宗教文化的相互觀摩，藉以增加臺海兩岸彼此之間的認同感，減少兩岸人民的敵對意識。

　　二、呼籲亞洲各國的宗教領袖及宗教團體和個人，多與中國大陸的宗教界人士及政府官員接觸訪談，以增進彼此間的相互了解，並多為共同的社會福利、環境保護、人品提昇、減少犯罪、急難救援、災變預防等問題，互助合作。不要企圖在中國大陸發展組織性的宗教活動。

　　三、舉凡全球性的宗教活動，一律邀請中國大陸派代表參與，並盡可能移到中國大陸各地舉辦，以使中國大陸各階層的宗教人士及相關官員，有機會多接觸國際的宗教現況。這能使他們獲得與世界宗教共同成長的利益，卻不會讓他們感受到由外來宗教所造成的威脅。

　　總之，任何宗教、任何國家、任何族群，都是希望被了解、被尊重、被肯定、被包容的。即令其信仰、理念與我們全然不同，只要我們願意嘗試去了解、尊重、肯定與包容他們，便會成為他們的朋友。而首先跨出這樣

的第一步,並且繼續堅持下去──這便是我們共同的願景和使命了。(〈宗教領袖的願景與使命〉,《致詞》,法鼓全集 3 輯 12 冊,法鼓文化,頁 31-36;另參見:〈一四、出席高峰會的諮詢委員會〉,《真正大好年》,法鼓全集 6 輯 13 冊,法鼓文化,頁 120-123)

案:此處引據《真正大好年》,然該書中:「到十二月二十二日早晨第一場會議中,就由我擔任第一位祈禱人以及發表人。」之「十二月」應為「十月」。據《法鼓》雜誌一四三期(2001 年 11 月 1 日,版 1),此次諮詢會議係自十月二十一日至二十四日舉行。

十月二十四日,三日會議最後綜合討論會中,法師提出四點願景,期以解決宗教種族衝突、世界貧窮以促進世界和平:

（1）重申去年高峰會中所提出的主張:各宗教為了世界和平的目的,應該重新詮釋各自神學中與此目的相衝突的部分。

（2）世界貧富懸殊的問題,固然需要改善,但是最重要的是心靈的貧窮問題,要由各宗教的領袖們深加思考。

（3）宗教多元化的時代已成為必然,各宗教的傳教工作宜加強共同性的宣導,在將各自的優點與他人分享的同時,必須互相學習彼此的長處,便能求同存異。

（4）高峰會的理事會不是權力機構,而是為聯合國提供智慧、方法和步驟,來解決宗教種族的衝突,以及世

界貧窮的問題，運用各宗教的關係和不同地域背景的特性，來協助他們解決當地的問題。

其實以上這四點，是我在這一年多以來，已經在好幾個場合跟巴瓦・金談過，應該就是這個理事會的宗旨、使命、願景的大方向。（〈一四、出席高峰會的諮詢委員會〉，《真正大好年》，法鼓全集 6 輯 13 冊，法鼓文化，頁120-123）

十月二十五日，即日起至十一月一日，接受墨西哥籍醫師蘿拉（Laura Del Valle）邀請，首次前往墨西哥主持禪七。此次為默照禪七，由法師率領果元法師等一行五人，於中部茶卡拉海灣（Chacala Bay）玉海禪堂（Mar de Jadr）舉行，共有五十六人參加。法師以華語開示，先翻譯成英語，再從英語翻譯成西班牙語，使用三種語言上課。工作繁重，然隨行者從簡。

一九九三年，有一位墨西哥的女醫師蘿拉（Laura Del Valle），由於她朋友的介紹，千里迢迢來到紐約參加東初禪寺的禪七，圓滿的那一天她很誠懇地向我要求，希望我能夠到墨西哥，去指導他們的禪修團體，並且她還計畫要興建一座禪堂。

我只負責觀念的開示和方法的指導，果元師需要講解規矩和帶領早晚課誦，以及引導大眾修行，還有代替我做初步的小參，也需要翻譯成西班牙語。

事前，果元師向我建議，最好帶著我的侍者同行，可

以隨身照料我的飲食起居，而且還舉出好多例子，要我
比照考慮，就如已經過世的宣化法師、尚健在的韓國嵩
山禪師、旅居法國的越南籍一行禪師，他們出國旅行，
都會有祕書、侍者等十幾個弟子隨行。我說我的福報不
夠，多帶一個人就得多一份開銷，對於接待單位，也多
一份負擔和麻煩。所以每次出國主持禪七，連我在內，
最多只有五個人，那就是一位禪堂的總監香、一位翻譯、
一位電視製作、一位攝影師，這回也是一樣。因為這些
人都是我的弟子，所以委屈一位電視製作人，拉來當作
我的廚師。（〈一五、墨西哥海邊打禪七〉、〈一六、拉丁
美洲的新經驗〉，《真正大好年》，法鼓全集6輯13冊，法
鼓文化，頁124-145；另參見：〈墨西哥指導禪七　師父傳法
中南美〉，《法鼓》，144期，2001年12月1日，版1）

十月三十一日，法鼓山基金會因協助納莉風災有功，於臺
　　北市政府二樓大禮堂接受市長馬英九頒發感謝狀表
　　揚。受獎團體尚包括慈濟基金會、高雄市政府等單位。

十月，新編之旅遊系列：《前進俄羅斯》、《敦煌石窟行》、
　　《相約在捷克》由法鼓文化出版。此係從法師至二
　　○○一年六月出版之十二本「寰遊自傳」系列叢書中
　　選錄出來，以國家或地區為單元重新加以編排，並由
　　編者補充相關之旅遊與佛學資訊。

十一月一日，上午，禪七圓滿。十時，一行七人離開玉海
　禪堂返紐約。

法師自美傳真呼籲法鼓山僧俗四眾踴躍參加十二月一
　日立法委員及縣市長選舉投票，選出與法鼓山理念相
　近且賢能之人才，為國家社會服務。

十一月二日，即日起至十一月四日，出席第五屆法鼓山北
　美年會。年會於新澤西州羅摩達旅館展開，本屆主題
　為「身心的成長──個人與團體，理性與感性」，共
　有來自美加地區召集人、勸募會員及榮譽董事等近百
　人參加。（〈一一、美國遭受九一一恐怖攻擊事件〉，《真
　正大好年》，法鼓全集 6 輯 13 冊，法鼓文化，頁 98）

十一月三日，有法鼓山「智庫」美稱之法行會，於臺北力
　霸飯店舉行第二屆正、副會長改選會議。會議通過由
　現任行政院政務委員蔡清彥接任新會長、連智富擔任
　會長助理，副會長由劉樹崇、陳照興、林知美、賴建
　男四人出任，同時禮聘創會會長鄭丁旺為榮譽會長。

十一月四日，續於新澤西州參加第五屆法鼓山北美年會。
　今日為年會最後一天，舉行新、舊任召集人交接及皈
　依典禮。法師有「勉勵法鼓山的會員菩薩」開示「護
　法」意義，並勉大眾處事以「功德迴向給人，責任歸

「於自己」為原則。

護法的意義是什麼？大家努力在護持的不是聖嚴的法，而是你們自己所需的佛法。對於佛法，我們有三項任務：學法、護法、弘法。學法是用佛法身體力行，教育自己。護法是護持團體共同的命脈，也就是延續佛法慧命。（〈勉勵法鼓山的會員菩薩〉，《法鼓山的方向 II》，法鼓全集 8 輯 13 冊，法鼓文化，頁 117-121）

十一月六日，應紐約東初禪寺曼哈頓區分中心負責人美籍林德莉・韓隆（Lindley Hanlon）女士之邀，演講「從禪的角度看生死」，約一百五十多人到場。演講指出：禪修體驗，證明生存與死亡無法分隔。禪修目的，在於開悟解脫，因此視生命為修福慧工具，既不貪戀生命，也不畏懼死亡；既不厭惡生命，也不逃避死亡，是謂生死自在。（〈曼哈頓禪中心師父演講〉，《法鼓》，144 期，2001 年 12 月 1 日，版 1；另參見：〈一一、美國遭受九一一恐怖攻擊事件〉、〈一七、東西岸的三場演講和九一一百日祭〉，《真正大好年》，法鼓全集 6 輯 13 冊，法鼓文化，頁 98、146-147）

十一月七日，猶太教歐洲聯盟主席阿拉罕・史坦多普（Awraham Soetendorp）拉比偕夫人自荷蘭海牙至法鼓山園區參訪，並於教育行政大樓為僧大及漢藏班學僧演講「猶太教與現代適應」。史坦多普拉比係自千

禧年聯合國世界宗教暨精神領袖高峰會議與聖嚴法師交談結識,特來法鼓山參訪。對於法鼓山理念與建設,有深刻驚喜,頻頻給予祝福。(〈猶太教歐盟主席史坦多普拉比參訪法鼓山〉,《法鼓》,144 期,2001 年 12 月 1 日,版 2)

十一月十一日,於紐約東初禪寺續講「五根五力」。

十一月十五日,應邀於紐約州立石溪大學(State University of New York at Stony Brook)學生活動中心大禮堂公開演講,五百多人與會。演講由石溪大學亞裔美國人教職員協會、亞裔美國人中心橋樑、國際研究生服務社、宗教交流會、以及東初禪寺等九個團體聯合主辦,該校哲學系主任馬榮惇擔任司儀、物理學博士陳維武擔任英語翻譯。

法師講題為:「以禪法治癒、調和,完成世界和平(Chan, Healing, Reconciliation, World Peace)」, 主題扣緊九一一事件後,如何用佛法來療傷,促進世界和平。接受佛法視生滅無常為必然之知見,可免於恐懼減輕損失;藉由禪修體驗內心寧靜與和平,可進一步經驗到與宇宙一體,便可確信世界和平能夠實現。

演講的內容分為七個子題:

(1)最近九一一的恐怖事件造成了人心的不安。從宗

教來說，只有將自己的命運交給所信仰的神來照顧，就可能產生安全感。而從禪的立場來講，除了「信」之外，更強調的是如何用自己的力量、自己的心，來幫助自己。

（２）我自己是從災難中走過來的。在我的一生之中，有很多時間是跟危險在一起的，心中卻不會有恐懼感，因為我有信仰，也會用禪修的方法來安自己的心。

（３）如何面對恐怖及災難，那就是隨時存有危機意識。在平常都要養成居安思危的習慣，一旦發生危險災難，就不會手忙腳亂了。

（４）禪的觀念告訴我們，生滅無常的事實必須面對、接受、處理。沒有僥倖的事，逃避不能解決問題。

（５）禪的方法是要我們體驗自我是什麼？禪讓我們體會到生命是由四個條件組合而成的，那就是呼吸、身體、心念、身與心所處的環境。佛教的聖典告訴我們，人的生命是由色、受、想、行、識的五蘊組成，更簡單的說，只有色和心兩個條件構成，色是指物質的肉體，心是指精神的動力，但它們都是暫時的現象，所謂因緣有而自性空。

（６）禪的功能是讓我們體驗到，自我的生命是一種工具，是暫時的任務，是中途的巴士站，是前程的轉接點，是真實的幻影。

（７）禪修的過程能讓我們促進世界和平。從身心的放鬆、統一，而到自我與環境的統一，從小我而進入大我，然後再從宇宙的大我，獲得超越，那就是禪宗所說的徹

悟了。(〈一七、東西岸的三場演講和九一一百日祭〉,《真正大好年》,法鼓全集 6 輯 13 冊,法鼓文化,頁 148-149;另參見:〈師父石溪大學演說禪與和平〉,《法鼓》,144 期,2001 年 12 月 1 日,版 1)

十一月十八日,於紐約東初禪寺續講「五根五力」。

撰〈浩霖法師——雪中送炭的道友〉。(《我的法門師友》,法鼓文化,2002 年 8 月初版,頁 206-210)

十一月十九日,即日起至十一月二十五日,「台灣大好」廣告於臺北市六十一處捷運站張貼,為大眾祝福。此係繼九月以法師為主角拍攝「台灣大好」廣告獲得熱烈回響後延續之廣宣活動,希望繼續推廣「大好年」理念。

十一月二十四日,即日起至十二月一日,於紐約象岡道場主持第九十四期禪期:話頭禪七,有四十八人參加。

十一月,新編之旅遊系列:《五台清涼行》、《英倫四部曲》、《雲南巡禮記》、《峨嵋雲水遊》由法鼓文化出版。

英文著作 *There is No Suffering: A Commentary on the*

Heart Sutra（《度一切苦厄──心經講記》）由紐約法鼓出版社出版。

英文新著 *Hoofprint of the Ox*（《牛的印跡》），由紐約牛津大學出版社（Oxford University Press, Inc., New York）出版發行。此書係由美國堪薩斯大學（University of Kansas）宗教學教授丹・史蒂文生整理闡述聖嚴法師在西方弘化十八年之思想與禪法精華。牛津大學出版社兩位審查委員、主編和董事長對此書都給予極高評價。史蒂文生為聖嚴法師至美弘化首度舉行禪七時參與之學員，熟悉法師教法。史蒂文生有〈序〉說明此書取材與架構云：

此書的內容大部分取自法師在七〇年代晚期和八〇年代於紐約禪中心為弟子所開的禪修課程、禪七講話和為資深弟子所開的系列講座。……本書不擬採取研究禪語錄的寫作方式。它是一部系統性的著作，不管是材料的選擇還是章節的安排，都是根據同一原則：為禪的道路與修行提供自成一家之言的全面性架構。

在《禪的體驗》（一九八〇年臺灣出版）一書中，聖嚴法師第一次用文字把這個架構的原則勾勒出來。不過在此之前，在禪坐班和禪七他已經運用這些原則好些年。儘管《禪的體驗》出版後的二十年來，聖嚴法師一再轉換強調的重點與方法，但整體原則和結構基本上並未改變。因此可以說，《牛的印跡》裡所展示的修行架構，

聖嚴法師在禪修中心的核心課程裡沿用了超過二十年。這個架構的邏輯和《牛的印跡》一書的章節安排是相呼應的，可以概述如下。

《牛的印跡》全書共十一章，而這十一章又可區分為三大部分。第一部分包括第一、二兩章。第一章〈禪與空〉將禪宗的基本出發點回溯到傳統佛教對「空」（śūnyatā）和「慧」（prajñā）的看法：「慧」是一種開悟智慧，它可以讓人洞見萬物皆「空」的道理，使人從煩惱中解脫，展現本具的佛性。第二章〈禪修與調攝身心的原則〉討論到，什麼樣的身體姿勢和禪定方法，可以正確而安全地培養出解脫智慧。

第二部分包含第三至五章，討論的是傳統佛道的三無漏學：戒、定、慧。這部分提綱挈領地說明了印度傳統佛教用來修「止」（śamatha）與「觀」（vipaśyanā）的程序。

第三部分（第六至十一章）把焦點從傳統佛教的「漸法」架構，切換到禪宗的「頓法」架構。這個部分，堪稱全書的核心。……禪宗的方法與傳統修行法的分別只是優先順序的不同。傳統佛教把三無漏學視為三個分離的步驟，禪宗把最後一個步驟挪到最前面，毫不妥協地要求修行者從一開始就要直接面對「空」和「慧」的高牆。智慧被認定在任何時候都有絕對的優先性。（《牛的印跡》，梁永安譯，2002 年 10 月 11 日初版，臺北：商周出版，頁 13-15）

十二月一日，法鼓山澳洲墨爾本新禪堂成立。

於《法鼓》雜誌「我的修行與傳承」系列刊出最後篇，其最後一節係為「對傳法弟子的勉勵」：見性並非解脫，負傳承任務者應感到喜悅而非驕傲，更不自滿，時時用方法、慎言行。

我對傳法弟子的勉勵，其實也是對我自己的勉勵，簡述如下：

中國的禪法是大乘的頓悟法門，頓悟是悟的一切現象的自性，即是空性，見性之後必須發大願心，以正見、正行，弘揚佛法。

體驗正見，即是親見空性，即是見自性，即是見佛性。空性之中有無量悲智功能，所以稱為佛性。但是，見性並不等於佛果的完成，也不等於解脫，還有許多煩惱等著你去處理，還有許多工作等著你去完成。不過你已明確地知道你應該走的路了，你已能夠清楚地知道如何來處理你的問題了。

負有傳承任務的人，應該會感到喜悅，但絕不應該覺得驕傲；應該會感到快樂，但絕不應該覺得自滿。常常提起你慣用的方法，時時要謹慎你平常的言行。因此你是獲益最多，進步最快的人。（〈我的修行與傳承（六）——承繼臨濟與曹洞法源〉，《法鼓》，144 期，2001 年 12 月 1 日，版 5）

十二月二日，於紐約東初禪寺續講「五根五力」。

十二月七日，法行會於臺北力霸飯店舉辦二週年感恩晚會，同時舉行第一、二屆服務團隊交接儀式，由前會長鄭丁旺與現任會長蔡清彥，分別擊鼓象徵任務傳承。法師雖在美國弘法，仍透過越洋電話表達祝福。

十二月九日，於東初禪寺週日講座「五根五力」講授圓滿，自十月二十一日開講，共五講次。（《五根五力》，法鼓全集 7 輯 14 冊之 3，法鼓文化，頁 45）

十二月十四日，即日起一連三天，偕同果元法師展開美國南加州弘法之行。距前一次至加州已有六年。

下午，前往 KSCI-18 電視台接受主持人高光勃專訪，另接受 KAZN-1300AM 廣播電台主持人趙廣瑜電話專訪；而後至蒙地貝羅（Montebello）雙樹飯店舉行「開啟一切的好──與聖嚴師父一起鍊好心，創造快樂與幸福人生」記者會。

　　當天有《世界日報》、《台灣日報》、《美洲新聞》、北美電視等多家媒體的新聞負責人、記者到場採訪。蒙市的市長阿朗索夫婦、市議員劉達強、聖瑪利諾市教育委員張志堅、市議員林元清也列席致歡迎詞。記者們發問的焦點都集中在如何安定人心，以及如何消融宗教衝

突，因為距離九月十一日紐約發生的恐怖事件才三個月，全美國還是籠罩在擔憂被恐怖攻擊的氣氛中。接著又到 KAZN-1300AM 廣播電台和華美電視台接受專訪。據說我在那兒的三天之中，洛杉磯地區有七十多萬華人，都聽到和看到我講了一些安定人心的話。（〈一七、東西岸的三場演講和九一一百日祭〉，《真正大好年》，法鼓全集 6 輯 13 冊，法鼓文化，頁 150-153）

臺北當日下午，馬天賜神父與法國耶穌會會長 Jean-Noel Audras 神父、輔仁大學中國社會文化研究中心南耀寧神父，至法鼓山園區參訪，由中華佛研所所長李志夫、僧大副院長果光法師等人接待。

十二月十五日，上午，出席法鼓山洛杉磯聯絡處舉辦之歲末信眾聯誼會；晚上，於華僑第二文教中心，以「鍊好心──幸福與快樂的人生」為題專題演講，約有千人到場聆聽，法印寺印海法師亦率領弟子出席。（〈一七、東西岸的三場演講和九一一百日祭〉，《真正大好年》，法鼓全集 6 輯 13 冊，法鼓文化，頁 150-153）

十二月十六日，即日起至十七日，於雙樹飯店舉辦精進禪一，由果元法師主持，毛靖及吉伯・古帝亞茲兩位居士協助，有東西方人士一百三十多位參加。法師開示強調，打坐可獲得身體健康、心理平衡、提昇精神修

養等好處；而逐漸加強客觀思惟、減少主觀判斷；最後達到客觀、主觀都放下，才能開悟。

十二月十七日，下午，禪一圓滿，法師一行搭機飛返紐約。

十二月十九日，九一一紐約雙子星大樓被恐怖分子劫機撞毀事件發生後百日。東初禪寺發起集合紐約地區十個道場法師、居士，由市政府官員陪同，進入世界貿易大樓廢墟現場舉辦超薦佛事，並由妙覺寺洗塵法師與法師分別讀誦祈禱詞。法師禱詞云：

　諸位罹難的先生女士，自從事件發生以來，今天已是百日，全世界的善人，都在懷念你們，人類的歷史上，永遠感恩你們。站在佛教徒的立場，你們都是菩薩的化身，為我們全人類承受了苦難，為人類的後代作了消弭種族及宗教仇恨的教材。現在，雖然尚有你們之中的數千位遺體，已無法找出被你們的家人領回安葬，但是，你們已完成了這一生的偉大任務，願你們放下一切，面對無常的事實，讓我們一同祈禱：由於你們的信仰和善行功德，早日上生天國，求生佛國淨土。（〈一七、東西岸的三場演講和九一一百日祭〉，《真正大好年》，法鼓全集 6 輯 13 冊，法鼓文化，頁 154-155）

十二月二十四日，印度藏傳黃教哲蚌寺二十一位喇嘛參訪紐約東初禪寺，並表演大型金剛舞、辯經及藏傳佛教

祈禱唱誦，一百多人與會觀賞。

十二月二十五日，即日起至二〇〇二年一月一日，於紐約
象岡道場主持第九十五期禪期：默照禪七，有九十四
人參加。禪期中講解宋朝宗賾慈覺禪師〈坐禪儀〉，
後輯成〈坐禪儀講要〉收入《聖嚴法師教默照禪》。（法
鼓全集 4 輯 14 冊，法鼓文化）

十二月二十七日，為蔣揚仁欽新書《自己的路，勇敢的走》
撰〈序〉。蔣揚仁欽為臺籍藏僧，一九九八年法師與
達賴喇嘛於紐約舉行漢藏佛學會談期間，擔任達賴喇
嘛譯者。（〈序蔣揚仁欽仁者《自己的路，勇敢的走》〉，《書
序 II》，法鼓全集 3 輯 10 冊，法鼓文化，頁 51-52）

十二月，新編之旅遊系列：《九華步步蓮》、《普陀訪聖
蹟》、《春行在波蘭》由法鼓文化出版，以及《心
五四──觀念啟蒙篇》由發行多年之《啟蒙》改版。

今年於北京發行《金剛經講記（簡體版）》、《心經新釋：
心經禪解、心經講記、心經實踐（簡體版）》。

《禪門第一課》義大利文版由義大利米蘭最大出版商 Oscar
Mondadori 發 行。 該 書 英 文 原 著 為 *Subtle Wisdom:
Understanding Suffering, Cultivating Compassion Through*

Ch'an Buddhism，一九九九年在美由 Doubleday 出版。此為法師著述第二種義大利文譯本，第一種為 *Faith in Mind*（《心的詩偈》）。

民國九十一年／西元二〇〇二年

聖嚴法師七十三歲

國內外重要大事

- 歐盟十二個會員國正式採用歐元為流通貨幣。
- 中華航空 CI-611 號班機,由桃園飛往香港途中於澎湖附近墜落,機上二百二十五人全數罹難,為臺灣歷來最慘重空難。
- 印尼峇里島爆炸案。
- 大馬漢傳佛教之父:竺摩長老於檳城捨報遷化,享年八十九歲。

法師大事

- 獲頒「內政部一等專業獎章」。
- 出席於紐約舉行之「世界經濟論壇」,發表「多元化世界人類所應認知的『神聖』是求同存異」、「以『經濟及教育支援』來轉變基本教義派的認知」。
- 出席於泰國曼谷舉行之「世界宗教暨精神領袖理事會」擔任主席團成員,並演講「宗教領袖在二十一世紀的任務」。
- 帶領「法鼓山大陸佛教古蹟巡禮團」五百人,前往大陸東南六省參訪寺院。
- 率團護送阿閦佛頭像回到中國大陸山東神通寺四門塔。
- 發表「結合婦女力量尋求世界和平」(日內瓦「第一屆全

球和平婦女宗教暨精神領袖會議」）。

- 《天台心鑰──教觀綱宗貫註》榮獲第三十七屆「中山學術著作獎」。
- 在臺、美兩地醫院檢查，均已發現腎臟病癥，但因自覺尚可，未予理會。
- 出版：《絕妙說法──法華經講要》、《天台心鑰──教觀綱宗貫註》、《我的法門師友》、《法鼓山聖嚴法師梵唄集》、*Illuminating Silence: The Practice of Chinese Zen*（《如月印空》）、*Chan Comes West*（《禪法西來》）。
- 《法鼓全集》發行電子版。

訂定本年為「大好年」，以「奉獻即是修行，安心即是成就」為努力目標。並自本年起製作春聯，分享社會大眾。

一月六日，自美返臺。

一月七日，召開僧團會議。指示各單位，面對全球經濟不景氣，應力行節約。

一月八日，以校長身分召集僧伽大學相關教師及行政人員，了解半年來教務、學務等狀況，並指示教學與教育目標，以通才教育為基礎。副院長兼教務長惠敏法師轉述云：

　　僧伽大學對於課程規畫的構想是希望先以通才教育為

基礎,再發展專才教育。也就是說,先建立宗教師的基
礎教育,然後再依個別的性向,發展不同的專業領域。
這一點從我們所規畫的課程架構可以看得出來:先通識
教育再專題研究的學習歷程;佛學與世學兼顧,解行並
重,福慧德業兼具,語言與教理互資的原則。因此,在
僧伽大學四年裡,如果能於前二年以通才的基礎教育為
目標,後二年再隨個人的性向作發展專攻,會是比較有
利、正確的學習計畫。校長希望大家注重在僧大四年的
修學目標,先要以通才教育為基礎。(〈學習如掘井,先
廣後深〉,惠敏法師,《法鼓山僧伽大學九十學年度年報》,
法鼓山僧伽大學,頁 78-80)

一月九日,上午,至法鼓山上巡視工程。八時,抵雀榕平台,意外趕上圖資館對內啟用開幕茶會。

　　李所長迎請師父致詞,感謝師父「突如其來」的蒞臨,
增添圖書館啟用的好采頭,師父則感恩所有師生在「所
長老人家的領導之下」,眾人群策群力,終於使圖資館
如期搬遷,而且在規畫上非常專業,師父說這是大家的
幸運。

　　師父說起,十幾年前當中華佛研所開始遷建時,腦海
中第一個想到的,就是一座藏書豐富的佛學圖書館。「學
生會一期一期的畢業,但是圖書館不會畢業」,他期許
學生及校友們能好好運用,使這裡成為全球圖書館地圖
中不可或缺的一分子。(〈聖嚴師父巡視工程行腳:我最

要感恩的，是諸位菩薩的奉獻〉，《法鼓》，146 期，2002年 2 月 1 日，版 2）

接受 *OpenWeekly* 記者專訪。該週刊去年（二○○一）六月創刊，即以專欄方式每週一次刊出採訪專文。

一月十日，陶藝家陳秋吉、連寶猜夫婦偕同太平洋文教基金會執行長張豫生等至農禪寺拜訪法師，將去年十月陶藝展義賣所得，捐作法鼓山慈善基金及法鼓人文社會學院建設基金。並請教有關瞋怒問題。

　　昨天晚上，有位藝術家來見我，她問我說：「法師，您大概永遠都不會生氣吧！」我說：「我又不是聖人，生氣的時候照樣地氣。不過我生氣的時候，會用方法來化解，當下的問題，當下就處理掉。」（〈僧大校風的建立〉，《法鼓家風》，法鼓全集 8 輯 11 冊，法鼓文化，頁 54-55）

一月十一日，於僧伽大學「創辦人時間」授課，對第一屆學僧深切期許：學習當好出家人、建立優良校風。（〈佛的慈悲與智慧〉，《法鼓家風》，法鼓全集 8 輯 11 冊，法鼓文化，頁 197-201；〈僧大校風的建立〉，《法鼓家風》，法鼓全集 8 輯 11 冊，法鼓文化，頁 46-55）

一月十二日，下午，至土城教育訓練中心出席「正、副召

委成長營」。法師對來自各地七十八位新任召集委員開示,以「戶戶禪堂、家家蓮社」為未來努力目標。

面對在地區推廣工作上,一向扮演「火車頭」角色的正、副召委,聖嚴師父指出,法鼓山成立十二年來,發展步伐平穩但較為緩慢,加上受限於聯絡處或共修處尚未普及,能感受到法鼓山關懷的信眾仍然有限。

因此聖嚴師父提出「戶戶禪堂、家家蓮社」的概念,為地方推廣法鼓山理念及佛法實踐的工作,指引出一條明確的道路。師父以基督教徒間常藉由家庭式聚會,運用《聖經》語句互相勉勵為例,鼓勵召委們結合數個家庭,合作共修,不僅可以就近接引初學佛的人,也能使菩薩在家時時體現宗教生活。(〈各地召委齊聚共修〉,《法鼓》,146 期,2002 年 2 月 1 日,版 3)

傍晚,於農禪寺出席第三十七次社會菁英禪修營共修會並開示。

一月十三日,於農禪寺主持祈福皈依大典,二千多人參加。法師期勉大眾,學習佛陀智慧與慈悲,發心成為利人利己之佛教徒。

早年我在農禪寺主持皈依儀式,往往是十幾二十位,漸漸地每週日講經之後的皈依典禮,增加到上百位,現在年歲大了,週日講經及皈依,均由弟子們輪流擔任,我親自主持的皈依儀式,在臺灣北部,一年只有兩次,

所以人數也多了起來。（〈一九、大型皈依・一等獎章・
聯合婚禮〉，《真正大好年》，法鼓全集6輯13冊，法鼓文化，
頁160）

一月十八日，即日起至二十日，中華佛研所於南港中央研
　究院舉辦「第四屆中華國際佛學會議」。研討主題為
　「佛教與二十一世紀」，來自全球十一個國家六十多
　位學者，針對「佛教與修行」、「佛教與社會」及「佛
　教與資訊」子題，發表三十五篇論文。法師於首日上
　午開幕致詞期以大會恆久主題「傳統佛教與現代社會」
　之價值，感謝學者們卓越研究成果及高明建言，為
　二十一世紀全人類創造福祉。

　　比起前面的三屆，這次有四項特色：一、發表論文及
擔任回應的學者，參加英文組人數超過中文組的。二、
比丘、比丘尼身分的學者共有八位，是以前所不及的。
三、討論資訊科技與佛教文獻的有十位，占的分量最多，
也是新世紀的新氣象。四、沒有勞動政府首長蒞臨指導，
只有學術，沒有其他。

　　本所召開第一屆國際佛學會議之時，本人曾有一個願
望：那就是引進國際先進的學術風氣及研究成果，將國
內的學術信息傳到國際上去，並且鼓勵國內的年輕學者
們，勇於出席國際的學術活動，最好也能參與國際佛教
學術的成果分享及經驗交流，以提高在國際舞台上的能
見度。（〈第四屆中華國際佛學會議開幕詞〉，《致詞》，

法鼓全集 3 輯 12 冊,法鼓文化,頁 99-100）

開幕後兩場主題演說。先由法師就本次大會三項討論
主題之「佛教與修行」、「佛教與社會」為範圍發表;
第三項「佛教與資訊」則請佛教文獻數位化先驅柏克
萊大學教授路易士・蘭卡斯特發表。法師講詞由果光
法師代讀,題目為「佛教在二十一世紀的社會功能及
其修行觀念」。引用《阿含經》觀點探討當代佛教之
社會關懷與修行觀念,主張:社會關懷方面宜應強調
人權平等、宗教與政治分離、宗教寬容與文化多元等;
修行觀念方面,則應以聲聞乘解脫道為出世根本,以
人天乘所修布施、五戒、十善為入世化世根本。

　　我幾乎完全引用《阿含經》的觀點,來看社會關懷和
修行觀念,在社會關懷的項下,是就佛陀對於人權平
等、宗教與政治的分離、宗教的寬容與文化的多元,還
有社會福利及臨終關懷的問題,做了分析介紹。同時在
修行觀念方面,我一向主張大乘佛法為菩薩道,乃是成
佛的真義,可是要以有聲聞乘的解脫道為出世的根本,
也要以人天乘所修的布施、五戒、十善為入世化世的根
本。否則沒有解脫道的菩薩道,只是人天善法;不修人
天善法的解脫道,那僅是聲聞乘。許多人以為菩薩道為
大乘法,可是我們在《阿含經》中也發現了菩薩道的
重點——「四攝六度」,所以在佛的時候並沒有大、
小乘之分。二十一世紀的修行人也應該回歸到佛陀的本

懷，在戒、定、慧三學的基礎上，必須要加上四攝和六
度，因此我主張是以三聚淨戒來涵蓋一切修行的法門。
（〈一八、第四屆中華國際佛學會議〉，《真正大好年》，
法鼓全集 6 輯 13 冊，法鼓文化，頁 156-159；另參見：〈佛
教在二十一世紀的社會功能及其修行觀念〉，《學術論考 II》，
法鼓全集 3 輯 9 冊，法鼓文化，頁 63-77）

一月十九日，上午，前往中視錄製《不一樣的聲音》節目，
　　與前立委賴士葆對談「如何面對敗選」、「谷底與高
　　峰」；與唱片製作人馬兆駿對談「夫妻吵架 stop」、「家
　　人如何一起度過苦日子」；與前立委潘維剛對談「生
　　活與智慧」、「溫柔與慈悲」；與心理學家張怡筠對
　　談「好 EQ 過好年」。

一月二十日，南印度西藏格魯派三大寺之一色拉寺傑僧院，
　　住持洛桑屯越格西至農禪寺拜訪法師，雙方就未來締
　　結學術交流交換意見。中華佛研所廖本聖老師擔任藏
　　語翻譯。

　　即日起至二十五日，於三義 DIY 心靈環保教育中心主
　　持千人教師禪修營。法師請禪眾「用渡假的心情，休
　　假的態度，過苦行僧的生活」，並以「心靈環保、禮
　　儀環保、生活環保、自然環保」做為生活依循準則。
　　結束前，特別叮囑將禪修營所體驗之身心放鬆與安定

力量，注入自己生命及校園。（〈千位教師法鼓山禪修讓安定走入校園〉，《法鼓》，146 期，2002 年 2 月 1 日，版 1）

第四屆中華國際佛學會議圓滿閉幕，法師邀請全體與會學者前往法鼓山園區共度「法鼓之夜」，品嘗精緻素食美饌，並欣賞茶藝、書法、捏麵人、紙蓮花等中國文化傳統藝術之美。

一月二十五日，獲頒「內政部一等專業獎章」，由關懷中心監院果東法師代表前往內政部領獎。

　　我又得到了一項榮譽，那是內政部部長張博雅給我頒發的「內政部專業一等獎章」，表揚我在國內推廣全面性的禪修活動、提倡心靈環保、改良社會風氣、安定人心的貢獻。當天同時接受頒獎的，在宗教界的人士之中，除了我還有悟明長老以及馬天賜神父、高俊明牧師、單國璽主教、道教的高忠信以及一貫道的張前人等八位。我那天因為工作太忙，無法分身，由果東師代我出席領獎。（〈一九、大型皈依 · 一等獎章 · 聯合婚禮〉，《真正大好年》，法鼓全集 6 輯 13 冊，法鼓文化，頁 160）

一月二十六日，法鼓山主辦之第八屆佛化聯合婚禮於陽明山中山樓舉行，共有六十八對新人締結菩提良緣。婚禮由伯仲文教基金會董事長吳伯雄見證，臺北市市長馬英九及行政院文建會主委陳郁秀擔任男、女方主婚

人，法師為新人祝福及授三皈依。

即日起至二月一日，法鼓山於三義 DIY 心靈環保教育中心舉辦大專禪七。法師親臨指導開示。

一月三十一日，即日起至二月四日，應邀出席於美國紐約華爾道夫飯店舉行之「第三十二屆世界經濟論壇」（World Economic Forum, WEF），計有來自一百零六個國家，近三千位政、經、宗教人士與會。法師為該論壇首位邀請之佛教領袖，並列圓桌會議九位主題發言人之一。

第三十二屆世界經濟論壇會議，於一月三十一日至二月四日於紐約華爾道夫飯店舉行，全球各界領袖約三千人出席。這是大會自一九七一年設立以來，首度選擇在瑞士以外的地點舉行。有鑒於宗教之於全球發展的影響力，並自上一屆起，特別邀請宗教領袖出席，以廣納不同的意見。在大會邀請的四十三位宗教領袖中，聖嚴師父是唯一的佛教代表。（〈師父出席二○○二年世界經濟論壇會議〉，《法鼓》，146 期，2002 年 2 月 1 日，版 1；〈聖嚴師父出席 WEF 世界經濟論壇〉，《法鼓》，147 期，2002 年 3 月 1 日，版 1）

一月，「智慧掌中書」系列：《牽手一輩子》、《何必氣炸自己》、《如何渡過苦日子》新編出版。新著《絕

妙說法──法華經講要》出版，有一九九九年十二月
所撰〈自序〉說明本書體例依循原典次第解說各品要
義，以了解其於佛法修證位次角色；更將經義引用至
現實生活。

　　當我編撰《印度的佛教》時就已知道，初期的大乘經
典之中，《般若經》的性空思想，與被貶為小乘的《阿
含經》緣起論，是很相應的。《華嚴經》與《維摩經》，
本質上是站在排斥小乘的立場。《法華經》則起而作綜
合性的調停，誘導大小三乘，歸入唯一佛乘，處處指出，
二乘三乘是權非實，唯一佛乘才是究竟。將二乘置於階
段性的地位，承認其有進入化城的價值，鼓勵其當更上
一層樓，捨二乘三乘而直達一乘。

　　這本講要，雖未能依原典逐字逐句解釋，還是循著原
典的次第，介紹原典的內容，脈絡分明，一目瞭然《法
華經》每一品的心要何在？經義的所指為何？每品內容
於全經中的位置何在？於整個佛法的修證次第中扮演著
何等重要的角色？

　　本講要除了以現代人通用的語文，將經典原文略予譯
介之外，更重要的是將經義內含如何引用到現實生活中
來。通過依經解經的原則還嫌含糊，應該探及佛陀的本
懷。比如說，中國佛教的禪宗，相信眾生皆有佛性，眾
所周知是基於《涅槃經》，其實在《法華經》中也可得
到依據。又如歷劫成佛與立地成佛，看來有矛盾，可是
就在《法華經》中並弘並傳。又如彌陀淨土與彌勒淨土，

在中國佛教史上似乎各有弘傳的大師，卻在《法華經》中，先後出現；限制女性及讚揚女性，也並行不悖。人間淨土的思想、逆行菩薩的信仰，一切眾生的種種狀況，都有可能是諸佛菩薩化現說法的範例，其實都能在《法華經》中讀到。凡此種種，都是現實生活中非常有用且實用的佛法。（〈自序〉，《絕妙說法──法華經講要》，法鼓全集7輯11冊，法鼓文化，頁3-6）

二月一日，上午，出席於紐約召開之世界經濟論壇（WEF）會議，在宗教領袖會議上提出「四環」主張，強調唯有從「心靈環保」著手，才能對治心靈貧窮之嚴重問題。

　　針對美國紐約九一一事件後凸顯的基本教義派問題，聖嚴法師建言，全體人類應協助貧窮及封閉的族群，接受現代化的教育和資訊，並且和他們做朋友，以文化交流與互動，促使基本教義派重新詮釋他們的聖典聖訓。（〈聖嚴法師出席世界經濟論壇〉，《2002法鼓山年鑑》，法鼓山基金會，2003年9月初版，頁220-223）

下午，出席「生物科技：如何將倫理道德觀轉化成法令規章」圓桌會議，應主持人《科學》雜誌（*Science Magazine*）主編魯賓斯坦（Ellis Rubinstein）要求，發表佛教對複製人看法。法師建言：「科技發展若基於商業動機，以及科學家好奇心，則必須制止。若是著

眼人類幸福，則值得鼓勵，但須將後遺症減到最低程度，並考慮倫理問題。」

「站在佛教的立場來看，生物科技的發展，特別是人類器官的複製以及整個人的複製，原則上是可以贊成的。不過先要考慮到可能產生的副作用、後遺症，以及社會倫理的問題。如果在可靠、安全和不會造成人類危機的原則下，發展生物科技的基因工程，應該是被鼓勵的；如果僅是為了謀求商業利益，或者是科學家們為了滿足好奇心，那就必須要用全球性的法律來禁止了，這就是要看世界經濟論壇，如何對於世界各國政府產生影響力，來完成這項任務了。」

我提出這樣的意見之後，引起全場每一位科學家的興趣，甚至感到驚訝。擔任主席的是《科學》雜誌的主編，他說過去宗教界一向是反對生物科技的，認為那是違反了唯有上帝能創造人類的基本信仰，但是宗教之中的佛教居然能夠贊成複製；至於生物科技的發展和倫理道德的問題，正是他們要討論的重點。（〈二〇、出席世界經濟論壇會議〉，《真正大好年》，法鼓全集6輯13冊，法鼓文化，頁162-167）

晚餐會，擔任主題發言人，以「多元化世界人類所應認知的『神聖』是求同存異」為題，指出：「今日多元化及全球化的世界，人類應有一共同性的價值是神聖的，那便是包容性的『求同存異』：尊重自家所信

仰的神聖價值，也當尊重他人所認知的神聖價值。」
法師觀點成為會議主要結論，獲與會者高度認同。

「神聖」的定義，是可因人而異、因地而異、因時而
異的。

各宗教所認知的「神聖」，是從對於各自所依聖典聖
訓的信仰和詮釋而來，也有是從宗教經驗的啟示中產生。

那些「神聖」的認知，看來是出於純客觀的所謂「天
啟、神示」，事實上是源於個人因素、地域因素、時代
因素，包括歷史背景、文化環境的共同性及差異性而形
成的，所以不能算是純客觀的。

我們必須認知：最高的真理雖只有一個，經過各種族
群的先知們親身體驗並且口傳筆錄，而流傳下來的聖典
聖訓，就會由於人文背景的不同而產生差別的觀點。

因此，我要向全人類提出建議：多元化世界人類所應
認知的「神聖」，是求同存異。（〈多元世界人類所應認
知的「神聖」是求同存異〉，《致詞》，法鼓全集 3 輯 12 冊，
法鼓文化，頁 39-40）

於今日發行之《法鼓》雜誌發表二○○二年新春賀詞
〈幸福，掌握在我們的心中〉，重申「四安」重要性，
提醒社會大眾調整心態，個人心中有幸福、有快樂，
就能影響周遭人感受到幸福快樂。（〈2002 年聖嚴師父
新春賀辭：幸福，掌握在我們的心中〉，《法鼓》，146 期，
2002 年 2 月 1 日，版 1）

二月二日，於「世界經濟論壇」講演「應當以『經濟及教育支援』來轉變基本教義派的認知」，提出：軍事報復或可暫時嚇阻，若希望長久和平，建議付出愛心與耐心，以經濟、教育、尊重及文化交流，促其修正價值觀。

原則上我們應該承認：基本教義派是正常現象，因為不論是對於宗教價值觀的堅持，或者對於特定的學術理論及政治理念的堅持，都可算是基本教義。所不同的是，有些人的堅持可以修正及改變的，特殊的宗教堅持是很不容易改變的。

我們應該理解，貧窮和愚昧，往往是相互關聯的。由於貧窮，所以沒有能力接受到現代化、多元化、全球化的教育資訊，因此造成文化思想的自我封閉，而歧視、矮化、排斥一切的異己者；由於貧窮，所以妒嫉以美國為首的資本主義國家，因此由自卑意識轉成極度的傲慢心態，而仇視、渺視、攻擊一切的異己者。

解決的方法，軍事的報復，也許可有暫時的嚇阻作用，若希望長久的和平，我們必須付出愛心和耐心，來做四項工作：

1. 以經濟的支援，促使他們生產力的增加。

2. 以教育設施的支援，協助他們接觸到現代化、多元化、全球化的資訊。

3. 以友善的方式和他們做朋友，促使他們知道，唯有尊重他者，就會受到他者的尊重；唯有包容異己，自己

才會獲得真正和永久的安全保障；唯有愛的力量才能永遠和普遍地征服世界。

4. 以文化的交流與互動，促使基本教義派，重新詮釋他們的聖典聖訓，由他們自己來修正他們的價值觀。（〈應當以「經濟及教育支援」來轉變基本教義派的認知〉，《致詞》，法鼓全集 3 輯 12 冊，法鼓文化，頁 37-38）

二月四日，返臺。抵臺北後，接受 TVBS 電視台新聞主播方念華專訪，談論參與「世界經濟論壇」心得時表示，企業必須結合政府及非營利組織做整體性發展，參與社會議題，為社會奉獻，此為成功企業生存之道。針對全球化議題，法師強調，全球化應避免霸權主義，在共通價值觀基礎下，增進彼此尊重以消除宗教隔閡與猜疑。

大專禪修營自二月四日起至二月八日於三義 DIY 心靈環保教育中心舉行。法師返臺即前往開示指導。

今年元月起，連續主持三場千人以上大型禪修活動。法師自述活動目的不在改變參與者信仰，而著重鍊心：少一點自我中心，多一些替人著想。（〈禪的現實主義——專訪聖嚴師父〉，《法鼓》，147 期，2002 年 3 月 1 日，版 6）

二月八日，法鼓人文社會獎助學術基金會召開九十一年度
　　第一次董事會，由法師主持，討論設置「法鼓人文社
　　會講座」相關事宜。

二月十二日，農曆春節初一。首度在法鼓山上過春節。大
　　殿尚未落成，然護法總會邀請信眾上山，在臨時寮大
　　殿向法師拜年、參觀園區，並致贈法師早期梵唄教唱
　　光碟作為新年賀禮。

　　　梵唄光碟片則是根據我在五十歲到六十歲之間兩次教
　　授常住眾唱誦的錄音帶製作成的，因為是我的原音，可
　　以作為紀念，也可以跟著我練習唱誦，裡面包括著〈楞
　　嚴咒〉、〈大悲咒〉、〈十小咒〉、《心經》、《佛說
　　阿彌陀經》、〈禮佛懺悔文〉、〈往生咒〉等，還附上
　　一冊唱誦的內容。（〈二二、第一次在法鼓山上過春節〉，
　　《真正大好年》，法鼓全集 6 輯 13 冊，法鼓文化，頁 173-
　　175）

二月十五日，年初四，法鼓山各事業體專職人員年後上班
　　第一天，齊聚法鼓山臨時寮向法師拜年。法師開示譬
　　喻：「專職菩薩好比馬達上的線圈，是啟動法鼓山運
　　作的核心。」期許人人發長遠心，視工作為一種願心、
　　一項使命。

二月十六日，即日起至十九日，第八屆傳授在家菩薩戒會

於三義DIY心靈環保教育中心舉行，法師、果如法師、惠敏法師擔任尊證師，一千多人參加。法師強調菩薩戒精神在培養智慧、慈悲以及莊嚴威儀來化眾，進而達到自利利他。往年菩薩戒會皆分二梯次在農禪寺舉行，今年首次於一梯次完成。

　此次跟前面歷屆還有一項不同的是壇上的三師，以往我們曾經請過好幾位年長的法師，例如晴虛、宏印、普獻，特別是今能法師從來沒有缺過席。但這次就沒有勞動我的幾位平輩法師，改由我的徒弟果如和我的學生惠敏兩位法師，與我共同擔任壇上的三位菩薩戒法師。（〈二五、千人菩薩戒・兩個禪七・地震關懷〉，《真正大好年》，法鼓全集6輯13冊，法鼓文化，頁187）

二月十六日，上午，前往中視錄製《不一樣的聲音》節目，與文建會主委陳郁秀對談「加入WTO後文化的衝擊」、「如何做個文化人」；與臺中市市長胡志強對談「選舉縱橫談」、「邁向國際化的城市」；與演藝人員郎祖筠對談「自重的生活」、「仗義直言的勇氣」。

二月二十二日，於僧伽大學「創辦人時間」講授「出家人的身心健康」，以自己第一次講經聽眾十三人、《正信的佛教》第一版十年流通數百冊之經驗，鼓勵學僧面對逆緣，步步踏實。（〈出家人的身心健康〉，《法鼓家風》，法鼓全集8輯11冊，法鼓文化，頁184-193）

二月二十四日，上午，受邀出席「恭迎佛指舍利大法會」，
　　與悟明長老、星雲法師、惟覺法師及大陸護送團法師
　　長老一同主法。

　　上午十時，恭迎佛指舍利的祈禱大法會，即在臺大體
育館隆重舉行。那一陣子我正好被傳染上流行性的重感
冒，在前一天我還上吐下瀉，當天依舊頭暈目眩，全身
無力，但還是抱病出席，也隨同上百位全臺灣的諸山長
老及上座比丘、比丘尼們，在壇上的舍利塔前，拈香獻
花、瞻仰供養。我們法鼓山這個團體派出了六百位信
眾代表，參與盛會，同時也為會場分擔了一些工作。
（〈二四、佛指舍利到臺灣〉，《真正大好年》，法鼓全集6
輯 13 冊，法鼓文化，頁 180-186）

三百多位參加元月份千人「教師禪修營」教師，於農
禪寺舉行聯誼會，分享禪修心得。法師於開示中叮嚀，
把禪法觀念帶入校園與其他老師分享，並影響學生，
使其受益。

二月二十五日，上午，應總統府之邀，於國父紀念月會發
　　表演說。講演前，陳水扁總統特別邀請至其辦公室觀
　　賞所懸掛的法師法語「慈悲沒有敵人，智慧不起煩
　　惱」。

　　當天我帶了出家弟子惠敏、果禪、果賢等幾位法師，
首先到總統會客室，接受陳水扁總統贈送紀念品，剛剛

坐下，陳總統就告訴我，他的辦公室就在隔壁，接著就
約我進入總統辦公室，同時指著他辦公桌對面牆上的一
副對聯說：「我只要一抬頭就看到法師送我的兩句話：
『慈悲沒有敵人，智慧不起煩惱』。」在他的辦公室中，
只有這麼一副字，可見得他對這兩句話的重視，而且的
確是經常在用。所以我在講詞中，也說到，我相信他是
一位有慈悲心和智慧心的總統菩薩。（〈二三、兩場「心
靈環保」演講〉，《真正大好年》，法鼓全集 6 輯 13 冊，法
鼓文化，頁 176-179）

**演說主題為「心靈環保」，陳水扁總統及五院各部會
首長、高級官員均出席聆聽。法師提出心靈環保觀念，
亦特別重視調心方法，期勉政府團隊「人在公門好修
行」，運用慈悲與智慧治國從政、利益眾生。**

　　當天出席這項月會的，除了陳水扁總統、呂秀蓮副總
統、總統府正副祕書長、五院院長、各部會首長以及總
統府資政和國策顧問，還包括各國立大學校長和國營事
業首長們。也許由於我的主題滿清新的，所以在演講中
不斷地增加椅子，把整個會場坐得滿滿的。我鼓勵他們
「人在公門好修行」，並說：「政府多用一分智慧心，
百姓就少吃很多的苦頭；政府多用一分慈悲心，百姓就
增加許多的幸福。」在那篇演講中，我提出了心靈環保
的觀念和方法，我不僅是講道理，而且也特別重視調心
的方法，然後歸結到慈悲心及智慧心的開發和運用。

（〈二三、兩場「心靈環保」演講〉，《真正大好年》，法
鼓全集 6 輯 13 冊，法鼓文化，頁 176-179。講詞見：〈心靈
環保——慈悲沒有敵人，智慧不起煩惱〉，《致詞》，法鼓
全集 3 輯 12 冊，法鼓文化，頁 41-50）

二月二十五日，下午，佛光山星雲法師偕同「佛指舍利護
送團」參訪法鼓山園區，法師接待。護送團成員包括
中國佛教協會理事長聖輝法師、法門寺方丈淨一長老
及宗教局局長葉小文等五十九名僧俗四眾。局長葉小
文盛讚法鼓山園區為一良好教育文化環境，期許雙方
更多交流。

二月二十八日，下午，死刑問題研究權威、英國西敏
斯特大學死刑研究中心創辦主任霍金森（Peter
Hodgkinson）教授，前來拜訪，了解佛教對相關議題
看法。霍氏係由台灣人權促進會、民間司法改革基金
會及台北律師公會聯合邀請，來臺訪問一週，就廢除
死刑問題與官方及民間人士交換意見。法師表示：佛
教基本精神當為贊成廢除死刑，但個人會視社會成熟
再決定死刑存廢。

　　就我個人對佛教的理解，佛教應該是反對死刑的。我
個人會視各國廢除死刑的社會機制是否成熟，再進行存
廢的決定。因為一個社會如果還沒有成熟到廢除死刑的
程度，貿然廢除死刑可能會產生許多社會問題與後遺症。

但假若一個社會中人民的教育、政治制度、法律、法治等各方面已經普及健全，這時候就應該廢除死刑。

我再重複一次，根據佛教的基本精神是贊成廢除死刑的。但實際上則要就當前各國家的社會、法律、教育的環境進行評估，視時機成熟而定。希望到了二十一世紀末時，全世界都沒有死刑，那是最好的。（〈智慧對談：死刑，存？廢？〉，《人生》，232 期，2002 年 12 月，頁 44-48）

三月二日，護法總會於農禪寺舉行「新勸募會員授證典禮」，約有六百人接受授證。總會長陳嘉男表示，去年年底「萬人勸募」已突破目標，今年將朝向「百萬護持」邁進。法師勉勵勸募會員必須清楚了解法鼓山理念，以自己所得到之佛法利益，邀請他人同霑法益，而非請求布施。

三月六日，下午，中華佛研所圖書館自北投搬遷至金山法鼓山園區，教育行政大樓和圖書資訊館正式啟用。典禮由中華佛研所創辦人聖嚴法師、佛學研究所董事悟明長老及今能長老共同剪綵。館長杜正民表示，該館最大特色在結合傳統圖書館與電子圖書館。（〈佛學圖書資訊館正式啟用〉，《法鼓》，148 期，2002 年 4 月 1 日，版 1）

三月九日起至三月二十三日，於法鼓山臨時寮主持「話頭
禪十四」，僧眾三十多位、資深禪眾九十八位，共
一百三十多人參加。此為法師繼一九九九年後，第二
度於國內帶領話頭禪修。

　　師父此次帶領話頭禪期間，每天早、晚各開示一次，
以「不立文字、言語道斷、心行處滅」三句箴言讓禪眾
參話頭，他描述禪堂的生活是，「每天不斷不斷地參話
頭，去找出沒有語言文字可以表達的是什麼？」

　　部分以默照為方法的禪眾認為，默照禪「不管念頭，
只管放鬆」的精神旨要，在現代社會繁忙緊張的生活步
調及人際關係的應用上，有著明顯調柔放鬆的助益；而
對於話頭禪，則視為是比較緊實的修行法門。然而師父
表示，「話頭禪的帶領也可以是鬆的」，所謂工夫很緊，
需要的是體力好及堅強的意志力。（〈話頭禪十四　師父
全程帶領〉，《法鼓》，148 期，2002 年 4 月 1 日，版 1）

禪十四期間，法師全程帶領，每日至少早、晚各開示
一次。此外則仍然持續上課、開會、巡視工程、協調
內外人事。

　　我每天至少要去禪堂做兩次開示，而在此期間，我並
沒有因為不坐在禪堂而閒著，除了在僧伽大學上課，還
有許多的會議需要召開。尤其是山上的工程，我發現尚
有許多地方需要改進，例如水資源的運用及開發，各棟
建築物的裝修和布置；有些已在使用的建築物，譬如說

通風及排水管問題，都有待改善。還有山上幾個單位彼此間的互動，尚未習慣和熟練，還需要協調溝通。另外對於金山鄉的睦鄰工作，也得積極推展；我們希望配合地方需求，將金山建設成為人間淨土的模範鄉，因此需要多方探討請教。所以，當我每次進入禪堂開示的時候，總讓禪眾們覺得我是好累的樣子。（〈二五、千人菩薩戒・兩個禪七・地震關懷〉，《真正大好年》，法鼓全集6輯13冊，法鼓文化，頁187-188）

三月九日，上午，前往中視錄製《不一樣的聲音》節目，與作家羅智成對談「博覽世界、閱讀地球」、「文學式微了嗎？」；與媒體評論工作者蔡詩萍對談「公益彩券樂不樂？」、「賭博與休閒」；與優劇團總監劉靜敏、黃志文對談「修行者的劍」、「持劍之心」；與作家胡因夢對談「自信之美」；與前教育部部長吳京對談「體罰與愛的教育」。

三月十日，前往中正、中山及基隆精舍關懷。中山精舍係由法行會黃楚琪發心布施，另以十年無償借用中正精舍；基隆精舍則係基隆地區信眾募款購買。「精舍」為中型場地，用以取代各地區原有空間較小臨時性之共修處。法師表示：「精舍為眾人願心共同成就，應充分使用，使精舍成為大眾另一個精進修行與凝聚共識的家。」（〈認識精舍：提供多面向心靈成長空間〉，《法

鼓》，148 期，2002 年 4 月 1 日，版 2）

護法會新加坡辦事處舉行新舊任召集人交接典禮，由葉英瑕居士接任，果東法師、護法總會總會長陳嘉男及副會長周文進，代表法師前往參加並關懷信眾。

三月十二日，上午，於僧伽大學「高僧行誼」授課，預告舊友來訪。稍後，美國洛杉磯萬緣寺住持聖琉長老與弟子一行十餘人，至法鼓山上拜訪，並參觀各項建設。

　　長老與聖嚴師父結識的因緣頗為特殊，第一次會面的時空因緣，是一九六〇年才從軍中退役的聖嚴師父，因訪十普寺而與聖琉法師結識。十年後，將赴日本留學的師父，前去慧日講堂辦理出國庶務，與當家師聖琉法師再有數面之緣。此後一別三十餘年，兩位長老終於在法鼓山再聚首。長老稱聖嚴師父是當今偉大的法師，師父則向僧大學生推崇長老的慈悲心深厚，為一代高僧，惺惺相惜之情，讓隨行弟子銘心動容。（〈二個師父與一群弟子〉，《法鼓》，149 期，2002 年 5 月 1 日，版 5）

三月十四日，即日起，《中央日報》副刊每週四轉載法師於法鼓文化出版之《和孩子做朋友》。

三月十五日，為《悟明長老九秩壽慶集》撰〈序〉，敘述與長老交誼並頌揚長老胸懷。法師一九七七年回國為

東初老和尚治喪期間，得長老助成；日後購買法鼓山
用地，亦承長老相助而得圓滿。

　　一九七七年先師東初老人圓寂，我由美國趕回臺北，
料理東老人後事，為了執行遺囑，遇有不少雜音，我是
左右為難，那時助我安定大局用心最多的有三位長老，
那就是樂觀長老、悟明長老、成一長老。

　　一九八五年八月，我於臺北北投的中華佛教文化館，
創立中華佛學研究所，成立董事會，組成財團法人，邀
聘的董事人選中，悟明長老便是眾望所歸的，迄今為止，
他雖數度以年事已高而謙辭，我們都不能缺少他的，他
在每次董事會議中，殊少請假缺席，發言之時，總是以
長老的身分，給我們鼓勵、讚揚、肯定，有時候還會作
帶頭的捐獻。

　　我們於一九八九年四月，購得坐落於臺北縣金山鄉的
一片山坡地，命名為法鼓山，在申請建照的過程中，由
於尚有兩小塊土地，比較棘手，未能購入，構成了建築
地中的開天窗狀況，拜訪其所有權人時，發現有一幅悟
明長老贈送的字軸掛在客廳，我便去央求悟老出面協
助，……拖了兩年的這個難題，便因此迎刃而解；那位
地主，也歡喜地成了三寶弟子。（〈序《悟明長老九秩壽
慶集》〉，《書序 II》，法鼓全集 3 輯 10 冊，法鼓文化，頁
53-58）

大陸名演員張國立由電視節目製作人張光斗及演員陳

亞蘭陪同至臺北安和分院拜訪並皈依三寶，法師期許其回大陸後，既要提昇自己品質，也要影響、提昇當地社會大眾品質。（〈皇帝小生張國立皈依三寶〉，《法鼓》，148 期，2002 年 4 月 1 日，版 1）

即日起，一連五天，紐約象岡道場首度舉辦西方禪（Western Zen Retreat）。有別於一般禪修，西方禪主要是以心理諮詢方式，同時運用禪修方法，使與會成員鬆放隱藏心結，進入禪修，進而對自我有更深層認識。此係針對西方人所設計，由英國布利斯朵大學心理學退休教授約翰・克魯克及其助理賽門・查爾得醫生帶領。兩位皆為法師在西方傳法法子。（〈西方禪——結合心理諮商的禪修〉，《法鼓》，149 期，2002 年 5 月 1 日，版 1）

三月二十一日，上午，中華民國宗教與和平協進會馬天賜神父、輔仁大學若望保祿二世和平對話研究中心主任雷敦龢神父，與新加坡佛教總會簡芳彥祕書至法鼓山園區參訪，並參觀中華佛研所、僧伽大學。

三月二十二日，於僧伽大學「創辦人時間」講授「奉獻與關懷」，提醒學僧：出家人不能與社會脫節，且須對現實社會有明顯貢獻和影響，才不會被環境淘汰。

做為一個未來的出家人，必須要具備哪一些條件，才

不會被環境所淘汰？

　　除了做一個本分的出家人之外，我們必須要對現實社會有非常明顯的貢獻和影響。

　　關懷社會，要從我們法鼓山內部關懷起，而關懷內部則要從關懷自己做起。

　　要怎麼安頓自己的內心呢？基本上，要以發菩提心為原則。發菩提心，就是為三寶、為眾生盡形壽、獻生命，至於個人的利害得失、光榮恥辱，都不是考量的重點。人家給不給我尊嚴沒什麼關係，我只是在奉獻。這種想法就是在發菩提心。

　　菩提心就是為眾生的心，我是終身奉獻給三寶和眾生了，只要對眾生有益，三寶需要我怎麼做就怎麼做。以菩提心來關懷自我，之後就能夠關懷內部的同學、菩薩以及教職員，還有我們的僧團常住眾。內部的關懷做好了之後，就能夠對社會做關懷。（〈奉獻與關懷〉，《法鼓家風》，法鼓全集8輯11冊，法鼓文化，頁121-130）

三月二十三日，上午，前往中視錄製《不一樣的聲音》節目，與作家張孟起對談「超級奶爸」；與吳國棟教授對談「教師禪修營回響」；與大學生林展聖對談「大專青年禪修營回響」。

護法總會於農禪寺舉行「三福田感恩頒獎暨緊急救援系統授證」，來自全臺各地轄召、悅眾四百多人參加。

法師舉阿彌陀佛發願成就西方極樂世界為例,期勉大眾:勇於發大願,才能走得長遠。

三月二十四日,助念團於農禪寺舉辦悅眾聯席會,約有五百人參加。法師期勉每位法鼓山會員成為助念團當然團員,一起做關懷。為維護法鼓山團體之清淨、精進,悅眾幹部應嚴守三項行為規範:

　　一、不得利用團體參與政治選舉。

　　二、不得有商業利益的往來和糾葛。不要介紹葬儀社,也不要經營葬儀社;若經營葬儀社,就不要擔任法鼓山的悅眾幹部,但可以是單純護持會員,這樣才不會讓別人說閒話。

　　三、不能有不正常的男女關係。(〈清淨形象與助念功德〉,《法鼓山的方向 II》,法鼓全集 8 輯 13 冊,法鼓文化,頁 101-104)

三月二十五日,於基金會會議室(案:即位於臺北市承德路七段所租用之辦公室)召開首次「法鼓山年鑑會議」,與會單位包括僧團、中華佛研所、法鼓人文社會學院籌備處、僧伽大學、法鼓山基金會、護法總會,針對年鑑編輯相關事項討論籌畫,由法鼓文化果毅法師主其責。

三月三十日,即日起至四月六日,於法鼓山臨時寮主持第

二屆社會菁英禪七。

　　三月三十日至四月六日的第二屆社會菁英禪七，那是對於曾經參加過三天菁英禪修營的菩薩們所提供的禪修活動，這次的禪七人數不多，但是效果滿好，雖然我說他們這些人因為傑出優秀，所以也非常的驕傲，我形容他們有稜有角還帶毛，但是經過七天的修行之後，他們看起來都很乖，相信對他們的身心、家庭、事業，都會有一番新的氣象出現。（〈二五、千人菩薩戒‧兩個禪七‧地震關懷〉，《真正大好年》，法鼓全集6輯13冊，法鼓文化，頁189）

　　下午，慈基會「捐款阿富汗大地震災後重建教育經費」記者會於安和分院召開，法師代表捐贈新臺幣一百萬元，由中國回教協會代理事長倪國安代表接受。與會貴賓包括中國回教協會梁增光監事、清真寺馬孝祺教長，以及協助阿富汗教育重建之土耳其國際教育組織龍濟悅會長等。法師表示藉此拋磚引玉，並呼籲停止爭戰殺戮。（〈法鼓山捐款阿富汗震災重建〉，《法鼓》，149期，2002年5月1日，版1）

三月三十一日，下午，宜蘭發生規模六點八級強烈地震。

　　此次強震災情主要集中在北部，其中臺北國際金融大樓五名現場工作人員不幸罹難，法鼓山代表前往關懷罹難者家屬。

三月，於法鼓文化出版新編發行之「智慧掌中書」系列：《忙得快樂，累得歡喜》、《亂不了你的心》。

四月六日，臺北市政府為三三一震災五名罹難者舉辦法會，由法鼓山關懷中心監院果東法師主持，與助念團一百五十人，帶領罹難者家屬誦念佛號。市長馬英九率同多位市府官員前往拈香致意。果東法師宣讀聖嚴法師書面悼詞，指出五名罹難者現身說法，為社會帶來寶貴經驗和警惕，功德法身將無限永續。法師祈望大眾因此認識生命無常，隨時隨地有面對災難發生之心理準備，且能以慈悲心幫助他人。

四月七日，農禪寺舉行週日講經活動，由法師引言，果醒法師主講《六波羅蜜講記》。（〈一九、大型皈依・一等獎章・聯合婚禮〉，《真正大好年》，法鼓全集 6 輯 13 冊，法鼓文化，頁 160）

案：週日講經開始由弟子分擔，初期法師則仍引言扮演推介的角色。

四月八日，大陸敦煌研究院院長段文杰至中華佛研所參訪，法師接待陪同。

四月十日，帶領僧團都監果品法師、監院果東法師等多位弟子，前往《中國時報》創辦人余紀忠先生靈堂誦經

關懷。法師感恩《中國時報》在余創辦人帶領下,對於法鼓山淨化人心理念,總是給予中肯、翔實報導。
(〈致悼余紀忠先生靈前開示〉,《悼念Ⅱ》,法鼓全集 3 輯 11 冊,法鼓文化,頁 117-118)

四月十一日,於農禪寺齋堂,對法鼓山全體僧眾及專職「精神講話」,期許大家多一分奉獻心,將工作當成和生命價值結合在一起之志業;面對日益繁增事務,則要秉持「要趕不要急,要忙不要亂,要鬆不要緊」心態。

四月十二日,於僧伽大學「創辦人時間」講授「入眾、出眾、隨眾」,教導如何在群眾中成長、服務。佛教出路在於關懷人間事業,僧侶不宜離群索居過「終南山七十二茅棚」式生活。

出離是不貪著,而不是逃離世間。如果我們臺灣的佛教或者今後的佛教充斥著這類人,那佛教一定沒有未來。現在這些人還能夠存在的原因,是因為有許多佛教團體積極地在做關懷人間的事業,對社會有正面的奉獻,所以佛教在臺灣還受重視。但大家要有警覺心,如果我們不繼續對社會奉獻,或是和社會脫節,那最終只有一條死路。

因此,現在有人問法鼓山有沒有生產事業或投資事業,我都會告訴他們:「為了救我們的子孫,法鼓山不准有生產事業。我們的生產,就是佛法,就是為社會服務奉

獻，為社會服務就是我們生存的條件。」

　　所以，我們僧團法師需要做的，就是發悲願心奉獻，為僧團和社會奉獻。譬如我們現在住在金山，就要對金山地區奉獻，帶給當地居民一些利益。如果我們老是在這裡坐享其成，將來便很危險。如何維持我們的生存？就是要奉獻。（〈入眾、出眾、隨眾〉，《法鼓家風》，法鼓全集 8 輯 11 冊，法鼓文化，頁 156-167）

四月十三日，僧伽大學舉辦九十一學年度「考生輔導」，法師蒞臨開示「在家怎及出家好」，說明出家人「以弘法為家務」，奉獻所有時間心力為社會、眾生服務。不僅為現在眾生，也為未來眾生服務。「而在家人若不是為個人的家庭，就是為事業工作設想，僅為少數的人忙碌而白白過一生，實在很可惜。所以如果是真有大志願的人，應該要來出家。」（〈在家怎及出家好〉，《法鼓家風》，法鼓全集 8 輯 11 冊，法鼓文化，頁 168-171）

四月十四日，傍晚，於農禪寺出席第三十八次社會菁英禪修營共修會並開示。

四月十五日，撰〈竺摩長老──大馬漢傳佛教之父〉追悼二月四日往生之竺摩長老。竺摩長老對法師早年閉關期間戒律學研究有重大助緣，曾出資助印並為《戒律

學綱要》撰序推薦。法師掩關期間佛桌上方懸掛對聯：「入聖法門經作路，莊嚴心地戒為師」，即是長老書法。

　　長老的出生地是中國浙江省溫州樂清縣東，位於雁蕩山麓的河新橋村，故其自號「雁蕩山僧」。十六歲（一九二八）受具足戒於四明觀宗寺的諦閑上人座前，並習天台教觀，嗣後親近太虛，心折弘一等諸善知識，畢業於福建南普陀的閩南佛學院，與印順、東初、慈航等諸師，均有先後期同窗之誼。

　　一九六三年，長老在星洲方便禁足期間，於《無盡燈》月刊上讀了我兩篇關於戒律的文章，覺得我的「慧解敏穎，文筆犀利，所言切中時弊，深為感動，當時以燈刊讀者名義略致薄敬。」（見於長老為我的《戒律學綱要》所寫序文）竺摩長老對我研究戒律之初的鼓勵很大。

　　長老於一九九八年被檳州元首封賜拿督勛銜，以表彰他對佛教及社會所作的貢獻，這是華僧之中第一位擁有這項榮銜的人。他的畢生心願是「佛學院一定要辦好」，由他剃度出家弟子一百二十七人，在家弟子五萬人，包括檳州首席部長丹斯里許子根及行政議員丁福南醫生。雖然他在兩年前便給諸弟子留下遺言說：「若我不幸百年，不必為我說法封棺舉火，一切皆以佛號進行，簡單即可。」長老的往生，仍是大馬佛教界有史以來的一大盛事，迄二〇〇二年二月十日，舉行荼毗告別儀式為止，每天均有數千人前往致弔，雖然正值農曆年關，法鼓山

也特派監院果東法師專程趕到，送他最後一程。南洋各家華文報刊，也都以整版整版的篇幅連續報導長老的事蹟和身後的追思盛況，他確實是大馬佛教界的第一人了。（〈竺摩長老——大馬漢傳佛教之父〉，《悼念 II》，法鼓全集 3 輯 11 冊，法鼓文化，頁 43-48）

四月十七日，上午，接受國安局局長蔡朝明邀請至安全局演說「心靈環保」，計有工作人員及眷屬約六百多人到場聆聽。法師稱國家安全人員為幕後英雄、為具慈悲心之大菩薩，並以國家安全局局訓「心如磐石」，期勉所有負責維護國家安全人員培養忍辱、安定、樂觀積極態度，並保持內心堅固如石、牢不可破，才能顯現智慧。

由於近來受到新聞事件的衝擊，國安局形象大受影響，保密工作屢遭質疑。師父言談中，除了慰勉蔡局長相信清者自清，請他「寬心」外；也藉機說明心靈環保的功能即在培養「得勝不驕傲、失意不喪志」的習慣，強調「一時的成功並不等於有保障，一時的失敗也不等於永遠的絕望，以平等心看待，便屬於心靈環保的層面」。

隨後，師父親身帶領大家練習幾項基本禪修方法，鼓勵這群幕後英雄，運用禪修達到身心安定，因為唯有安定才能顯現智慧。而禪修不需要也不限任何宗教信仰，師父指導大家可以先從放鬆身心、體驗身心開始做起，進而統一身心到放下身心，最後定能顯現慈悲與智慧。

（〈師父稱國安人員是幕後英雄〉，《法鼓》，149 期，2002
年 5 月 1 日，版 1）

四月二十日，大陸山東省宗教局副局長連大海、青島佛教
　　會理事長明哲長老等一行人，至農禪寺拜訪法師，並
　　前往法鼓山園區參觀。

　　法國在臺協會主任伊麗莎白・羅蘭（Elisabeth Laurin）
　　女士，由國際貝葉專家賈桂琳・費雅珂（Jacqueline
　　Filliozat）女士等陪同，一行四人訪法鼓山園區參觀各
　　項建設，對東方宗教現代化，以及國際化學習景觀印
　　象深刻。費雅珂女士來自法國遠東學院，曾協助中華
　　佛研所將典藏之貝葉文獻製成《緬甸聖典寫本簡明目
　　錄》光碟。

四月二十一日，赴美國弘法。行前，為清晨往生之錠心長
　　老尼開示：務求往生西方開智慧。錠心長老尼為文化
　　館董事監院，一九五七年起即至文化館協助東初老和
　　尚，嗣後繼續協助法師護持法務，法鼓山僧俗四眾敬
　　稱為「大師伯」。
　　　錠心長老尼生於民國十二年，民國四十四年依止演培
　　長老剃度出家。民國四十六年四月，因東初老和尚住持
　　之中華佛教文化館需要人手協助護持管理，因此在友人
　　的介紹下，與其俗家妹妹鑑心法師一起前來親近老和尚。

回顧錠心長老尼的一生，可說伴隨文化館四十五年的發展歷程。從民國四十六年至六十六年，二十年來照顧師公東初老人。民國六十七年至今，則與鑑心法師兩人擔負起住持文化館法務的工作。尤其自民國七十四年，中華佛研所自文化大學搬遷到文化館繼續辦學，以迄去年正式搬遷到法鼓山，十七年來，中華佛研所的師生無不受到錠心法師的照顧，李志夫所長特別感恩兩位法師對師生們的愛護。

錠心長老尼一生抱病修行，忠於道場，尤其在開創文化館和農禪寺期間，從師公東初老人座下時的艱困，到協助聖嚴師父回國後所作的種種努力，一生展現不怕吃苦，只求奉獻，不求功績，不與人爭，謹守出家人應守的本分，其精神是值得後人學習。（〈文化館董事錠心法師圓寂〉，《法鼓》，150 期，2002 年 6 月 1 日，版 2；另參見：〈錠心長老比丘尼示寂開示〉，《悼念 II》，法鼓全集 3 輯 11 冊，法鼓文化，頁 49-50）

四月二十二日，僧伽大學邀請日本立正大學教授三友健容演講「從日本佛教的特色談及對聖嚴法師的印象」。（〈僧伽大學佛學院通訊〉，第 8 期，2002 年 5 月 31 日，頁 7-12）

四月二十六日，晚，於東初禪寺主持「法集會」，為八十多位英語社會信眾，以「溈山靈祐禪師的悟境」為題

開示。

四月二十七日，晚，美國東初禪寺舉辦「榮董及萬行菩薩
　　義工聯誼會」，計有八十人參加，法師親臨開示，並
　　宣布臺灣即將展開「超越二〇〇〇，邁向三〇〇〇」
　　接引榮譽董事之活動。

四月二十八日，即日起於東初禪寺週日講座開講「七覺
　　支」。

　　草擬「出家修行的出路次第及其範圍表」，以為法鼓
　　山培育僧才藍圖。期望法鼓山工程建設能完成類似那
　　爛陀大學般佛教修學環境。（〈聖嚴法師書信〉，〔法鼓
　　山僧團所存電子檔書信〕，2002 年 4 月 28 日、5 月 14 日；
　　轉引自：〈嚴師慈訓──以《師父的叮嚀》書信為主〉，釋
　　常灃，《法鼓山僧伽大學畢業製作選集 2006-2011》，法鼓山
　　僧伽大學，2012 年 7 月，頁 379-393）

四月，《天台心鑰──教觀綱宗貫註》於法鼓文化出版。
　　有〈序〉說明天台學之價值以及弘揚天台之心情云（見
　　二〇〇一年七月五日）。

五月四日，上午，前往芝加哥出席法鼓山護法會舉辦之「北
　　美第一屆召集人成長營」，計有三十多人參加。晚上，

於芝加哥北郊威而美市主講〈禪與人生〉，李世娟現場口譯，約七百人與會聆聽；會後並有七十多人皈依三寶。此為法師首度至芝加哥弘法。（〈主持北美首屆召集人成長營　聖嚴師父芝加哥講「禪與人生」〉，《法鼓》，150 期，2002 年 6 月 1 日，版 2）

五月五日，中午，至「護法會召集人成長營」開示並頒發勸募會員證後，研習圓滿。

五月九日，僧團副都監果廣法師於早齋時宣達聖嚴法師關懷水荒之叮嚀，即日起由農禪寺率先示範節約用水，提供具體作法，知會各地分院、辦事處及各事業體，齊為珍惜自然資源盡心盡力。

五月十一日，與仁俊長老共同主持「法鼓山新澤西州聯絡處」灑淨儀式，約有四百多人參加。同時並舉辦禪意園遊會，有茶道示範、禪修用品義賣等，期透過禪坐推介法鼓山禪修特色。

中華佛研所副所長惠敏法師及法鼓人文社會學院籌備處主任曾濟群，代表法師參加臺北大學三峽校區心湖石揭幕典禮。「心湖」一名，係應臺北大學校長李建興邀請，由法師命名題字。

五月十二日，澳洲法宗長老、新加坡隆根長老及其弟子賢
　　祥法師、德州淨海法師，加州淨華法師等，前來東初
　　禪寺拜訪法師。

五月十九日，美國東初禪寺舉辦浴佛法會，由仁俊長老及
　　法師共同主持。法會同時安排多項精彩節目，包括京
　　戲、默劇、筷子舞及魔術表演等，數百信眾參加。

五月二十三日，即日起至六月二日，於美國象岡道場主持
　　「話頭禪十」，計有四十七人參加。法師開示：「打
　　坐的人，千萬不要成了自私鬼！」並指出：「真正的
　　迴向，是要將自己學到的方法，在日常生活中一一實
　　踐出來，使周圍的人，都能分享到法喜。」
　　案：前引開示係據康常念：〈尋找智慧的泉源——美
　　國象岡大專青年禪修生活營紀實〉（《法鼓》，155 期，
　　2002 年 11 月 1 日，版 5）。唯康文謂「七月初，聖嚴師父
　　在象岡道場舉辦『話頭禪十』」，然該年象岡舉辦「默
　　照禪十」時間為六月底七月初，「話頭禪十」為五月底
　　六月初。姑繫於此。

五月二十五日，下午，華航由臺北飛往香港班機，在澎湖
　　外海發生空難，機上乘客及機組人員二百二十五人，
　　悉數罹難。法師正於美國象岡道場主持禪十，兩度自
　　美傳真回臺灣，指示法鼓山助念團及慈基會盡力協助

空難善後事宜，予罹難者及其家屬身心最大關懷。

當日下午，法鼓山義工旋即前往中正機場過境旅館協
助。僧團果東法師則於翌日清晨，帶領十多位慰訪義
工趕赴馬公，於安放遺體之空軍基地體育館，成立「法
鼓山服務中心」，提供安心小冊、往生被、聖嚴法師
開示錄音帶、各項關懷諮詢等服務，並與各佛教團體
合作，進行二十四小時助念。（《法鼓》，150 期，2002
年 6 月 1 日，版 1；151 期，2002 年 7 月 1 日，版 2）

五月，*Illuminating Silence: The Practice of Chinese Zen*（《如
月印空——聖嚴法師默照禪講錄》），倫敦沃特金斯
（Watkins）出版社出版。此書係由法師法子約翰・克
魯克編輯導讀評註。

六月八日，美國東初禪寺舉辦「念佛會助念組聯誼會」，
邀請禪中心會員及眷屬約一百五十多人參加。法師蒞
臨開示「臨終關懷的重要和意義」，並說明素食祭祀
之重要。

六月十日，自美國紐約飛抵泰國曼谷，出席十二日至十四
日首度舉辦「世界宗教暨精神領袖理事會」。此為法
師首次前往泰國，擬藉此因緣，參訪當地寺院，以了
解泰國佛教文化特色及寺院發展。僧團都監果品法師、

副都監果廣法師,以及機要祕書果禪法師等自臺灣前往隨同出席會議。

　　此次會議為「世界宗教領袖理事會成立大會」,向全世界各大宗教宣布機構正式成立;討論議題包括:如何化解族群衝突、如何紓解飢餓貧窮、如何消弭暴力及恐怖事件,如何做好環保工作。

　　理事會之成立係來自千禧年於聯合國總部召開之「世界宗教暨精神領袖和平高峰會」;該會期間召開一核心小組會議決議:高峰會每十年召開一次,平常會務運作則需成立一理事會。翌年召開理事會籌備會議,法師被選為九位主席之一,共同規畫籌備事宜。(〈二六、初訪曼谷出席世界宗教領袖理事會〉,《真正大好年》,法鼓全集 6 輯 13 冊,法鼓文化,頁 192-195)

六月十一日,上午,由香港護法居士陳天明等安排,法師率眾弟子參訪泰國玉佛寺、臥佛寺、金佛寺。下午,以大會籌備委員出席會前會。

　　出席理事會的會前會,討論有關議程、憲章、第一屆的理事名單、大會主席名單、常設理事會的會址以及祕書長之人選,還有更重要的,是討論如何籌措基金等事項。(〈二七、我是貴賓〉,《真正大好年》,法鼓全集 6 輯 13 冊,法鼓文化,頁 196-200)

六月十二日,於泰國曼谷佛統城會議中心共同主持「世界

宗教暨精神領袖理事會」開幕式,代表大會致贈紀念
禮物予泰國皇太子,並擔任首位演講人,主講「世界
宗教領袖在二十一世紀的任務」。之後,大會轉往聯
合國亞洲總部大會堂展開為期三天之議題討論。

　　大會祕書長巴瓦‧金先生和承辦單位,安排我的工作
雖然很多,卻不需要用太多的英語來表達什麼。除了讓
我上台發表第一場主題演說之外,我做了如下的幾項工
作:

　　(1)和主席團的其他幾位成員,共同上主席台宣布開
幕儀式正式進行。

　　(2)和主席團的其他成員,共同主持第一場祈禱儀
式。

　　(3)和其他的四位主席,共同到會場門外迎接泰國皇
太子瑪哈‧瓦集拉隆功(Crown Prince Maha Vajiralong-
korn)蒞臨。

　　(4)代表大會和其他的三位主席,共同向皇太子贈送
禮物。

　　(5)在主席台上向大會宣讀宣言。

　　(6)代表大會帶著宣言,到聯合國曼谷總部的祕書長
辦公室,呈獻給祕書長金學銖先生。

　　(7)在主席台上共同宣布大會圓滿。

　　(8)由我代表大會,向朱拉隆功佛教大學校長及與會
的宗教領袖們贈送紀念品。

　　(〈二九、主席的工作〉,《真正大好年》,法鼓全集6

輯 13 冊，法鼓文化，頁 207-210）

法師講詞「世界宗教領袖在二十一世紀的任務」延續兩千年高峰會以及本年度世界經濟論壇提出之觀點，再次向全世界呼籲：以心靈環保為主軸，解決今日世界人類共同問題。法師指出：「二十一世紀的宗教領袖，必須於傳播各自的宗教之外，也扮演挽救人類危機的多重角色。」法師以主席團成員強調：世界宗教理事會絕不會干涉當地政治領袖所作的任何決定，但期待透過與當地宗教領袖互動，以精神及觀念感召，促使發生衝突區域當局，正視此一國際輿論及國際共識。

　　宗教乃是全人類共同的源頭和依歸，我們又不能否認，由於若干保守的宗教人士，易將異己者誤視為邪惡，形成排斥和對立，製造仇恨與衝突，這是我們必須化解的問題。

　　本次會議應該討論的重點，是宗教領袖如何協助聯合國，來化解宗教與族群的衝突？如何紓解世界的貧窮問題？如何做好全球性的環保工作？以及如何消弭暴力的戰爭與恐怖的攻擊事件？換句話說，二十一世紀的宗教領袖，必須於傳播各自所信的宗教之外，也扮演好挽救人類危機的多重角色。這些項目，也正是我所屬的團體「法鼓山」，在最近十多年來努力倡導及實踐的工作。現在介紹如下，敬請指教：

　　一、如何化解衝突？不論是宗教、政治、文化等各種族群之間，均應有「求同存異」的共識。當在追求共同的利益和目標時，不妨允許有歧異的想法和作法。其實，宗教不會有衝突，被信的神也不會有問題，唯有人類愚昧的詮釋，才會造成對立與衝突。所以我們必須呼籲：凡在聖典中見有與人類和平牴觸的文字，均應給予新的詮釋。

　　二、如何紓解貧窮？貧窮應該有兩類，一是物質的，二是心靈的。物質的貧窮，使人的生活困苦；心靈的貧窮，卻能造成毀滅性的大災難；物質貧窮的族群，非常可憐，心靈貧窮的族群，則極具危險性。紓解貧窮問題，最好的辦法，是由宗教領袖們來鼓勵人人發願，轉變掠取和占有的自私心，而成為慈悲心的奉獻和布施，物質富裕的族群，應當奉獻和布施；物質貧窮的族群，也該用隨喜的心作布施；若能普遍推廣這種奉獻和布施的運動，既可紓解物質的貧窮，也可解決了心靈的貧窮，世界的永久和平才有希望。

　　三、如何做好環保工作？環保必須要從世人價值觀念的改變做起，所以我們法鼓山這個團體，正在以心靈環保為主軸，再推展出禮儀環保、生活環保、自然資源及自然生態的環保。心靈環保是向內心省察，啟發智慧心及慈悲心，心靈富裕之後，便有充分的安定感及安全感，對內心對外境，便不會矛盾衝突；與人相處之際，便會尊重對方，時時以禮相待；在日常生活之中，便不會因

為奢求物質享受的滿足而浪費了資源、破壞了環境。

　　四、如何消弭暴力及恐怖事件？站在宗教領袖的立場，慈悲和博愛，乃是絕對的真理，正義及和平，不可能分離，如果為了主持正義、崇拜真理，而訴之於暴力及恐怖的行為，都是必須接受勸阻的，也是應該受到譴責的。動用武力，也許會有暫時的震懾作用，永久和平的基礎，卻必然要建築在對等的尊重及相互的寬容之上，不僅是互惠互利，甚至要做不求回饋的布施，要做沒有條件的奉獻。在全心的布施及全力的奉獻之中，自己必然生產得最多，成長得最快，也最強大，所以也是徹底消弭暴力及恐怖事件的最好辦法。

　　綜合以上所說的求同存異、奉獻布施、心靈環保、尊重寬容，便能使得人類可望在本世紀中，漸漸獲得普遍的和平，這也正是我們提倡的願景：祈禱天國降臨到地球，把人間建設成為淨土。（〈世界宗教領袖在二十一世紀的任務〉，《致詞》，法鼓全集 3 輯 12 冊，法鼓文化，頁 51-54；另參見：《建立全球倫理——聖嚴法師宗教和平講錄》，聖嚴教育基金會，2008 年 1 月，頁 99-105）

六月十三日，清晨，應華僧尊長仁得法師邀請至其曼谷市區報恩寺早餐。報恩寺僧眾僅十餘人，然華宗比丘已有七百多人，加上沙彌將近千人，沙彌年輕，**教育程度整齊**。（〈三二、華人佛教和新佛教〉，《真正大好年》，法鼓全集 6 輯 13 冊，法鼓文化，頁 219-228）

下午，大會進行分組討論。法師參加環保小組，發言呼籲：應超越「保護環境、珍惜自然」之層次，從「心靈環保」、從改變價值觀著手，環保工作乃始徹底。

　　一般講的環保只能說是有用，而不是徹底的辦法，如果能夠採用我們法鼓山所提倡的心靈環保運動，將觀念糾正過來，以利人作為利己的原則。想要保護人類，必須先要保護環境，人的價值不在於財富、名位、權勢的擁有，而在於心量的廣大。只要盡心盡力地奉獻，使得地球世界的每一種生命都能蒙受恩惠，那我們的生命就會跟天地一體，萬古長存，不論有名、無名，這種精神的力量，便能夠普遍而永久地延伸。如果能夠建立這樣的心靈環保價值觀，才是一勞永逸，標本兼顧的作法和想法。（〈三〇、把心靈環保推向世界〉，《真正大好年》，法鼓全集 6 輯 13 冊，法鼓文化，頁 211-214）

六月十四日，上午，清晨，賞覽泰國主要河流湄南河。而後參加「世界宗教暨精神領袖理事會」閉幕式。
　　（〈三四、參觀了幾處名勝〉，《真正大好年》，法鼓全集 6 輯 13 冊，法鼓文化，頁 232-240）

六月十五日，率弟子參訪著名道場法身寺。該寺占地數百公頃，空間足以容納百萬人，在組織規模、僧眾培養及信眾接引方面，均發展迅速，為泰國最具影響力寺院之一。

六月十六日，自泰國曼谷飛美國紐約。過境桃園中正機場
接受媒體採訪，說明在泰國參加會議觀感與心得表示：
漢傳佛教有多位法師出席，顯示漢傳佛教進入國際舞
台；而法師於會議中提出各項觀點獲得積極回應，有
「地球憲章」理事會成員將於今年十月在南非舉行之
地球憲章會議中，提議將「心靈環保」理念，列入地
球憲章。（〈和平，從宗教合作開始〉，《人生》，227 期，
2002 年 7 月，頁 50-51；另參見：〈師父出席世理會　心靈環
保受矚目〉，《法鼓》，151 期，2002 年 7 月 1 日，版 1）

六月十八日，上午，印度駐臺代表谷南吉（Ranjit Gupta）
偕同家人一行五人，參訪法鼓山園區。中華佛研所李
志夫所長、僧大果光法師、果見法師等全程陪同。

六月二十六日，撰《我的法門師友》一書〈自序〉，該書
於今年八月由法鼓文化出版。

六月二十七日，即日起至七月七日，於象岡道場主持「默
照禪十」，計有來自九國共一百零六人參加，為法師
歷來在西方主持禪修人數最多者。其中五位禪眾，來
自歐、亞、美各國，均已身為禪修道場之指導者。而
禪眾中三分之二有五年以上禪修經驗，因此多數能有
統一心體驗。

禪十開示將觀念和方法合而為一,如:無常、無我、解脫,本為觀念理論,亦可成用於默照修為方法;又如「不思善、不思惡」,本為方法,實亦「無相離相即是實相」理論;再如「絕學無為閒道人,不除妄想不求真」,本是方法,亦為禪學思想之呈現。法師強調,默照禪基本方法為「不觸事而知,不對緣而照」,此可運用於生活日常,同時亦正出離心、菩提心之依據。(〈三六、許多的第一次〉,《真正大好年》,法鼓全集 6 輯 13 冊,法鼓文化,頁 244)

案:本次禪期開示緊貼默照禪法理論及方法進行,主題單純、明確又細膩深入,後輯錄為〈象岡默照禪十開示〉,收入《聖嚴法師教默照禪》(法鼓全集 4 輯 14 冊)。

六月二十八日,即日起至八月十三日,法鼓山共舉辦兩梯次大專青年禪修營以及一梯次大專青年禪七、教師禪修營與教師禪七,提供每梯次約兩百五十位學員禪修學習。五期活動皆假嘉義縣三寶山靈巖禪寺舉行,中、南部各分院及北部悅眾義工擔任護七工作。法師無法分身,透過錄影教導開示。

下午,尼加拉瓜文化部長拿破崙·周(Napoleon H. Chow)由行政院新聞局人員陪同至法鼓山園區訪問,中華佛研所李志夫所長、僧大果光法師、果見法師等共同接待。

六月二十九日，九十一學年度僧伽大學招生考試放榜。錄取男眾七名、女眾十一名，包括緬甸、馬來西亞學生。

六月，新編「智慧掌中書」系列《和孩子做朋友》，由法鼓文化出版。

七月二日，內政部舉辦九十年度績優寺廟教會表揚大會，法鼓山獲得內政部頒發「善德功深」匾額一面，由關懷中心監院果東法師代表領獎。

撰寫〈後代子孫的大希望──師父給僧俗弟子的公開信〉，呼籲：「繼續推動勸募人數及勸募金額成長，也懇請發願捐做榮譽董事。」（《法鼓》，152 期，2002 年 8 月 1 日，版 8）

七月十一日，自美返回臺灣。

七月十四日，於農禪寺主持祈福皈依大典，有二千五百人參加。其中有一對當日完婚新人穿著禮服參加，另有五位來自美、加、法等外籍人士、啟聰學校學生……等，亦皈依成為三寶弟子。皈依眾十分多元。（〈三六、許多的第一次〉，《真正大好年》，法鼓全集 6 輯 13 冊，法鼓文化，頁 244）

七月十五日，於臺北安和分院主持「二○○三年出家體驗
　暨僧才養成班」籌備委員會第三次會議，開示說明：
　該班成立因緣，在開辦僧伽大學之外另闢一體制，接
　受年齡稍長者出家途徑；目的在培養有心進入佛門之
　修行者，體驗如何成為出家人，爾後，成為具足根本
　知見之出家人。

　　「出家體驗暨僧才養成班」的開辦，有其背景因緣。
過去由於僧團空間及年齡門檻的限制，對於有意前來出
家的人無法充分接納；現在法鼓山的硬體建設及制度規
畫已臻完備，因此除了開辦僧伽大學招收年輕學子之外，
並且另闢一個體制。

　　我常常講，佛教並不缺少出家人，但是缺少有悲願的
出家人。悲願是不與知識、學歷或經歷成正比的。所謂
有悲願，就是能夠將自己奉獻給三寶，以此來幫助眾生。
修學佛法是為了奉獻佛法，出家是為了以法供養人群，
如果沒有悲願而出家，不單對社會毫無貢獻，對佛教更
會形成負擔。所以我希望進入「出家體驗暨僧才養成班」
的人，將來都能成為有悲願的出家人。

　　出家人最重要的是能夠「放得下，挑得起」，放得下
自己的擁有，挑得起眾生的希望。如何提昇人的品質，
建設人間淨土，為眾生創造美好的未來，要把這個責任
擔在肩上。

　　對於中年出家的人，更要善加體知「放下」的內涵。
人到四、五十歲，必有其經驗、歷練、專業的自信，甚

而是自負。菁英的自負不要緊，要緊的是懂得放下自負。既然出家了，生命已走到另一個境界，要像嬰兒般重新開始，放下過去的地位、成就與心境。

當然，腦海中的知識、能力、專業是無法歸零的，歸零的是心態。比如，一位教授出家了，要把教授的心態放下，要把為人師表的崇高放下，因為在他的生命史冊上，屬於教授的這一段時光已經過去了，生命的新頁是──學佛。

至於能力尋常的人出家，也能有所精進，藉由一般作務如灑掃、煮飯、種菜等等，與大眾歡喜結緣，在接引眾生上，同具重要性。歷代祖師大德從搬柴、運水、燒火中修行悟道者，所在多有。

佛門執事無分軒輕，觀照情緒的起伏、心念的上下波動，才是必須隨時面對的修行功課。

法鼓山一向傳承農禪家風，著重的就是人間性的生活化育。我想提醒大家，如果把修行當作現實的逃避，或安寧經驗的享受，就猶如烏龜，外面一有任何響動，頭就趕快縮進龜殼裡去。修學中國的禪宗心法，不是烏龜，是流水，遇到阻礙，變個形狀、繞個彎，照樣流過去。水還是水，一如慈悲與智慧，形式不拘，但內質不變、滋潤不變。

我非常希望進入「出家體驗暨僧才養成班」的研學者，都能成為有修行的人，對其個人而言，是消融自我；對社會而言，則入世而化世、潤澤人心。這是我唯一的期

許。（〈發一個出離自我，走向十方的大悲願：我對「出家
體驗暨僧才養成班」的想法〉，《法鼓》，153 期，2002 年 9
月 1 日，版 2；〈成為一個真正的出家人〉，《法鼓》，154 期，
2002 年 10 月 1 日，版 8）

**於安和分院召開法鼓山人文社會獎助學術基金會董事
會，改選第二屆董事。董事會並決議與臺灣大學共同
設置「法鼓人文社會講座」，邀請各領域權威人士演
說，為臺灣社會引進前瞻、開放思潮。**

　　人文講座推動委員會將由聖嚴師父擔任召集人，委員
包括臺大陳維昭校長、中研院李亦園院士、楊國樞院士、
胡佛院士、劉述先教授、國科會林正宏教授、臺大社會
系葉啟政教授、臺北藝術大學教務長惠敏法師、臺大共
同教育委員會主任委員黃俊傑教授，以及法鼓人文社會
學院籌備處曾濟群主任等共十一位。近世因引進新思潮，
而對中國社會產生重大影響的人物，師父以民國初年美
國教育思想家杜威到中國演說為例，說明杜威對當時中
國的影響力。與會成員一致認同，「立足臺灣，關懷全
球」是人文講座未來發展的格局與視野。

　　由於獎助學術基金會第一屆董事三年任期將屆滿，當
天會議同時進行第二屆董事改選，由王景益、李亦園、
吳俊億、陳維昭、惠敏法師及鄭深池等人當選新董事。
（〈將設立人文社會講座　引進國際新思潮〉，《法鼓》，
152 期，2002 年 8 月 1 日，版 1）

於農禪寺主持「法鼓山大殿工程室內設計會議」，法師指示法鼓山建築群基本原則為：保持樸素本來面目。

案：法鼓山「建築本色」為：褐、灰、白。法師曾指示，「法鼓山的建築要與自然環境相融，就像是從土地上長出來的一般」，這個想法讓工程人員幾經揣想，最後他們找到一種最樸實的方式。建築師陳俊宏回想當時的情景說：「我們就一個個蹲在地上，真實地貼近去看這塊土地的顏色。」金山土到底是什麼顏色？現今鋪陳建築屋身一片的褐，陳述了大地的氣息。（〈國際佛教園區開花結果〉，《法鼓》，145 期，2002 年 1 月 1 日，版 8）

七月十六日，護法總會副會長葉榮嘉，陪同前中油公司董事長陳朝威至農禪寺拜訪，請益佛法。

七月十七日，出席中華佛研所於行政大樓舉辦之「九十一年度新生講習」，開示指出，創辦佛研所非為培養宗教學者，而是希望培養出有道心之宗教家。

七月十八日，上午，於農禪寺齋堂，對法鼓山全體僧眾及專職「精神講話」：「逆向思考，正面改進」，勉勵以工作為修行，借鏡鍊心：「環境是我們的鏡子，心是我們的老師」。

美國加州杜魯大學副校長金大勝伉儷至農禪寺拜訪，

並皈依三寶。法師期勉時時以慈悲與智慧成長自我、利益他人。

傍晚，大陸山東大學美術考古研究所所長劉鳳君及其學生現任四門塔風景區管理委員會副主任劉繼文，由鹿野苑藝文學會理事長吳文成陪同，至農禪寺拜訪。
案：劉所長師生此行有特殊任務，係為鑑定古物而來。該古物經鑑定即山東濟南市神通寺四門塔之阿閦佛首。

七月十九日，前往臺北中山精舍，進一步了解一尊由信眾自海外購得捐贈之石雕古佛頭像。此像經山東大學美術考古研究所所長劉鳳君鑑定，確認為山東四門塔一九九七年失竊之物。法師因決定將佛頭贈回四門塔原處。並於提出申請許可出發前，在臺北公開展出古石雕佛頭像，以強化教育功能。

　　二月二十八日，有一位鹿野苑藝文學會的負責人吳文成菩薩，和他的朋友林文山菩薩，給我帶來了一個訊息。說有一尊古石雕佛頭像，願意捐給我們法鼓山未來的歷史博物館收藏，問我要不要？

　　我問他知道它的出處嗎？是大陸哪個地方？什麼朝代的佛像呢？他說不清楚，不過從造像的風格以及面部的痕跡來看，應該是隋、唐或者是更早的造像藝術。

　　到了七月十八日，劉鳳君教授和他的學生，也是現任神通寺四門塔文物管理所所長劉繼文，應法鼓山文教基

金會的邀請,到了臺北,確定就是四門塔失蹤了五年的阿閦佛頭像。

　　既然確定了這尊佛頭的來歷,我就宣布,與其讓它身首異處,留在我們臺灣法鼓山的博物館,不如讓它身首合一的好。一則是為響應聯合國教科文組織將二○○二年定為「文化遺產年」(United Nations Year for Cultural Heritage);再則響應中華民國行政院文建會曾將二○○一年定為「文化資產年」;三則也是因為我們法鼓山正在提倡四種環保,推動三大教育,而佛頭像是來自於山東的四門塔,信眾捐給了法鼓山,法鼓山就把它轉贈回四門塔原處吧!(〈三八、大陸古佛頭的因緣〉,《真正大好年》,法鼓全集 6 輯 13 冊,法鼓文化,頁 261-265)

淡江大學大陸研究所教授蘇起與前臺南市市長張燦鍙,至農禪寺拜訪。蘇起面呈日文《讀賣新聞》,係其接受訪問談及人生目標為法師所送墨寶「恰到好處」。

　　蘇教授一見到師父,即呈上一份日文報紙《讀賣新聞》。在這則蘇教授日前接受日本媒體的訪問中,記者記述了由聖嚴師父所送的一幅墨寶「恰到好處」,文章中傳達此為蘇教授的人生目標,且評論每件事情要做到恰到好處,實在非常困難。

　　師父表示:「我們的社會太剛強了,但是我從來不對任何環境感到失望,因為宗教師是不會對任何事情感到

失望的。我認為臺灣目前正在經歷轉型期，人民還需要一段時間來學習和成長，這是要努力的。」（《隨師日誌》未刊稿）

七月二十日，前往國立故宮博物院參觀「天可汗唐代文物展」，《中國時報》總經理黃肇松陪同觀賞，鹿野苑藝文學會理事長吳文成導覽解說。參觀後，接受《中國時報》記者潘罡專訪，談「佛像藝術的修行刻度」。法師說明「不論是隋唐或是北朝時期的作品，其實創作者每一個都算是修行人，他們以虔敬的修行態度雕塑佛像，具有很深的禪定工夫。」臺灣當代文化藝術發展，不能只停留於對古文物及外來文化之抄襲模仿，因稱許王俠軍與林懷民，能從傳統中創新，走出自己路。（《隨師日誌》未刊稿）

前往中視錄製《不一樣的聲音》節目，與《室內》雜誌總編輯黃湘娟對談「月圓人需圓」；與淡江大學教授蘇起對談「生命轉彎處」；與網路作家曾維瑜對談「愛情 IQ、EQ 大考驗」；與知名作家廖輝英對談「愛的哲學」。

傍晚，於農禪寺出席第三十九次社會菁英禪修營共修會並開示：「禪修與宗教藝術交會的亮光」。法師指出：盛唐時期佛菩薩造像，莊嚴、神聖令人感動，此緣於

雕刻者全身心虔誠投入,故能賦予作品生命力,使後來有人真切感受。「心中有佛,不論雕刻、繪畫,作品之中就有佛;心中無佛,作品只是一種記號、一種商品。」法師進一步提示:一般藝術品,未必能顯現宗教精神;而蘊含宗教生命之作品,則能同時具有藝術價值。此中關鍵,就在於全心全意地相信。禪修亦然,全心相信,全心投入,即是禪的方法。(《隨師日誌》未刊稿)

七月二十一日,巡視法鼓山園區工程,同行者包括整體建設顧問王鎮華、工程顧問陳邁等。法師表示,法鼓山建築基本要求是簡單、實用、容易維護,盡量保持建築本身原貌,不要有太多裝飾。

於法鼓山臨時寮齋堂,為八十二位遠道而來的高雄紫雲寺信眾開示。法師表示,法鼓山接續紫雲寺法務,希望對高雄地區有所貢獻,未來將建設紫雲寺成為現代化、國際化修行場所。

七月二十二日,下午,香港佛教青年協會導師、中華佛教圖書館負責人暢懷長老暨香港佛教青年協會一行四十餘人至法鼓山園區訪問。法師率同弟子於教育行政大樓前迎接,導覽參觀中華佛研所、僧伽大學及圖資館,並於臨時寮齋堂晚宴貴賓。

法師早年閉關美濃山中時，暢懷長老曾致贈「和尚
扇」；第一次赴大陸探親過境香港，又承贈羊毛衣；
且多次邀請法師赴香港弘法並擔任引言……道情深
厚。

「我記得我在美濃山中閉關時，有一天我收到了長老
託人帶來的一把扇子，黑色的扇面上題有金字的順治皇
帝悟道詩，一般稱為和尚扇。」「在關房裡、出關之後
到臺北、赴日本留學，以及後來到了美國，我都一直帶
著這把扇子，到現在我還會用到它。」

師父又說，一九八六年第一次前往中國大陸探親時，
道經香港，「那時正是春天，還沒有過清明。我不知道
大陸的天氣會那麼冷，過境香港時，我在九龍的中華佛
教圖書館住了一、兩個晚上，當時長老又送了我一件他
自己穿的羊毛衣。」

「夏天時，長老送了我一把扇子，感覺好清涼；冷天
時，他又送了我一件羊毛衣，真是好溫暖！」一直找不
到機會向長老表示感謝的師父，此次趁長老來訪，終於
可以當面致謝了。（〈扇子與羊毛衣：香港暢懷長老來訪側
記〉，《法鼓》，153 期，2002 年 9 月 1 日，版 5）

山東大學美術考古研究所所長劉鳳君及四門塔文物管
理所所長劉繼文先生，於離臺前夕再度拜訪法師交換
有關宗教文化意見。

七月二十三日，前行政院長、現任中華經濟研究院院長蕭
　　萬長至法鼓山上拜訪法師，請益佛法。法師表示，國
　　家經濟穩定、繁榮，社會就能安定。

　　卸下長達三十八年的政務官公職，現任民間中華經濟
研究院院長的蕭萬長先生，下午前來法鼓山拜會聖嚴師
父，他感恩師父多年前送給他的四字墨寶「清涼自在」，
掛在他個人辦公室桌對面的牆壁上，使他在面對人生的
轉折，因時時心存師父的教誨，身心得以清涼自在。

　　目前以無給職的身分服務於中華經濟研究院的蕭院
長，自稱是一名快樂的「經濟義工」，他表示，過去長
期受國家的栽培，即使現在從政壇隱退，仍然很希望能
夠奉獻自己累積的經驗，提供政府當局與社會參考。師
父極為肯定蕭院長為社會奉獻的願心，並向院長表示：
「經濟若能穩定繁榮，社會就能安定，這是一椿大功
德。」師父說，自古以來，一個社會的經濟若能發展，
國家就會富強，老百姓的生活也就能安樂。民以食為天，
經濟是社會的命脈，過去幾十年來臺灣社會能夠在世界
上立足，與整個社會的經濟發展關係密切。（《隨師日誌》
未刊稿）

七月二十四日，臺北市政府都發局及工務局共一百五十一
　　名員工，至農禪寺參加精進禪一。法師指導大眾「身
　　心要鬆不要緊，工作要趕不要急」，將禪法精神在生
　　活中實際應用，吃飯、走路、工作、睡覺皆以「活在

當下」為原則，最為踏實。禪修結束，法師贈送每人
一條象徵以佛心行菩薩道之皈依項鍊，勉勵大眾每天
練習禪修方法，進而以佛法幫助自己及他人。（《隨師
日誌》未刊稿）

七月二十五日，於農禪寺接受《新觀念》雜誌記者專訪，
暢談出家歷程、人間佛教發展，以及心靈環保理念。
法師表示：「從佛法觀點而言，人的品質是可以改變
的，當與善的環境相應時，人性即轉為善，與惡的環
境相應時，人性即轉為惡。」（訪談文見該雜誌 174 期，
2002 年 9 月號，封面專訪報導人物）

七月二十七日，於農禪寺簡介館聽取「中華佛教文化館整
體規畫」期中簡報，由主持人朱惠良率領工作團隊報
告。

應清傳高商校長連勝彥之邀，前往中正紀念堂懷恩藝
廊觀賞「換鵝會」書法社作品展，並於開幕儀式中致
詞。

七月二十八日，至立法委員洪秀柱府上，為洪母魯曼貞老
太夫人送別開示並為闔家說皈依。

七月二十九日，監察委員李伸一及中華紙漿公司董事長羅

勝順至農禪寺請益。法師表示,智慧與慈悲心之培養
需要練習;生命是為任務而來,有機會可奉獻就奉獻;
如果無法奉獻,也可以從中學習。

下午,於農禪寺約見前中國石油公司董事長陳朝威,
經力邀後陳董事長允諾擔任法師特別顧問:每週至法
鼓山基金會二至三次,協助處理工程及行政事務規畫。
(〈三六、許多的第一次〉,《真正大好年》,法鼓全集 6
輯 13 冊,法鼓文化,頁 245)

七月三十日,中華航空公司董事長李雲寧偕夫人及交通部
　　參事莊錦華等至農禪寺拜訪法師,李董事長於拜訪後
　　皈依三寶。

　　他的夫人雖然是天主教徒,但是對於李董事長皈依三
寶,非常的歡喜,因為勸他要有信仰半輩子,雖然是選
擇了佛教,但終於有了精神的歸宿,他的太太也可以放
心了。(〈三六、許多的第一次〉,《真正大好年》,法鼓
全集 6 輯 13 冊,法鼓文化,頁 245)

法鼓山委託陶藝家連寶猜以陶版畫創作大型佛教題
材,連女士今攜帶創作草圖向法師請示。法師表示,
現代佛教藝術創作除需凸顯時代精神,亦需呈現臺灣
在地特色。
案:此兩幅創作即目前掛在法鼓山園區第二大樓的《人

間淨土》、《耕心田》。

為籌備九月底「超越二○○○,邁向三○○○:圓滿榮董感恩晚會活動」,召集榮譽董事聯誼會悅眾會議。法師開示,對多年來「募心,不募款」策略提出說明。

很多人說,師父一向是募心不募錢的,這句話要調整一下了,現在我們是「募錢第一,募心第二」,如果能募到捐助法鼓山的護持金,對於法鼓山這個團體在做什麼的「關心」,自然就跟著來了。因為不管是誰,只要他出了錢,就一定會關心法鼓山;反之,如果他沒有護持,對法鼓山做些什麼事,也就不會關心。所以我們現在要有所調整,為了要募心,所以先募錢。

這幾年之間,我經常在世界各地倡導「心靈環保」,有許多西方人看了之後對我說:「您講的好像不是宗教,而是我們所需要的生活智慧。」我告訴他們:「我講的是佛法,只是不是西方人一般認為的宗教,我講的宗教是每一個人都能接受的幸福之道,因為這個宗教並沒有要否定任何一個人所信仰的宗教。」

在今日的臺灣,許多人都是佛教徒,這在過去是不可能的。為了法鼓山要辦佛教的教育事業,能有這麼多菩薩同心協力、共同成就,而且這麼熱心,這在過去也是不可能的事,但是今天已經成為可能。

所以,只要我們再努力十年、二十年,我們法鼓山以「心靈環保」為主軸的理念,會變成社會大眾的價值標

準，我們的大環境也會朝向人間淨土的境域改變。因此我們辦教育，就是希望我們的下一代，能在淨化教育的理念中成長，影響國內的社會，也能影響全世界。

我希望到九月二十八日之前，可以再圓滿二百個榮董名額，但光是希望沒有用，請諸位菩薩一定要動起來。有些人可能以為每位榮譽董事只能捐壹百萬元，其實是每位榮譽董事最少捐款壹百萬元，多則是多多益善，是可以無上限的。同時，如你自己尚不是榮譽董事沒關係，也希望你接引其他有心有願的人來成為我們的榮譽董事。（〈募款與募心：與師父同心同願，盡自己一份力〉，《法鼓》，153 期，2002 年 9 月 1 日，版 8）

八月一日，於《法鼓》雜誌刊登〈後代子孫的大希望〉，是法師給法鼓山四眾弟子的公開信，以中華佛研所之成績說明「大學院」教育與「大普化」、「大關懷」教育之關聯與必要，呼籲大眾：「繼續推動勸募人數及勸募金額的成長，也懇請發願捐做榮譽董事。同時，勸請仁人善士捐做榮譽董事，讓我們辦好已在進行中的各項教育工作，也助我們把法鼓大學創建起來。」

雖然我們的團體，尚需要改進之處很多，但它在我們國內已受到許多同胞菩薩的歡迎，也受到不少國際有識之士的響應。

不過，我們的團體還是很小，我們雖有許多法寶，可惜，知道使用的人還是很少，協助我們共同推廣法鼓山

教育理念的人才，也還沒有大批地培養出來。

例如，我每到一處去做弘化關懷，便有許多人殷切地期待我能多去幾趟，或者要求我派幾位出家弟子去帶領他們。無可奈何的是，不僅我自己的時間及體力，分身乏術，就是我的出家弟子，也沒有適當的環境，作體制化的培養，若干優秀的人才，是靠各自的善根和努力而成，所以也沒有足夠的人力可資外派。直到去年（二〇〇一）秋季，法鼓山有幾棟硬體建築物可以使用了，立即創設僧伽大學，今後法鼓山的出家弟子，便可望在按部就班的教育制度下，逐年成長了。

另外我要向菩薩們報告的是，已有二十多年歷史的中華佛學研究所，以及和它相關的圖書資訊館、中華電子佛典協會、數位圖書資料中心、漢藏佛教交流班等，看來似乎沒有直接參與法鼓山的各項工作，其實它是我們法鼓山的大搖籃。我們造就的人才，已在國內外為法鼓山的形象聲望努力拓荒，它對漢傳佛教文化事業和學術的貢獻，已將法鼓山的理念，在國際間高舉起來，它已成為漢傳佛教受世人尊重的標竿和希望。也可以說，它是法鼓山三門上的一顆夜明珠。我們如果沒有中華佛學研究所，僧伽大學的素質就不可能好得起來，法鼓山也不可能在國際間與一流的大學及一流的學者們建立關係，法鼓山最多是一個宗教團體，跟國際教育與學術的領域，便沾不上邊了。

由此可見，我們必須做好「大普化」教育及「大關懷」

教育，我們也必須辦好「大學院」教育，這三大教育是環環相扣的、缺一不可的。辦教育，要以硬體建設的完備，配合軟體人才的培養，樣樣都需要經費來支持。感恩菩薩們的奉獻，法鼓山第一階段的硬體建設，預定到明年（二○○三）就可以完成了，接著是第二階段的法鼓大學，很快就要動工興建，我們的募款收入，卻遠遠地追不上預算的需求。如不加勁設法籌措，我們的教育工作，必有大困難了！

因此，我不得不向諸位菩薩呼籲：除了繼續推動勸募人數及勸募金額的成長之外，也懇請大家自己發願來捐作榮譽董事。同時，代我勸請與你們相識或不相識的仁人善士們，來捐作榮譽董事，讓我們辦好已在進行中的各項教育工作，也助我們把法鼓大學創建起來。（〈後代子孫的大希望：師父給法鼓人的公開信〉，《法鼓》，152 期，2002 年 8 月 1 日，版 8；收入：《法鼓山的方向 II》，法鼓全集 8 輯 13 冊，法鼓文化，頁 91-95）

上午，在法鼓山基金會辦公室頒贈聘書，聘請前中油公司董事長陳朝威擔任法鼓山顧問，期盼借用其豐富經營管理經驗與長才，協助法鼓山邁進新里程。

即日起，聖嚴法師法語將印製於臺北捷運儲值票卡。預定發行七款，每款十萬張。（〈師父雋永法語躍上捷運儲值票〉，《法鼓》，152 期，2002 年 8 月 1 日，版 1）

八月四日，「二〇〇二法鼓山大陸佛教古蹟巡禮團」舉行
　第一次行前說明會。團員共有五百人。法師蒞會開示，
　期許團員於行程中，應用法鼓山理念，以四種環保來
　推動三大教育，隨時隨地相互勉勵，以心靈環保作為
　身心行為準則。如此，五百位團員，即五百位修行萬
　行之菩薩。

八月五日，南下高雄，邀宴地方首長與佛教長老，請益去
　年接任紫雲寺之相關法務。下午，於法鼓山高雄市三
　民道場接見紫雲寺所在鳥松鄉鄉長張美瑤。（〈三六、
　許多的第一次〉，《真正大好年》，法鼓全集 6 輯 13 冊，法
　鼓文化，頁 245-246）

八月八日，上午，南下嘉義竹崎鄉，感謝靈嚴禪寺提供場
　地護持法鼓山舉辦為期二個月之多項暑期禪修營。靈
　嚴禪寺由開山傳證法師、現任住持圓本法師，率領
　三十餘位常住法師穿袍搭衣迎接。法師讚歎三寶山護
　持佛法，並應邀題寫「三寶山」、「靈嚴禪寺」兩幅
　書法。

　下午，前往嘉義辦事處與當地信眾見面談話，期勉大
　眾勇於承擔當地護法工作。嘉義市長陳麗貞、民政局
　長吳嘉信、嘉義縣政府民政局長林琴容亦前來拜會。
　陳市長等地方政府首長非常認同法鼓山推動「心靈

環保」，咸表與法鼓山共同推動淨化人心之意願。
（〈三六、許多的第一次〉，《真正大好年》，法鼓全集6
輯13冊，法鼓文化，頁246）

覆函洪果殊居士，感謝其響應法師八月一日《法鼓》
雜誌上捐款建設法鼓山教育工程之呼籲。洪居士身為
單親母親，獨自撫養子女三人，與法師「貧窮布施並
不難」之開示確切符應，法師因特致函關懷。
　　通常都說「貧窮布施難，富貴學道難」。其實並不盡
然，只要有心有願，不論貧富，布施不困難，學道也容
易。再一次感謝！祝福！（〈只要有心有願，不論貧富，
布施學道都容易。〉，《法鼓》，153期，2002年9月1日，
版7）

八月九日，「法鼓山人文社會講座諮詢會議」召開。接續
　　法鼓山人文社會獎助學術基金會前次會議決議與臺灣
　　大學合作設置「法鼓人文講座」、「法鼓社會講座」，
　　邀請臺灣大學心理系教授楊國樞、人類學系教授李亦
　　園、政治系教授胡佛、歷史系教授黃俊傑、中央研究
　　院文哲所教授劉述先及中華佛研所副所長惠敏法師、
　　法鼓人文社會學院籌備處主任曾濟群等七人，討論具
　　體方案。決議以人文關懷和心靈環保為主軸，結合學
　　界共同推動，亟盼健全國內寺廟體制，使寺廟扮演類
　　似西方社會教堂功能，以移風易俗，提昇人品。（〈以

人文關懷、心靈環保為主軸　結合學界共同推動〉,《法鼓》,
153 期,2002 年 9 月 1 日,版 1)

八月十日,上午,前往中視錄製《不一樣的聲音》節目,
　與口足畫家童福財對談「美麗人生」;與藝術評論者
　陸蓉芝對談「藝術大發現」、「如何和孩子談藝術」;
　與作家郝廣才對談「畫出童心」、「如何和孩子說故
　事」。

　農禪寺一年一度之梁皇寶懺法會啟建。今年參加人數
　勝於歷年,法師蒞會開示:一起共修,懺悔感應力更
　大。

　為游敏居士譯之《天才十次方》撰〈推薦序〉。(《書
　序 II》,法鼓全集 3 輯 10 冊,法鼓文化,頁 59)

八月十一日,農禪寺梁皇寶懺第二日,蒞會開示。

八月十三日,上午,前往中視錄製《不一樣的聲音》節目,
　與輔仁大學宗教系教授陸達誠、伊斯蘭教臺灣區教長
　馬孝祺對談「九一一事件後一週年省思」、「安定人
　心的力量」;與臺北大學社工系副教授楊蓓對談「義
　工的專業精神」;與臺灣師範大學圖文傳播系主任趙
　寧對談「親子溝通」、「如何準備老」。

八月十四日，天主教單國璽樞機主教由馬天賜及吳終源二
　位神父陪同，至法鼓山基金會拜訪，邀請法師以宗教
　領袖身分共同呼籲重視生命與人權，反對「墮胎合法
　化」。

聖嚴法師與單國璽樞機主教並就「尊重生命和人權」
有極深刻對談。單樞機主教欽佩法師在國內外提倡「心
靈環保」，改革社會風氣人心之作為，同時表示，「心
靈環保」與天主教「心靈革新」不謀而合。
　對談目的是希望我們共同來對於中華民國立法院的
墮胎合法化一案，提出反對的建言，據說臺灣從民國
七十三年起，每年有三十至五十萬的墮胎人數，也就是
說墮胎率甚至超過了出生率，實在是相當的可怕。我站
在佛教徒的立場，一向也倡導珍惜生命，反對墮胎，不
過也要有配套的措施，希望政府和民間共同努力。
　像樞機主教這樣高地位的天主教士，能夠屈駕到佛教
團體來，拜訪一個和尚，這是相當難得的。至少對我來
講，這還是第一次，單樞機主教雖然過去也曾經到過我
們農禪寺，那時候他還是總主教的身分。由於這一次他
來我們法鼓山訪問，促成了九月二十一及二十二兩日，
他都出席了我們在臺灣大學體育館舉行的「心靈環保全
民博覽會」，這也是他第一次公開參加佛教團體的大型
活動。（〈三六、許多的第一次〉，《真正大好年》，法鼓
全集 6 輯 13 冊，法鼓文化，頁 246-248）

案：單樞機主教曾於一九九五年陪同教廷宗教交談委員
會主任委員安霖澤樞機主教，到農禪寺拜訪過聖嚴法師。
聖嚴法師亦曾於一九九八年單國璽榮陞樞機主教就職典
禮時，到場祝賀。

八月十五日，接受中視《新聞探索》節目專訪，談自殺不
　　能解決問題、保持穩定情緒，便能善用逆境來成長。

八月十六日，農禪寺梁皇寶懺法會圓滿日，上午進行「齋
　　天」儀程。法師蒞會開示「齋天」並非民間「拜天公」，
　　而是對護法諸天的感恩與迴向，祈願正法永住，法輪
　　常轉。

　　下午，舉行瑜伽焰口法會；法師蒞會開示說明法鼓山
　　經懺佛事特色在共同從事教育活動。參加大眾隨主持
　　法師而誦念，而非僅是「看焰口」。

八月十八日，法青會於農禪寺舉辦法青聯誼會，以「串念
　　珠・送祝福」為主題活動，約有四百名青年學子參加。
　　法師蒞會期許學子隨時隨地在生活中運用禪法，並將
　　法鼓山理念傳播出去。

八月二十二日，下午，臺北亞都麗緻大飯店總裁嚴長壽至
　　法鼓山園區參觀，並就「青年總裁協會」翌年來臺參

訪行程，向法師請益。

　　嚴總裁說明，青年總裁協會明春來訪，希望能將法鼓山納入重點行程之一，除了分享法鼓山的理念之外，也希望能藉此體驗禪修的滋味。他說，規畫中以法鼓山、朱銘美術館及雲門舞集所串連的參訪路線，凸顯濃厚的宗教與藝術的精神層次，是臺灣社會經過淬鍊的精緻文化代表，足以彰顯現代臺灣的驕傲。

　　五年前以《總裁獅子心》一書席捲暢銷書排行榜的嚴總裁，新近再次發表新書《御風而上》，與青年朋友談視野與溝通。而夫人陳育虹女士也發表了第三本詩集，夫婦二人一起出書，傳為出版界的佳話。

　　除了共同寫作之外，二人也都是師父的讀者，嚴夫人細讀了七十餘冊的《法鼓全集》，對於師父的生平及弘法行腳，有細膩的觀察。在修行的體驗上，嚴夫人以禪坐為定課，總裁則是觀望不急。師父提醒總裁，投入社會服務與精神的修為，要兩者兼顧。（《隨師日誌》未刊稿）

八月二十三日，即日起一連三天，在法鼓山上主持「《天台心鑰——教觀綱宗貫註》講師培訓課程」，親自為一百多位僧俗弟子授課。課程以法師著作《天台心鑰——教觀綱宗貫註》為教材，另編寫授課講義，期許學員能發心推廣漢傳佛法，利益大眾。（〈三六、許多的第一次〉，《真正大好年》，法鼓全集6輯13冊，法鼓文化，

頁 248）

八月，《我的法門師友》由法鼓文化出版，有〈序〉歌讚當代佛教相識師友為漢傳佛教展開新境，並自謂傳寫師友德行言教，實寓自身成長痕跡。

我編寫佛教史的同時，發現佛教的興隆與衰微，跟人才的多寡及對傳錄文獻的輕重，有極密切的關係。中國佛教號稱有大乘八宗，能夠綿延至今，仍有門庭普遍存在的，卻只有禪宗，這不能不歸功於從《付法藏因緣傳》、《景德傳燈錄》、《續傳燈錄》，乃至明清兩朝集成的二十多種禪宗燈錄、傳、集等的編纂及流通。

由於敬愛佛教，所以也敬佩當代的佛教人才；中國漢文系的佛教，在我們這一代，是從戰火、兵亂、災難、困頓中走過來的；在沒有任何保障及後援下，還能有數十位我所相識相知的僧俗師友，為二十世紀末及二十一世紀初的漢傳佛教，留下希望，展開新的境界，實在可歌可讚。

因此，凡是跟我有過過往因緣的長輩和平輩，我不僅珍惜與他們之間的恩義及友誼，更加重視他們的潛德願行。因為當代佛教慧命猶如懸絲的延續，跟他們是息息相關的。除了我本人因為有了他們的呵護、支援、激勵，才得今日的一點小成就，必須銘誌不忘，也為留下歷史以免於空白太多，留下各式的芳範以供來者則儀。

本書寫作的時間，起自一九六三年，迄於二〇〇二年，

性質則有祝壽及紀念二類。我覺得都是活活潑潑的歷史，既是這些師友們的行實史料，也是我個人傳記的一部分。讀者們可以從本書讀到數十位當代佛教僧俗大德的身教言教，也可以看到我跟他們之間的互動酬答，襯托出我是如何地在佛法門中逐日成長起來的。標題是一位一位的師友，內容是寫的他們，也是寫我自己。（〈《我的法門師友》自序〉，《書序Ⅱ》，法鼓全集3輯10冊，法鼓文化，頁179-181）

另出版發行：《法鼓山聖嚴法師梵唄集》光碟，收錄法師十年前親自示範課誦原聲，包括：〈楞嚴咒〉、〈佛說阿彌陀經〉、〈大悲咒〉、〈十小咒〉、〈心經〉、〈往生咒〉、〈禮佛懺悔文〉、〈阿彌陀佛四字佛號〉等。新編發行「智慧掌中書」系列有：《愛情沒煩惱》、《自在的告別》、《最會用錢的人》。

九月三日，上午，巴哈伊教臺灣總會董事李定忠至農禪寺拜會法師，轉陳巴哈伊世界正義院致全球宗教領袖信函，籲請共同關注宗教及種族和平寬容議題。巴哈伊教源自伊朗（古波斯），為後起之新興宗教。法師說明，佛教與其他各大宗教主要差異，並論及世界宗教領袖會議當前處境，宜擱置差異、致力發揚共通性，始能從各宗教「基本教義派」問題中脫出以實現和平。

九月四日，上午，法鼓山教育事業體於法鼓山教育行政大樓舉行九十一學年度聯合典禮，法師以創辦人致詞勉勵朝整體化與國際化方向邁進。

集合僧伽大學、漢藏文化交流研習班開學、中華佛學研究所畢結業、第十三屆佛學論文頒獎，及佛研所與美國維吉尼亞大學宗教學系締約儀式等五項「喜事」合辦的法鼓山教育單位九十一年度聯合典禮，九月四日上午在法鼓山教育行政大樓一樓階梯教室舉行。

與會貴賓包括蒙藏委員會藏事處處長鍾月豐、藏傳佛教著名三大寺之一色拉傑寺僧院住持洛桑屯越格西、美國維吉尼亞大學藏傳佛教教授傑福瑞·霍普金斯，及臺北縣議員唐有吉等多人前來致意祝賀。

典禮中，美國維吉尼亞大學宗教學系由霍普金斯代表，與中華佛研所簽約締結為姊妹系所，雙方約定學生自佛研所取得碩士學位，至該大學宗教學系就讀時可獲承認，部分相關學分並抵免；另外，彼此的研究人員可以客座學者身分互訪，未來並共同籌畫國際學術會議，此二項協約顯見佛研所備受國外學界肯定。值得一提，洛桑屯越格西應邀致詞時也表示，未來將積極與佛研所合作，促進漢、藏經典互譯交流。（〈法鼓山教育事業體聯合典禮9月4日舉行〉，《法鼓》，154期，2002年10月1日，版3）

九月六日，辛樂克颱風來襲。上午，於農禪寺舉行九十一

年度剃度典禮，由今能長老與法師共同主持，計有十三名佛子落髮。本屆為農禪寺舉行剃度典禮二十多年來，首次遇到颱風。法師開示勉勵新戒法師捨棄個人欲望，學習菩薩悲願，擔起如來家業。

九月七日，因應昨日剃度典禮授沙彌（尼）戒，於農禪寺早齋開示「何謂梵行？」：出家，從受沙彌戒開始，就是「梵行者」。五根，就不應該沾欲、沾貪著，不要造非梵行業。（〈何謂梵行？〉，《法鼓家風》，法鼓全集 8 輯 11 冊，法鼓文化，頁 139-144）

九月八日，下午，於臺中港區綜合體育館舉辦「二〇〇二心靈環保全民博覽會暨法鼓山中區年會」，共有聯誼賽、名人對談、皈依關懷、授證、環保嘉年華等五大主題，中、南部約一萬多名民眾參與。名人對話，特別邀請亞都麗緻飯店嚴長壽總裁、心理學專家張怡筠博士，就「心靈環保」為題，與法師對談。臺中縣縣長黃仲生引言，葉樹姍擔任主持。

法鼓山年度活動訂定今年九月為「大好月」，「二〇〇二心靈環保全民博覽會」系列活動於八日在臺中港區綜合體育館舉行，二十一、二十二日在臺灣大學綜合體育館舉辦。

九月十日，上午，前往中視錄製《不一樣的聲音》節目，
　　與演藝人員李威對談「與偶像明星賽跑」；與文化大
　　學環境設計學院院長陳錦賜對談「都會人的心靈空
　　間」；與生態攝影師蔡百峻對談「生態之美」；與演
　　藝人員譚艾珍對談「寵物流浪之悲歌」；與投資顧問
　　何美頤對談「家庭與工作兩難誰人知」。

九月十一日，僧伽大學九十一學年度新生講習，法師蒞會
　　開示，說明教育目的在培養宗教師。宗教師與住持、
　　法師不同；除須要有法師之佛學基礎及住持維持寺院
　　道場能力，復須有大悲願之胸懷與精神。勉勵以玄奘
　　大師精神為典範，以人格、功德來影響他人，指點修
　　行從小處著手、放下身段，並提示男、女二眾平等觀
　　念。

　　　我們佛學院的宗旨非常明確，就是要把諸位訓練成宗
　　教師。

　　　宗教師和住持、法師不同。簡單地說，宗教師不但要
　　有法師的條件，還要有住持三寶的條件；也就是要有佛
　　學的基礎，以及維持寺院道場的能力。以上這兩個條件，
　　一般佛學院都可以養成，但做一個宗教師，除了這兩個
　　條件之外，還要有大悲願，也就是「不為自己求安樂，
　　但願眾生得離苦」的胸懷與精神。

　　　我們僧大的宗旨是培養宗教師，所以要朝著培養宗教
　　師人才的路走去。經營寺廟是小事情，只要願意經營，

稍微教一下技巧，就會經營了。可是，宗教師是自己發
願、自己學習出來的，不是光給你技術、技巧，就能夠
做宗教師，一定要從內心發悲願心。不管過去你們是發
什麼心，即使不正確也沒關係，進僧大以後，我希望你
們要發心做一個宗教師，乃至由宗教師變成宗教家。
（〈宗教師的精神〉，《法鼓山僧伽大學九十一學年度年報》，
法鼓山僧伽大學，2004 年 9 月，頁 3-10）

九月十二日，上午，於法鼓山園區男寮會議室，聽取建築
　　師黃永洪簡報大殿室內設計規畫案；下午，聽取設計
　　師蘇喻哲簡報接待大廳內部空間設計案。法師指示，
　　大殿以保持自然本來面目為原則，必要時可作局部美
　　化但非遮蔽。接待大廳則需能傳達親切歡迎氛圍，使
　　參訪者有內外境合一之體驗感受。

九月十三日，上午，於法鼓山園區男寮會議室，聽取設計
　　師簡學義簡報禪堂空間設計案。簡學義新近獲得威尼
　　斯雙年展建築大獎。

九月十四日，上午，前往中視錄製《不一樣的聲音》節目，
　　與邱義城、邱維濤父子對談「面對逆境的勇氣」、「我
　　的未來不是夢」；與鋼琴演奏家陳瑞斌對談「藝術文
　　化在臺灣」、「音樂與生活」；與朝陽科技大學教授
　　劉冷琴對談「如何和孩子談生死」。

即日起兩日，禪修推廣中心於苗栗法雲禪寺舉辦「醫界菁英禪二」。原本有一百七十多位中部醫療界菁英報名，因受辛樂克颱風影響，延後一週舉行，因此只五十二人能參加。法師於翌日下午特地前往關懷，並致贈法雲禪寺《法鼓全集》，感恩該寺提供場地護持。法師鼓勵與會學員，以心靈環保作保護傘，保護心靈不受外在環境影響。

九月十六日，晨，應臺北國防醫學院之邀，為全體二千多位師生講演「心靈環保」。法師期勉師生時時調整心靈狀態，俾在繁重工作中以智慧處事、以慈悲待人，幫助病人解決病苦。同時教導如何從眼球、頭腦、臉部……依序放鬆，慢慢引導心靈放鬆。（〈三六、許多的第一次〉，《真正大好年》，法鼓全集6輯13冊，法鼓文化，頁248）

下午，考試院院長姚嘉文及考試委員邊裕淵，至農禪寺拜訪法師。

九月十七日，為護法總會召集委員成長營錄影開示，指出召集委員工作為溝通協調。

九月十八日，上午，分別拜訪華嚴蓮社成一長老、聖靈寺今能長老及海明寺悟明長老，於中秋節前向長老問候。

於僧伽大學、漢藏班及中華佛研所合辦「創辦人時間」授課，以「法鼓山的風格」為主題開示指出，「奉獻的心、學習的心」為修行人二項基礎條件，並以「道心中有衣食，衣食中無道心」勉勵大眾。

法鼓山的風格是什麼？做為一個漢傳佛教的修行人，有兩個基礎條件：第一、要有奉獻的心；第二、要有學習的心。「學習」和「奉獻」是互動的，是一體的兩面。所謂奉獻，就如我們中華佛學研究所所訓中說的「實用為先，利他為重」；而學習則是所訓的前兩句「立足中華，放眼世界」。

句中的「中華」是指漢傳佛教，這也是我們佛研所取名「中華」的意義所在，而「放眼世界」則說明了法鼓山的未來是朝著世界性的方向走去。所以諸位在此學習，即使不是讀研究所，也一樣要「立足中華，放眼世界」。

雖然「學習」是以中華（漢傳）佛教為主，但也要放眼世界，不要抱殘守缺，不能老是說「我們漢傳佛教是最好的」、「唯有漢傳佛教才值得弘揚」這類的話。只是因為我們是漢人，而漢傳佛教也是佛教的一環，所以我們會選擇站在漢傳佛教的立場來辦教育。（〈法鼓山的風格〉，《法鼓家風》，法鼓全集 8 輯 11 冊，法鼓文化，頁 17-31）

九月十九日，行政院宣布，同意法鼓山獲捐「古石雕佛頭像」贈還山東神通寺四門塔。法師為此事能得圓滿，

撰〈感動與歡喜〉，認為古佛頭像來臺灣在促進海峽
兩岸和諧與友誼，亦象徵漢傳佛教之復興與弘揚。

我們相信，這尊古佛頭像，來到臺灣的任務，是為臺
灣的各界人士，廣種福田、廣結學佛因緣的，是為海峽
兩岸的狀況，帶來和諧、增長文化交流及宗教友誼的。
所以在臺灣展出之後，我們將此佛頭捐贈四門塔，身首
復合，重啟光明。

此對於漢傳佛教的復興，也有象徵意義。因為我們正
在推動漢傳佛教人才的培育，除了弘揚禪宗，便是天台
宗的教觀，而此佛像雕造於隋煬帝時代，煬帝便是天台
大師智顗的大護法，這也是使我感動歡喜的原因之一。
（〈感動與歡喜〉，《法鼓山的方向 II》，法鼓全集 8 輯 13 冊，
法鼓文化，頁 61-62）

案：此文文末註記為「二○○二年秋」，今姑繫此。

九月二十一日，即起兩日，法鼓山於臺灣大學綜合體育館
舉辦「二○○二心靈環保全民博覽會暨法鼓山北區年
會」，揭幕儀式由總統陳水扁、天主教樞機主教單國
璽、立法院院長王金平與法師共同主持。與會貴賓有
國內十一家媒體主管，總統府副祕書長陳哲男、勞委
會主委陳菊、臺北市市長馬英九等政府單位首長，共
同簽署「心靈環保宣言」。法師致詞說明心靈環保理
念在慈悲待人、尊重他人、智慧處事。（〈心靈環保全
民博覽會開幕詞〉，《致詞》，法鼓全集 3 輯 12 冊，法鼓文化，

頁 101-102）

出席護法總會舉行之「勸募會員授證典禮」，為會員
授證並開示，共同發願以「十萬勸募，百萬護持」為
目標。

九月二十二日，出席法鼓山假臺灣大學綜合體育館舉辦之
「心靈環保名人對談」，與天主教樞機主教單國璽、
名作家吳若權及名歌手陶喆對談。就現今青少年自殺、
殺人、墮胎等生命問題，從生命本質、個人心理、家
庭、教育、媒體各層面，展開多面向剖析對談，期望
協助解決青少年面對生命及人生困境。（〈三六、許多
的第一次〉，《真正大好年》，法鼓全集 6 輯 13 冊，法鼓文化，
頁 253-254）

九月二十四日，下午，於法鼓山園區教育行政大樓舉辦茶
會，邀請五十多位早期護法菩薩敘舊。文化館住持鑑
心法師，早期住眾果如法師，亦同時到場。法師致詞
感謝，由於有早期打下基礎，才有目前之法鼓山。法
師並一一致贈紀念品予護法老菩薩。

　　回想民國四十五年，東初老人成立了中華佛教文化館，
同年籌印《大藏經》，在那個經濟艱困的時代，為了給
研究佛學的人留下一份完整的經典，刻苦經營了五年，
始告完成。民國六十七年，師父回國接承文化館，那時

候,既無信眾,也無護法,只有三十六位皈依弟子,每次法會,僅有二十幾人參加,可是,這些早期護法菩薩,卻像風雪中的燈火,在艱辛孤獨的弘法路途上,給予希望與溫暖的支持。

民國六十七到七十年間,師父在中國文化學院主持佛學研究所的時候,全靠文化館不到一百位信眾的支持,直到辦年會的時候,才知道支出遠大於收入,原本是最艱苦的時候,卻沒有一個人喊苦;明明知道推廣正信佛法、培養佛學教育人才多麼不易,這些護法菩薩們卻從不生退心,為了弘法的悲願,義無反顧,全力支持,除了貢獻自己的專長,還影響身邊更多的人來共同護持。

在這些護法菩薩的護持下,法鼓山一點一滴建設起來了,眼看大殿即將安樑,想到當初的篳路藍褸,以及這些一同走過艱苦歲月、一起奮鬥的護法菩薩,師父心中有太多太多的感謝。師父請老菩薩們回來,不為別的,只是要親口對這些菩薩們道聲感謝。(〈記得那些艱苦的歲月:感恩早期護法菩薩〉,《法鼓》,155 期,2002 年 11 月 1 日,版 5)

九月二十六日,於農禪寺齋堂,對法鼓山全體僧眾及專職「精神講話」,指出法鼓山舉辦活動負有兩大任務:教育與關懷,而活動成長不在規模,而就在於教育與關懷的落實,期許大眾愈挫愈奮,不斷成長。

九月二十七日，晚召開「擴大主管會報」，提出以「福慧
　　平安」作為二〇〇三年度關懷主題。

九月二十八日，榮譽董事會於臺灣大學綜合體育館舉辦「超
　　越二〇〇〇，邁向三〇〇〇」榮董感恩晚會，約有
　　八千人與會。晚會由榮董會執行長劉偉剛等人策畫，
　　葉樹姍、吳宗憲主持，舞蹈家羅曼菲、名角陳亞蘭、
　　歌手羅大佑、燈光設計師林克華等，以及法行會、法
　　緣會會員參與演出。（〈用生命擊大法鼓〉，《法鼓》，
　　155 期，2002 年 11 月 1 日，版 8）

　　聖嚴法師接受藝術家王俠軍「大願力大家庭」琉璃作
　　品，期勉大眾，只要發願，就能成功；希望大家不僅
　　要圓滿二〇〇〇、邁向三〇〇〇，更要將法鼓山「建
　　設人間淨土」願心無限地發展。隨後並應邀擊鼓以鼓
　　勵大眾。
　　　為了籌募法鼓大學的建設經費，需要更多的菩薩來參
　　與護持，由榮譽董事會會長陳盛沺，執行長劉偉剛等策
　　畫、推動，再由榮譽董事來感恩大家，並且呼籲更多的
　　人來參與建設法鼓大學的捐助，他們規畫了將近半年，
　　陸陸續續地在《法鼓》雜誌上，接連三個月推出梯次性
　　的文宣，目的是希望由原來的一千多位榮譽董事，成長
　　為兩千，而邁向三千。所謂榮譽董事，就是能夠捐助百
　　萬元新臺幣以上的人士，給他們一項榮譽的名目，叫作

榮譽董事，結果反應很好。雖然也有人批評我，過去是不要錢的，只是弘法的，現在怎麼也要錢了；但是不要錢，不募款，我怎麼能辦教育事業呢？我並沒有說人家給了錢我就不給佛法，而是說他們捐了錢會關心我們，我們就給他們佛法。其實我一向都是這個樣子的，勸募就是募人的心，但是如果沒有叫人家捐錢，那些募來的人心，也是不會持久親近法鼓山的。

這一天的晚會到了八千多人，也真增加了數百位榮譽董事，總共超過了兩千位。（〈三六、許多的第一次〉，《真正大好年》，法鼓全集 6 輯 13 冊，法鼓文化，頁 254-255）

即日起三日，於法鼓山為百餘位香港人士舉辦社會菁英禪修營。法師帶領開示。

這場禪修活動由法鼓山香港分會，與香港理工大學潘宗光校長主持的學佛社團──智度會共同合辦。曾於前年參加法鼓山禪七的潘校長，十分肯定禪修對身心的幫助，因此熱心推廣，此次親率四十位會友一同精進共修；香港分會方面，發起人陳天明則表示，分會自一九九六年成立以來，或邀法師主持、或請居士帶領，長期舉行各項禪一、禪修指引等課程，每一次開課都吸引相當多的民眾參加，滿額向隅的情形經常發生，可以想見在繁忙的香港大都會中，人們渴望放鬆身心的強烈需求。（〈百位香港菁英來臺體驗禪修〉，《法鼓》，155 期，2002年 11 月 1 日，版 3）

九月二十九日，主持法鼓山大殿上樑安寶大典。法師引領
　　農禪寺常住法師，舉行灑淨。

　　　金山鄉游忠義鄉長、護法總會陳嘉男會長等十八位貴
　　賓走向大樑停置處，用手拴緊樑柱背後的金螺栓，象徵
　　正式上樑。師父則將一幅寫在紅布上的「佛」字墨寶，
　　和具有防火、防震、防潮保護的《金剛經》，以及佛教
　　的琉璃、砷碟等七寶物放入大樑肚腹，象徵法輪常轉、
　　正法久住，和對諸佛菩薩的無上供養。（〈法鼓山大殿上
　　樑安寶大典〉，《法鼓》，155 期，2002 年 11 月 1 日，版 1）

　　下午於法鼓山園區海會廳聽取「新農禪寺規畫案」及
　　「國際會議廳門廳設計案」會議。法師指示法鼓山建
　　築風格著重自然樸實，並考慮氣候特性選擇建材。
　　案：此時之「新農禪寺」係指日後建於北投公館路之
　　「雲來寺」，非指現地改建之「水月道場」農禪寺。
　　二〇〇二年時，因法規限制未能現地改建，故另於附近
　　覓地建築。

九月三十日，《弘一大師年譜》編著者、《弘一大師全集》
　　編集者林子青老居士，逝世於北京自宅，享年九十二
　　歲。聖嚴法師少年求學上海靜安佛學院時，曾受教於
　　林老居士，法鼓文化也為其出版文集，故法師立即撰
　　擬輓聯傳至北京。聯曰：
　　　上海靜院受教，勉勵我大洪爐中鍛鍊；

弘一大師年譜,影響我一生重視戒律。

十月一日,晚,法鼓山人文社會獎助學術基金會於臺北安
　　和分院舉行「第二屆第二次董事會議」。針對獎助學
　　術論文研究方向,法師指示應與法鼓山核心主軸「心
　　靈環保」理念結合,才能持久且普遍化。

十月二日,大眾於農禪寺為法師出國送駕,法師開示:「以
　　成就他人來成就自己,是最好的方法。」不要到有大
　　成就以後,才來度眾生。那時,世界已經沒有佛法。

十月三日,即日起十六天,帶領「二〇〇二法鼓山大陸佛
　　教古蹟巡禮活動」。法師從臺北啟程,在香港與來自
　　美國、加拿大、新加坡、馬來西亞、香港等海外弟子
　　共四百八十二人會合,前往中國大陸東南六省參訪
　　二十七所寺院。此為法鼓山歷來籌組最大巡禮團,亦
　　為大陸首次接待之龐大宗教旅行團。

　　巡禮團組織龐大,籌備兩年餘,由法師擔任導師,執
　　行長施建昌、專案祕書廖雲蓮,團長陳嘉男,副團長
　　施炳煌、王景益,顧問陳盛洉;下分十二工作小組,
　　成員分乘二十輛遊覽車,每車有一至二位輔導法師,
　　及一位車長兩位副車長。行前各階段共召開三次說明
　　會。法師曾於行前說明組團目的與性質:走入歷代高

僧大德弘法利生之內心世界。古蹟巡禮本質，是一次
精進禪十四，從中體驗動中禪。朝聖巡禮目的是為找
尋中國禪法根源，而尋根則是為發起承先啟後之大悲
願心。

這一次我們的巡禮團，是五百人的整體行動，非同小
可，光是上車、下車的時間，就不容易掌控，還有吃飯、
住宿時的隊伍集散，也都要好幾分鐘的時間。因此，行
程中請大家共同體諒、相互包容，讓這次的巡禮團很順
利，讓我們每一個人覺得很愉快，也讓陪我們的旅行社
人員，或者是接待我們的大陸地區的旅館、交通、寺院
人員，不覺得麻煩，這樣子，便都是在接受提昇品質的
教育訓練。

接下來，我有幾點叮嚀，要請諸位配合。

（1）隨時隨地保持身心輕鬆，唯有輕鬆的身心，才能
有健康的身心，完成一趟順利的旅程。

（2）請切實遵守巡禮團團員手冊的規定。

（3）請切實遵守秩序，謹守本位。旅程中包含機位、
車位、餐桌位、房間住宿及步行隊伍的位置，都有明確
的安排，請勿爭先恐後搶位子，否則一枝動而百枝搖，
影響整體運作。

（4）行程中將安排團體攝影留念，請團員避免要求與
師父單獨合照。

（5）巡禮團不是採購團，請團員避免沿途採購，增加
行李的負擔。參訪行程最好的紀念，不是旅遊商品，而

是走入歷代高僧大德為弘法利生的內心世界。最好的禮物，是每個人從中學習的一顆菩提心與智慧心。

（6）古蹟巡禮的本質，是一次精進的禪十四，從中體驗動中禪。行程中每天均有早、晚課，空閒時盡量保持禁語。請大家用禪修的方法，隨時隨地練習放鬆身心、數呼吸或是念聖號。

（7）朝聖巡禮的目的，是為了找尋中國禪法的根源。中國禪宗最初的根本，是從六祖惠能大師開啟的，因此我們尋根的目的，是為了承先啟後。但是到了禪宗根源的現場，大家一定會很失望，因為當地的修行者已經不多了，有的只是正法的衰落、禪宗的式微。看到禪宗的根源如此凋零，為了使漢傳佛法起死回生，復興中國禪宗的法脈，我們一定要發起大悲願心。

基於以上的共識，希望在這十四天的巡禮行程之中，大家都能夠應用法鼓山的理念，以四種環保來推動三大教育，隨時隨地相互勉勵，以心靈環保的心五四運動作為身心行為的準則。如此，我們的五百位團員，就是五百位修行六度萬行的菩薩。（〈二、出發前的叮嚀〉，《五百菩薩走江湖》，法鼓全集 6 輯 14 冊，法鼓文化，頁 17-23）

自廣東省廣州機場進入大陸。入海關時，廣東省宗教局局長溫蘭芝親自獻花，並介紹廣東省佛教協會會長明生法師，以及廣州市佛教協會會長光明法師等。中

國佛教協會派來兩位全程陪同法師，國際組宏度法師，以及教務部妙航法師，北京宗教局亦指派薛樹琪全程陪同。均曾到過臺灣有數面之緣。

首先參訪廣州市光孝寺，退居方丈、現年九十六歲本煥老法師與監院、現任廣東省佛教協會會長明生法師歡喜接待巡禮團，並稱許為「五百菩薩走江湖」。光孝寺為菩提達摩抵華駐錫處，亦六祖受戒處，寺內現仍有「瘞髮塔」、「風幡堂」二座古蹟，可謂中國禪宗發源地。

十月四日，上午七時三十分，從廣州出發往韶關，正午抵達參訪第二站「南華禪寺」，傳正方丈接待禮佛後，禮拜六祖惠能大師全身舍利。法師臨濟法脈傳承所自之靈源長老，即剃度於此，並受命代虛雲和尚主持本寺。

我到南華寺，最重要的一椿事，就是禮拜六祖惠能大師的全身舍利，現正供奉在該寺的祖師殿中。（〈五、韶關曹溪的南華禪寺〉，《五百菩薩走江湖》，法鼓全集 6 輯 14 冊，法鼓文化，頁 32-40）

下午二時三十分，離南華寺，四時，抵乳源縣雲門山大覺禪寺。開山祖師為五代時文偃禪師，開出禪宗一花開五葉之雲門宗。虛雲和尚來此復興祖庭，曾遭匪

徒重傷之「雲門事件」。離雲門山後，行車四小時，進入湖南省夜宿郴州市。（〈六、乳源雲門山的大覺禪寺〉，《五百菩薩走江湖》，法鼓全集6輯14冊，法鼓文化，頁41-51）

十月五日，風雨中經湘江至衡山市，換乘中型巴士往南嶽衡山訪祝聖寺。湖南省宗教局局長及衡山市法師代表、地方黨政官員等相候迎接。之後往訪南宗禪發祥地「磨鏡台」，因七祖懷讓當年指點八祖馬祖「磨磚作鏡」公案而得名。

　　創建了臺北松山寺的道安法師，離開大陸之前，也曾擔任過南嶽祝聖寺的方丈，現任祝聖寺方丈惟正，曾經是他的學生。還有兩位法師也跟著道安法師，離開祝聖寺到了臺灣，那就是繼承松山寺住持的靈根法師，以及後來還俗而改名為張曼濤的青松法師。（〈七、壽比南山的祝聖寺〉，《五百菩薩走江湖》，法鼓全集6輯14冊，法鼓文化，頁52-58；〈九、懷讓磨鏡台・石頭南台寺〉，《五百菩薩走江湖》，法鼓全集6輯14冊，法鼓文化，頁62-64）

午餐後，於風雨中離磨鏡台，往瑞應峰下南台禪寺，為有唐石頭希遷道場。之後往左鄰福嚴寺，係南朝時慧思禪師創建、七祖懷讓駐錫處，為天台、禪宗祖庭。

　　希遷曾經在此撰有《草庵歌》及《參同契》，他是用道家魏伯陽所撰道書的書名，來融貫道家的思想，闡說

佛教的義理。他圓寂之後，肉身就葬於南台寺的下方，由他的法嗣開創出曹洞、雲門、法眼三宗。禪宗所謂一花五葉，除了臨濟、溈仰兩派是出於懷讓之下，其他三派都出於希遷的一脈，可見他對中國禪宗的影響之大，是難以形容的。（〈九、懷讓磨鏡台·石頭南台寺〉，《五百菩薩走江湖》，法鼓全集6輯14冊，法鼓文化，頁64-67；〈一○、天台及禪宗的祖庭福嚴寺〉，《五百菩薩走江湖》，法鼓全集6輯14冊，法鼓文化，頁68-75）

十月六日，原定參訪溈山改訪麓山寺。麓山寺住持聖輝法師身兼福建廈門南普陀寺方丈，現任湖南省佛教協會會長及中國佛教協會常務副會長；多年來於各國際會議與法師常相會見，此次特地自外地趕回長沙接待。

下午，利用休息時間，分批約見巡禮團成員。首先接見隨團輔導三十六位法師，分享三天心得；再則接見分享組成員，討論如何把「一師一門、同心同願」及「心五四」運動於行程中讓大家充分了解、熟練、運用；第三批接見護法體系臺灣地區轄區召委、各地召委、委員、會團長及海外各地區負責人，討論如何發動「十萬護持，百萬勸募」工作，以及興建法鼓人文社會學院理念、特色和必要性。法師並藉環境機會教育思考建築與設計規畫理念。

連續兩天我們下榻在長沙的神農大酒店。這個酒店之

豪華氣派，從他們提供給聖嚴師父的總統套房可見一斑。這間約有五百坪大的總統套房，包含上、下兩層，除了主臥室的高廣大床，還有寬敞的會客室跟會議廳，讓我們大大開了眼界。不過，真正讓我開眼界的，是聖嚴師父。

我隨同師父的侍者和祕書，跟酒店工作人員一起送聖嚴師父進房的時候，師父跟大家一樣，著實嚇了一跳。可是隨即，在上上下下看過一圈之後，他讓祕書通知法鼓山隨行的十幾位法師到這個房間集合。然後，我看見他像一個老師、也像一個父親一樣，帶著他的孩子們仔仔細細的參觀房間裡的各項設備，包括家具的材質、色調，燈光的安排等等。……

師父可不是讓他們來玩玩，他對大家說：「法鼓山正在建設，我們得多多吸收別人的經驗，看看他們怎麼為使用的人設想。」所以，他有時候慈愛的看著他的孩子們東張西望，但他也會嚴肅的突然指著一個人問：「你說，你看到什麼？」或者，把平時就對建築有興趣的孩子叫過來：「你要多注意看看，想想他們的設計理念是什麼？」有一次，他就突然指著我問：「你說，你看到什麼？」

在那樣的情況底下，老實說，我是被感動的。──那天我們在一整天的大雨中進行參訪活動，好不容易回到舒服的五星級大飯店，大家都想留在房裡好好洗個澡休息一下；師父可沒那麼好命，他一進酒店，地方長官、

媒體、宗教界的拜會已經在排隊了，他還得抽時間召開
工作會議。連我這個長期練身體的人都有些倦意了，
七十高齡的師父難道不會累嗎？所以我由衷地說：「師
父要大家長見識、開眼界，做一個有國際視野的出家
人。」師父拊掌說：「對！我就是擔心你們目光如豆，
像井底之蛙，外面的世界長什麼樣子都不知道。」（〈麓
山寺〉，《雲水吟——禪宗溯源之旅》，鄧美玲，臺北：時
報文化，2003 年 7 月 28 日初版一刷，頁 94-97）

晚六時，聖輝法師陪同湖南省副省長唐之享、副市長
王中瑞，以及省級市級宗教局、國台辦、統戰部等官
員共六人，代表地方歡迎法師帶團來訪。

晚七時，接受當地媒體《瀟湘晨報》、《長沙晚報》
記者劉勇及卿勇鋒採訪，問及對大陸印象感想。法師
對大陸佛教古寺院漸漸恢復，年輕僧侶人才已能擔當
住持三寶任務，高速公路以及各城鎮市容整潔、大眾
健康、農村風光……等，印象極為深刻。

十月七日，晨八時自長沙出發，經瀏陽、大瑤金剛鎮，於
正午抵石霜寺，係臨濟宗楊岐方會一系祖庭，亦為話
頭禪大慧宗杲淵源所自。離石霜寺後，進入江西省，
夜宿宜春。（〈一三、瀏陽大瑤的石霜寺〉，《五百菩薩走
江湖》，法鼓全集 6 輯 14 冊，法鼓文化，頁 88-95）

第一屆全球和平婦女宗教暨精神領袖會議於瑞士日內瓦舉行，因法師未克與會，由僧伽大學副院長果光法師代表宣讀開幕致詞「結合婦女力量尋求世界和平」。（收入：《致詞》，法鼓全集 3 輯 12 冊，法鼓文化，頁 55-57）

十月八日，晨七時三十分，自宜春出發往吉安，午前抵青原山，禪宗七祖行思禪師道場。淨居寺方丈八十一歲體光長老與監院等法師、居士百餘人迎接。體光長老曾任虛雲老和尚侍者多年。（〈一四、青原山的淨居寺〉，《五百菩薩走江湖》，法鼓全集 6 輯 14 冊，法鼓文化，頁 96-103）

下午二時三十分，離青原山往江西省會南昌，六時，入市區往訪馬祖道場佑民寺。

馬祖道一禪師生於四川，是在湖南南嶽的懷讓禪師座下開悟，後來到江西南昌的佑民寺來大弘禪法。所謂「一匹馬駒踏死天下人」，就是形容馬祖在佑民寺的法緣極其殊勝，弟子眾多，其中開大悟的就有一百三十九人。因為當時的南昌名為洪州，所以後人就稱馬祖這一派系為「洪州宗」。（〈一五、洪州宗的本道場佑民寺〉，《五百菩薩走江湖》，法鼓全集 6 輯 14 冊，法鼓文化，頁 104-107）

十月九日，晨七時出發，經宜豐往洞山，已近中午，再由
山麓徒步半小時抵曹洞祖庭普利禪寺，禮拜曹洞宗祖
師洞山良价舍利塔。住持妙忠長老年逾百歲，殷勤接
待並請法師派人照顧祖庭。

　　我不僅傳有曹洞宗的法脈，對洞山良价禪師也有特別
的感情，在我的著作內和禪修指引中，都用了不少洞山
的智慧。譬如在我編的《禪門修證指要》中，相關於曹
洞宗旨的文獻就錄了十一頁。而且我還把洞山的《寶鏡
三昧歌》譯成英文，又在禪修期中講解了這一首洞山的
代表作，後來這些開示被整理成為文字，很早以前就
已出版了，即英文版的 *The Infinite Mirror*，譯為漢文則
是《寶鏡三昧歌講錄》。（〈一七、洞山的普利禪寺〉，
《五百菩薩走江湖》，法鼓全集 6 輯 14 冊，法鼓文化，頁
117-127）

　　離洞山，經三小時車程，於日暮抵大雄山百丈禪寺，
唐百丈懷海大師創建。百丈禪師創建叢林制度，對日
後佛教立足中華影響深遠。法師親履此地，深感其對
今後佛教經濟體制之啟發──佛教寺院經營須與當地
社群結合，也須以工作與世俗社會維持互助互動以獲
得經濟所需。

　　馬祖的弟子之中，雖有西堂智藏、南泉普願等聲動宇
內的大龍象，特別是南泉普願的禪風對後代影響深遠。
可是百丈懷海最能體會中國社會環境和漢文化的特色，

他知道如果還不能夠積極的把佛教變成本土化、實用化、制度化,以及自給自足、自食其力的農禪化,佛教要想在中國的大環境中立於永久不敗之地,是相當的困難。

因此,百丈懷海參照了大、小二乘經律,在不違背大、小乘戒律精神的原則下,建立了百丈清規的叢林制度。

當唐武宗會昌五年(八四六)的滅佛運動進行得如火如荼時,江西的百丈山卻毫髮無損,免了一劫。由於這個例子,也喚醒了全中國的佛教徒們,而且有了一個共同的認知和警覺,那就是必須接受《百丈清規》來建立叢林制度,佛教才能自保,且能弘傳天下。所以直到今天,凡是漢傳佛教的寺院,除了極少數的幾處之外,普遍都屬於禪宗的法脈,這也就是佛教徹底漢化的結果。

中國佛教史上屢次的滅佛運動,固然有其宗教及政治的因素,僧尼人數過多而影響了國家的生產力,也是原因之一。故在農業社會,出家人宜過農禪制的生活,到了今日工商業的現代社會,若非提倡工禪制的叢林生活,也應該以各種方式從事於社會的服務事業。今天大陸的寺院,主要收入是靠遊客的門票和香客的燈油錢,也有若干的寺院是靠打水陸、做佛事、超度、消災等經懺佛事維持門庭,恐怕不是長久之計。

最好的辦法,應該是用佛法來幫助社會大眾,改善生活品質,譬如說,普遍推廣禪修觀念,指導禪修方法,用於社會大眾的日常生活,幫助社會大眾安心、安身、安家、安業。也就是活用佛法,從事各項教育與關懷工

作，這也就是我們法鼓山現在正在推動的「大學院」、「大普化」、「大關懷」三大教育。以這三種教育工作，來達成淨化社會、淨化人心的目的，便是自利利人的菩薩行。這對於未來的世界社會，不但是需要，而且能使佛教具備永遠生存和推廣的最佳條件。這也就是釋迦牟尼佛曾經對一位農夫說過的話：「農夫耕田所以有飯吃，而佛是在耕耘眾生的心田，處處以佛法利益眾生，所以也應該有飯吃。」

否則的話，如果長期只接受信眾們的供養，以此來維持出家人的修道生活，不要說在未來的社會中有困難，就是在今天西方的歐、美地區，要出家人維持像南傳上座部型態的生活方式，也已經不可能了。我到百丈山，雖僅兩個小時，百丈大師的清規及農禪制度，卻使我有很多的想法和感慨，也給了我重大的啟示和信心，他早已為我們指出了未來世界的遠景。（〈一八、百丈山的百丈禪寺〉，《五百菩薩走江湖》，法鼓全集6輯14冊，法鼓文化，頁128-141）

十月十日，七時三十分出發往晉安馬祖道場寶峰禪寺。方丈一誠長老親自迎接。一誠長老為中國佛教協會新任會長，現年七十六歲。今春護送佛指舍利至臺展出，並過訪法鼓山。

案：「晉安」或應作「靖安縣」。

於寶峰山頂禮馬祖塔後午齋，下午一時往永修縣雲居山出發。經二小時車程，抵達真如禪寺。為虛雲老和尚雲門事變後重建修復及捨報所在之道場。法師開示：至此參訪特為體驗虛雲老和尚興復道場之心願。

我們這一次有幸前來拜塔禮祖，目的就是要體驗當年的虛雲老和尚，為什麼在這麼艱苦窮困的境況下，還要完成恢復興建祖師道場的心願？這無非是為了住持佛法，培養人才，安眾攝眾。那我為什麼也要帶著這些僧俗四眾弟子來拜塔禮祖，參訪古道場的遺蹟呢？因為我的年事已高，不可能永遠繼續活下去。建設道場，培養人才，就是希望後繼有人，讓年輕的一代也能體會一下祖師的內心世界。雖說佛法是在眾生心中，但是沒有道場，沒有人才，就沒有佛教了。我不擔心我自己能不能解脫？何時成佛？倒是擔心佛法能不能繼續住世，否則我們這一批人，就變成釋迦牟尼佛的末代子孫了，不僅辜負三寶，也對不起後代無數的眾生。（〈二〇、雲居山的真如禪寺〉，《五百菩薩走江湖》，法鼓全集 6 輯 14 冊，法鼓文化，頁 162-171）

受託為法鼓山大殿雕刻佛像之石雕家林聰惠於今日往生。三尊佛像僅完成一尊。林聰惠受託後，曾多次遠赴緬甸尋找合適石材，花費兩、三年，並曾在當地礦區留駐四個月。（〈菩薩雕琢佛菩薩：我心中的石雕大師林聰惠〉，《法鼓》，156 期，2002 年 12 月 1 日，版 5）

十月十一日，七時三十分出發，前往能仁寺。方丈輝悟法
　師集合僧俗四眾弟子，以香案列隊迎接。能仁寺初建
　於梁武帝時。

　　十時，離能仁寺往廬山。半小時，抵達廬山山頂牯嶺
　鎮，昔大林寺所在。太虛大師曾多次赴廬山，民國
　十三年（一九二四），三十六歲時，與武漢緇素大德
　於廬山大林寺召開世界佛教聯合會，此會為現今世界
　佛教友誼會議濫觴。唯大林寺舊址已因修築山頂水庫
　而淹沒。

　　午餐後，由山頂向後山方向前進。三時，抵東林寺，
　廬山慧遠大師道場。距離東林寺約五百公尺為西林寺，
　係慧遠大師同門慧永禪師道場。東林、西林並稱廬山
　二林。首座本通以及監院慧日兩位法師代表接待，並
　陪同前往遠公塔院禮祖，繞塔三匝，體驗其悲願，更
　感念其對漢傳佛教之影響。遠公心量廣大，接納西域
　多位大德高僧，向其輸誠求法，並派弟子協助。為漢
　化佛教樹立榜樣。
　　我來禮拜慧遠大師的紀念塔，不是因為他是蓮宗的初
　祖，而是感念他對漢傳佛教的影響。他的心量廣大，不
　但接納從西域來的多位大德高僧，甚至向他們輸誠求法，
　並派弟子協助他們。雖然傳說他足不出廬山虎溪三十多
　年，但他不僅在當時名仰天下，直到現在，還是能與羅

什三藏南北齊名,他真是一位震古鑠今的大善知識。如果沒有慧遠大師為漢化佛教樹立榜樣,中國佛教的形成,可能還需要一段時間。(〈二四、慧遠塔院‧西林寺〉,《五百菩薩走江湖》,法鼓全集 6 輯 14 冊,法鼓文化,頁187-196)

遠公塔院禮祖後,訪西林寺。西林寺現有覺海比丘尼住持,係於臺灣出家,為白聖長老的剃度弟子,與法師為多年舊識。多年前來此襄助東林寺重建工作。後又發願重建西林寺,返臺勸說俗家時代丈夫傅朝樞及子女,資助重建工程。目前已剃度二十多位比丘尼弟子。覺海法師俗家子傅雅堂夫婦,在紐約義務印刷發行北美之《法鼓》雜誌,法師因特致意。

十月十二日,六時半出發,前往湖北省黃梅縣訪四祖正覺禪寺。進入湖北省邊界時,五祖寺方丈見忍法師、湖北省佛教協會正慈法師,在九江橋頭迎接。因時程未及參訪五祖寺,致贈該寺之紀念禮品由見忍法師代表接受。

禪宗四祖道信至黃梅雙峰山開創東山門庭,駐錫三十多年,為中國禪宗寺院生活真正開創者。五祖弘忍亦於此入門,參學悟道。法師至此禮四祖塔洞,並思考四祖規制對今後禪修團體生存發展之啟示。

　　當時在道信的雙峰山道場,已經是一個五百人共修的大僧團,這在以前的中國,是從來不曾有過的事。至於他們的生活,似乎並不是靠著朝廷的接濟和信徒的布施,而是採取自耕自食的方式。

　　我認為道信的禪風,已與早期中國獨處隱居式的禪者,大不相同。這也正是今後世界佛教的禪修團體,必須思考的生存之道。(〈二五、禪宗四祖的正覺禪寺〉,《五百菩薩走江湖》,法鼓全集 6 輯 14 冊,法鼓文化,頁 197-210)

四祖寺午餐後,登車前進安徽省,訪潛山縣天柱山三祖僧璨大師道場乾元禪寺。該寺僧俗四眾及地方官員,以最重禮接待。但由於停留時間只三十分鐘而又山坡陡急,三祖寺安排學僧合力抬法師上山。

三祖寺始建於梁武帝時代,開山祖師為神異僧寶志禪師。隋代,三祖僧璨禪師到此,發展成禪院。

黃昏,從安徽潛山三祖寺赴合肥機場飛福建。晚間九時四十五分抵達合肥機場。安徽省佛教協會常務副會長兼祕書長,合肥明教寺方丈妙安長老,由安徽省宗教事務局局長白泰平陪同,至機場接待並贈禮。

從合肥至福州航程,因預付包機費用轉收問題而延誤;

抵達福州長樂機場時，福建省佛教協會祕書長，亦福
州開元寺住持本性法師，率領法師、居士代表熱烈歡
迎。今日行程，自江西九江出發，經湖北黃梅、安徽
潛山、合肥，到達福建福州；以一日奔走四省份，其
中有江有湖，法師稱此為名副其實「奔走江湖」。

十月十三日，上午，留福州福清飯店休息，等待各班次包
機陸續抵達。昨三架包機於合肥機場起飛後，一架故
障折回，延至今晨方抵福州。

午餐後，十二時三十分前往福清市郊黃檗山萬福寺。
現任方丈悲昇法師帶領監院道昌法師及該寺僧俗四
眾，捧香案列隊至總三門迎接。該寺創建於唐德宗貞
元五年（七八九），為黃檗希運禪師出家道場，前後
留住十九年。法師對團員開示謂：「黃檗希運是臨濟
義玄師父，我是臨濟法門傳承者，當然是黃檗希運子
孫，而萬福寺自然也是法鼓山的根源和祖庭。」大眾
於是生歸屬感，深覺自己不是客人，而是歸家遊子。

禮拜祖塔，參觀黃檗亭，亭中掛有號稱世界最大銅鼓。
該山女眾學院三十多位師生，正於亭前拍團體照，因
請加入拍照。師生恭敬合掌迎送，威儀有度，法師頗
為讚歎。此次大陸寺院巡禮，每一寺院均列隊迎接，
而黃檗山，則除迎接，且列隊恭送，見得此寺生活教

育之落實。日後悲昇法師函請法師為該寺書寫「黃檗」二字題額，法師見其行政與教育工作繁重，而函文情文並茂，為黃檗祖庭有此龍象人才而十分欣喜。（〈二八、福清市黃檗山的萬福寺〉，《五百菩薩走江湖》，法鼓全集 6 輯 14 冊，法鼓文化，頁 222-232）

離黃檗山，經一個半小時車程，抵達福州市西郊怡山西禪寺。西禪寺據傳創建於隋，唐懿宗時迎請百丈懷海弟子大安禪師來此重建。大安禪師與黃檗希運、溈山靈佑同門。該寺原任方丈為明暘長老，去年卸任，由嗣法門人趙雄法師接任。趙雄法師年才三十四歲，到該寺已十四年，曾任監院，現亦兼任福建省佛教協會副祕書長。巡禮團抵達時，方丈和尚帶領兩序大眾，三十多位比丘，及數百位信眾，穿海青、搭衣，捧香案列隊恭迎。

晚，抵達福州西湖酒店。福建省副省長汪毅夫、省宗教廳廳長林文斌、副廳長雷斌、處長黃建東、省政府副祕書長張健、省國台辦主任梁茂淦、副主任陳玲等官員七人來訪，並晚宴招待。法師因腸胃不適，且另有新聞記者約訪，提早離席。

採訪者為中國新聞社資深記者，訪問此次大陸行感想，及宗教信仰自由問題。法師表示：「目前中國大陸有

五大宗教受到政府保護支持，許多佛教寺院亦陸續修
復中。大寺院，多半設有佛學院和僧尼培訓班，年輕
一代出家人，健康且積極。」後續又有海峽電台廣播
員採訪，談兩岸佛教關係。法師謂：「兩岸宗教，特
別是佛教，根源完全相同，臺灣民間信仰及佛教，就
是從福建省跟著一波一波移民到臺灣。即使臺灣被日
本統治期間，傳進日本佛教，但日本曹洞宗、臨濟宗、
淨土宗，原也都是從中國大陸傳去。所以對佛教徒來
講，兩岸並無隔閡。」

晚，巡禮團各車人員，分成二十個小組，在旅館內各
處，就巡禮心得以及未來應有作為交換意見。法師由
巡禮團執行長施建昌陪同至各小組慰勉關懷。

　　因為是分散在各個樓層的二十個場地，於是就先請施
建昌菩薩調查清楚小組集合的所在，然後帶著我一處一
處去慰勉關懷。我花了一個多小時，幾乎都是在跑步，
就怕跑不完二十個點，跑到後來，實在太累，只好不斷
地念著觀世音菩薩。第一是怕太累了跑不動；第二是因
為已經超過團員們聯誼的時間，擔心有幾個地方如果趕
不及，他們就解散了。當我關懷結束之時，已經是深夜
十一時。

　　其實這一天我是很不舒服的，因為前一天的飲食不正
常，所以我的腸胃不太適應。結果第二天一早起來，果
真就有腹痛下痢的現象，連續了好幾次。我吃了幾小瓶

泰國製的「五塔標行軍散」，後來又請侍者果耀把米炒焦了給我泡水喝，喝了以後總算沒有繼續惡化，而漸漸好了，可是總是感覺渾身痠軟無力。這一天結束後，連澡也不想洗，只想倒身上床，好好休息。（〈三○、接見貴賓、記者與關懷團員〉，《五百菩薩走江湖》，法鼓全集 6 輯 14 冊，法鼓文化，頁 237-240）

十月十四日，晨七時三十分，自福州市往閩侯縣，十時抵達雪峰山崇聖禪寺。方丈廣霖法師，率四眾弟子以大禮佇迎外三門。此寺開山祖師義存禪師，其師德山宣鑒與臨濟同時，以「德山棒，臨濟喝」並稱。義存禪師下開「雲門」及「法眼」兩家，為中國禪宗史上大善知識。法師至崇聖禪寺禮拜義存禪師墓塔，塔係建於唐哀帝天佑四年（九○七）。

雪峰山午齋後，一時多登車下山。經福州市，往石鼓山湧泉寺。該寺初建於五代後梁開平年間，鐘樓銅鐘，鑄於清康熙三十五年（一六九六），鐘外刻有全本《金剛經》。尚有明版南藏及北藏，清版龍藏等二萬三百四十六冊藏經及歷代高僧大德寫書佛經六百五十七冊。另存明末以來該寺刊刻佛經及佛學著述、佛像、書畫板片萬餘塊。近代有虛雲老和尚在此出家，圓瑛長老及明暘長老擔任過方丈，太虛大師、弘一大師或過訪或小住，與近代中國佛教關係密切，

與海外關係亦十分密切。(〈三二、石鼓山的湧泉寺〉,《五百菩薩走江湖》,法鼓全集 6 輯 14 冊,法鼓文化,頁 250-258)

湧泉寺現任方丈普法法師,畢業於閩南佛學院。率領該寺四眾弟子,持香案在三門外列隊以大禮迎接。大殿行禮後,至藏經殿禮拜「釋迦如來靈牙舍利塔」。方丈致贈三套珍貴線裝書:《釋迦如來應化事跡》、木刻版《大方廣佛華嚴經》,以及《鼓山志》。

十月十五日,晨七時三十分,從福州西湖大酒店出發,前往莆田市城南鳳凰山麓,拜訪千年古剎廣化寺。

廣化寺為南朝陳武帝永定二年(五五八)金仙禪師開創,經隋代無際禪師擴建;曾被唐睿宗敕名為「靈巖寺」,宋太宗頒額「廣化寺」。現任方丈學誠法師,現年三十六歲,十六歲即在此出家,二十四歲畢業於北京中國佛學院後,被選為方丈,為全國最年輕之古剎方丈,後又擔任福建省佛教協會會長;今年九月中旬,當選為中國佛教協會副會長及祕書長;俱創年輕紀錄。上任後所批第一件公文,即為通令東南六省各相關寺院,隆重接待法鼓山五百人巡禮團。今日亦特從北京趕回莆田接待。

我對這位法師並不陌生,他曾到過臺灣幾次,每次見

面,雖然談話不多,但是他給我的印象滿深刻的,的確是一位當今大陸佛教界的龍象人才。

學誠法師要我對他們的常住眾開示。我讚歎學誠法師是現代中國的大善知識,尤其是帶我參觀的那座五層樓佛學院的校舍和宿舍,可見他對當代佛教教育的用心,我的心中十分歡喜。而他們的教務長菩提法師也只有三十五歲,也是一位年輕有為的龍象人才。

學誠法師告訴我,佛學院學僧的年齡是十八歲至二十五歲之間,全國各寺院指派年輕出家眾來入學的人數很多,幾乎每天都有人來要求入學,但是錄取標準非常嚴格。(〈三三、莆田南山的廣化寺〉,《五百菩薩走江湖》,法鼓全集6輯14冊,法鼓文化,頁259-266)

上午十一時離開廣化寺,驅車向南抵泉州市,於廈門航空公司湖美大酒店午餐。開元寺方丈道元長老已先相候,並預訂午宴。午餐後,應該店總經理盧女士央請,題寫「學佛悲智」。

下午二時三十分,往泉州郊外開元寺。六十八歲方丈道元長老,率四眾弟子用兩副香案迎接。法師參訪開元寺主要來自弘一大師,大師曾接受開元寺住持轉物和尚禮請至此安居尊勝院;亦曾於此開講《心經》。開元寺現仍留有許多弘一大師紀念物,設弘一大師紀念堂;並重編《弘一大師全集》十六大本。法師至此,

頗有返家感覺。除參觀弘一大師紀念堂,亦參拜其當年房間及睡鋪。他在南閩十年,除了到過開元寺外,還到過南普陀、湧泉寺、承天寺等地。

我們又參觀了藏經閣,此藏經閣乃建於元朝至元二十二年（一二八五）,庋藏線裝方冊本藏經一萬多卷,其中有二十餘卷是屬於宋太祖開寶年間（九六八－九七五）雕成的「開寶藏」,也是中國印經史上最早的一部藏經。道元法師非常慷慨,特地交代管藏經的一位執事打開經櫥讓我觀覽禮拜。（〈三四、泉州的開元寺〉,《五百菩薩走江湖》,法鼓全集 6 輯 14 冊,法鼓文化,頁267-277）

當晚,於廈門金雁大酒店舉辦巡禮團旅途中第四次聯誼會「圓緣晚會」,為明日下午行程圓滿分批解散前作全程心得分享。

首先介紹各工作小組的成員,分批上台之後,再由一位代表報告心得;其中也包括了輔導法師,分成男、女眾二組,分別派代表報告。大家都知道每一組都很辛苦,而他們報告的時候,卻都說:「累得辛苦,忙得快樂,感恩大家給他們有這樣種大福田的機會。」

成長組的諸位輔導法師們都說,好像是帶了兩個禪七一樣。除了每天要帶早晚課誦之外,還要注意團員的威儀和指導法鼓山的共識。（〈三五、圓緣晚會〉,《五百菩薩走江湖》,法鼓全集 6 輯 14 冊,法鼓文化,頁 278-282）

各組報告後，法師亦邀請大陸北京宗教局薛樹琪先生，中國佛教協會宏度、妙航兩位法師，分別上台報告心得。法師代表大眾感謝三位為此次行程護法，協助與各地黨、政、公安等部門及佛教協會、各寺院之聯繫、接洽、溝通。

與五百人巡禮團同行之大陸司機與導遊，主動要求皈依。法師說皈依後開示：「儘管大家也許永遠沒有機會相見，但正信佛法就是大家依止之處。」（〈佑民寺〉，《雲水吟──禪宗溯源之旅》，鄧美玲，臺北：時報文化，2003 年 7 月 28 日初版一刷，頁 127）

十月十六日，上午八時三十分，登車前往廈門島南普陀寺。方丈聖輝大和尚，率領僧俗四眾近千人，持香案舉傘蓋列隊歡迎。南普陀寺在近代中國佛教史上，舉足輕重。民國初年，轉逢法師任住持，除改建、增建大雄寶殿、鐘鼓樓，以及其他殿堂外，禮請性願法師在該寺創辦佛學社，為住眾講授佛經。又將該寺由子孫世襲制，改為十方選賢道場。選舉會泉法師為該寺首任十方制方丈，在寺內創辦閩南佛學院。再又選舉太虛大師為第二、第三兩任方丈，兼任閩南佛學院院長。

太虛大師住持南普陀寺期間，閩南佛學院師生，有印順、竺摩、瑞今、默如、戒德、慈航、巨贊、育枚、

東初、妙湛等法師，對近代佛教史上影響，均有舉足
輕重地位。弘一大師與南普陀寺法緣亦殊勝，曾應常
惺、會泉二法師請講戒，在該寺校對南山三大部，在
此披誦《一夢漫言》，撰〈見月律師年譜摭要并跋〉等。
法師自謂受弘一、太虛兩大師影響甚深；此行參訪，
對大陸未來佛教人才深具信心。

　　我在南普陀寺，便對團員大眾說出了一些感想：今日
大陸南方的佛教有許多大德菁英，那是指的本煥、一誠、
聖輝、學誠等幾位長老、法師。而我這次在大陸見到各
寺所辦的佛學院和培訓班，歷史最久的也是在南方的南
普陀寺的閩南佛學院。大陸的物質條件雖然還不及臺灣
和海外其他地區，可是艱苦的環境往往能夠激勵人的道
心，所以相信大陸未來的佛教人才，就是從現在這樣的
環境中成長。

　　太虛大師把閩南佛學院的研究部，分為法相唯識、法
性般若、小乘俱舍、中國佛學、融通應用等五系。民國
二十年，太虛大師在閩南佛學院開講「大乘宗地圖」，
又為學僧講「學僧修學綱要」，他以立志的標準、為學
的宗旨、院眾的和合、環境的適應等四點為訓。民國
二十一年，大師在閩院開示「現代僧教育的危亡與佛教
的前途」，極力反對培養一群文士型的法師，他勉勵學
僧：

　　「現代學僧所要學的，不是學個講經的儀式，必須要
學能實行佛法，建立佛教，昌明佛法，而養成能夠勤苦

勞動的體格，和清苦淡泊的生活。」

他這些想法，對我的影響很深。所以我自己也就不希望成為一個文士型的出家人，也就是一般中國人稱為書生氣質的出家人，或是學究型態的出家人，應該是像宗教師、苦行僧那樣的出家人。（〈三六、廈門的南普陀寺〉，《五百菩薩走江湖》，法鼓全集 6 輯 14 冊，法鼓文化，頁283-292）

離南普陀寺後，全團五百人大陸行圓滿。團員於廈門機場分四班飛機抵香港後，轉往臺北或其他地區，亦有隨同法師繼續參訪香港寶蓮寺，及香港理工大學演講行程。

參訪巡禮大陸佛教古蹟，法師自覺對各寺院略無貢獻而叨擾甚多深感慚愧，而同時又對年輕一輩法師之威儀與氣度頗生欣喜，對佛法之重回華宇更覺歡慰。

聖嚴法師率領五百位來自臺灣、北美、澳洲、東南亞的信眾，尋找中國禪宗的根源。未去之前，師父憑著先前幾次大陸參訪寺廟的經驗，叮嚀團員要有心理準備，他以為去到禪宗根源的現場會很失望傷心。

「修行者不多，只見佛法衰微，禪宗沒落、式微，看到源頭如此凋零」聖嚴師父要團員「起大悲願心，使禪法起死回生」。

師父是憑一九九六年大陸之行的印象有感而發。然而，

令師父始料不及的是，十四天的參訪，一路走來，文革浩劫後重修復建的禪寺，竟然一座比一座雄偉壯觀，恢復的速度令人既驚且喜，不僅法堂威嚴，氣象清肅，每到一寺，僧人列隊排班，捧香爐、拈香獻花，以大禮恭迎聖嚴師父，出家眾個個法相莊嚴，極具威儀，一入大雄寶殿，佛前上香，唱讚法會儀軌中規中矩。……目睹這種景象，令我們感覺到佛法又回到了中國大陸。（《心在何處——追隨聖嚴法師走江湖訪禪寺》，施叔青，臺北：聯合文學，2004 年 3 月初版，頁 21、頁 249）

十月十七日，應香港信眾之邀，於結束大陸佛教古蹟巡禮後至香港。上午，至大嶼山寶蓮寺參拜天壇大佛；晚，至香港理工大學綜藝館演講「如何因應嶄新的二十一世紀」，活動由香港護法陳天明、理工大學校長潘宗光、法鼓山香港分會會長陳柏楠等共同策畫。與會有二千多人，會後一百五十位參加皈依典禮。最後有電影演員林青霞上台分享，感謝法師於社會菁英禪修營傳授之禪法。

談到如何因應嶄新的二十一世紀？方法是「平安」且積極樂觀地活下去，讓自己有希望，也讓別人有希望，遇到任何狀況，無論是自己或別人的，運用「四它」，即是以佛法智慧幫助自己及他人。（〈師父香港理工大學演講　因應嶄新二十一世紀〉，《法鼓》，155 期，2002 年 11 月 1 日，版 1）

十月十八日，自香港飛抵美國西岸西雅圖。

十月十九日，晚，於西雅圖華盛頓大學，演講「禪之心——現代人如何調整身心適應環境」，一千多人到場聆聽，二百多人皈依三寶。此為初次蒞臨西雅圖。（〈三六、許多的第一次〉，《真正大好年》，法鼓全集 6 輯 13 冊，法鼓文化，頁 257）

十月二十日，上午，為西雅圖當地人士舉辦的禪修指引課程中，由法師介紹禪修觀念，果元法師說明禪修方法，近二百人參加。

十月二十一日，飛返紐約。

十月二十五日，即日起，一連三天於美國象岡道場舉行本年度「法鼓山北美年會」，一百多位悅眾自加拿大及美國各州與會。

十月二十六日，於「法鼓山北美年會」開示「一師一門，同心同願」，期許法鼓山會眾以「一師」釋迦牟尼佛、「一門」禪門、「同心」菩提心、「同願」三大教育，期勉大眾以佛陀本懷為修行方針，並以實踐大學院、大普化、大關懷三大教育，完成關懷人類社會之悲心悲願。（〈一師一門，同心同願〉，《法鼓山的方向 II》，

法鼓全集 8 輯 13 冊，法鼓文化，頁 109-116）

抵美數日，於十月二十三、二十八日兩次函告僧團，開示大陸巡禮心得與感觸。對比佛教與一神教之消長，分析其間原因為重視公益、興辦教育、有組織有計畫。

法師再次赴大陸巡禮聖蹟，此次又有更深的感觸，首先提出擔心臺灣佛教沒有人才，同時也告訴大眾，不要捨近求遠，法師整理出的禪修系統及經典講錄，已夠今人適用，並勉勵大家要從培養後代人才中成長自我。

不到一星期，又再來函，提到當時世界的宗教大趨勢，信佛人數與一神教（天主、基督、伊斯蘭教）比起來是此消彼長，為了漢傳佛教的發揚光大，僧中應培養年輕的國際人才；並說明可協助女性提昇自信及擔當力，便可發揮力量來促進世界和平。

（一神教興盛）「原因有二：一是他們重視社會公益，二是他們努力培養青年人才，興辦教育。與社會事業接軌，便能贏得社會大眾的認同；興辦教育便能培育青少年，成為後起的生力軍。他們是有組織及計畫的，而且是國際性的。」（〈嚴師慈訓──以《師父的叮嚀》書信為主〉，釋常灃，《法鼓山僧伽大學畢業製作選集 2006-2011》，法鼓山僧伽大學，2012 年 7 月，頁 379-393）

十月，「智慧掌中書」系列：《溝通萬事通》、《結婚好嗎？》、《老得有智慧》、《病得好健康》由法鼓文

化出版。

《牛的印跡》由商周出版。此書係去年（二〇〇一）由紐約牛津大學出版社出版 *Hoofprint of the Ox* 之中譯本，由梁永安翻譯。

十一月十一日，法師今年四月出版著作《天台心鑰——教觀綱宗貫註》，榮獲第三十七屆中山學術著作獎。頒獎典禮於國家圖書館舉行，由中華佛研所所長李志夫代表領獎。法師由美傳真發表書面感言，呼籲國人鼓勵漢傳佛教思想。法師一九九三年曾以《聖嚴法師學思歷程》獲頒該基金會文藝創作獎。

「能在晚年到來時，還有一本著作獲得國家最高的中山學術著作獎，不僅是個人的光榮，也是有賴於漢傳佛教的內涵，本身就富有博大精深的學術價值。」藉由這次的得獎的機會，師父希望國人重拾對漢傳佛教思想的信心，進一步發揚漢傳佛教的思想，並為漢傳佛教人才的培養貢獻心力。

此次獲獎的《天台心鑰——教觀綱宗貫註》一書，主要是聖嚴法師認為「漢傳佛教的智慧，若以實修的廣大影響而言，當推禪宗為其巨擘；若以教觀義理的深入影響來說，則捨天台學便不能作第二家想。近半個世紀以來，漢傳佛教的教乘及宗乘，少有偉大的善知識出世，以致許多淺學的佛教徒們，便以為漢傳佛教已經沒有前

途，這對漢傳佛教兩千年來，許多大師們所遺留給我們的智慧寶藏而言，實在是最大的憾事，更是人類文化重大的損失！」因此，法師便發願要寫一本能與廣大讀者分享天台學智慧的書，如今這本書能夠獲得肯定，也象徵著漢傳佛教思想逐漸受到重視。（〈《天台心鑰》榮獲中山學術著作獎〉，《法鼓》，156 期，2002 年 12 月 1 日，版 1；另參見：〈三七、《天台心鑰》得到中山學術著作獎〉，《真正大好年》，法鼓全集 6 輯 13 冊，法鼓文化，頁 258-260）

十一月十二日，法鼓山因推動「心靈環保」理念淨化人心、淨化社會，獲教育部九十一年度推展社會教育有功團體獎，頒獎典禮於國父紀念館舉行。由關懷中心監院果東法師代表領獎。（〈法鼓山獲頒社會教育有功獎〉，《法鼓》，156 期，2002 年 12 月 1 日，版 1）

十一月十七日，東初禪寺週日講座「七覺支」圓滿。「七覺支」自今年四月二十八日開講，共計六講次。

十一月下旬，為十二月十八日至山東大學演講擬稿，以十日之功完成〈漢傳佛教文化及其古文物〉論文，計一萬六千字。

十一月二十九日，即日起至十二月六日，於美國象岡道場

主持默照禪七，來自英國、美國、挪威、芬蘭、瑞典、波蘭、比利時、克羅埃西亞等國共七十四人參加。

十一月三十日，「護持山東四門塔阿閦佛重生祈福法會」於法鼓山臨時寮大殿舉行，護持擁有一千三百多年歷史之隋代佛頭像重返大陸山東省神通寺四門塔，與古佛佛身重建恢復舊觀。近千人參加。

十一月，《心經生活》（3CD）有聲書、聖嚴法師講解《觀世音菩薩普門品》（3CD）有聲書、《金剛經生活》（8CD）有聲書，由法鼓文化出版發行。

十二月一日，即日起至十五日，法鼓山於臺北國父紀念館展出「流轉‧聚首——祈願山東四門塔阿閦佛重生」展覽。此為將佛頭送返大陸山東前之展覽活動。活動請得中國時報系時藝多媒體總經理李梅齡指導，會場空間依法師建議，將佛頭像所在地神通寺四門塔環境攝錄影，以虛擬方式讓觀眾充分體驗身歷其境感覺。（〈流轉‧聚首〉，《法鼓》，156 期，2002 年 12 月 1 日，版 8）

十二月二日，至美國東岸新澤西州羅特格斯大學，演講「心淨國土淨」。此為法師至該校第十五次演講。法師至東、西方各大學演講，此為次數最多之大學。（〈三六、

許多的第一次〉,《真正大好年》,法鼓全集 6 輯 13 冊,法
鼓文化,頁 257)

十二月八日,下午,《臺灣佛學院所教育年鑑》創刊號,
於法鼓山安和分院舉行發表會,國內多位佛教學者專
家出席盛會。此書由法鼓山中華佛研所主編,結合國
內二十三所佛學院所力量,共同完成,全面而系統記
錄臺灣佛學院所發展。法師有〈序〉(見二○○一年
十月五日)。

　　主編這本年鑑的中華佛研所李志夫所長,在發表會上
表示,年鑑的創刊,顯見佛教教育素質的提昇,同時也
是在累積各佛學院所創辦的經驗,而透過此次的合作,
也將開啟未來佛學院所彼此進一步交流的契機。

　　《臺灣佛學院所教育年鑑》是國內第一本系統性、全
面記錄臺灣佛學院所發展的珍貴史料。此一年鑑的出版,
緣起於八十九年由中華佛研所召開的「如何發展臺灣佛
教教育」座談會時,與會的教界與學界人士,深刻感受
到彼此交流觀摩的重要性,於是急思開拓一個積極合作
的機會,因此,與會者便決定從出版教育年鑑做起,並
由中華佛研所接下主編創刊號的工作。(〈《臺灣佛學院
所教育年鑑》創刊號出版〉,《法鼓》,157 期,2003 年 1
月 1 日,版 1)

十二月十一日,為繼程法師《活水源頭》撰〈序〉。(〈序

繼程法師《活水源頭》〉,《書序Ⅱ》,法鼓全集 3 輯 10 冊,法鼓文化,頁 67-68）

十二月十二日,自紐約出發,十四日,返抵臺北。

十二月十五日,上午,陪同大陸「濟南市文物保護協會赴臺灣交流團」成員一行七人,一同前往國父紀念館參觀「流轉・聚首──祈願山東四門塔阿閦佛重生」展覽。今為展期最後一日。法師於祈福箋書寫:「兩岸永遠平安,世界永久和平」,祝福兩岸乃至全世界。大陸代表團領隊、山東濟南市文物保護協會會長鄒衛平則祈願兩岸「共同弘揚中華文化」。

代表團一行人隨後至法鼓山上參訪,並接受法師午宴接待。鄒衛平會長代表致贈法鼓山一尊近年於濟南近郊出土西漢時代古文物複製品──「龍馬當盧」,法師則回贈精美裱框佛頭像照片及其著作。

十二月十六日,於農禪寺大殿主持「山東四門塔阿閦佛佛頭像捐贈儀式」,大陸七人迎請團山東濟南市文物保護協會會長鄒衛平等受邀出席,信眾約七百人觀禮。法師致詞感謝鹿野苑藝文學會吳文成、林文山,以及出資布施佛頭像之信眾,亦感謝中華民國政府以及行政院相關單位,特例通融許可。並呼籲愛護文物、保

護文物,祈盼培養兩岸民眾宗教信仰,以為道德規範。

當在一九六〇年代至一九七〇年代,我每於國外的博物館及私人收藏所,見到中國古文物,包括石雕的佛頭像、整面的摩崖浮雕與壁畫,還有卷子的線裝的佛教文獻,就讓我感動流淚,慶幸這些先民的遺產由於流落國外而被保存。

到了二〇〇二年的今年,查悉有一件山東四門塔的古石雕佛頭像,在一九九七年被竊,被當作商品,輾轉到了臺灣,又使我感傷流淚,今天的文明世界,包括中國大陸在內,都知道要保護宗教,保護古文物,竟然還有人由於愚昧無知而把古代的宗教文物破壞出售,真是古文物的災難。

所不同的是,一九六〇年至一九七〇年代,我慶幸中國的古文物保存在外國,現在我希望把它捐贈給原主四門塔。

我有兩項願望:

一是盼望藉此因緣,呼籲兩岸的民眾,培養起保護各種古文物的常識,通過媒體以及學校的教育推動它。

二是盼望培養兩岸民眾的宗教信仰,作為精神道德的約束規範,作為一個佛教徒,縱然是文盲,如果相信善惡到頭終有報的因果觀念,縱然今生不報,來生必報。這樣就不致於因為貪取眼前的財物誘惑,鋌而走險了。(〈感動與願望〉,《法鼓山的方向 II》,法鼓全集 8 輯 13 冊,法鼓文化,頁 63-64;另參見:〈四〇、佛頭的送迎〉,《真

正大好年》，法鼓全集 6 輯 13 冊，法鼓文化，頁 271-275）

十二月十七日，率領二十五位僧俗弟子組成護送團，偕同大陸迎請團護送阿閦佛頭像歸回山東省濟南市神通寺，並舉行捐贈交接儀式。

我們原來準備組織一個一百五十人的佛頭雕像護送團，結果由於兩種原因，這個計畫被取消了，縮減成為二十多人的小團體。不過將近三十人的團體，也是一個旅行團，還是由亞星旅行社的薛一萍、薛一致、薛一誠負責安排，也由施建昌、廖雲蓮、王崇忠等人負責資料、禮品、行李運送的工作。這是我每次組團到大陸的重要工作人員班底，有他們跟亞星合作，我就可以高枕無憂，遇到臨時發生的狀況，也不會麻煩到我，甚至我的安全衛護也由他們派人照顧。（〈四〇、佛頭的送迎〉，《真正大好年》，法鼓全集 6 輯 13 冊，法鼓文化，頁 271-275）

下午，抵達四門塔。交接儀式由濟南市文物保護協會副會長崔大庸主持，山東四門塔風景管理委員會主任張立平代表接受佛頭像，並回贈榮譽證書。濟南市文物保護協會會長鄒衛平對法師及臺灣民眾熱烈參與祈願活動，表達誠摯感激與謝意。

法師致詞指出，有佛頭，就一定有身體。多年前在印度看到歷史文物遭到破壞，感到痛心。希望此法鼓山

捐贈阿閦佛頭像，帶起兩岸人民及全人類重視文物保護。佛頭像能重回歷史原點，重現歷史原貌，遠比留在法鼓山佛教博物館更有意義。未來法鼓山佛教博物館陳列文物不是收藏，而是鼓勵當代人的創作。

晚，濟南市市長謝玉堂至旅館拜訪，並設宴招待臺灣護送團。

十二月十八日，即日起至二十日，四門塔阿閦佛像修復工程進行。法師受邀參加二十一日之揭幕灑淨，於是有三日大陸北方行程。上午，與護送團至山東長清縣靈巖寺參訪，住持覺印法師接待。靈巖寺為中國現存四大名剎之首，因此，法師對寺中景物仔細端詳，並於寺內題寫「正法永住」。

下午，一行人前往山東大學學術交流，山東大學校長展濤率領十位教授接待。法師致贈山東大學全套《法鼓全集》，並以「漢傳佛教文化及其古文物」為題發表演說。法師指出，漢傳佛教對中華文化貢獻既大且多，包括最凸顯之佛塔建築、從石窟石經延伸出碑碣、銘文及書法範本等，舉凡日常生活用品、用語、飲食、風俗、習慣，均見佛教影響。漢傳佛教為中國創作眾多文物，是值得重視和發揚光大之民族文化。

演講綱要為：

一、佛教有三大傳統

二、漢傳佛教的文化

三、漢傳佛教的思想適應及其開創

四、漢傳佛教是經過漢文化薰陶之後的中國佛教

五、佛經的翻譯及其影響

六、漢傳佛教的古文物是世界輝煌的文化資產

七、結語

（〈漢傳佛教文化及其古文物〉，《學術論考II》，法鼓全集 3 輯 9 冊，法鼓文化，頁 79-113；另參見：〈四二、兩場演講〉，《真正大好年》，法鼓全集 6 輯 13 冊，法鼓文化，頁 284-288）

十二月十九日，前往北京，拜會中國佛教協會與國家宗教局，感謝協助圓滿今年十月大陸佛教古蹟巡禮團成行。下午四時三十分抵中國佛教協會，會長一誠長老特自江西至京迎接。國家宗教局局長葉小文原在泰國參加佛教會議，婉拒泰皇接見，提前自泰國返北京接待。

（〈四三、訪問北京〉，《真正大好年》，法鼓全集 6 輯 13 冊，法鼓文化，頁 291-297）

晚間接受國家宗教局於釣魚台國賓館所設晚宴招待。葉小文局長引用前中國佛教協會會長趙樸初老居士語「好題目才能作好的文章」，感謝法師冒風雪嚴寒，

捧佛頭而來,稱為佛教歷史可圈可點大事。法師則建議將四門塔由文物風景區改列為宗教場所,如此不但有觀光人潮,且增加佛教徒參訪。葉局長明白表示,盡快促成此事,並稱佛教核心是信仰;文化溝通靠交流;交流需有高僧大德來成就,法鼓山捐贈佛頭不只是文化事更是信仰事。

十二月二十日,在北京,至法源寺訪問中國佛學院,並以「漢傳佛教文化及其古文物」主題為學僧開示,當場並許願致贈全國佛學院《法鼓全集》。(〈四二、兩場演講〉,《真正大好年》,法鼓全集 6 輯 13 冊,法鼓文化,頁 288-290)

午餐,由中國佛教協會接待。餐後趕返山東濟南,會見山東省副省長蔡秋芳教授。晚宴接受山東省宗教局局長于洪文招待。(〈四三、訪問北京〉,《真正大好年》,法鼓全集 6 輯 13 冊,法鼓文化,頁 297)

此次訪北京,原擬拜訪已故長者中國佛教協會前任會長趙樸初、《弘一大師年譜》編作者林子青兩位長者之夫人。未果,因託宏度法師轉交供養致意。(〈四三、訪問北京〉,《真正大好年》,法鼓全集 6 輯 13 冊,法鼓文化,頁 293-294)

十二月二十一日，大陸山東省神通寺千年古石雕阿閦佛像
　　修復，舉行阿閦佛頭像揭幕儀式。另應法師要求，舉
　　辦開光、灑淨儀式；由國家宗教局、中國佛教協會指
　　派中國佛協常務理事山東省青島市湛山寺方丈明哲長
　　老與協會副會長濟南市靈巖寺方丈明學長老，與法師
　　共同主持。濟南市副市長陳國棟代表感謝法師將佛
　　頭像送回，讓佛像重現歷史風華，樹立兩岸共同攜手
　　弘揚中華文化典範。濟南市文物保護協會副會長崔大
　　庸報告佛頭像護送過程，特別感謝法師、法鼓山、臺
　　灣民眾義舉。法師致詞指出，「飢寒未必起盜心」，
　　貪念是因為心靈貧窮。呼籲致力改善人類心靈貧窮，
　　古文物方得永續保存。（〈四一、佛頭回到四門塔〉，《真
　　正大好年》，法鼓全集 6 輯 13 冊，法鼓文化，頁 276-283）

佛像修復完美。典禮後，法師邀請修復佛像之工匠以
　　及策畫、監工人員合影致敬。

護送阿閦佛頭返回大陸，大陸媒體大篇幅且持續性
　　報導，對大陸影響相當大，而聯合國教科文組織
　　（UNESCO）特別兩次致函法師，亦可謂具國際性影
　　響。（〈二○○三年新春賀詞——福慧平安過好年〉，《法
　　鼓山的方向 II》，法鼓全集 8 輯 13 冊，法鼓文化，頁 13-
　　20）

午餐，至附近四門塔賓館，接受歷城區長譚延偉款待。下午，參觀古神通寺遺址及四門塔內外。晚上，出席濟南市文物保護協會會長鄒衛平晚宴。自午至晚，濟南市市長夫人常書簡全程作陪。市長夫婦認真研讀法師著述並筆記，期望能跟隨學習。（〈四五、神通寺和四門塔〉，《真正大好年》，法鼓全集 6 輯 13 冊，法鼓文化，頁 306）

十二月二十二日，由山東經香港至臺北，轉機西雅圖，再轉飛紐約。

十二月二十六日，即日起至翌年（二〇〇三）一月四日，於紐約象岡道場主持話頭禪十。

十二月二十九日，為《真正大好年》撰〈序〉。該書翌年（二〇〇三）九月出版。

十二月，《法鼓全集》電子版由法鼓文化發行。
　　一九九三年《法鼓全集》四十一冊發行，一九九九年增補重編為七十冊。二〇〇一年九月發行電子測試版，本月發行者則為全七十冊之電子完整版。製作則由中華佛研所網資室專案小組完成。

「智慧掌中書」系列：《如何化解仇恨》、《愈挫愈

勇健》、《人生，福氣啦！》由法鼓文化出版。

今年（二○○二），行政院邀請出任要職，法師婉拒。

　　今年，行政院要給我一個相當於政務委員層級的官，好多弟子都來勸我接受，並說：「師父，這是佛教的光榮。」我說：「阿彌陀佛！我只適合當和尚。」

　　我不是說做官不好，而是我不適合做官。我做和尚，懂得精進，扮演其他角色，可能就不一定做得稱職了。（〈七覺支的意義〉，《七覺支》，法鼓全集 7 輯 14 冊之 4，法鼓文化，頁 22）

案：民國八十一年（一九九二）亦曾婉拒國民黨出任不分區國大代表之邀請。見該年十一月譜文。

今年出版之外文書籍有：*Chan Comes West*（《禪法西來》），紐約法鼓出版社出版。此書敘述西方法子得法因緣，為法師與約翰・克魯克、賽門・查爾得、麥克斯・卡林、查可・安德列塞維克等四位西方法子合著，由李世娟編譯。法師 "My Practice and Transmission" 一文係譯自去年下半年刊於《法鼓》雜誌之〈我的修行與傳承〉，另於附錄中對法脈傳承及法名稱謂規則詳細說明。

舊著重新發行則有：
一九八九年紐約法鼓出版社出版之 *The Sword of Wisdom:*

A Commentary on the Song of Enlightenment（《智慧之劍——永嘉證道歌講錄》），以及一九九三年出版之 *Zen Wisdom: Conversations on Buddhism*（《禪的智慧》）則交由北大西洋出版公司發行。

英語以外語言則有波蘭文、印尼文：
Catching a Feather on a Fan（《用扇捕羽》）波蘭文版，由波蘭華沙 Domy Polskie 發行。

In the Spirit of Chan & Faith in Mind 印尼文版，由印尼首都雅加達 Suwung 出版社發行。印尼文是由阿古斯・山多索（Agus Santosa）負責協調，將法師 *OX Herding at Morgan's Bay*（《摩根灣牧牛》）、*The Sword of Wisdom*（《智慧之劍》）、*Faith in Mind*（《心的詩偈》）、*In the Spirit of Chan*（《禪的精神》）四本英文著作翻譯成印尼文事宜，並已順利完成。

民國九十二年／西元二○○三年

聖嚴法師七十四歲

國內外重要大事

- 美國發動伊拉克戰爭。
- 嚴重急性呼吸道症候群（SARS）全球大流行，臺灣因此症致死者有八十四人。
- 伊朗巴姆古城大地震。
- 中華電子佛典協會（CBETA）發表《大正新脩大藏經》第一冊至第五十五冊暨第八十五冊校勘版成果，係全球首度問世之電子化校勘版大藏經。

法師大事

- 應「世界宗教領袖理事會」之邀，出席於日本京都舉行之「世界青年和平高峰會」第一次籌備會議。
- 應聯合國祕書長安南之邀，於紐約聯合國總部舉辦之「世界宗教領袖理事會」會議發表演說。
- 代表「世界宗教領袖理事會」，至莫斯科與東正教、伊斯蘭教、佛教等宗教領袖代表會面。
- 偕同「世界宗教領袖理事會」宗教暨精神領袖代表，前往以色列、巴勒斯坦二地，進行宗教和平運動推展工作。
- 於俄羅斯莫斯科郡，主持七天禪修。
- 與天主教單國璽樞機主教進行「全球化趨勢下的信仰價值

觀與教育」對談。

- 推動法鼓山人文社會獎助學術基金會與中國大陸北京大學合作設置「法鼓人文講座」。
- 開辦「出家體驗暨僧才養成班」。
- 榮獲第二屆「總統文化獎——菩提獎」。
- 出版:《聖嚴法師教觀音法門》、《禪的智慧》、《真正大好年》、《五百菩薩走江湖》、《淨土在人間》。
- 榮登「誠品書店二〇〇二年暢銷書:人文社會類暢銷作家榜」第三名。

訂定本年年度主題為「福慧平安」。勉勵社會大眾:「放下了人我是非,宇宙萬物,原是沒有區隔的整體;消滅了敵我意識,一切眾生,無非彼此扶持的伴侶。」

一月六日,接受《紐約時報》(*The New York Times*)專欄作家瑟莉思婷‧波倫(Celestine Bohlen)女士專訪,談捐贈山東省濟南市神通寺四門塔阿閦佛石雕佛首之因緣及意義,訪問稿以「A Stolen Buddha Head Finds Its Way Back Home」(失竊佛首找到回家的路)為題,刊於一月九日《紐約時報》文化版。法師重申將佛頭像贈回,保持古文物完整之文化意涵,以及佛教徒忠實信仰之表現。而盜賣古文物之癥結在於「心靈貧窮」,更顯「心靈環保」之重要。

一月八日，自美國返回臺灣。

一月十日，於僧伽大學「創辦人時間」講「信心要足，心
　　量要大」。服務奉獻不分性別、年齡，關鍵在信心與
　　心量。並就近日得獎之《天台心鑰──教觀綱宗貫註》
　　說明著述目的在於闡明漢傳佛教價值，明確分辨所弘
　　揚禪法與空性結合，而非與如來藏結合。

　　可能的話，我還要寫一本有關華嚴的著作，因為天台、
華嚴、禪是我們中國漢傳佛教的代表。對我而言，天台、
華嚴是我的教理背景，禪是我的方法，戒律則是我生活
的指引。

　　我們雖然提倡禪修，也提倡念佛，這也是漢傳佛教的
特色。

　　其實，漢傳佛教對漢人社會、漢人文化有它的適應性、
必要性和需要性，尤其是禪宗。……禪宗的適應性並不
限於漢文化。……在西方的社會，禪是比較容易被接受
的，這也是我不論在西方或東方，都以弘揚禪法為主的
原因。

　　過去的人提到禪的時候，都認為是如來藏、真如，那
是屬於真常唯心的禪法。我講的禪不是如來藏，我是把
佛性講成空性，就是中觀的空。我指導禪修時，也是根
據這一點。所以要證明人家見性很不容易，因為實證空
性才叫見性。一般人所謂如來藏的體驗，譬如所謂的「打
成一片」，或者前念與後念的統一，環境與自我的內外

統一，那是統一心，是大我，並非真的空性。

　　這是佛教的危機，不與「空性」結合的禪，很容易變成「神我」外道。

　　很多人認為頭腦裡面空空洞洞，一片什麼也沒有，或者清清楚楚、明明朗朗，什麼也沒有，就是空性，這都是錯的！這不是見空性，這是空的經驗，空的經驗跟空性不一樣。（〈信心要足，心量要大〉，《法鼓家風》，法鼓全集 8 輯 11 冊，法鼓文化，頁 177-183）

一月十一日，於農禪寺主持祈福皈依大典，約有兩千人成
　　為三寶弟子。法師以「心安才會平安，平安才是最大
　　的幸福」，勉勵弟子皈依三寶之後，能用佛法讓自己
　　及身邊人平安。

一月十二日，第四十次社會菁英禪修營共修會於農禪寺舉
　　辦，約有一百五十人參加，法師出席開示，分享去年
　　十月參訪大陸寺院心情，深感人才與空間環境關聯。
　　並以西方法子為例，鼓勵與會大眾認真學法，深刻體
　　驗，發願成為禪修推廣人才。（《隨師日誌》未刊稿）

一月十三日，前往林口長庚醫院，探視臺北聖靈寺住持今
　　能長老。（〈聖嚴師父三訪今能長老〉，《2003 法鼓山年鑑》，
　　法鼓山基金會，2004 年 8 月初版，頁 64）

一月十四日，於農禪寺召集果品法師、果廣法師、果光法
　師等人討論四眾人才培養規畫，分別針對僧才養成班
　與僧團教育院之銜接配套措施，以及禪修推廣、佛學
　推廣等事宜進行討論。對於僧眾養成教育，法師指示
　五點：

　　一、從「整體性」及「未來性」大方向思考，須改革
僧團現有人才培育方式，始能吸收將來僧大或僧才養成
班之畢業僧。

　　二、從「因才施教、適才適任」，掌握僧眾教育原則，
培養各種人才。如弘講、禪修、農場、殿堂、總務、典座、
大寮等各種人才皆須培養。齊頭式平等發展，則可能重
此失彼，將來會有危機。

　　三、依「階段性、層次性、分類性」，訂定課程。其中，
禪修、法義屬共通基礎課程，基礎教育養成後，再依個
人特性、所長，朝不同專才領域培養。

　　四、學僧是未來僧團的中堅分子，至於資深住眾，並
非退居幕後，而是如同護法體系的關懷委員，於卸下職
務後，仍與護法體系關係密切，以豐富的執事經驗及智
慧，輔助後來者上軌道，發揮更大的關懷。

　　五、「一日不作，一日不食」，人人都須領執。（《隨
師日誌》未刊稿）

一月十五日，專弘天台宗學之慧嶽長老，至農禪寺拜訪。
　案：此當是為昔日法師所撰相關書評近日引生爭議有關。

見後七月一日「《法鼓》雜誌刊出更正啟事」條目。

臺灣大學心理系教授吳英璋至農禪寺拜訪,針對災後人心重建論文說明進度,並分享研究過程中與法鼓山義工接觸經驗,體會宗教力量對災後人心重建之影響。

法鼓山為金山鄉及附近萬里、三芝、石門等居民開辦「法鼓山社會大學」,今日開始招生。該校規畫課程含括生活技能、生命關懷、人文休閒、農作栽培與加工等四大類。

一月十七日,於農禪寺主持阿閦佛首像捐贈專案成果分享感恩會,邀請鹿野苑藝文學會理事長吳文成、臺北藝術大學教授林保堯等人參加。

一月十八日,法鼓山於臺北陽明山中山樓舉行「第九屆佛化聯合婚禮」,法師主持三皈依及祝福儀式,共有五十九對佳偶締結良緣,組成佛化家庭。婚禮邀請伯仲文教基金會董事長吳伯雄擔任證婚人,內政部部長余政憲伉儷為新人主婚,介紹人則是護法總會會長陳嘉男夫婦。

一月十九日,護法會雲林聯絡處為籌辦「與師父有約」聯誼活動,當地悅眾與雲林縣議會議長陳清秀、雲林科

技大學校長林聰明、雲林縣政府文化局局長林日揚（作家古蒙仁）等一行四十多人，至法鼓山上拜會法師。

護法會各地正副召委共一百五十餘人，提前至法鼓山上參與歲末圍爐，並於教育行政大樓階梯教室聆聽法師開示。

法鼓山人文社會獎助學術基金會與臺灣大學、中國心理學會，於臺灣大學合辦「宗教信仰於災難後心理復健歷程中的功能」學術研討會，由臺灣大學校長陳維昭主持，中央研究院院士李亦園、中央研究院社會學研究所教授瞿海源，以及臺灣大學心理系教授黃光國、吳英璋等人出席與會，法師蒞會致詞。

　　當天研討會的焦點，「宗教信仰於災難後心理復健歷程中的功能——法鼓山的理念與實務研究」論文，是臺灣大學教授吳英璋帶領一群研究生，歷經兩年田野調查的初步成果。吳教授第一階段的研究，是以法鼓山九二一災後人心重建為例，抽樣對象為埔里安心站、東勢安心站。吳教授發表時指出，宗教信仰可以協助個人對災難賦與意義，進而轉化成智慧的成長。針對受訪者的分析，接受法鼓山安心站輔導者和懷有佛法信念者，在復原歷程中，情緒、價值、人際關係等逐漸呈正向發展，這也顯示了安心站慰訪員的存在意義。（〈法鼓山致力人心重建受肯定〉，《法鼓》，158 期，2003 年 2 月 1 日，

版1）

一月二十一日，上午，至臺北榮民總醫院進行例行健康檢
　　查，並探視現年九十三歲天主教總主教羅光。總主教
　　因診療不便言語，雙方因以文字筆談。總主教關心僧
　　伽大學辦學招生情形，法師則談及近年與天主教互動
　　及與單國璽樞機主教之對談。（〈聖嚴師父探視羅光總主
　　教〉，《2003法鼓山年鑑》，法鼓山基金會，2004年8月初版，
　　頁65）

　　臺北市政府民政局局長林正修至農禪寺拜訪。法師表
　　示，政府對宗教團體態度，若為協助服務角色，立意
　　很好；若為監督管理立場，將影響宗教自由發展。

一月二十二日，於農禪寺錄製〈二〇〇三年新春賀詞——
　　福慧平安過好年〉。（參見二月一日譜文）

一月二十三日，於農禪寺齋堂，對法鼓山全體僧眾及專職
　　「精神講話」：「法鼓山去年的成長與成果」，勉勵
　　大眾於工作中精益求精，學習凡事提早規畫，並培養
　　國際觀，約二百三十人參加。

一月二十四日，即日起至二十六日，佛學推廣中心於法鼓
　　山園區階梯教室舉辦第二梯次法師著作《天台心鑰

——教觀綱宗貫註》師資培訓課程,仍由法師親自授
課。此為接續去年八月之研習,共有八十一人參加。
(〈聖嚴師父講授天台學要義〉,《2003 法鼓山年鑑》,法
鼓山基金會,2004 年 8 月初版,頁 67)

一月二十五日,上午,應邀出席行政院國家永續發展委員
會舉辦之「永續元年行動誓師大會」,與陳水扁總統、
行政院院長游錫堃、中央研究院院長李遠哲等人,共
同簽署「臺灣永續發展宣言」。

一月二十七日,至汐止寇府為寇恆祿居士送行說法。寇居
士為前華視節目部導播及資深演員。同修陳麗華,亦
為演藝界知名導播。
　案:陳麗華導播,日後協助二○○五年法鼓山開山大典
　擔任節目活動策畫,並邀集國內數位資深導播、製作人、
　工程和後製人員,於大典現場全區十六處看台同步進行
　節目播放與呈現。(參見:〈活動幕後英雄　萬行菩薩〉,
　《法鼓》,191 期,2005 年 11 月 1 日,版 11)

一月二十八日,二度探視今能長老病情。(〈聖嚴師父三訪
今能長老〉,《2003 法鼓山年鑑》,法鼓山基金會,2004 年
8 月初版,頁 64)

一月二十九日,於「女性和平祈禱早餐會」(Women's

Prayer Breakfast for Peace）發表「危機與和平」祝詞。
該會由「女性宗教暨精神領袖全球和平運動組織」
（The Global Peace Initiative of Women Religious and
Spiritual Leaders）共同創辦人迪娜・梅瑞恩發起，邀
請宗教領袖、女性宗教師與政府官員共同參與。因法
師刻在臺灣，由美國東初禪寺住持果元法師代表宣讀。
該活動於華盛頓特區舉行。

根據「慕尼黑再保險公司」公布的資料顯示，去年
（二〇〇二），全球由於各項天然災害，損失財物高達
五百五十億美元，奪走超過一萬一千條人命，其中包括
中歐及東歐的大洪水、阿富汗的大地震、印度的熱浪等，
使得許多人無辜地失去了家園、失去了親屬，比起以往
六年，情況更加嚴重。

除了天災，尚有戰爭威脅、恐怖攻擊、交通事故，以
及各種高死亡率的疾病，都使我們人類的安全，感受到
極大的威脅。因此，我們要在這裡共同祈禱，並且呼籲
全世界的每一個人，都能至誠地祈禱，「願世界和平、
社會安定、國家安全、人人安心。」

我們從內心的觀念，到實際的行動，必須要跟我們祈
禱的目標一致。如果我們的內心充滿了宗教、文化、政
治、經濟、社會等各種族群，乃至各種個人的對立與矛
盾，甚至個人內心也充滿了公益和私欲的衝突與混亂，
便與我們的祈禱背道而馳了。

雖然有博愛的神、有慈悲的佛，永遠都給人類伸著救

援的雙手,但如果人類的想法和作法,是仇恨而不是慈
悲的愛,是自私的掠奪而不是公益的奉獻,是彼此對立
而不是寬容,是相互歧視而不是尊重,是你我猜忌而不
是信任,那麼,我們便與自己所祈禱的目標背離了。那
並不是神不博愛,也不是佛沒有慈悲,而是人類自己搞
錯了和平幸福的方向了。

所以,我們祈禱和平,並全力投入對於和平的奉獻,
相信一定會有美好和平的明天,在我們的世界展現。
(〈危機與和平〉,《致詞》,法鼓全集 3 輯 12 冊,法鼓文化,
頁 59-60)

前西藏塔爾寺住持阿嘉仁波切一行六人至法鼓山上參
觀,並與中華佛研所所長李志夫、僧伽大學副院長果
光法師,以及中華佛研所圖資館館長杜正民等進行座
談。年節已近,仁波切應眾人請,於海會廳前揮毫獻
字,題一「佛」字,聖嚴法師正好到來,於是接寫「法
僧寶」。得此「漢藏合璧」,眾皆歡喜。(《隨師日誌》
未刊稿)

一月三十日,榮譽董事會總召集人、聲寶企業董事長陳盛
洰至農禪寺拜訪法師。

一月,由法鼓文化出版發行聖嚴法師講解《妙法蓮華經》
(30CD)有聲書。

二月一日，大年初一，〈聖嚴師父新春祝福——福慧平安
過好年〉刊於《法鼓》雜誌一五八期，向會員報告去
年重大工作成果，並以今年年度主題「福慧平安年」，
指點修福修慧，祝福有福有慧。（《法鼓》，158 期，
2003 年 2 月 1 日，版 2；另參見：〈二〇〇三年新春賀詞
——福慧平安過好年〉，《法鼓山的方向 II》，法鼓全集 8
輯 13 冊，法鼓文化，頁 13-20）

大年初一，法師於農禪寺早課後向僧團弟子開示「梵
唄即修行」，諷誦應如輕風如海潮，綿延不斷。並指
導換氣、轉板技巧。

即日起至二月五日，法鼓山上舉辦「二〇〇三福慧平
安年新春拜見聖嚴法師」活動，安排「園區主題導
覽」，延續去年「心靈環保博覽會主題館」創意，共
有九大主題區，包括福慧平安主題館、心靈環保展示
區、僧大的一天、中華佛研所佛教藝術中心書畫義賣
特展等。

誠品書店公布「二〇〇二年暢銷書榜」，法師榮登「人
文社會類暢銷作家榜」第三名。（〈師父登誠品書店 2002
年暢銷作家榜〉，《法鼓》，159 期，2003 年 3 月 1 日，版 1）

二月二日，於法鼓山臨時寮大殿新春活動開示「開山觀音

與雙面觀音峰」，講述法鼓山買地及募款由來。

二月四日，馬來西亞中央藝術學院院長鄭皓千、臺灣大學
中文系校友夏振基教授及中山醫學大學生命科學系教
授夏鼎昌，至法鼓山上拜訪，並於法師座下皈依三寶。

二月五日，即日起至十一日，於農禪寺舉辦第九屆在家菩
薩戒，由聖嚴法師、果如法師及惠敏法師擔任尊證師，
戒會分二梯次，約有一千人參加。

臺北縣金山鄉鄉長游忠義與十多位村長，以及金山國
中、金山國小、金美國小校長，至法鼓山上向法師拜
年。

雲門舞集藝術總監林懷民至農禪寺向法師拜年。

二月六日，法師再度探望今能長老，此為一月十三、
二十八日之後，法師第三度探訪長老。法師一九七八
年返臺後，長老護持法師弘法最先且最力。

　　「再忙，也不能不顧老朋友！」師父說道，「一九七八
年，我從美國回到臺灣以後，在臺北沒有人請我去講經，
後來我到『法輪講堂』講經，那是一位居士在一個菜市
場樓上設的道場，當我講經時，也沒有任何法師到場聽
經，就是今能法師帶了一群信徒來聽我講經。」「從此

以後，我和今能法師保持很密切的互動，中華佛學研究所成立時，今能法師就是我們的理事之一，到現在，他已經是我們的董事了。」（〈再忙，也不能不顧老朋友！〉，《法鼓》，159 期，2003 年 3 月 1 日，版 5；另參見：〈聖嚴師父三訪今能長老〉，《2003 法鼓山年鑑》，法鼓山基金會，2004 年 8 月初版，頁 64）

二月九日，於農禪寺邀集政治大學前校長鄭丁旺、副校長司徒達賢、大葉大學校長劉水深及惠敏法師等人，共商法鼓大學籌設事宜。

二月十日，應邀前往國立故宮博物院參觀「福爾摩沙」特展，故宮博物院院長杜正勝及協辦單位中華航空公司董事長李雲寧全程接待。

「所以這個展覽非常有價值，」師父有感而發：「漢人是一個總稱，其實漢人的血統是很多元的，漢民族是個大熔爐，從改變、吸收、融合，形成現今我們看到的臺灣。」

「我非常贊同師父這段話，」杜院長作為一個歷史學家，他認為：「漢文化隨著時空不斷在改變，臺灣近二、三十年來的覺醒是，尊重弱勢民族，而不是透過任何方式把他們同化、讓他們消失。」

「這就是現代化社會的多元性，文化若是單一，它將會僵化而死，唯有多元，才能有新生命。」師父這段話，

總結了他與杜院長的一席對談。（《隨師日誌》未刊稿）

二月十一日，法緣會成立十週年，成員一行五十多人由柯
　　瑤碧會長帶領，至農禪寺向法師拜年。

　　中華航空公司董事長李雲寧偕同公司多位高階主管，
　　至農禪寺拜訪法師。

二月十三日，法鼓山僧團都監果品法師一行五人前往山東，
　　將濟南市文物保護協會複製捐贈之阿閦佛首恭請回
　　國，由濟南市文物局局長鄒衛平代表捐贈；法師表示，
　　此舉象徵兩岸宗教文化善意交流，為失竊之阿閦佛首
　　流轉聚首畫下美好句點。

二月十四日，上午，於三義心靈環保教育中心為大專禪七
　　學員舉行開示。

　　即日起至二十一日，於法鼓山臨時寮主持第三屆社會
　　菁英禪七，禪眾均為歷屆參與菁英禪修營學員，共有
　　四十二人參加。

二月十五日，上午，至中視攝影棚錄製《不一樣的聲音》
　　節目。

於農禪寺首次舉辦「元宵燃燈供佛祈願法會」,法師
點燃第一盞燈,約二千名信眾參與,點燃一千六百盞
「福慧平安功德燈」。

二月十六日,上午,於農禪寺召集「法鼓山園區景觀規畫
會議」,顧問劉偉剛、段鍾沂、連智富等人與會。法
師說明法鼓山世界佛教教育園區成立目的,在於境教:
希望所有來眾,皆能獲得觀念或行為之啟發。

　　法師指出,在北臺灣,法鼓山已是一處代表性道場。
第一期工程竣工啟用後,重要性及代表性將更加凸顯。
因此亟須妥善呈現法鼓山特色,分享社會大眾。法師指
示重點有五:

　　一、全山景觀規畫(含全山服務中心系統)。
　　二、全山朝山步道規畫。
　　三、推動自然葬法。
　　四、落實整體大關懷教育。
　　五、法鼓山年度活動規畫。(《隨師日誌》未刊稿)

下午,護法總會於農禪寺召開「新勸募會員授證暨百
萬護持感恩共享發願大會」,來自北一至北七轄區約
五百名悅眾參加,一百七十位新勸募會員接受證書。
法師開示:「發願勸募是以幫助人為出發點,對護持
會員而言,要提供佛法利益;對法鼓山,則是成就弘
法利生的志業,這是雙向的互助模式,擔任勸募工作,

等於是結兩方的善緣。」

二月十七日，佛陀教育基金會負責人、佛教衛星電視台台
　　長海濤法師一行十餘位至法鼓山上拜訪，就佛法弘傳
　　節目製作方向請益。法師期勉海濤法師對傳播佛法正
　　知見，以及釐清正信佛教多所關注。

二月十八日，大愛電視台為拍攝《印順導師傳》紀錄片，
　　至法鼓山園區採訪法師與印順導師交會因緣。法師自
　　述深受印順導師啟發，在導師獲頒日本大正大學博士
　　學位居間聯繫，並且最先將導師思想推薦至西方社會。

　　導師的書，對我的影響非常深遠。早期我寫《正信的
佛教》一書，就是受到導師的觀念啟發，從中運用了導
師的觀點，主要是根據《阿含經》的立場。

　　我的基礎佛學思想與導師之間，應該是非常密切的，
很可惜我始終沒有做過他的學生，但是他的每一本著作，
我幾乎都看過，其中《印度之佛教》與《成佛之道》，
對我的影響很深遠。也許這就是我與他的緣，透過他的
書得到法義。

　　「人間佛教」是太虛大師的創發，也就是說，佛教必
然要走這條路。而印順導師找到《增一阿含經》的根據，
發揮人間佛教的思想，他比太虛大師更進一步，發揮得
更紮實。

　　我現在提倡的「人間淨土」思想，就是順著這個脈絡

一路下來的。然而「人間淨土」並不等於導師所講的「人間佛教」。往未來看,佛教為了適應社會,適應這個世界,絕對必須走這條路。所以導師在這方面著力很多,他花了很多的心血。

最早把印順導師的思想推薦到西方社會的人是我,我是透過英文,把近代中國佛教的四位思想家——明末的蕅益、近代的太虛、歐陽竟無及印順導師向西方學術界介紹,也大致上把印老的思想推薦予西方社會。(《隨師日誌》未刊稿)

二月二十一日,上午,於法鼓山園區教育行政大樓,為中華佛研所、僧伽大學師生、專職人員專題演講「漢傳佛教的特色」。法師指出,漢傳佛教與南傳、藏傳佛教並列為佛教三大傳統,有其適應性、融入性、豐富性及創新性,身為漢人,應為漢傳佛教發展負起一分心力。法師並強調唯有延續融合、創新等特性,佛教才能活躍於國際舞台,開啟新格局。

我並不是要強調哪一個系統的佛教是最好的。我主要的目的,是提出一種精神與指標。未來的佛教是世界性的佛教,它必須要有適應性、融入性。環境的適應,包括時間與空間,能融入時空環境,然後帶動時空的環境而創新,這是漢傳佛教的一個特色。如果只是抱殘守缺,沒有適應、融入的特質,以及重新整合、重新出發的精神,不論是哪一系的佛教,都會受到地區性、民族性、

時代性的限制。

禪宗之所以從唐朝一直到現在，能夠一代一代地傳下來，成為中國佛教的主流，就是有這種適應、融入的特質。實際上，禪宗也是不斷地在變化，並不是一成不變的，所以有南派、北派之分，有曹洞宗、臨濟宗之分，這就是因為祖師們為了要適應當時社會的時空環境，而以自己的所知、所能來開創。未來佛教為了生存，一定要走上這樣的一條路。

案：本主題曾於二○○二年十二月十八日講於山東大學。「前言」與「結語」部分，為今日所講增加。（見：〈漢傳佛教的特色〉，《法鼓山僧伽大學九十一學年度年報》，法鼓山僧伽大學，頁80-104。講於山東大學者為〈漢傳佛教文化及其古文物〉，收入《學術論考Ⅱ》，法鼓全集3輯9冊，法鼓文化，頁79-113）

二月二十二日，法青會於農禪寺舉辦禪一，共有六十人參加，法師蒞臨開示。

二月二十三日，上午，至宜蘭參加「二○○三年東區心靈環保全民博覽會」。法師與行政院政務委員蔡清彥、勞委會主委陳菊、宜蘭縣縣長劉守成、市長呂國華、宜蘭縣議會議長張建榮、立法委員陳金德等多位貴賓共同簽署心靈環保宣言。活動包括「鼓動希望迎新春」藝文表演、與聖嚴法師「福慧平安的人生」心靈開示

講座、祈福皈依大典等。約有三萬多位民眾參加，一千五百位皈依成為三寶弟子。法師致詞介紹「四環」意涵並強調，若能從自身想法、行為改變，以感恩、惜福態度對待萬物，即是為自己造福，為後代子孫留下希望。

傍晚，赴花蓮圓碩石雕公園，為雕刻家林聰惠送行說法。林居士受託為法鼓山上大殿雕刻佛像，於去年（二〇〇二）十月十日往生，三尊佛像僅完成一尊。

案：林聰惠居士完成之該尊石雕玉佛坐鎮禪堂，大殿三佛則另考慮以銅塑材質。（〈獨一無二的大殿三佛〉，《法鼓山故事》，法鼓文化，2007 年 2 月初版一刷，頁 93-98；另參見去年（2002）10 月 10 日譜文）

二月二十四日，下午，出席「出家體驗暨僧才養成班」迎接新生典禮，僧團都監果品法師、副都監果醒法師及果廣法師皆到場勉勵。此乃繼僧伽大學之後，開闢培育僧才之園地。僧伽大學培育三十五歲以下青年，體驗班則以五十歲以下男女二眾為對象。學員先展開至少一年「出家體驗」生活，再評估身心狀況及學習成果，審核通過後，進入「僧才養成班」進行一年學習。首屆招生計有女眾三十人，男眾十二人，合計四十二人完成報到手續，隨即展開新生講習。法師殷切期許同學發起出離心及菩提心，用心學習當個好出家人。

第一要有出離心，凡是過去你們沒有上山以前的想法、習氣，全部都要出離，把你的包袱擺下來。出家，就是要放下自以為是的標準或判斷，然後以僧團的標準為標準、以僧團的判斷為判斷，不要用你自己的角度看。來到這裡，就是要磨你身上的刺，磨平那個傷人又傷己的刺。

不要老是憤憤不平，老是要申冤，老是覺得「這個人錯」、「那個人錯」，如果你們這樣子，那有問題的一定是你自己。第二是「菩提心」，菩提心是奉獻和服務。最後，要自治、自律，不要一定要人家來管。

在我們這個班裡，沒有要比學問、技術、專業，我們要比的是道心，也就是出離心、菩提心。如果能夠這樣子，那我相信你們都能成長，都能安心地往前走。（〈道心〉，《法鼓家風》，法鼓全集8輯11冊，法鼓文化，頁131-138）

案：出家體驗暨僧才養成班後併入僧伽大學，自二○○三年開始招生，至二○一二年停招，共招收十屆學僧。

二月二十五日，於僧伽大學「高僧行誼」課程講授「現聲聞相，行菩薩行」及「學習出家人的心態」。（〈學習出家人的心態〉，《法鼓山僧伽大學九十一學年度年報》，法鼓山僧伽大學，頁51-52；另參見：《法鼓家風》，法鼓全集8輯11冊，法鼓文化，頁145-147）

案：《法鼓山僧伽大學九十三～九十五學年度年報》註

記為二○○三年三月二十五日；今據《法鼓家風》編入
二○○三年二月二十五日。

化育文教基金會董事長陳履安一行，至臺北安和分院
拜訪法師。

二月二十六日，即日起，至臺灣各地護法據點進行關懷。

上午六時半，驅車南下，於九時半，抵達彰化縣大葉
大學。由校長劉水深接待導覽校園規畫與建築設計，
同行者包括惠敏法師、前政治大學校長鄭丁旺、法鼓
人文社會學院籌備處主任曾濟群等人。大葉大學劉校
長曾參加法師主持之「教育界三長」禪修營。

中午，於臺中分院稍事休息，午後，即至苗栗辦事處
關懷苗栗及豐原悅眾菩薩會議。晚上，於國立聯合技
術學院演講：「福慧平安」，校長金重勳、苗栗縣副
縣長陳秀龍等各界首長皆到場，約有四百人參加。演
講後，金校長向法師致謝，說明苗栗由於工業化影響，
競爭力增加，許多人變得不安而緊張，法師藉此將法
鼓山理念與「心五四」運動巧妙生動地介紹，及強調
「慈悲沒有敵人，智慧不起煩惱」觀念，化解許多公
益與私利交戰。

二月二十七日,上午,至南投埔里德華寺,了解該寺現況,並與長期奉獻該寺之法明比丘尼會面。

二○○一年十二月三十一日,德華寺舉行開山百年重建啟用大典,現任當家師為禪文比丘尼。當禪文法師獲悉法鼓山急欲尋找新的安心站地點,即表示願意無償提供德華寺讓法鼓山舉辦活動使用。後來,禪文法師因為修行上的轉折,進一步向臺中分院表達,希望由法鼓山承接德華寺,延續漢傳佛教的薪火。(《隨師日誌》未刊稿)

下午,至臺中麗緻酒店出席信眾聯誼會,約有一百二十位中部地區悅眾參加。法師表示與臺中因緣特殊:「法鼓山的道場在臺北,但是法鼓山的精神,是從臺中開始的。」感謝臺中護法信眾大力護持。

找到了法鼓山這塊地之後,我們既沒有人也沒有錢,不知該怎麼辦?那時候就是謝淑琴菩薩率先捐款,把她的地和錢捐給我們。等到買了地以後,必須要分期付款,或者是幾個月內把錢還清。那時候我們沒有錢,就請臺中何太太替我們擔保。

因為九二一大地震,把法鼓山「心靈環保」的理念推展至整個社會,我們推出了「台灣,加油!」,如果不是因為中部地區菩薩的努力,我們動員不起來;如果缺少了這個著力點,法鼓山對於災後的人心重建工程,恐怕無法深耕。

　　由於臺中的寶貴經驗，面對翌年災情嚴竣的桃芝風災，已經可以感受到我們的救災關懷工作做得更加落實。後來，我們也把這樣的機制分享給花蓮，對見晴村及光復鄉提供援助，正好那時候陳治明菩薩因公派任花蓮，適時參與了花蓮的救災工作。

　　臺中就好像是太陽，不斷地向外照射、擴散光和熱。所以我說，法鼓山的道場在臺北，但是法鼓山的精神，是從臺中開始的。（《隨師日誌》未刊稿）

會後，與中部地區工、商、醫界及藝文界二十餘位菁英人士會面。

二月二十八日，上午八時四十分，抵達南投安心服務站，行政院九二一重建委員會各級主管包括副執行長吳崑茂、處長翁文蒂，與財政部中部辦公室主任李博文、南投縣社會局局長梁守德等人陸續來訪，就災區各項重建工作心得，交換分享。

之後向來自南投、名間、草屯、水里、中寮等地勸募及護持會員二百餘人開示，會後並與悅眾幹部會談。法師關注九二一災後重建工作，聽取慰訪及發放「百年樹人獎助學金」情形。李賜春召委逐一報告，並提及許多父母因兒女獲頒獎學金後，主動發心回饋到安心站當義工或是參加共修聽聞佛法。法師並前往新開

設「惜福小棧」參觀，讚歎其經營創意：不以營利為
目的，且能傳達知福、惜福觀念。

下午，至彰化員林共修處。現任中央選舉委員會主任
委員黃石城為彰化縣前任縣長，特來相會。黃主委特
別請法師撥出時間心力，與政治人物談話、授課或是
主持禪修。法師讚歎黃主委主政之剛正與用心，亦邀
請一同參與推動導正社會亂象。

法師於五年前（一九九八）首度行腳彰化，當時即許
諾勸募會員達百人時再度履彰。此時，彰化地區勸募
會員已超過二百人。法師向二百多位信眾開示法鼓山
各地辦事處共修處即是關懷教育之推廣中心，鼓勵悅
眾主動對外推廣法鼓山理念。

於藥石後南行，晚間八時四十分，抵高雄紫雲寺。

二月，由法鼓文化出版《心經觀自在》（3CD）有聲書。

三月一日，即日起二天，出席法鼓山於高雄舉辦之系列活
動，包括於澄清湖畔棒球場舉辦之「二○○三南區心
靈環保全民博覽會」活動、紫雲寺「新建大樓啟用暨
佛像開光皈依祈福大典」，以及於高雄縣勞工育樂中
心舉行之法鼓山護法會「南區感恩年會」。博覽會活

動，包括環保主題館、佛法人生劇場、環保嘉年華、樂儀隊演出等，約二萬人參加。

上午，紫雲寺舉辦「新建大樓啟用暨佛像開光皈依祈福大典」，由聖嚴法師、淨心法師、心茂法師共同主法。會中並進行新舊任住持暨管理人交接儀式，由高雄縣佛教會理事長心茂法師監交，法師自開山演禪長老尼、第二任住持果淨法師手中，接下紫雲寺新任管理人兼住持之職，內政部部長余政憲、立法委員鄭貴蓮、林岱樺、高雄縣縣長楊秋興、高雄市副市長侯和雄、檢察長朱楠，以及紫雲寺所在地鳥松鄉鄉長張美瑤等多位貴賓亦出席觀禮。其後法師主持皈依大典，計有來自中南部各地一千二百多人皈依，成為三寶弟子。紫雲寺新建大樓落成啟用，代表法鼓山在南臺灣弘法據點更臻完備，法師期許南部民眾共同參與，讓紫雲寺成為心靈環保教育中心。

高雄縣佛教會理事長心茂法師強調：士農工商皆需心靈上的環保、佛法的寄託。紫雲寺由法鼓山來延續法務，可謂「名山得主，眾望所歸」，也是信眾的福報。高雄縣長楊秋興歡喜表示高雄縣有法鼓山來弘法，是高雄縣的福報，讓大家可以在此學佛共修。

法鼓山自二〇〇一年元旦承接紫雲寺法務以來，大力推廣法鼓山理念，不管在法務或硬體建築上，皆有大幅的進展。其中，新建大樓有五層，五樓是大雄寶殿，四

樓為容納二百人的禪堂。（〈高雄紫雲寺新啟用　將成南
臺灣心靈環保重鎮〉，《法鼓》，160 期，2003 年 4 月 1 日，
版 1；〈紫雲寺文化大樓開光啟用致詞〉，《致詞》，法鼓全
集 3 輯 12 冊，法鼓文化，頁 103-105）

晚間，出席於高雄縣勞工育樂中心舉辦針對信眾悅眾
之「南區感恩年會」。節目包含大合唱、生命故事分
享、勸募會員授證儀式。法師以蓮子心比喻，勉勵奉
獻自己，成就他人，接引更多人親近法鼓山，學習佛
法。

三月二日，上午，於高雄縣勞工育樂中心演藝廳演講。義
守大學教授黃俊英伉儷、詩人余光中夫人范我存等人，
受邀出席，並於演講前拜會法師。法師自述從二十餘
歲的年輕歲月，已是余先生讀者，且是崇拜者。余夫
人則回應：「他也看您的書。」余光中因赴香港，緣
慳一面。

演講主題為「心靈環保與人生」。
　　人皆有情，而「有情」中最高尚的是「情操」，是精
神層次的提昇，它屬於心靈層面，包含了人格修養、道
德生活、藝術創作、宗教信仰等，因此心靈環保就是要
發揮每個人原本具有的情操，找回放失的本心，清除心
中的垃圾。心是一切行為的主宰，必須正本清源，社會

才能美善。

至於做好心靈環保的方法，師父教導我們要心甘情願地奉獻自己。將自己所能做的，奉獻給至親及眾生，只有貢獻自己，利益他人，才能逐漸成為大家所要的、重要的人。在自己的本分裡盡心盡力，只問耕耘，以利人為利己之法，即使是卑微的小人物也有機會奉獻，實現自己的價值。（〈心甘情願地奉獻自我〉，《法鼓》，160 期，2003 年 4 月 1 日，版 2）

下午，前往雲林，此為首度蒞臨雲林專題演講。法師先至雲林縣政府文化局，雲林縣議會議長陳清秀、雲林縣副縣長張清良及文化局局長林日揚、社會局副局長陳淑雀、環球技術學院校長彭作奎、布袋戲劇作家黃俊雄，以及畫家黃開錄等人均到場向法師致意。黃俊雄令尊黃海岱先生，二〇〇〇年與法師共同榮膺行政院文化獎；黃開錄為大陸國家二級美術家，目前旅居雲林斗六，致贈一幅近日完成之法師畫像。

之後，以「福慧平安」為題演講、主持皈依祈福典禮，約有一千多人參加。許多無法進入演藝廳現場群眾，在地下室及戶外，藉由電視牆轉播，參與盛會。副縣長張清良、縣議長陳清秀均在當天成為三寶弟子，法師勉勵府會首長用智慧處理縣政府與議會問題，一起為地方服務。

晚間六時半結束雲林行程後北返，十時半抵農禪寺。
圓滿連續五日之中南部關懷之旅。

三月三日，出席於農禪寺召開之榮譽董事會，開示關懷及
辦大學之重要性。

三月四日，於出家體驗暨僧才養成班「出家心行」課程，
講「和尚・和樣・和闊」，說明本班與僧伽大學、中
華佛研所學制宗旨之異同，並以出家應有基本心態，
鼓勵先從威儀要求有和尚樣子──「和樣」，做為鍊
心基本功。（〈和尚・和樣・和闊〉，《法鼓家風》，法鼓
全集 8 輯 11 冊，法鼓文化，頁 56-69）

於僧伽大學「高僧行誼」課程，講「修忍辱行」，舉
廣欽老和尚及無名比丘尼為例，說明出家人能屈能伸，
「下與乞丐同行，不以為卑賤；上與君王並坐，不以
為尊貴」。（〈修忍辱行〉，《法鼓家風》，法鼓全集 8 輯
11 冊，法鼓文化，頁 210-216）

三月七日，即日起至十日，於法鼓山臨時寮主持第二十一
屆社會菁英禪修營，共有九十人參加。本屆為領導人
禪修營，學員包括產官學界，其中多位政務官、縣長，
以及立法委員等。法師強調，禪修的三個層次是：自
我肯定、自我成長、自我消融，而修行是要觀念加上

方法，禪修讓我們知道自己身心狀況，覺察情緒，身心合一。社會菁英禪修營曾中斷一年，後由各界敦請復辦。

於僧伽大學「創辦人時間」課程講「不講情理，講悲智」，說明出家人不講情理，講悲智。因為「理」會因時代、環境、身分而有不同標準，只講自己的「理」而不管別人，就成有理「橫」行天下；而不講「情」，是因為容易變成情緒或私情。出家人講慈悲、智慧。慈悲是保護、幫助，無條件給予，其中沒有占有、自我中心，也沒有想要求回饋。（〈不講情理，講悲智〉，《法鼓家風》，法鼓全集 8 輯 11 冊，法鼓文化，頁 172-176）

三月八日，為《新加坡法鼓山佛學圖書館革新創刊號》撰〈序〉。該刊原為報紙型，今改為雜誌型。法師期許此季刊成為建設人間淨土之工程。（收入《書序 II》，法鼓全集 3 輯 10 冊，法鼓文化，頁 69）

上午，法鼓山社會大學於臺北縣金山高中舉辦第一期開學典禮，臺北縣縣長蘇貞昌、縣議員唐有吉等多位地方首長、鄉民代表蒞臨出席，約五百人參加，法師亦到場祝賀開示。

下午，於農禪寺為法青會禪修聯誼開示，指出佛教於

二十一世紀前有五百年消沉時期，然在現代與未來，佛教很有前途。

三月十日，為《江曉航先生觀音菩薩畫冊》撰〈序〉。（收入《書序Ⅱ》，法鼓全集 3 輯 10 冊，法鼓文化，頁 71-72）

三月十一日，上午，於僧伽大學講授「高僧行誼」。

下午，為僧才養成班講授「出家心行」。

三月十二日，於法鼓山臨時寮主持首屆「出家體驗暨僧才養成班」受戒儀式，共有男眾十三人、女眾三十人受戒。

撰〈讓佛頭回到佛身〉，應係為「流轉・聚首——祈願山東四門塔阿閦佛重生」活動記錄說明緣起。（收入《法鼓山的方向Ⅱ》，法鼓全集 8 輯 13 冊，法鼓文化，頁 59-60）

三月十三日，輔仁大學神學院院長艾立勤（Louis Aldrich）神父及該院生命倫理中心佛教服務組組長陳清龍，為推動反對墮胎立法，至農禪寺與法師會談。

三月十五日，即日起二天，於法鼓山臨時寮主持首屆「北

部醫界禪二」，共有八十三人參加。由於去年九月於
苗栗法雲寺試辦中部醫界禪二，獲得廣大回響，成就
此次禪修舉辦因緣。

中國青年救國團主任李鍾桂、事業處處長陳國義及金
山青年活動中心總幹事李志玄等人，至法鼓山上拜訪
法師。

三月十六日，法師全臺關懷行活動，本日至土城教育訓練
中心，與來自永和、中和、板橋、林口、新店、文山
等北四轄區三百多位信眾會面，肯定北四轄區近年來
努力，包括成立土城惜福市場、開辦 DIY 休憩聯誼中
心等，並期許地區信眾們要培養國際觀。法師開示：
「發願，即是為傳遞法鼓山理念關懷，以關懷過程達
成勸募目的」，而法鼓山「百萬護持」勸募精神，實
即是大關懷教育之呈現。

三月十七日，法師全臺關懷行活動，本日至安和分院，與
來自士林、天母、中山、大同、社子等北二轄區二百
多位信眾會面，對北二轄區將法鼓山大關懷精神帶入
信眾生活，落實佛法生活化，表示鼓勵與讚賞。

三月十八日，德國慕尼黑大學漢學系研究所研究生嚴暉宇
（Philipr Jenning）以「聖嚴法師的禪法」為論文主題，

至中華佛研所圖資館蒐集資料，並獲允採訪法師。

三月十九日，上午，西藏黃教倫珠梭巴格西（Geshe Lhundub Sopa）應邀以「聖道三要」為題至中華佛研所發表專題演說，法師親自接待，並在隨行臺灣西藏交流基金會副祕書長翁仕杰陪同下，參觀中華佛研所圖資館。

下午，前往環球電視台，接受《民意最前線》節目主持人陳雨鑫專訪，主題為「法鼓山的創建與理念推動」。

晚間，司法院院長翁岳生與十二位大法官及其眷屬至農禪寺拜訪法師，請益禪修方法，並討論禪修問題。

來訪者包括司法院院長翁岳生伉儷，以及大法官蘇俊雄、曾華松、戴東雄、董翔飛、黃越欽、陳計男、孫森焱、楊慧英、施文森、吳庚、林永謀、王澤鑑等人。其中多位大法官夫人亦應邀出席。

師父並強調，禪修是不分宗教、民族的；禪修有助於放鬆身心、安定身心，是最能符合現代人穩定情緒。大法官們並提出希望師父能舉辦針對司法人員的禪修營，師父也當場應允這項提議。（〈翁岳生院長與大法官一行訪師父〉，《法鼓》，160 期，2003 年 4 月 1 日，版 1）

三月二十日，上午九時，由關懷中心監院果東法師、護法
總會總會長陳嘉男夫婦等人陪同，搭機抵達臺東。先
前往娜路彎酒店與縣府議會首長晤面，包括臺東縣副
縣長劉櫂豪、縣議會議長吳俊立、縣府主任祕書賴順
賢、議會主任祕書陳劍賢，以及娜路彎酒店董事長林
炎煌等。法師邀請政府首長參加法鼓山即將為政界、
工商界、教育界及法務界等分別舉辦禪修營，讓社會
菁英，藉由禪修「認識自我、肯定自我、成長自我、
消融自我」，達到心靈層次提昇。在場人士回應熱烈。

信行寺已完成寺廟登記，即將展開增建工程，法師於
悅眾會議中除祝福工程順利圓滿，並期許完工時，能
完成接引萬人護持使命。法師並指示，在新建工程圓
滿之前，現任召委等悅眾團隊成員應繼續承擔。

傍晚，法師一行自臺東搭火車抵達屏東，關懷屏東及
潮州辦事處，期勉辦事處健全組織架構，同時透過舉
辦活動，接引更多人認識佛法。

本日，英美軍隊聯合部隊發動對伊拉克軍事行動。法
師祈禱戰爭盡早結束，使傷亡情形減至最低。

　站在宗教師的立場，當然不希望、不贊成任何戰事的
爆發。戰事爆發的主要原因，有的是為了挑釁而戰、有
的是因為制裁而戰，也有的是為了自我保衛防禦而戰。

當戰爭在所難免而非戰不可，我認為具有嚇阻作用，而能同時達成保護多數人生命財產安全的武力展現，是當中比較和平的一種方式。戰爭不應是為了殺人而殺人。

假使全人類能夠真正愛人如己，不僅愛自己、愛自己的民族，也愛所有的世人，戰爭自然就不會發生了。但是愛人如己的話，人人會說，但是卻把某些特定的人視為魔鬼、仇敵，而非無條件地愛人，那麼戰事仍將難以避免。

美伊戰火已經爆發，在這種狀況下，我祈禱這場戰爭能夠盡早結束，使傷亡情形減至最低。而在戰爭結束之後，我們應該協助那些因戰爭而遭受破壞的地區及人民重建家園。（〈聖嚴師父的呼籲：祈禱戰爭盡早結束〉，《法鼓》，160 期，2003 年 4 月 1 日，版 1）

三月二十一日，上午，副總統呂秀蓮由內政部、交通部官員及金山鄉鄉長游忠義等陪同，蒞臨法鼓山園區參訪。呂副總統參觀圖資館、中華佛研所，中午並與法師餐敘。對於近日點燃之美伊戰火，兩人共同期盼戰事盡早平息，以減少傷害。

三月二十三日，上午，於農禪寺主持「福慧平安──祈福皈依大典暨會團迎新博覽會」，約一千九百人皈依三寶。

下午，法師全臺關懷行活動，於桃園齋明寺，與來自
桃園、新竹、中壢等北五轄區三百多位信眾會面，法
師讚歎北五轄區為新竹科學園區成立竹科禪修園道
場，鼓勵大家致力於佛法及禪修推廣。

三月二十四日，於基隆長榮桂冠酒店，與來自基隆、萬里、
金山、石門、三芝等北七轄區四百多位信眾會面，感
謝離法鼓山最近、提供山上各類活動人力資源最力之
護法，並鼓勵大家善用《法鼓》雜誌，與他人分享法
鼓山觀念與方法。

三月二十五日，於僧伽大學「高僧行誼」課程講授「東初
老人行誼一二事」；教導大眾從事功背後看高僧行誼。
　　老和尚之所以被稱為高僧，並不是因為蓋文化館、印
《大藏經》。營造商、建築公司都會蓋房子，沒什麼稀
奇；而印一部《大藏經》，現在的出版社、印刷公司出
版的書多的是，也沒什麼了不起。我們要看的是事蹟背
後的行誼，他沒有錢，怎麼能夠蓋文化館？他是靠著省
吃儉用，一點一點地感動人，才能夠把文化館建起來，
這些行誼在他的傳記裡是看不到的。（〈東初老人行誼
一二事〉，《法鼓家風》，法鼓全集 8 輯 11 冊，法鼓文化，
頁 217-219）

三月二十六日，於農禪寺齋堂，對法鼓山全體僧眾及專職

「精神講話」:「法鼓山的精神」,說明法鼓山建設的完成是僧俗四眾共同目標和希望,並提出工作修行法門,勉勵大眾修行不懈,約二百三十人參加。

三月二十七日,下午二時,於安和分院會見臺北縣民政局局長張宏陸及殯葬管理課課長王明陽,就自然灑葬公園一案交換意見。法師說明:灑葬公園不是墓地,而是一處提供安心、寧靜與光明之自然公園。

　　師父說明,從佛教觀點,一期生命結束後,讓身體四大復歸大地,也是生死觀的修行。推行灑葬,並不是將屍骨暴於荒野,灑葬公園也不是墓地,而是一處提供安心、寧靜與光明的自然公園。

　　師父認為,自然灑葬的觀念與做法,不僅體現環保,亦可減輕亡者家屬處理後事的經濟負擔,並推估三十年後,將成為臺灣社會處理「人生最後一件大事」主流模式。(《隨師日誌》未刊稿)

案:法師推動之灑葬,後更易為骨灰植存法;原提出之自然灑葬公園構想,至二○○七年十一月,植存公園首於法鼓山園區啟用,更名為「金山環保生命園區」。

下午四時三十分,於安和分院接受《人間福報》記者專訪,主題為「現代人的閉關修行」,內容包括閉關起源、宗旨、條件及意涵。

三月二十八日，中華佛研所於臺北國軍英雄館中正廳舉行
　「佛教藝術研究中心」成立大會，法師蒞臨剪綵，約
　三百人參加。

　　即日起至四月五日，農禪寺舉辦「第二十三屆清明報
　恩佛七」，法師每天晚上開示，講解念佛法門、《阿
　彌陀經》、《觀無量壽經》。

三月二十九日，於安和分院主持榮譽董事授證典禮，約有
　二百多位新榮譽董事參加。法師開示：發願種無量福
　田、努力辦三大教育事業，即是給自己大機會，亦是
　給後代大希望。

　　我們投資的是辦「大學院」、「大關懷」、「大普化」，
　環環相扣連鎖的三大教育事業。我們辦大學院教育，是
　要培養人才；培養人才的目的，是為了大關懷，從每一
　個人出生開始、一直到臨終為止，甚至到臨終以後的關
　懷，不僅是關懷一個人，而是關懷我們整體的社會。大
　普化是要做對社會有影響力的、有啟發性的、有轉變人
　心功能的教育事業。而這三種教育事業最上層次的，就
　是大學院教育；如果沒有大學院的教育，大關懷、大普
　化就不容易做得起來。

　　所以大普化教育和大關懷教育，需要有更多的人才來
　做，這也是我們為什麼要辦大學、研究所、僧伽大學、
　佛學院⋯⋯等的原因，這都是為了培養後世的、未來的

人才；這些人才的影響，不僅僅是影響我們的社會，也會影響我們的後代。

所以我們在去年九二八，就提出了一個建議，或者是一個想法，那就是「給個人自己一個大好機會，給後代子孫一個大好希望」。

給我們自己大機會──我們去種福田；給我們後代大希望──我們辦教育；這樣子的話，我們花下去的錢，成本不是很高，但收到的效果，卻是無限的、是永遠的。普通辦的教育有用，不是沒有用，但是我們辦的教育，影響會更深遠、更廣大。所以請大家來支持我們法鼓山辦大學，這個功德是無限、無量的。

各位菩薩將存款存在法鼓山，這個是永遠的銀行，而這個銀行會不會倒呢？不會倒。法鼓山也許會倒、可能不見了，但是，我們法鼓山所產生的教化、教育的功能是永遠的、是無限的。所以是值得的。

有人問我，榮譽董事能享受什麼樣的權利？有什麼樣的福利？我剛才已經講了，我們榮譽董事是護持我們一項偉大的、不朽的、永恆的教育事業，這項事業就是我們的榮譽，這項事業就是我們的福利，而我們有這個因緣、有這樣的機會來做，是我們最大的光榮，最大的幸運。（〈大願力　大希望〉，《法鼓》，161 期，2003 年 5 月 1 日，版 8）

三月三十日，上午，前往三峽天南寺預建地勘查。地主擬

將該筆土地捐贈法鼓山使用。

　　二○○三年三月，法行會黃平璋菩薩接引邱春木老菩薩次子邱仁賢菩薩與師父見面，並陪同師父到三峽看未興建前之天南寺空曠土地時，師父直說有種熟悉的感覺。天南寺有群山環抱，呈現太師椅的形貌，晚間往下可以看到一座繁華的臺北大學城；而施叔青菩薩在《枯木開花》一書中，描繪法鼓山總本山有千山來朝之勢，面對著金山平原，如太師椅般的安穩；而天南寺的坐落環境和氛圍，與法鼓山總本山相似，所以師父讚歎天南寺為小法鼓山，名副其實也。（〈天南記事：承先發願　啟後願行（一）〉，陳政峰，天南寺部落格，網址：http://ddmtn. blogspot.tw/2010/02/blog-post_25.html）

地主代表邱仁賢初步決定捐地後，旋於四月一日召開「興建法鼓山三峽教育訓練中心」第一次籌備會議，通過「法鼓山三峽教育訓練中心籌建委員會組織規章」作為籌建天南寺準據；同時成立籌建委員會負責推動。

　　邱仁賢菩薩在作了要捐地給法鼓山的初步決定後，黃平璋菩薩更本著菩薩之悲願，為了讓天南寺之籌建能順利推展，即於民國九十二年（二○○三）四月一日召開「興建法鼓山三峽教育訓練中心」第一次籌備會議。（〈天南記事：承先發願　啟後願行（二）〉，陳政峰，天南寺部落格，網址：http://ddmtn.blogspot.tw/2010/02/blog-post_28.html）

三月三十一日，為張草居士《明日滅亡》撰〈序〉。（收入《書序Ⅱ》，法鼓全集3輯10冊，法鼓文化，頁73-75）

三月，《法鼓全集光碟版》出版發行。《法鼓全集光碟版》係由法鼓文化委託中華佛研所網資室製作，收錄七十冊共九大輯《法鼓全集》，包含法師英、日文書籍著作，並提供檢索功能，便利資料查閱與蒐集。《法鼓全集光碟版》專案進行迄今兩年，共有一百五十七位義工菩薩參與前置工作。專案負責人為中華佛研所圖資館館長杜正民。

另，由法鼓文化出版「智慧掌中書」系列：《忍耐不忍氣》、《獨立做自己》，以及《金剛經如是說》（3CD）有聲書。

四月一日，即日起，因SARS疫情影響，為顧及信眾健康安全，法鼓山緊急決議暫停各項大型活動及參訪行程。法師原訂四月十六日前往加拿大溫哥華弘法，順延至年底。

為僧伽大學九十二學年度招生，法師於《法鼓》雜誌刊登〈隋唐第一流人才在佛門，二十一世紀菁英也是〉專文，勸請就學。
法鼓山僧伽大學佛學院是為培育德學兼備、解行並重，

具有高尚宗教情操、洞悉新時代需求，並能帶動社會淨
化的僧才而創辦的。我希望有意願以出家身利益廣大眾
生的年輕人，能來報考，因為做任何事愈早愈好，釋迦
牟尼佛二十九歲出家，我自己是十三歲出家，在大陸時
的出家人，多數都是年紀很輕就出家了；今天在西藏的
喇嘛教育，也是從青少年時代培養起來的。

修行出家愈早愈好

在中國佛教的禪宗史上，有大成就的高僧，大都是在
年輕時代打下了深厚的出家生活基礎。年過三十五，就
已過了青年階段的黃金時代，若非體力、心力、毅力過
人，得大成就的便少了，所以我鼓勵優秀的青年，把握
因緣，出家愈早愈好。

法鼓山的僧伽大學，目的不在於培養大學問家，而是
要培養大宗教家，也就是要培養真正能夠住持正法、弘
範人天的人才，要在正知正見的正法律中，養成戒、定、
慧三學並重，身、口、意三業清淨的大善知識；從身、口、
心三種儀態的熏陶，完成高品質的僧格，方能負起淨化
社會、廣度眾生的任務。

隨順因緣為佛法作舟航

僧大的學生，不比社會的經歷，而是要求「道心第一、
健康第二、學問第三」，在老師的教導和環境的熏習下，
陶冶出身儀、口儀、心儀都很標準而受人尊敬的出家人。

深明因果的道理，相信福德因緣，自己哪一方面的因緣
夠，就做哪一方面的事。如果福德因緣夠，做什麼事情
都做得起來；福德因緣不夠的，怎麼碰它也不會成就。
所以我希望學生能夠精進不懈，隨順因緣為佛法作舟航，
以利人為利己的最佳選擇。《楞嚴經》「將此深心奉塵
剎，是則名為報佛恩」，也唯有以身心奉獻，現出家相，
才能徹底做到。眾生需要佛法，佛教需要培養青年出家
人才。這也正是法鼓山僧伽大學的辦學宗旨。

為改善現狀盡心力

假如希望社會以及自己都有光明的未來，歡迎進入法
鼓山的僧伽大學。僧大四年完成宗教師的基本教育，畢
業時的學生都是出家人，合適的人可以進入法鼓山中華
佛學研究所進修或出國留學深造，或者進入法鼓山僧團。
無論往哪個方向發展，出家的人才，服務的對象，都是
非常廣泛的，不是僅為一家公司或一個家庭，而是為整
個社會，甚至是為整個的世界人類，因為我們做的，就
是把佛法的悲智傳播給世人，那便是為提昇人的品質、
建設人間淨土盡一分心力。（〈隋唐第一流人才在佛門，
二十一世紀菁英也是〉，《法鼓》，160 期，2003 年 4 月 1 日，
版 7）

**四月六日，全臺關懷行活動，先後於農禪寺、臺北安和分
院，與來自北投、石牌、淡水、三重、蘆洲等北一轄**

區信眾,以及來自中正、萬華、大安、信義、南港等北三轄區信眾會面,法師肯定二地區信眾長期投入義工行列,並感謝大家努力與奉獻。

至法鼓山臨時寮「法鼓八式動禪師資培訓營」關懷學員,勉勵用心練習、深刻體驗,將長期在禪修當中的體驗落實在動禪中活用。「培訓營」由禪修推廣中心果醒法師帶領,共有來自海內外一百三十多位具禪修基礎者接受培訓,遴選推廣師資。「法鼓八式動禪」係根據法師使用十多年之「晨間運動六式」,針對現代人因忙碌不易放鬆身心而設計。

四月七日,傍晚,應邀參加臺北藝術大學 929 劇場啟用典禮,並以「心地與大地」為題發表演講,期勉改變心念,珍惜環境,改善整體環境。結束後,與校長邱坤良及教務長惠敏法師及蒞臨貴賓,包括中華佛研所所長李志夫、法鼓人文社會學院籌備處主任曾濟群,共同植入希望之樹。

四月八日,應世界宗教領袖理事會邀請,前往日本京都參加「世界青年和平高峰會」(The World Youth Peace Summit)第一次籌備會議。法師於會中兼任大會副主席及執行委員會執行委員,並與全球各地宗教領袖、青年代表商討高峰會舉辦主旨及其他相關議題。

法師於會中提出，美伊戰後，世界宗教領袖理事會將
邀各宗教領袖前往伊拉克進行人道救援與討論，法鼓
山屆時將以「心靈環保」理念，協助伊拉克人民心靈
重建。（〈聖嚴師父於日本出席世青和平高峰籌備會〉，
《2003 法鼓山年鑑》，法鼓山基金會，2004 年 8 月初版，頁
282-283）

四月十一日，於僧伽大學「創辦人時間」講授「威儀」，
指點出家人於日常生活中與僧侶師長、居士互動時應
有之威儀，並鼓勵勇於承擔責任、有危機意識。（〈威
儀〉，《法鼓家風》，法鼓全集 8 輯 11 冊，法鼓文化，頁
148-155）

四月十二日，換鵝書會會長黃篤生與會員杜忠誥、連勝彥
等偕同眷屬一行二十餘人，參訪法鼓山園區，法師陪
同書法家們參觀各項建設，介紹景觀環境，並交流書
畫心得。（〈換鵝書會參訪法鼓山〉，《2003 法鼓山年鑑》，
法鼓山基金會，2004 年 8 月初版，頁 96）

攝影工作者曾敏雄受國家文化藝術基金會委託，針對
國內百位名人進行攝影專輯製作，至法鼓山園區拍攝
法師。

於僧伽大學「考生輔導」開示「智慧、慈悲與方法」。

法師舉招生海報文案標語「隋唐時代第一流的人才在
佛門，二十一世紀的菁英也是」引言，指出「二十一
世紀需要用佛法的觀念、佛法的方法來建設我們這個
世界，而二十一世紀最優秀的人才，應該投入佛教。」
如果要給自己、社會，乃至世界未來一個希望，最好
是出家──出離煩惱的家，讓自己能投入，也引領其
他人得到真正的平安幸福。（〈智慧、慈悲與方法〉，《法
鼓家風》，法鼓全集 8 輯 11 冊，法鼓文化，頁 94-100）

下午，於安和分院召集內湖地區悅眾關懷開示，近百
位參加。法師表示，內湖乃農禪寺成立護法勸募體系
後，首先成立之護法組織，而後才逐步發展大臺北各
區域網絡。近來內湖地區出現早期勸募會員及護持會
員流失情形。法師指出當是關懷不足，並開示：「關懷，
實際上就是尊重、了解、關心以及協助處理對方的現
實處境。」

四月十三日，上午九時，參加於農禪寺大殿舉行之「法鼓
　　山天南寺贈地暨捐款締約儀式」。三峽邱氏家族包括
　　邱仁政、邱仁賢、邱彬森、邱价良四昆仲，以及曹素
　　真等七姊妹在內三十餘人連袂出席，渠等在母親邱林
　　玉釵支持下，將邱家於三峽一筆土地捐贈法鼓山做為
　　興建禪修中心使用，同時捐贈新臺幣一億五千萬元，
　　作為工程興建用，完成其先翁邱春木老先生遺願。

邱老菩薩以「樂善好施，勤儉持家」的身教，養育著邱氏子女。次子邱仁賢菩薩回憶道：「父親時常在外辦事，過了午飯時間，卻連一碗麵都捨不得吃，一定要趕回家用餐。」

邱老菩薩也曾經歷面臨倒閉的人生困境，幸而受到一位素昧平生的貴人相助。轉危為安後，卻再也找不到這位恩人。這份恩情奇遇，成為邱老克勤克儉，時時繫念利益他人的善行願力，並在往生前十多年立下以德教化人心的志業，開始在三峽買地籌建寺院，卻因為爬山意外放下萬緣，沒有預立遺囑瀟灑地走了。留下一生如實的身教行儀，成為兒女心靈言行典範，安身立命的依靠。子女果然個個事業有成，敦厚和敬，不但不曾為遺產鬩牆反目，反而更相互勉勵，通力將父親遺下的資產做了最妥善的規畫，同時積極尋覓高僧大德實現父親的大願。（〈父母悲智傳家　兒女成就無盡福田〉，《法鼓》，167 期，2003 年 11 月 1 日，版 7；另參見：〈天南記事：承先發願啟後願行（二）〉，陳政峰，天南寺部落格，網址：http://ddmtn.blogspot.tw/2010/02/blog-post_28.html）

護法總會於農禪寺舉辦「新勸募會員授證、三福田暨百萬護持感恩發願大會」，法師出席為八十位新進勸募會員授證。開示正信佛教三層次，說明法鼓山是以推動心靈環保為核心主軸，推動「百萬護持」即是藉由勸募方式，在認同法鼓山理念後，進而護持建設，

以教育自己、關懷他人,全方位提昇。

正信的佛教存有著不同的層次。第一個層次,就是有病的人,希望能趕快痊癒;發生災難的時候,希望災難不要太過嚴重;遇到了困難,希望能遇到貴人,或者是祈求神或是佛菩薩的幫助,幫助我們逢凶化吉。在這個層次上,佛教信仰的層次與其他宗教的層次是共通的。

第二個層次,就是理解,亦即在觀念上作調整,用佛法的觀念來幫助我們解決問題。比如,法鼓山心五四運動中的四要:「需要的不多,想要的太多,能要該要的才可以要,不能要不該要的絕對不要」,實際上就是因果觀念。把佛法的觀念融入我們的生活之中,便與民間信仰的層次不一樣了。

第三個層次,則是參加修行。法鼓山舉辦的各種修行活動,包括禪修、念佛、拜懺等等都是修行。勸募是福慧雙修的一份工作。因為我們在做勸募的時候,就是在分享法鼓山的理念,邀請更多認同的人一起來參與。不僅能夠淨化自己的人心,又能夠淨化周遭的社會。這個佛教信仰的層次,便是我們法鼓山推動生活佛法的另一種特色。

以上三個層次,第一個層次是任何一個宗教所共同的功能。第二個層次是能夠理解,但是很多人能知不能行。這種層次,並不是法鼓山所提倡的,我們所提倡的是提昇至第三個層次:理解多少,便有等同的實踐力。(《隨師日誌》未刊稿)

傍晚，於農禪寺出席第四十一次社會菁英禪修營共修會並開示：「禪修，一定得打坐嗎？」約有歷屆社會菁英禪修營學員一百八十人出席。

「禪修重鍊心，不在練腿。」法師舉中國禪宗集大成者六祖惠能大師悟道啟示說明，禪在日常生活中，無論忙碌與否，獨處或與人相處，「內心能夠經常保持平靜、安寧、清明的狀態，便是禪修。」鼓勵平日多練習，還要居安思危，臨事才不至於驚慌。並以近期 SARS 疫情為例，許多狀況原來並不嚴重，由於人心恐慌、抗拒，導致事情更加嚴重。因此勉勵大眾，「坦然面對，才能更有把握地度過難關」。（《隨師日誌》未刊稿）

四月十五日，上午，赴五股，應妙雲禪寺住持今能長老邀請，擔任該寺「文殊及普賢大士聖像開光大典」主法開光唯一貴賓。今能長老以重禮迎接，出於法師意料之外。年初以來，今能長老因病住院，法師曾三度探視。法師於法事後致詞，數度哽咽，讚歎今能長老不為自己寺廟而為全體佛教界奉獻之胸懷，並表示法鼓山能夠受到社會大眾肯定，其中一股重要力量即是有今能長老此一老友。

今天，今能長老邀請我來妙雲禪寺主持開光，我的行程雖然非常地忙，但是無論如何，我都一定會把時間挪出來，因為我對於今公長老非常的欽佩，也非常的感恩。對於今老的道場，我談不上有任何的貢獻，也沒有絲毫

的幫助，但是今老對於法鼓山信眾和出家弟子的關懷和
照顧，可以說是有求必應。只要我們有任何事情來麻煩
今公長老，他從來沒有說過「不」，除了他因病住院療
養，否則不曾缺席。長老的這份恩情，我始終沒有辦法
報答，假使這一生無法圖報，也許要到來世再報恩了。

在臺灣所有的長老之中，今老是最熱心於佛教大眾之
事的，他也熱心於佛教教育，以及整個社會公益的事業，
但是卻忘了對自己身體的照顧。他的身體狀況看起來比
我好一些，但是常常生病，尤其這幾年他都是抱病弘法，
廣結善緣，反而沒有餘力照顧自己的道場。在這方面，
我覺得我……（案：師父因動容哽咽，演說中斷。）

在我們這個時代，老和尚已經不多了，我和今老年紀
也都不小了，但願今老能夠身體健康、長壽，這就是臺
灣佛教與世界佛教的一種福氣。而我們法鼓山，還有我
個人，往後都還需要今老的照顧。

我的老師與師父在十多年前都已經相繼往生了，老師
和師父在的時候，他們會常常提醒我，而今我的長輩們
都已經走了，現在靠的是誰呢？靠的是朋友。在我所有
的出家朋友之中，最讓我靠得住的，給我支持力量最大
的，是今公長老。這是為什麼我剛才感情脆弱而落淚，
這是感恩的眼淚。諸位菩薩們，你們一定要非常珍惜親
近今公長老的這份因緣。（《隨師日誌》未刊稿）

於僧才養成班講授「接受合理與不合理」，以早年經

東初老人調教經驗指點:「出家人即便在不合理狀況
下,都能接受不合理的事實,這樣子,自己的慢心、
驕氣、習氣,一向習慣的價值觀,就會改變。」(〈接
受合理與不合理〉,《法鼓》,164 期,2003 年 8 月 1 日,版 7)

下午,於法鼓山園區教職員宿舍佛堂舉行送駕儀式,
為法師明日出國赴美送駕。參加人數約二百人,除園
區教職員、工作人員之外,包括僧大、中華佛研所、
漢藏交流班及僧才養成班學員。

出國前夕,撰寫〈對護法菩薩的關懷信〉,囑咐會員
做好關懷工作,並常閱讀《法鼓》雜誌領會法師關懷。
(〈師父赴美弘法前的叮嚀〉,《法鼓》,161 期,2003 年 5
月 1 日,版 2;另參見:〈對護法菩薩的關懷信〉,《法鼓山
的方向 II》,法鼓全集 8 輯 13 冊,法鼓文化,頁 67-68)

四月十六日,赴美國弘法。行前,亦有四眾弟子於農禪寺
送駕。妙雲禪寺住持今能長老亦同時至農禪寺拜會,
禮謝法師昨日主持該寺法事,並為送駕。

四月二十日,及二十七日,於紐約東初禪寺佛法課程,講
述「八正道」。

四月二十四日,於象岡道場撰《禪的智慧》中文版〈序〉。

該書今年七月由法鼓文化出版。（文見該月譜文）

於象岡道場為法鼓山文教基金會出版之《隋代古石雕
——阿閦佛頭像復歸紀實》撰〈序〉，簡述緣起並感
謝成就之各方人士。（〈序《阿閦佛頭像專集》〉，《書
序 II》，法鼓全集 3 輯 10 冊，法鼓文化，頁 77-79）

四月二十五日，於紐約東初禪寺主持「法集會」，開示主
題包括「從禪修的立場來看各種的危機」、「從佛法
的立場來看基本教義」，約有四十多人參加。

四月二十六日，臺灣爆發 SARS 疫情，臺北市立和平醫院
受疫疾影響因而封院，法師自美國傳真〈祝福你平安〉
一文回臺，指點大眾「把目前的疫情，委託給專業的
醫衛設施；把生命中的難關，付託給個人的宗教信
仰」。《法鼓》雜誌立即將此文印製夾報送出，慈基
會同時製作一千份〈祝福你平安〉一文關懷慰問卡，
送至和平醫院，關懷醫護人員及患者。日後並製作《聖
嚴法師祝福你平安》手冊，刊有法師撰寫之二十則「安
心法語」。（〈祝福你平安〉，《法鼓山的方向 II》，法鼓
全集 8 輯 13 冊，法鼓文化，頁 45-46；〈安心法語〉收入同書，
頁 55-58）

四月二十七日，在紐約東初禪寺接受 TVBS-N、東森、

民視、八大等臺灣六家電視台駐紐約特派記者訪談
SARS 疫情。法師呼籲大眾莫孤立感染 SARS 疫疾患
者，並強調，在此人心不安時刻，人與人之間關懷最
重要。並錄製三段「祝福平安」談話，勉勵兩岸三地
「人心加油」。

四月，由法鼓文化出版發行聖嚴法師講解《佛說阿彌陀經》
（3CD）有聲書。

五月二日，接受世界宗教領袖理事會執行長邀敘，在聯合
國大廈共商如何前往伊拉克進行人心重建工作。此源
自法師日前在日本舉行會議時之提案與承諾，世界宗
教領袖理事會擬募集一百萬美元，投入此行動。

五月四日，上午，東初禪寺舉行浴佛法會，聖嚴法師與仁
俊長老率領僧俗四百多人，進行浴佛、皈依祈福和佛
前大供。下午，法師以「恐慌與安定」為題開示大眾，
臨危不亂，進一步居安思危：「追求根本不存在的安
全保障，所以常常處在驚恐不安的狀態；如果接受佛
法，就會坦然面對危脆的世界，而無常的生命便不致
於恐懼不安了。」
　　如果我們進一步了解就會知道，比起其他曾經造成大
流行的疫疾，SARS 從去年（二〇〇二）十二月至今年
的五月，不論是在臺灣、香港、新加坡或中國大陸，真

正因為感染而去世的人，其實並不多。但是現在全世界的人，只要聽到 SARS 就會害怕，就會恐懼。遇到這種狀況，最重要的就是不能慌張，只要臨危不亂，危險的狀況就會減低，甚至於根本不會有危險。

事實上，人從出生到死亡，是必然的過程。有生，一定有死，每個人在出生時，甚至遺傳中就帶著各種不安全的因素一起來，這也就是生命的事實。我們必須認定，這個世界根本就是個不安定、不安全的環境，在任何時間以及任何地點，都沒有真正的安全，隨時隨地都可能發生危險。所以佛法又形容這個世界為「火宅」，在火宅中還會有安定、有安全的地方嗎？但是，在火宅中我們仍然要有慈悲心及智慧心，至少在心裡就會有安全感了，就會遠離恐懼。（〈心安就能平安〉，《聖嚴法師祝福你平安》，法鼓山慈善基金會，2003 年 5 月，頁 3-13；另參見：《法鼓》，162 期，2003 年 6 月 1 日，版 8；《法鼓山的方向 II》，法鼓全集 8 輯 13 冊，法鼓文化，頁 49-53）

為《天下》雜誌出版社出版之《達賴生死書》（中譯本）撰〈序〉。（〈序第十四世達賴喇嘛《生死的勸言》中譯本〉，《書序 II》，法鼓全集 3 輯 10 冊，法鼓文化，頁 81-82）
案：該書出版時書名為《達賴生死書》。

五月六日，即日起至十六日，以世界宗教領袖理事會主席團主席，以及中國臨濟宗和曹洞宗禪師雙重身分，應

邀前往俄羅斯。此行為法師自一九九八年訪問聖彼得
堡以來,第二次訪問俄羅斯。

五月七日、八日,分別於莫斯科一韓國寺院,以及前商業
部大樓演講廳,演講「禪修與生活」。均由俄國弟子
亞歷山大・傑托米爾斯基(Alexander Jitomirsky)安
排,其為法師一九九八年首度至聖彼得堡主持禪修指
導時所收弟子,目前在當地組一中國禪佛教團體,並
已出版法師兩冊開示錄之俄文譯本。演講會到場聽眾
全為俄羅斯青年,當地《莫斯科時報》記者亦到現場
採訪。

八日下午,由世界宗教領袖理事會安排,訪問莫斯科
最古老、規模最大、亦是俄國東正教最高機構所在之
丹尼洛夫修道院(Danilov Monastery),並與東正教、
伊斯蘭教、佛教等宗教領袖代表會面,探詢是否接受
世界宗教領袖理事會前往莫斯科召開。

五月九日下午至十六日上午,於莫斯科州克林鎮(Vysokoye
Klin),一處由古皇宮舊址改建之鄉村旅社(Vysokoye
Guest House),主持為期七天之禪修活動,共有八十
位俄國人士參加。法鼓山亦藉此成立莫斯科禪修中心,
期能深入、廣泛地將漢傳佛教分享俄國社會。

五月十一日，即日起，法鼓山陸續在各大報及全臺五十多處戶外看板及燈箱，刊登「心安就有平安」、「人心加油」公益廣告，希望在 SARS 疫情期間有安定人心力量，各處皆由廣告商免費提供。

五月十四日，慈基會捐贈衛生署十萬枚醫療用專業口罩。此係經法師指示，透過美國僑界採購而來。由僧團都監果品法師、慈基會會長王景益、緊急救援系統總幹事謝水庸代表捐贈，衛生署署長涂醒哲代表接受。涂署長除表示感謝，也十分肯定法鼓山在防疫行動中的貢獻，並期許發揮宗教力量，撫慰社會集體不安。

翌日，法鼓山動員義工，將口罩分批運送至臺北市十八家醫學中心和公、私立醫院，以及全臺六十家醫學中心，務求於最短時間，將口罩送至第一線醫護人員。

五月十七日，自莫斯科返抵紐約。接受紐約僑聲電台記者江漢專訪談「悲願」。法師指出，人活在世界上，應該要學習釋迦牟尼佛，擔起解脫眾生苦難責任，運用自己生命，做有益眾生之事。

五月十八日，於紐約東初禪寺主持皈依儀式。

　五月二十一日，接受聯合國祕書長安南之邀，參加於
　　哈瑪紹紀念圖書館演講廳（The United Nations Dag
　　Hammarskjöld Library Auditorium）舉辦之「聯合國
　　世界宗教領袖理事會」會議，主要討論如何解決「使
　　用宗教暴力的恐怖主義與違反人道」相關問題，共有
　　四十一個國家、二百餘位各宗教領袖參加。法師並應
　　邀以「宗教的暴力與恐怖主義」（Religious Violence
　　and Terrorism）為題發表演說，闡明關懷與尊重為解
　　決衝突根本之道。

　　我們相信，世界任何一種宗教，都是主張人類應該和
平相處的；我們也應該肯定，世界任何一種宗教，都是
相信他們所崇拜的神，是最有愛心、最有正義、最有能
力賜福給人類的。

　　但是，為什麼自有歷史以來的地球世界，總會有那麼
多的矛盾與衝突、暴力與恐怖，竟然是發生在宗教信仰
最強烈的民族之間？

　　我們相信，宗教的暴力和它的恐怖主義，都是起源於
人類缺乏安全感，對於尚未知道的一切現象，因為猜疑
而恐懼，因為恐懼而採取暴力的手段，企圖以先發制人
的行動，達成為自己壯膽，使敵人驚恐的目的。

　　如何解決這個數千年來從未解決的問題？我的建議
是，可以向如下的兩個大方向思考：

一、最快見效的方法是：

建議在聯合國通過一項國際法案，為了保障人類多元
化的宗教信仰自由及生命的安全，對於任何個人、任何
族群、任何國家，凡是利用宗教群眾，挑起暴力行動及
恐怖主義者，均應接受國際法庭的審判及全人類的制裁。

二、最能徹底見效的方法是：

呼籲全世界每一位有愛心、有智慧的人士，通過各種
管道、各種方式，持續努力，運用每一個適當的時機，
規勸每一個宗教及精神的領袖們，對於政治要保持關心，
不要對於政治抱有野心；並且約束宗教的信徒，勿受政
治人物的挑逗、愚弄、操控，而成為政治人物的工具。
規勸每一個國家的政治領袖們，可以有虔誠的宗教信仰
及靈修經驗的宗教素養，千萬不可以利用宗教的群眾、
煽動宗教的狂熱、挑撥宗教的仇恨、號召對異己者發動
「聖戰」，或者恐怖攻擊，以取得他們的政治利益。否則，
神與宗教雖不會有問題，難免會有許多的野心家們，利
用了神的威名及宗教群眾，催生了族群對立的暴力行為；
強勢的一方，訴諸於戰爭，弱勢的一方，則訴諸於恐怖
主義的攻擊。以致為人類世界，帶來永無止息的災難。
（〈宗教的暴力與恐怖主義〉，《致詞》，法鼓全集 3 輯 12 冊，
法鼓文化，頁 61-66；另參見：《建立全球倫理——聖嚴法師
宗教和平講錄》，聖嚴教育基金會，2008 年 1 月，頁 8-18）

五月二十二日，即日起至六月一日，於象岡道場主持默照

禪十，共有七十四人參加。

南投埔里德華寺第六任住持法明法師召開信徒大會，會中決議，敦請聖嚴法師擔任第七任住持。法鼓山在南投新增一據點。

五月二十七日，於《中國時報》論壇版，發表〈死亡的尊嚴，何必拘泥形式〉一文，說明佛教對死亡、生命表達尊重方式，在於以莊重恭敬心態，處理往生者後事。並藉此回應作家吳若權五月二十三日於該報刊出〈在生死瞬間學臨終關懷〉一文，有關「往生後八到十小時之內不可碰觸遺體」問題。

目前因 SARS 病故的遺體，還有大腸癌患者的遺體，若不即時入殮殯葬，會對公共的衛生環境，造成汙染及感染。如果即時料理，是不是會對於往生者造成干擾而無法進入佛國淨土呢？

佛教的觀念是最富有彈性的，一般的狀況下，如果往生者尚不知道自己已經死亡，對於肉體尚有眷戀執著，甚至尚有若干觸覺，最好不要立即碰觸，而是經過助念，引導他們的神識，求生佛國或者轉生善道。

至於在特殊的狀況下，佛教徒是可以隨緣變通的。譬如有人問我，在生前預立遺囑，願將器官捐贈給需要的人，是否會妨礙往生佛國的路？我說：菩薩誓願，捨己救人，乃是往生佛國的增上緣。

在一九九九年九月二十一日，臺灣發生大地震，我到災區慰問，發現許多遺體已有腐臭的異味，便鼓勵遺屬們即早殯殮火化；尚有若干罹難的山村民眾，被移動的走山掩埋在數十公尺深處，我也勸勉那些遺眷們說，就當作回歸大地的自然葬法來看……

佛教尊重生命，不論遇到什麼狀況，救命延生是第一優先，對死亡的尊嚴，是在於後人處理後事的心態要莊重恭敬，不在於拘泥於某種一成不變的形式。（〈學習臨終關懷〉，《法鼓山的方向II》，法鼓全集8輯13冊，法鼓文化，頁47-48）

五月，「智慧掌中書」系列：《放下壓力吧！》、《別再執著了！》，以及《聖嚴法師教觀音法門》由法鼓文化出版。《聖嚴法師教觀音法門》原為電視節目《大法鼓》答問，後經作家梁寒衣整理成書。法師有〈序〉說明成書經過與主題。

這冊小書，原是我為中華電視台錄製的《大法鼓》節目，由資深主播陳月卿女士提問，我口述了七種觀世音菩薩的修行法門。雖然在這之前，我已寫過一冊贈送結緣的小書《觀世音菩薩》，已約略介紹了這七種法門，但未深入，故在《大法鼓》中，就這七種法門，一連講了十多集，特別是對於《心經》內容的修持法，以及《楞嚴經》耳根圓通法門的修持法，著力較多。

因此本書是由日常生活中的持名、持咒、讀誦，進而

對於人生身心的觀照、對於由淺入深的禪定修行，乃至如何悟入自性，成就無上佛道，都作了簡明扼要的說明。（〈《聖嚴法師教觀音法門》自序〉，《書序Ⅱ》，法鼓全集 3 輯 10 冊，法鼓文化，頁 177-178）

六月八日，於紐約東初禪寺主持皈依儀式。

六月九日，自美返臺，準備高雄紫雲寺開山住持演禪長老尼之追思讚頌大會。演禪長老尼於六月五日圓寂。

召集僧伽大學佛學院副院長惠敏法師、僧團都監果品法師、副都監果廣法師、教育院監院果光法師等，討論僧伽大學、出家生活體驗暨僧才養成班與僧團一貫教育培養及體制，期使僧團培育之人才於畢業後順利進入僧團，提昇僧眾品質。

於農禪寺召見基金會副執行長果肇法師、關懷中心監院果東法師，以及慈基會會長王景益、執行委員許哲銘、總幹事謝水庸、副總幹事鄭文烈、謝明月以及大臺北地區法鼓山緊急救援組織各區總指揮，慰勉並肯定大家在 SARS 疫疾發生期間努力與奉獻。

六月十日，於農禪寺為《五百菩薩走江湖》撰〈序〉。書於今年十月出版。（參見該條項下）

傍晚五時，於高雄紫雲寺與原始信徒代表們會談，信徒代表擬為紫雲寺開山演禪長老尼建紀念堂，供奉骨灰與牌位。法師開示：修行道場放置演禪法師遺照或舍利供後人憑念追思其精神，此一想法可嘉；唯供奉骨灰與牌位，則是世俗人想法，非出家人格局。法師並舉法鼓山目前規畫之自然灑葬法說明，人體四大回歸大地。

六月十一日，上午，於高雄紫雲寺主持開山住持演禪長老尼追思讚頌大會。參加大會者有來自高雄地區三十多個佛教團體諸山長老，如世界華僧會會長淨心長老、高雄縣佛教會理事長心茂法師等，以及南區信眾約九百多人。高雄縣縣長楊秋興、高雄市副市長姚高橋、立法委員江麗惠、高雄地檢署檢察長朱楠、高雄地方法院院長蔡文貴、鳥松鄉鄉長張美瑤等政府單位首長及民意代表，亦皆到場致祭。

讚頌大會由法鼓山僧團以「開山住持」的儀軌進行。師父開示時表示，長老尼是天台宗高僧斌宗法師的弟子，冠「南天台」的宗派名。而師父自己在日本修碩士、博士的論文，亦與天台學有關，近來所著《天台心鑰》一書，弘講天台教觀，如今接任紫雲寺住持，的確是不可思議的因緣。雖然法鼓山目前還缺很多經費，但為報答長老尼知遇之恩，法鼓山全體無不全力支持紫雲寺增建。

世界華僧會會長淨心長老，稱頌長老尼有捨有得，能

禮聘到法鼓山承續紫雲寺法務，如今心願已了，含笑捨
報，實是功德圓滿。（〈紫雲寺開山住持演禪長老尼圓寂〉，
《法鼓》，163 期，2003 年 7 月 1 日，版 3）

**六月十四日，自臺抵美後，應邀至紐約哥倫比亞大學
（Columbia University）演講，講題為「禪：在颶風眼
中──如何在恐慌中得平安」。講會由該校數學系教
授崔茂培策畫，在西方屬大型演講，約有二千名中外
人士與會，指導大家如何運用禪法處理危機。**

　　由於世界各地天災人禍頻仍，人心浮動不安，師父從
長遠角度，指出「三界如火宅」，並說明多變的現實世
界，正是安心用功的菩提道場。

　　此外，師父又提出兩個禪的觀念，供大家參考：第一，
逆向思考，譬如說，將危機當成轉機，視危機為考驗、
成長的機會。第二，順勢而為，即是看機緣，舉例來說，
假使需要渡輪，大家一起買或造條船，每個人都協力促
成其事，一定成功。因為個人條件有限，若眾人從事，
個人參與，才能順勢減緩危機。

　　師父以這次臺灣面臨 SARS 危機為例，法鼓山義工們
把握住機會，先研究好自我保護措施，再為受感染病患
及家屬提供服務，結果受到社會好評，義工們「沒有一
個感染」，這正是「逆向思考，順勢而為」的最佳說明。
演講會上，也當場發送了《聖嚴法師祝福你平安》小冊
子，冊中詳述法鼓山提供的 SARS 對應之方，呈現法鼓

山在 SARS 疫情中如何建立信心，並運用方法轉化危機
的智慧。（〈哥倫比亞大學說禪法〉，《法鼓》，163 期，
2003 年 7 月 1 日，版 1）

六月十五日，於紐約東初禪寺主持皈依儀式。

六月十九日，即日起至二十二日，應邀前往德州弘法。
　　此為第三度訪德州，距上次已有十二年之久。十九
　　日飛抵達拉斯沃斯堡國際機場（Dallas-Fort Worth
　　International Airport），前往阿靈頓法光寺，探訪東京
　　留學時期同窗好友越南籍長老智賢法師。兩人闊別已
　　有三十年，智賢法師還保留法師當年贈送之中文辭典，
　　並經常用《正信的佛教》一書越文本，接引越僑信眾
　　入門。

六月二十日，晚間，於美國德州大學奧斯汀校區（University
　　of Texas at Austin）演講「生活禪」，指導大家在日常
　　生活練習身心放鬆與覺照等禪修方法，約有七百人聆
　　聽。臺北經濟文化辦事處處長馮維彰伉儷，特別自休
　　士頓前來參加。
　　　　師父提醒大家，只要隨時隨地保持心的清明愉快，行
　　住坐臥無一不是禪境的修行，能夠覺照而「不除妄想不
　　求真」，便是禪修生活；在日常生活中，練習身心的放鬆、
　　統一、放下，便能做一個自利利人，而不是自惱惱人的

人。這場開示由魏煜展夫婦、傅佩芳女士策畫，劉大偉
英文翻譯，雖然講堂的座位只有六百席，卻湧進了近
七百人，其中以西方人為主的青年知識分子居多。（〈師
父德州弘法關懷〉，《法鼓》，163 期，2003 年 7 月 1 日，版 1）

六月二十一日，晚間，在德州達拉斯李察遜市
（Richardson）新落成艾斯曼中心（Eisemann Center）
大演藝廳演講「禪──苦與樂、迷與悟」，說明苦樂
迷悟意涵，約一千人聆聽，為當地華裔社會近年來最
大活動，該市副市長約翰・莫菲（John Murphy）特
地前往致詞歡迎。翌日，由果元法師英譯、五位資深
禪友擔任助教，在德州大學阿靈頓分校（University of
Texas at Arlington）為二百五十位人士舉辦一日禪，法
師鼓勵參與學員持之以恆，將禪修運用在日常生活中，
利益自己與周遭人。

六月二十六日，即日起至七月六日，於象岡道場主持話頭
禪十，共有六十七人參加。

六月二十七日，函示僧團當為「後聖嚴時代」預作準備，
由個人領導轉型為事業機制與僧團之團體領導。
　　目前是由聖嚴的人格中心在領導及護持我們的團體。
後聖嚴時代，必須轉型為事業機制及僧團的和諧、穩
定、清淨、精進，來接引做號召，所以必須預做準備。

（〈聖嚴法師書信〉〔法鼓山僧團法師私人所存的單張書信〕，2003 年 6 月 27 日，轉引自：〈嚴師慈訓——以《師父的叮嚀》書信為主〉，釋常灃，《法鼓山僧伽大學畢業製作選集 2006-2011》，法鼓山僧伽大學，2012 年 7 月，頁 379-393）

六月，為《法鼓八式動禪學員手冊》撰寫推薦文〈勸請大家來推廣〉（《法鼓山的方向 II》，法鼓全集 8 輯 13 冊，法鼓文化，頁 137）。另《法華經的人生智慧》（6CD）、《法華經的淨土思想》（6CD）有聲書，由法鼓文化出版。

七月一日，為《法鼓全集》第三輯第六冊之《評介・勵行》書中收錄之〈評慧嶽法師《天台教學史》〉一文誤刊更正並向慧嶽老法師、天台法嗣法師致歉。啟事如下：

《法鼓全集》第三輯第六冊之《評介・勵行》一書中所收錄之〈評慧嶽法師《天台教學史》〉一文，於 142、143 頁中部分內容有所誤刊，謹更正如下：

原文為：「可是諦閑大師於民國十五年（西元一九二六年）所建萬年寺的天台宗法系相承譜，……走上依法不依人的路，才能開出無宗無派的大一統的佛教大局面來。」

茲更正為：「可是諦閑大師於民國十五年（西元一九二六年）所建萬年寺的天台宗法系相承譜，因蕅益大師弘揚天台教教觀功高而尊為三十一代祖師，由此還

可看出諦老是尊師重道的風範！重法勿重系，重思想勿
重人事，走上依法不依人的路，才能開出無宗無派的大
一統的佛教大局面來。」

　　以上誤刊，特此謹向慧嶽老法師、天台法嗣法師們致
最大的歉意，並將於再版時，一併修正。（〈更正啟事〉，
《法鼓》，163 期，2003 年 7 月 1 日，版 1）

案：更正啟事係以法鼓文化事業股份有限公司具名。慧
嶽法師為聖嚴法師日本立正大學前期學長，且指導教授
同為坂本幸男教授。〈評慧嶽法師《天台教學史》〉一
文係聖嚴法師於民國六十三年（一九七四）博士生最後
階段所寫，該年八月刊於《菩提樹》雜誌。發表多年後，
近日有境外年輕法師反應，經慧嶽法師來訪調停（參見：
《浮塵掠影：李志夫先生訪談錄》，國史館，2013 年 7 月初
版一刷，頁 346），於是有此更正啟事。此一更正之直接
因素固為人事考量，但亦略可透露法師對宗派法系的態
度與當年有所轉變。

七月五日，臺北市政府舉辦「揮別 SARS，臺北 OK 感謝
　　有你」感恩頒獎典禮，邀請慈基會、農禪寺出席受獎，
　　感謝法鼓山從和平醫院封院以來，在第一時間抵達市
　　政府設置前進指揮所，提供長達半個月人力支援，捐
　　贈醫療用口罩和物資至各醫療院所，並將種種安定人
　　心方法，迅速傳達給民眾。都監果品法師代表出席，
　　馬英九市長頒發感謝牌。

此前，總統陳水扁亦來信對法鼓山抗 SARS 之努力、以及聖嚴法師以同體大悲之菩提心，透過各種管道、場合，為臺灣生靈祈願祝禱，表達衷心謝意。

七月七日，於紐約象岡道場完成「七覺支講記」講演記錄稿。此係去年於東初禪寺八次講說，經姚世莊整理錄音帶，再由法師刪增定稿。（《七覺支》，法鼓全集 7 輯 14 冊之 4，法鼓文化，頁 5-53）

七月九日，自美國返抵臺灣。

七月十二日，第一屆、第二屆漢藏佛教文化交流研究班結業，出版專集。法師應邀撰〈序〉說明該班辦理緣由及成效。

　　行政院蒙藏委員會為了照顧來臺灣弘化的藏傳佛教僧侶，協助他們加強漢文化的素養，以便利對於臺灣民眾的宣化功能，故自二〇〇一年起，委託法鼓山中華佛學研究所，承辦「漢藏佛教文化交流研究班」，每屆為期一年結業。「漢藏班」的年輕喇嘛們，資質都很優秀，學習的興趣也都很高昂，他們之中，有的已具有格西、堪布、仁波切的資格身分，有的已有漢語基礎，所以進步相當快速。相信他們在深入臺灣的漢文化社會之後，來弘揚藏傳的佛法，將會為多元的臺灣佛教，帶來開創性及激勵性的效果。（〈序第一屆・第二屆漢藏佛教文化交

流研究班結業紀念冊《札西德勒法鼓山》〉,《書序 II》,
法鼓全集 3 輯 10 冊,法鼓文化,頁 83-84）

七月十二日,於農禪寺撰〈《淨土在人間》自序〉,該書
於十二月由法鼓文化出版。（文見該月）

七月十三日,上午,於農禪寺主持「福慧平安──祈福皈
依大典」,此為 SARS 疫情控制後首次大型活動,約
有一千四百人皈依三寶。

七月十七日,於農禪寺為鄧美玲居士《雲水吟──禪宗溯
源之旅》撰〈序〉。鄧居士於去年（二○○二）十月
法鼓山大陸佛教古蹟巡禮團中擔任法師隨行記錄,然
此書並非專記法師行事,對禪寺與禪宗祖師歷史、語
錄公案著墨較深。（〈序鄧美玲居士《雲水吟──禪宗溯
源之旅》〉,《書序 II》,法鼓全集 3 輯 10 冊,法鼓文化,
頁 85-87）

七月十九日,上午,東森媒體科技集團總裁王令麟帶領副
總裁趙怡、董事長張樹森等多位高階主管,至農禪寺
拜訪。法師感謝東森電視台促成《不一樣的聲音》節
目在北美東森頻道播出。

洪健全基金會董事長洪簡靜惠偕同家人,上午至農禪

寺拜訪法師，就基金會經營與讀書會運作等議題進行
經驗交流。

七月二十日，第四十二次社會菁英禪修營共修會於農禪寺
舉辦，約一百五十人參加。法師出席開示。

七月二十一日，上午，受邀前往司法院舉行心靈講座，司
法院院長翁岳生率領各廳室主管及最高法院、高等法
院、公務員懲戒委員會、臺北高等行政法院、臺北地
方法院等院長、法官、檢察官及同仁二百餘人參與。
此為法師繼總統府月會、國安局邀請發表「心靈環保」
專題演說後，第三度接受國家層級部會邀約。翁院長
以「臺灣四百年來最具影響力的五十人之一」介紹引
言，法師則以執法人員容易領會之「因果報應」勉勵
大眾「身在公門好修行」，解說心靈環保「去除自我
中心」之觀念與方法，俾扮演好執法人員角色。

　　「司法人員是代替菩薩執行因果律的人，所以也可稱
為菩薩。」演說開始，師父即從司法人員在工作中因得
見「因果報應」現象，對佛法較易領略和體會，勉勵聽
眾「身在公門好修行」。

　　執法人員如何運用「心靈環保」涵蓋的觀念，平衡情、
理、法三者，扮演好執行法律的角色？師父表示，心靈
活動同時具有感性、理性兩個層面，倘若過度重視感情，
容易事理不明；若一味要求理性，雙方則可能因想法不

同，造成「公說公有理、婆說婆有理」的局面。「學習
摒除自我立場，根據不同對象、狀況來應對」，師父謙
虛地說，自己不懂法律，但相信最好的法律是既合情又
合理，有感性與理性的調和，也就是融合慈悲與智慧。
（〈司法與佛法的相遇　師父司法院講心靈環保〉，《法鼓》，
164 期，2003 年 8 月 1 日，版 1）

七月二十四日，上午，於農禪寺齋堂，為法鼓山全體僧眾
　　及專職「精神講話」：「心靈環保」，期勉少煩少惱
　　多智慧，多聽多看少說話，約二百三十人參加。

　　於農禪寺撰成〈提昇人品從自我做起〉。法師研訂「自
　　我提昇日課表」記錄日常修學，做為自我提昇之重要
　　參考依據。推廣專案於二○○四年推出。
　　　自我提昇、相互關懷，當從每一人自身做起，然後由
　　個人而至家庭、而至社會、而至全世界。
　　　只要我們自己願做、肯做、隨時做、隨處做的話，一
　　人做，一人見淨土；一念做，一念見淨土；一時做，一
　　時是淨土；一處做，一處是淨土。
　　　如何來作自我提昇、相互關懷的工夫呢？對於這點，
　　我們法鼓山已經有了一套方法，那是我以數十年的學佛
　　經驗，發現佛法本是指導人間生活的教材。只要照著它
　　逐步練習實踐，便能離苦得樂、自利利人；因此，為了
　　適應現代人的需求，我把實用而可活用的佛法，陸續地

整理成幾個簡單、易懂、且容易做得到的單元，那便是
〈四眾佛子共勉語〉、「四種環保」、「心五四」運動等。

只是，尚欠一種督促自己日日遵循、時時使用的方案，
來協助大家自我激勵，把它當作每日必修的功課來做。

這，就是本方案產生的因緣。

從你所見到的這份「自我提昇日課表」，所標示的實
踐項目來看，共有三十四項，若要求自己每天全部做到，
開始的階段，似乎不太容易。但是也請大家不用擔心，
你可以先選擇幾項自己覺得容易做而且已經在做的，試
著做起；時間久了，就能夠自然而然地，每日在日常生
活中，或多或少地、或深或淺地流露出來了。之後也許
你會發現，你所圈選的項目，沒有機會做到，你未圈選
的項目，卻有機會做到了，也就請畫上記號吧！

一項做到是一項的自我提昇；多項做到是多項的自我
提昇；多次做到是多次的自我提昇；如能全部徹底做到，
就是人成即佛成了。所以，在凡夫階段，不論選的項目
有多少，做到的次數有多少，只要用心努力，常常想到
自己是法鼓山菩薩，是正在做著自我提昇的人，你一定
會滿意自己在增增減減的過程中，改善了自己，也影響
了環境。你豈不就是提昇人品、建設淨土在人間的菩薩
行者嗎？（〈提昇人品從自我做起〉，《法鼓山的方向Ⅱ》，
法鼓全集 8 輯 13 冊，法鼓文化，頁 133-136）

七月二十八日，上午，出席「第二屆總統文化獎」記者會。

主辦單位中華文化復興總會公布得獎名單，並由決審委員會召集人許水德、副召集人城仲謀等人說明各得獎者獲獎事蹟。法師因「長年致力於心靈淨化活動，促進人類和諧、成立社會福利慈善基金會、持續推動生命教育和人心重建，以及參與國際和平運動」等榮獲菩提獎。其他獎項得主有：百合獎鍾肇政、鳳蝶獎陳玉峰、玉山獎新港文教基金會、太陽獎台灣兒童暨家庭扶助基金會等。法師致詞稱，個人得獎實代表陪伴之團體眾人，也呼籲有更多人參與奉獻社會。

　　時常有人懷疑地問我：「聖嚴法師，你們為淨化人間所做的努力，真的有用嗎？為什麼社會還是這樣的亂呢？」我只好回答說：「我們在努力救火，是有效果的，只是火勢太大，還希望能有更多更多的人，來參與救火救人的工作。」（〈「第二屆總統文化獎」得獎感言〉，《致詞》，法鼓全集3輯12冊，法鼓文化，頁107-108；另參見：〈文化獎得獎感言：我們在做著救火的工作〉，《法鼓》，165期，2003年9月1日，版1）

記者會後，出席正中書局舉辦之「閱讀文藝復興運動」活動記者會，共同推動讀書運動，希望大眾多讀經典好書。行政院文化建設委員會主任委員陳郁秀、中央研究院副院長曾志朗、作家林良等人亦出席參加。正中書局將七十餘年來，該公司出版一萬五千餘本著作，並從中挑出銷售超過二十萬冊以上，而且確實影響臺

灣在地讀者成長經驗好書重新發行。法師於該書局
一九九三年出版之《聖嚴法師學思歷程》累積銷售量
達二十二萬八千冊，列名其中。

七月，「智慧掌中書」系列：《如何不怕鬼》、《早原諒，
　　早開心！》，及《禪的智慧》中文版，由法鼓文化出版。

《禪的智慧》為法師於紐約東初禪寺講課回答西方弟
子提問之對談紀錄，體裁與《正信的佛教》、《學佛
群疑》相近，而提問更加直率而略無避忌。在美國，
本書先後已有三種版本出版，並於一九九五年譯為西
班牙文，於阿根廷出版。今由名譯家單德興中譯出版。
　　我在西方社會中弘揚佛法，也發行了一份英文的季刊
《禪雜誌》（ *Chan Magazine* ），它的編者和讀者群，同
樣希望我能就他們於西方社會的學佛生活中所遇到的疑
難，給一些指點。他們有一組人，預先設想了一個一個
的問題，每週一個晚上，用兩個小時，坐在紐約禪中心
（Chan Meditation Center，又名東初禪寺）的地板上，
圍繞著我，輪番發問。逐篇刊出後，編成一書，名為《禪
的智慧》（ *Zen Wisdom* ）。
　　事先，大家已有共識，我早就聲明，我歡迎他們提出
任何想問的問題，我雖不可能全部都有答案，但我一定
知無不言，言無不盡，若不知者，便不作答。如果發現
我解答得不夠清楚，允許他們反覆追問。

在西方文化中成長的人，畢竟比較直率，對於某一個感到困惑的問題，往往會從各自不同的層面來追求答案，他們不必顧慮適合不適合由我來解答，都會向我發問。有時相當深刻，有時極其敏感，也有時看來比較膚淺，卻又是大家都關心的問題，有時也會出現一些意想不到的、並具有挑戰性的問題。凡此種種，都能使我感到欣喜，甚至會發現我也有大叩則大鳴、小叩則小鳴的反應能力，縱然在平日從未想到過的答案，竟然會從我的口中流露出來。因此，我對那段日子的 Dharma View（法見）小組集會，直到現在，依舊記憶新鮮。（〈中文版序〉，《禪的智慧》，法鼓文化，2003 年 10 月修訂版一刷，頁 3-5）

八月十日，中華佛研所「佛教藝術研究中心」一百二十多位成員，由中心主任張壽平帶領，上午至法鼓山上參訪，下午至農禪寺拜訪法師。

晚，至臺北市政府參加「暴風眼中有平安── SARS 後的心靈對話」座談會，與會座談者另有：臺北市市長馬英九、衛生署署長陳建仁、仁濟醫院院長葉金川等人。座談會由法鼓山人文社會獎助學術基金會與臺北市政府衛生局合辦，葉樹姍主持，針對後 SARS 時期，有關心靈及價值觀重建等議題，提出建言。

法師表示：「希望大家將每位因 SARS 而失去生命的人，當成為大眾奉獻受苦的菩薩，衷心感恩他們，更要

珍惜現有的一切。以正面的思考，去面對、解決問題，
將災難當成『任務』去接受，並不忘將助人的心傳出去，
如此，無論遇到何種災難，都一定能平安度過。」（〈後
SARS　師父、陳建仁、馬英九、葉金川心靈對話〉，《法鼓》，
165 期，2003 年 9 月 1 日，版 1）

**八月十三日，臺北醫學大學校長腦神經內科專家許重義由
「臺灣異種器官移植研究發展基金會籌備處」執行長
陳慶壽以及臺大外科醫師戴浩志陪同來訪，邀請法師
擔任移植研究基金會董事。由於該計畫與佛法原則有
相違處，因婉拒出任董事一職。**

許校長指出，臺灣每年約有六千位的病患，因器官衰
竭而需等待器官移植來延續生命，但每年願意捐贈器官
者，僅占病患總數的百分之三，因此希望藉由基因的改
造工程培育特殊的豬隻，即體內長著屬於人類器官的豬
隻，以達到廣為救人的目的。

師父在專注地聆聽完許校長、陳執行長的說明以後，
提出了三個最感到擔心的問題做為回應：

一、所要移植的器官既是從豬隻而來，那麼這些器官
或多或少都會有豬的基因存在，如果移植到人體，是否
會產生後遺症呢？

二、當豬的內臟器官全皆長著屬於人類的內臟時（除
了頭腦以外），如此培育出來的豬隻是否仍歸類於豬呢？
「佛法講因緣，只要有一小部分的成分改變，其他的部

分就會受到影響。」師父進一步指出，當這隻豬已含有人性的成分時，我們為了救人而殺了牠，就等於是在殺人。再者，當我們把這隻豬培育得很像人時，是否還忍心殺牠呢？

三、是否已有臨床的試驗報告，證明此種移植方式的成功率、排斥性、副作用等問題？

針對這些問題，許校長指出，臨床的試驗，尚待實際去做，至於前兩個問題也是他們很引以為憂的問題，希望師父能給予指導。

師父為此分享近年出席「世界經濟論壇」會議，參與生物科技發展小組時，所發表的意見：對於生物科技發展，不鼓勵也不反對，但若真的要推動，則一定要先解決各項問題。

師父表示，以此項研究計畫而言，是採用「操縱生命」的方式，因為我們所培育出來的豬，並不是出於自願來救人的，縱使目的是為了救人，但是對豬是不公平的。由於該計畫和佛法的原則有相違之處，因此師父婉拒出任董事一職。

師父強調：「尊重生命是佛教不變的原則，而且不論高等或低等動物，生命都是平等的。用一條生命來救許多的生命，誠屬可貴，但必須要在當事者自願的前提下才可行。」（《隨師日誌》未刊稿）

八月十四日，致贈感謝狀予剛卸任中華佛研所常務董事方

甯書教授，感謝其數十年來護持。方教授早年皈依東
初老人座下。從文化館草創到法鼓山開創，全力襄助
東初老人與聖嚴法師。由於健康因素，辭卸任職。

八月十五日，即日起至十七日，「媒體禪修營」於法鼓山
臨時寮舉辦。參加學員共有三十五位媒體人。此前針
對各行業領域辦理之禪修營有大專院校行政人員、醫
界等專業禪修營。

八月十九日，出席僧伽大學「新生講習」，以「將佛法融
入生命與生活」為題開示，勉勵新生將校訓「悲、智、
和、敬」放在心上，融入生命與生活，成為平平實實、
老老實實出家人，以不辜負出家初衷。（〈將佛法融入
生命與生活〉，《法鼓家風》，法鼓全集8輯11冊，法鼓文化，
頁70-80）

上午，至立法院拜訪院長王金平，請教有關宗教學院
提案立法事宜。

八月二十四日，農禪寺為參與電話關懷義工舉辦成長課程，
約六百人參加，法師蒞臨開示。除肯定大眾發願和努
力，並指導電話關懷原則和作法。

八月二十七日，上午，於農禪寺主持剃度典禮。剃度新戒

法師共二十位，包括男眾三人，女眾十七人，另有三位男眾、十八位女眾受行同沙彌（尼）戒，為歷年來剃度人數最多者。

八月二十九日，即日起三日，主持「政界禪修營」，共有三十二位中央及地方各部會首長、立法委員參加。係繼媒體禪修營後，特別為政界人士所舉辦，包括行政院政務委員蔡清彥、中華經濟研究院董事長蕭萬長、僑務委員會委員長張富美等人，放下職務分別、信仰差異，甚至黨派立場，成為同修道友。

　　三天當中，學員們體驗最深刻的，莫過於禁語。臺北市議會副議長李新在分享時表示，要民意代表不講話是件很困難的事，但禪修中的禁語要求，卻是讓他學習面對自己的好機會，他期許自己每天都要練習禪修。行政院永續發展委員會執行長葉俊榮，對時時體會當下的感受尤深，「平時的工作與生活，難免遇到不順利，如果能運用禪修觀念，專注當下，不作價值判斷，一定能減少對立和衝突。」他說。

　　除了學習禪修，最後一天還安排了環山活動，行政院環保署副署長張祖恩，對法鼓山園區的汙水處理場讚譽有加；行政院公共工程委員會副主任委員江耀宗，則是對園區建物的施工品質，給了高度評價。整個園區生態工法的運用，讓學員們對於心靈環保的落實，有了更深的體驗和認識。（〈三十二位政界人士　法鼓山上學禪修〉，

《法鼓》，166 期，2003 年 10 月 1 日，版 1）

上午，天主教樞機主教單國璽、財團法人浩然基金會董事長殷琪等人，至法鼓山上拜訪法師，就如何培養青年領袖人才交流。

九月一日，上午，於法鼓山上教育行政大樓階梯教室主持僧伽大學、漢藏班、中華佛研所「九十二學年度聯合開學典禮」。

九月四日，上午，至華嚴蓮社拜訪住持成一長老，隨後同至海明寺拜訪悟明長老祝賀秋節。此為法師感念長老愛護與扶持，多年來一年二節拜候之行程。

九月五日，上午，有「功夫皇帝」美稱之傑出演藝人員李連杰，至文化館拜訪法師，請教佛法，並至法鼓山園區參觀。

九月六日，下午，於臺北市政府親子劇場，與李連杰舉行「無名問無明」對談會，約有一千五百位聽眾與會。
　　由於李連杰曾在電影《英雄》當中，飾演「無名」這個角色，座談會便巧妙結合「無名」及佛教名相「無明」一詞。
　　在主持人葉樹姍提問下，師父首先分享自己面對名利

誘惑，如何不改初衷，一心一意只想當好和尚的經歷。
李連杰則娓娓道出自己從小習武，一直視「名」為努力
目標，進入演藝圈後，被冠上了「巨星」封號，讓他開
始擔心自己無法面對挫折，而五年的學佛歷程，使他領
悟到「名」不過是個符號，只要心不執著，抱持「只問
耕耘不問收穫」的踏實態度，不管人生順逆與否，都能
坦然接受。

　　此外，李連杰也提到，不管一個人的身分是什麼，只
要運用佛法智慧，學習去檢視內心、自我觀照，擺脫一
味埋怨外在事物的慣性思惟，即使身處紅塵世界，也能
享受「知足常樂」的喜悅。「學佛人不一定排斥名利、
地位，但要清楚知道，人的快樂不是來自名的大小、利
的多寡，重要的是生命品質的提昇。」師父以「學佛即
在教人知足感恩，藉此提昇生命品質」的觀點，來呼應
李連杰的分享。

　　強調此行是向師父「問路」的李連杰，請師父為他指
點修行方向，雖然如此，他也再三強調，學佛必須靠自
己實修，才是究竟。師父讚許李連杰能以巨星的號召力，
傳播正確的佛法影響別人，如此即是修行，亦是弘法的
表現。兩人也同時鼓勵在場的年輕朋友親近佛法，建立
正確的價值觀。（〈無名問無明　聖嚴師父與李連杰對談〉，
《法鼓》，166 期，2003 年 10 月 1 日，版 1）

九月七日，上午，前往北京，出席翌日舉行之「第二屆兩

岸佛教教育座談會」。「座談會」首屆由法鼓山中華
佛研所主辦,於一九九八年七月在臺灣師範大學舉行,
今年移師北京,由中國佛教協會主辦。

九月八日,晨間,參加一誠法師接任北京著名古剎──法
源寺方丈陞座大典,法鼓山為唯一受邀之海外團體。

上午,參加「第二屆兩岸佛教教育座談會」,參與者
另有中國佛教協會會長一誠長老、副會長兼祕書長學
誠法師及中華佛研所所長李志夫、惠敏法師等,兩岸
佛教界代表於會中共同分享經驗,期能為二十一世紀
的佛教教育開啟新契機。

法師於閉幕式專題演說指出,漢傳佛教兼具「整體性」
及「多元化」特質,將是未來人類和平真正希望。並
勉勵在場三百多位佛學院負責人、教師、學僧,立志
做宗教家,將自己生命價值與信仰結合。

九月九日,至山東青島市參加十、十一日舉行之「法顯與
中國佛教文化學術研討會」。此會係為紀念東晉法顯
大師赴印取經,經由青島嶗山登陸返回一千五百九十
週年而舉行,研討會由中華佛研所、中國社會科學院
佛教研究中心、青島市社會科學院、青島嶗山風景區
管理委員會,於山東青島市香港中路新聞中心共同主

辦，約有四十位佛教學者參加。法師受邀於開幕前夕
歡迎晚宴中，以「法顯大師對於漢傳佛教文化的影響
及啟示」為題，發表演說，辨明「法顯發現美洲」並
非事實；但法顯確為西行求法，並帶返大量梵本文獻
第一位漢僧，對中國佛教文化影響深遠，亦對當前佛
教發展有所啟發。（〈法顯大師對於漢傳佛教文化的影響
及啟示〉，《學術論考 II》，法鼓全集 3 輯 9 冊，法鼓文化，
頁 25-39）

九月十四日，為籌募法鼓人文社會學院建校經費，撰文勸
　　　請大眾踴躍捐款勸募。全文刊登於十月一日《法鼓》
　　　雜誌（文見該日）。

九月十五日，中華佛研所與中國大陸山東大學「宗教、科
　　　學與社會問題研究所」，於山東大學簽署「學術交流
　　　協定書」，交流內容包括師生交流、共同研究及舉辦
　　　學術研討會等。

九月十八日，於農禪寺大殿，對法鼓山全體僧眾及專職「精
　　　神講話」：「法鼓山的期許」，期許眾人全心全力為
　　　園區未完成建設努力，約有二百三十人參加。

九月十九日，應邀至臺中，於國立中興大學惠蓀講堂演講
　　　「心靈環保──慈悲沒有敵人，智慧不起煩惱」，該

校教務長董崇選引言，約有一千多人參加。

師父說，心念、觀念的轉變是相當重要的，每個人都需對自我價值進行認定。他勉勵在場聽眾，不要追求虛榮，認清自己的方向、走自己的路，努力到什麼程度就會有多少成就，師父並以幼年時，父親告訴他「大鴨游大路，小鴨游小路」的故事，與在場聽眾分享，「我們每個人的天賦、體能、智能，以及福報因果都不一樣，但是人人都要在社會上生存，要看自己走的什麼路，不要只是羨慕別人。」

談到「心靈環保」，師父說，人的生命包含有生理、心理、觀念、精神層面，而真正的精神層面是超越自我的，也就是不以自我的立場來看人、要求別人，就像現在大家講的多元文化，即是在共同規律體制下，允許每個人有各自的想法，並能在和諧中成長，如此便是「心靈環保」。（〈中興大學惠蓀講堂講心靈環保〉，《法鼓》，166 期，2003 年 10 月 1 日，版 1）

九月二十日，下午，出席於彰化縣立體育館舉行之「二○○三中區心靈環保全民博覽會」。博覽會結合彰化縣政府及各團體教育成果、法鼓山各會團成果展、皈依祈福大典、安心與重生晚會等活動。皈依大典約有一千人參加，其中有兩百人為醫界人士。此係去年在法鼓山上舉行醫界禪三後，帶動醫界人士親近法鼓山學佛、護法。

九月二十一日，下午於桃園宏碁渴望學習中心，與天主教
　樞機主教單國璽進行「全球化趨勢下的信仰價值觀與
　教育」座談。此為浩然基金會「浩然——二○○三臺
　灣」全球化系列研討會之一，由董事長殷琪主持，參
　與研討會學員皆為臺灣各領域年輕菁英。

　　兩位大師首先針對主題，分別進行演說。「引發宗教
戰爭的未來該如何避免？」兩位大師認為，隨著全球化
腳步，國與國之間藩籬已經打破，唯有宗教間的誤解最
容易形成戰爭，例如九一一恐怖攻擊事件，因此，師父
提到在「世界宗教理事會」中，已經和其他宗教領袖達
成共識，希望藉由對各宗教、民族的彼此認識，協助伊
斯蘭教徒走出宗教歧見；而單樞機主教表示，天主教也
朝著相同方向作努力，希望不同宗教都能為世界和平共
同合作。

　　至於在信仰價值觀方面，師父以為，在全球化趨勢下，
宗教界在制度、共通性上是「多元而整體性」的，如同
人體各個器官，在身體的整體運作下，彼此互補互動而
不相排斥，所以，全球化就是不同宗教彼此尊重「存異
求同」，交流時著眼於相同部分，即「信」的力量，做
為世人靠山，將全球化視為關心人類問題的好機會，而
非挑戰。（〈師父與單國璽樞機主教　談信仰價值與教育〉，
《法鼓》，166 期，2003 年 10 月 1 日，版 1；另參見：《全
球化趨勢下的信仰價值觀與教育》，聖嚴教育基金會，2007
年 11 月）

九月二十二日，前往邱府為林玉釵女士送行說法。林女士
　　今年四月十三日，支持子女捐贈臺北三峽天南寺建地
　　及建設資金。

九月二十五日，於法鼓山臨時寮主持「心靈溫泉浴禪一」。
　　此係專為立法委員所舉辦禪修活動，參加者有立法院
　　院長王金平及吳成典、鄭余鎮、徐少萍、黃昭順、楊
　　麗環等二十位朝野立委及其眷屬。

九月二十六日，於僧伽大學「創辦人時間」講授「奉獻自
　　己，成就大眾」；提示當佛教受到王公大臣們的尊崇
　　信仰、豐厚供養，必須要有警覺心，不只服務關懷信
　　眾，當以社會大眾為奉獻對象，更莫使佛教僅是達官
　　貴人之裝飾。（〈奉獻自己，成就大眾〉，《法鼓家風》，
　　法鼓全集 8 輯 11 冊，法鼓文化，頁 81-87）

　　法雲長老在紐約過世，法師撰文及輓聯悼念。長老
　　曾任虛雲老和尚侍者，伴隨虛老同歷雲門法難。
　　一九七五年法師初到紐約時，長老亦避難紐約。（〈悼
　　美國法雲長老〉，《悼念 II》，法鼓全集 3 輯 11 冊，法鼓文化，
　　頁 57-58）

九月二十七日，上午，浩然基金會董事長殷琪至法鼓山園
　　區拜訪法師，請益佛法。

案：此為殷董事長首次請法。爾後陸續進行，至二〇〇六年八月十九日，跨時三年，共十一次。問答對談過程，請作家潘煊記錄成書為《慢行聽禪：殷琪問法‧聖嚴解惑》，於二〇〇七年一月由天下文化出版。

下午，交通部公路總局局長陳晉源一行至農禪寺拜訪法師。

九月二十八日，法鼓山於臺北縣立新莊體育場舉行「二〇〇三北區心靈環保全民博覽會」，新莊市市長黃林玲玲、板橋市市長林鴻池、《中央日報》董事長詹天性等人皆蒞臨參加。活動主題為「祝福你平安」，除體育館內祈福法會、皈依大典外，戶外有「環保教育園區」、「心靈環保主題館」、「環保心樂園區」、「環保造大福區」、「健康飲食區」五主題區。有一千八百人皈依成為三寶弟子。

九月二十九日，為李永然律師《法冷情深》撰〈序〉。李律師曾於農禪寺皈依三寶。（〈序李永然居士《法冷情深》〉，《書序Ⅱ》，法鼓全集3輯10冊，法鼓文化，頁89-90）

九月，由法鼓文化出版「智慧掌中書」系列：《知足最滿足》、《家有青春狂飆兒》，以及《人間悟語》

（DVD）、《如來如去》（佛曲 CD），及《真正大好年》。

《真正大好年》為法師「傳記與遊記」系列第十三冊，記錄二〇〇一及二〇〇二年之記事。

十月一日，為籌募法鼓大學建校經費，撰文勸請大眾踴躍捐款勸募。

我們每一個人，來到人世間，都是為了完成兩大任務：一是為了償債與收賬而受苦受樂，二是為了還願與發願而盡力奉獻。

我們在受報及還願的今生之中，必須少作惡業多發悲願。便是福智雙行，便是自利利人；既能提昇自我的人品，也能淨化人間的社會。

這數年來，我們已把「心靈環保」的觀念，推展到國際間去，我們也主張：唯有人心的轉變，大家才有真正平安的希望。我們以心靈環保為教育理念辦的法鼓大學，則尚在起步階段，盼望大家來給我們伸出溫暖的援手。讓我們共同發願，辦成一所不一樣的法鼓大學，讓我們共同發願辦好一所以心靈環保為主軸的法鼓大學，培養出一批又一批推動心靈環保的人才，來淨化人心、淨化社會、淨化世界。

說來使我非常感動和感恩，為了籌募法鼓大學的建校經費，二〇〇二年九月二十八日，已由法鼓山榮董會策

畫並舉辦過一場圓滿兩千位榮譽董事的感恩晚會，引起
了極大的回響。但是我也非常慚愧，因為我的福德力不
足，距離建校所需的經費數額依舊很遠，還得請大家助
我一臂之力。所以榮董會與護法會的「百萬人勸募」同
步，今年將再度策畫號召「邁向三千」位榮譽董事的活
動。

　　但願大家發願，勸勉他人發願，一人滿一願，多人滿
一願，願願都是為給自己一個難得的機會，願願都是為
給後代子孫一個大好的希望，願願都是給我們自己的未
來播種無量的福田，願願都是圓滿救人救世的無盡大願。
（〈滿願發願：師父寫給我們大家的信〉，《法鼓》，166 期，
2003 年 10 月 1 日，版 8）

十月二日，即日起至五日，於法鼓山臨時寮主持第二十二
　　屆社會菁英禪修營，共有六十六人參加。

十月五日，下午，東勢安心服務站場地捐獻者許煥洲老居
　　士，由慈基會總幹事謝水庸陪同，至法鼓山園區拜訪
　　法師。

十月六日，中國大陸國家宗教局副局長楊同祥、中國佛教
　　協會祕書長學誠法師等二十二人，至法鼓山園區參訪，
　　並拜訪法師。

上午，接受海基會董事長辜振甫女公子辜懷如邀請，至臺北雙城街關懷高齡八十九歲辜振甫，並完成其皈依三寶的心願。

十月七日，廣告界凱絡多媒體總經理李桂芬、奧多總經理高啟銘、汎太國際總經理何英超等人，至法鼓山園區拜訪法師。各家於 SARS 疫疾發生期間，贊助法鼓山於全臺五十多處刊登「人心加油」戶外看板及燈箱廣告，法師特致感謝。

十月十日，即日起一連二天，於三義 DIY 心靈環保教育中心主持護法總會舉辦之「悅眾禪二」，約一千六百多人參加。法師開示，「凡是需要人做、卻沒有人做的事，大家要發揮『我來吧』的精神努力去做」，並善用佛法讓自己及他人喜悅，從而成為一名真正「悅眾」。

十月十一日，晚，「悅眾禪二」圓滿後，護法總會舉行「新舊任悅眾交接、新任悅眾授證典禮」，有二百五十多位新任悅眾接受授證和祝福。法師叮嚀成為真正悅眾菩薩，要學習用佛法使自己與他人喜悅。

十月十五日，下午，海明寺悟明長老由其弟子聖貴法師陪同，至安和分院拜訪法師，並捐款贊助法鼓山園區大

殿阿彌陀佛塑像製作。

十月十七日,出席於農禪寺舉行之「邁向法鼓元年新舊任
　　會團團長會議」,指示二〇〇五年為法鼓山新紀元,
　　二〇〇四年則為和喜自在年,勉勵大眾以和樂、和敬、
　　歡喜,教育自己、感化自己,並善用「自我提昇日課
　　表」。

十月十八日,即日起一連二天,中華佛研所、中華發展基
　　金管理委員會於法鼓山園區舉辦「兩岸佛教學術研究
　　現況與教育發展研討會」,針對佛學研究、教育現況
　　及未來展望等議題進行探討,共十六位兩岸學者出席,
　　法師並應邀於會中致詞。(〈「兩岸佛教學術現況與教育
　　發展研討會」開幕詞〉,《致詞》,法鼓全集 3 輯 12 冊,法
　　鼓文化,頁 109-110)

　　至中華佛研所參學研究之中國大陸山東大學哲學系學
　　生周杰、宗教系學生馬忠庚,於法鼓山園區拜訪法師。

　　為法鼓山建設籌款,再度撰文勸請大眾發願擔任榮譽
　　董事,期能於今年十二月達成圓滿三千位之目標。榮
　　譽董事為法鼓山開創重要功德主,功德事蹟將記錄於
　　「開山紀念堂」。
　　案:擔任榮譽董事為護持捐款新臺幣一百萬元以上者,

目前約有兩千五百餘位榮董，榮董護持款約占目前法鼓山建設護持總款三分之一。因此護法會去年起積極推動「超越二〇〇〇、邁向三〇〇〇」活動，已突破兩千位榮董，今年則「邁向三千」希望能達成三千位榮董的目標。法師於九月十四日已撰文勸請刊於十月出刊之《法鼓》雜誌，今日再度勸請，刊於十一月出刊之《法鼓》雜誌。

十月十九日，傍晚於農禪寺出席第四十三次社會菁英禪修營共修會並開示：「如何調心」。

農禪寺舉辦香積組義工聯誼會，介紹義工主廚、心得分享、小組聯誼等，約有二百人參加。法師蒞會開示，法鼓山推廣健康素食，不只為健康、培養慈悲心，更是為環保、節約資源。

十月二十一日，中午，自農禪寺出發前往北京。晚八時，抵北京機場。

十月二十二日，至北京大學，參加法鼓山人文社會獎助學術基金會與北京大學舉辦之「北京大學法鼓人文講座」協議書簽署儀式，與北大常務副校長遲惠生共同簽署，並設置「北京大學法鼓人文講座暨獎學金」，鼓勵大陸地區進行「心靈環保」議題相關研究。遲副校長邀

請法師未來在北大舉辦專題講座，法師致贈《法鼓全集》一套予北大圖書館。

十月二十三日，即日起二天，參加法鼓人文社會學院與中國大陸北京大學於北京大學英杰交流中心，聯合舉辦「心靈環保與人文關懷」學術研討會，主題為「東亞思想傳統中的身心關係及其現代意義」，兩岸與會學者，包括中央研究院院士李亦園、中國人民大學宗教系主任方立天、北京大學哲學系教授胡軍、臺灣大學歷史系教授黃俊傑、臺北藝術大學教務長惠敏法師等五十二位學者共發表二十二篇論文。法師應邀於開幕典禮演講，主題為：「從東亞思想談現代人的心靈環保」。

不容諱言，東亞思想之中的儒、道、佛三家，一進入近代世界思潮的大環境後，便顯出有點老邁而不切時宜的模樣，……但是，東亞思想，畢竟是歷經三千年漢、印文化的淬鍊，結集了無數先人的智慧，所留下來的文化遺產，其中雖然也有不少已是古人的糟粕，卻也不能說沒有可取可用的思想結晶。

我在國內外，推動的心靈環保，分成兩個層面：

一是學佛禪修的層面：是以有意願、有興趣於學佛禪修的人士為對象，用學佛禪修的觀念及方法，使得參與者，從認識自我、肯定自我、成長自我，而讓他們體驗到有個人的自我、家屬的自我、財物的自我、事業工作

的自我、群體社會的自我，乃至整體宇宙時空的自我，最後是把層層的自我，逐一放下，至最高的境界時，要把宇宙全體的大我，也要放下，那便是禪宗所說的悟境現前。但那對多數人而言，必須先從放鬆身心著手、接著統一身心、身心與環境統一，而至「無住」、「無相」、「無念」的放下身心與環境之時，才能名為開悟。

二是「四種環保」及「心五四」運動：是以尚沒有意願學佛及無暇禪修的一般大眾為對象，盡量不用佛學名詞，並且淡化宗教色彩，只為投合現代人的身心和環境需要，提出了以心靈環保為主軸的「四種環保」及「心五四」運動。

心靈環保是應該不分古今的、不分地域的、不分宗教的、不分族群的、不分生活背景的。只要有心有願的人，都需要做，都應該做。（〈從東亞思想談現代人的心靈環保〉，《學術論考 II》，法鼓全集 3 輯 9 冊，法鼓文化，頁44-60）

下午，接受中國社會心理學會副會長沙蓮香教授邀請，至北京中華大廈泰元坊茶舍，參加「內省、體驗的心理功能」演講會。會中闡明佛法對安定人心助益，之後並與三十位心理醫師、專家進行對談。會後有兩位學員請求皈依。

十月二十四日，清晨，自北京返臺；下午三點返抵桃園中

正機場。二十五日，赴美弘法。

十月三十一日，在紐約東初禪寺主持「法集會」，約有
　六十多人參加。

十月，《五百菩薩走江湖》由法鼓文化出版。此書為法師
　傳記與遊記系列第十四本，記述去年（二○○二）十
　月法鼓山五百人參訪大陸東南古寺院事。有〈序〉說
　明「走江湖」原義，及書名緣由。

　　為了保留二十一世紀初，所見中國東南諸省的佛教復
　興景象；為了追溯中國禪宗的祖源法脈；為了體驗祖師
　們開山建寺接眾、化眾、安眾的慈悲願力；為了走入祖
　師先賢們學法、護法、弘法的精神領域；為了激勵後進
　來賢，記取法門興廢的教訓，是繫於道風及人才的隆替；
　為了記錄我對這回巡禮的所見、所思、所感，緬懷古德，
　鞭策自己。

　　因此，本書是從佛教歷史、地理、人文的角度，介紹
　我們五百人的團體所經之處，所遇的人、事、景、物。
　時間所遺的，是佛教歷史；空間所遺的，是佛教古蹟；
　貫串其中的，是我們這個巡禮團的十四天行程。我所寫
　的，便是在這行程中的一個一個活生生的場景、人物，
　並且穿越時空的隧道，一窺禪宗祖師們的各家風光。

　　「走江湖」一詞，源出於禪門，江西及湖南，乃是中
　國禪宗發展史上，最重要的兩個地域，馬祖道一及百丈

懷海，師徒兩代的本道場，都在江西，南嶽懷讓及石頭
希遷，兩大禪師的本道場，均在湖南。禪宗的五宗七派，
開花結果，主要也在這個環境中完成。所以形容禪門的
行者，尋師參方，來往於各大禪師的門下，稱為「走江
湖」。

　　我們這次的行程，的確也經過了廣東的珠江、湖南的
湘江、江西的贛江及九江，安徽的長江、福建的閩江，
洞庭湖則在湖南及湖北兩省的中間。我們雖因障重福薄，
未能恭逢禪宗盛世，有緣前往巡禮江湖遺址，也可獲得
不少的啟示。

　　我們法鼓山的僧俗四眾，都以「萬行菩薩」的心行悲
願，來自勉勉人，此行五百人，也都以菩薩行自我期許，
並且以現前的菩薩未來的諸佛，禮敬所見所遇的每一個
人。這是本書之所以名為《五百菩薩走江湖》的因緣了。
（〈自序〉，《五百菩薩走江湖》，法鼓全集6輯14冊，法
鼓文化，頁5-7）

十一月一日，晚間，率同果元、果乘法師等數人前往華埠
　　東百老匯街佛恩寺，向九月二十五日捨報之旅美華僧
　　法雲法師上香致敬，瞻仰其各式舍利數百粒，並從其
　　弟子明心及明了二位比丘尼出示之法卷印本，印證其
　　為虛雲老和尚法子，傳承雲門宗法脈。（〈法雲法師
　　──虛雲老和尚的侍者〉，《悼念Ⅱ》，法鼓全集3輯11冊，
　　法鼓文化，頁59-63）

十一月十五日，於東初禪寺撰成〈萬別千差一掃空——管
　窺黃檗隱元禪師〉。係應京都黃檗山萬福寺文華殿知
　藏田中智識邀函，為文華殿開館三十年、創設三十三
　週年，撰稿紀念，刊載於《黃檗文華》第百二十三號。
　黃檗隱元禪師為明末時福建黃檗山萬福寺住持，於清
　初應聘赴日本，於京都宇治開創黃檗山，建立黃檗宗，
　建「萬福寺」。影響日本佛教弘傳甚大。（〈萬別千差
　一掃空——管窺黃檗隱元禪師〉，《學術論考Ⅱ》，法鼓全
　集 3 輯 9 冊，法鼓文化，頁 115-126）

　　法鼓山紐約州聯絡處前後任召集人陳麗貞、尤惠美、
　副召集人陳欣男等，為籌募紐約象岡道場建設經費，
　於長島禪味餐廳舉辦「禪——身心靈饗宴」募款義賣
　及餐會。法師出席與會，並以隨身三十多年佛珠共襄
　盛舉。餐會約三百多人參加，共募得十七萬多美元善
　款。

　　原來的象岡道場只有禪堂、齋堂及辦公的空間，並沒
　有寮房，而我們從二〇〇三年下半年，開始積極規畫加
　建寮房，這兩棟寮房可以容納八十人來修行，而這些寮
　房是規畫一個人一個小房間。可以說共有八十個小房間，
　再加上衛浴設備、公共的活動空間，這是一個相當有規
　模的兩棟宿舍，這個也是我們今年度一個大的成果，到
　了明年（二〇〇四）二月份，象岡道場的寮房就可以完
　工了。（〈二〇〇四年新春賀詞——和喜自在迎新歲〉，《法

鼓山的方向 II》，法鼓全集 8 輯 13 冊，法鼓文化，頁 21-
33；另參見：〈象岡道場募款義賣會　溫馨展開〉，《法鼓》，
168 期，2003 年 12 月 1 日，版 1）

**十一月二十二日，即日起二日，應美國賓州州立大學
（Pennsylvania State University）之邀，至該校新落成
帕斯克里拉靈修中心（Pasquerilla Spiritual Center），
以「無私與圓滿——禪的修行」為題發表二場演講，
約有三百人聽講。法師鼓勵大眾學習「觀世音」與「觀
自在」修行方式，達致自在與解脫境地。**

　　睽違二十多年，在賓州大學博士班研究生呂文仁、賴
婷鈴籌畫下，結合了當地的居士林佛學社、賓州大學臺
灣同學會、美國法青會，以及過九齡、襲兆安夫婦、彭
英、郭愛蓮等僑界人士的力量，共同成就了這次的活動。
當天到場的三百多名聽眾，除了來自臺灣及大陸的華人
居士及學生外，大多數為美國當地的居民及學生。果元
法師也主持了兩堂初級禪修課，吸引了東、西方八十多
位學員參加。

　　師父首先說明了無私的人所展現的特質。至於如何能
夠做到無私？師父以禪修的方法和理論為基礎，為在場
聽眾講解《楞嚴經・觀世音菩薩耳根圓通》這一章的首
段，做為修行和實踐的法門。

　　師父強調，修行「觀音法門」，即是從無私無我的慈
悲心修起，只要能夠學習無私，不論在家庭、團體，還

是在社會上，都能促進和諧、皆大歡喜的圓滿效果。修行「觀音法門」，就是學習觀世音菩薩傾聽一切眾生的心聲，並給予恰如其分的救助。（〈禪的修行　無私與圓滿──師父賓州大學教觀音法門〉，《法鼓》，168 期，2003年 12 月 1 日，版 1）

旅次賓州，為《法鼓山僧伽大學九十學年度年報》撰序〈佛門興隆在教育〉。再度強調：「佛教不是因為有了僧人，就有希望的，如果僅有形式的僧人而無實踐悲智和敬的僧格，如果僅有大量的僧人而不能產生佛法化世的功能，則僧人愈多，佛法愈衰，佛教的劫難就要降臨了！」所以，法鼓山僧伽大學，是為培養品德與悲願兼備之佛教青年人才為宗旨。

中國傳統的僧界，大家主張：「若要佛法興，必須僧讚僧」，事實上「僧讚僧」固然需要，如果僧中無人值得被讚，也無人知道如何讚僧，那又怎麼辦呢？

僧伽，又名僧團，是以六種和敬共住同修佛法的出家團體，如果只有出家人的團體，卻沒有實踐六種和敬的生活規範，是不是還可稱為出家僧伽？是不是還值得自己讚自己呢？

如果一個出家人的團體，在形式上，已在實踐六種和敬的生活，對於人間社會的種種困苦，卻無動於衷，只知道接受恭敬供養而不會做服務關懷的普化工作的話，是不是只會有僧讚僧，而不會有俗讚僧呢？

所以，必須以「悲智」為出家人發心出家的基礎，也須以「和敬」為出家團體過出家生活的規範，才能培養出值得被四眾佛子共同讚歎的僧人，才能培養出菩提心及出離心並重的龍象人才。因此，法鼓山僧伽大學的校訓，便是用的「悲智和敬」四個字。悲智是大乘佛法的基本精神，和敬是僧團生活的基本原則。沒有悲智不能彰顯佛法化世的功能，沒有和敬不能安住出家僧團的十方大眾。

我們知道，佛教不是因為有了僧人，就有希望的，如果僅有形式的僧人而無實踐悲智和敬的僧格，如果僅有大量的僧人而不能產生佛法化世的功能，則僧人愈多，佛法愈衰，佛教的劫難就要降臨了！

我一向說，佛教不是缺少出家人，乃是缺少能夠實踐正法律的出家人，乃是缺少具有大悲願心的出家人。我又曾說：「今天不辦教育，佛教就沒有明天。」也就是當以今日的佛教教育，培養明日的佛教人才。佛教有了實踐佛法的人才，佛教才有人來護持。（〈序《法鼓山僧伽大學九十學年度年報》——佛門興隆在教育〉，《書序Ⅱ》，法鼓全集 3 輯 10 冊，法鼓文化，頁 63-65）

案：網站誤繫此文為二○○二年，應作二○○三年，據文末註記「九十二年十一月二十二日寫於賓州日」可知。法師訪賓州為今年此時。

中華文化復興運動總會於桃園縣中壢藝術館，舉辦「第

二屆總統文化獎頒獎典禮」，法師榮獲「總統文化獎
──菩提獎」殊榮。由中華佛研所副所長惠敏法師代
為出席領獎，聖嚴法師透過影片表達感謝並將獎金捐
贈法鼓山人文社會獎助學術基金會。

十一月二十五日，於紐約東初禪寺為《人間世》撰序。書
於翌年（二〇〇四）三月出版。（〈自序：祝願人間平
安多〉，《人間世》，法鼓全集 8 輯 9 冊，法鼓文化，頁 3-5）

十一月二十六日，於紐約東初禪寺撰文悼念幻生法師。幻
生法師為昔日求學上海靜安佛學院舊友，十月二十七
日捨報於美西。

　　幻生法師與我，真可謂是君子之交淡如水，從來不曾
有過比較密切的往還。他是我上海靜安寺佛學院時代的
同學。記得他是從杭州武林佛學院轉來靜安佛學院的，
他也沒有認真在靜安佛學院讀幾天書。

　　使我最難忘懷的是一九七五年春天，當我在日本完成
博士學位之後，曾經跟幻生法師通信，談到我要不要回
臺灣的問題。因為當時臺灣佛教的僧、俗二界，對於我
完成了學位的看法，頗不一致，多半的僧界朋友是持觀
望及懷疑的態度，甚至有人談論、有人批評，看我這個
洋博士，到底能有什麼花樣？俗界的許多居士，則很熱
心，盼望我回到臺灣，給佛教帶來新希望。幻生法師知
道我已確定先往美國弘化之時，便給我回信說：「老兄

是考到了一張駕駛執照，國內卻沒有汽車可開。」他這句話，形容得真是傳神極了。因此，我一面以悲愴的心情遠渡太平洋，到了美國，一面發願我自己要在臺灣置汽車，給後人來駕駛。這也正是我念念不忘要辦佛教高等教育的一股動力。

幻生法師到了美國之後，便在大覺寺與我同住。一九七七年十二月十五日，當先師東初老人在臺灣示寂的訊息傳到美國，幻生法師見我十分悲傷，一邊在旁安慰，一邊也代我把這項消息向美佛會的諸位董事法師及居士們傳了出去，並且於同年十二月十六日上午，隨同敏智、仁俊、日常等諸師把我送到新澤西州的紐華克機場，趕回臺灣。到一九七八年元月十一日，他也寫了一篇〈我與東初老人〉的悼文，發表於《菩提樹》雜誌，後來被我收在《東初老人永懷集》。這份情誼，讓我難忘。（〈幻生法師——滄海一孤僧〉，《悼念II》，法鼓全集 3 輯 11 冊，法鼓文化，頁 51-54）

十一月二十八日，「法鼓之音二○○三」慈善音樂晚會將於十二月十四日於香港文化中心舉行，此係為推廣法鼓山理念而舉辦，法師因為晚會特刊撰〈序〉。（〈序二○○三慈善音樂晚會紀念特刊《法鼓之音》——獻給「法鼓之音」〉，《書序II》，法鼓全集 3 輯 10 冊，法鼓文化，頁 91-92）

即日起至十二月八日，於象岡道場主持默照禪十，有
八十多位來自美國、歐洲、亞洲及澳洲等地禪眾參加，
電影紅星李連杰亦來隨眾參學。本期擔任英語翻譯為
紐約大學石溪分校物理學博士陳維武。

十一月，由法鼓文化出版「智慧掌中書」系列：《突破工
作瓶頸》、《心安就有平安》。

十二月二日，撰〈法雲法師——虛雲老和尚的侍者〉懷念
此一老實修行人。法雲長老九月捨報紐約，法師在臺
灣撰短文及輓聯悼念。返美後，於十一月前往上香致
敬時知其為虛老法子。長老曾任虛雲老和尚侍者，伴
隨虛老同歷雲門法難。而後移錫香港，再轉紐約。長
老雖知虛老在西方禪學界卓有盛名，卻從不提其虛老
法子身分。（〈法雲法師——虛雲老和尚的侍者〉，《悼念
II》，法鼓全集 3 輯 11 冊，法鼓文化，頁 59-63）

象岡道場禪十期間，預錄「二○○四年新春開示」。
（見二○○四年一月一日）

十二月八日，即日起至十六日，應以色列、巴勒斯坦政府
邀請，以世界宗教領袖理事會理事身分前往中東訪問。
由於當地正處於政教紛爭、以巴交惡緊張狀態，當地
政府希望致力國際和平宗教領袖，扮演溝通彼此之橋

檨。

十二月九日，出席全球婦女領袖和平促進會討論會，呼籲
　　以慈悲智慧，共同為世界和平努力。

十二月十一日，拜會猶太教全球最高領袖阿瑪爾拉比
　　（Rabbi Amar）、以色列國內猶太教最高領袖魯拉比
　　（Rabbi Lau）。

十二月十二日，拜會天主教梵蒂岡駐以色列代表（His
　　Excellency Pietro Sambi）、耶路撒冷及中東聖公會
　　教區主教（His Grace Riah Abu al Assal）、耶路撒
　　冷聖地及巴勒斯坦東正教的宗主教（His Beatitude
　　Metropolitan Irenios I）。

十二月十三日，拜會巴勒斯坦總理柯瑞（Ahmed Qurei）等
　　政府官員。法師表示希望政治人物能夠傾聽宗教領袖
　　聲音，運用智慧商討對策，以慈悲體恤萬千生靈，讓
　　人民生活在無恐懼之環境。柯瑞對法師陳述報以熱烈
　　掌聲，並向法師表示，希望有朝一日，能看到法師建
　　議之正面成果。

十二月十四日，應以色列首都特拉維夫市佛教團體
　　Bhavana House 之邀，以「禪修方法及其過程」為題

演講,約有三十多人參加。巴凡娜禪修中心（Bhavana House）創辦人為心理學教授巴尚（Itamar Bashan）伉儷,由法師以色列籍弟子索羅門（Shlomo）介紹。

十二月十七日,自以色列返抵紐約。

十二月十八日,即日起至二十一日,至加拿大溫哥華弘法。此行程原訂於四月,因臺灣 SARS 疫情而延後。首日行程為主持溫哥華聯絡處新購道場建地灑淨,約二百多人參加。新購道場建地位於列治文市（Richmond）五號,占地二點四公頃。法師於灑淨儀式後,指示建築原則:省事、實用、環保,注意施工安全。

　　溫哥華新購道場土地占地二點四公頃,位於卑斯省列治文市五號路上,是溫哥華市政當局規畫的專用宗教區,土地購於二〇〇二年十二月,後於二〇〇三年三月過戶後,隨即成立道場籌建委員會,由何國標擔任主任委員,王國賢任總幹事,施建昌、陳照興、林美惠、曹昌桂、黃政文等人任委員;委員會負責土地規畫設計,稟承師父指示:「省事、省力、不複雜、實用、夠用、很快能用」原則精心規畫使用空間。

　　師父並強調興建道場期間要秉持法鼓山的一貫的作法:注意工程安全和工地環保;以做到不打擾鄰居、不製造垃圾和噪音為原則。用虔誠心把小工程當大工程來做。（〈師父為溫哥華新道場建地灑淨〉,《法鼓》,169 期,

2004年1月1日，版2）

十二月十九日，上午，出席溫哥華辦事處於五○○廣場酒店（Plaza 500 Hotel）召開之中外記者會，接受《世界日報》、《星島》、《明報》、《環球華報》、中央通訊社、加拿大中文電台等媒體採訪，並說明「心靈環保」內涵。

十二月二十日，於加拿大廣場（Canada Place）演講「心安就有平安」，約二千多位東西方人士與會。法師指導大眾放鬆身心之禪修方法，並呼籲共同祈願世界和平。

中國有兩句諺語，第一句是「出門要冒三分險」，意思是出門在外，本來就有危險；第二句是「人在家中臥，禍從天上來」，不論出門也好，在家裡也好，沒有一個地方能真正平安。這該怎麼辦？是不是每天都得緊張？其實無論出門或在家，「心安」就有「平安」。當一個人情緒波動不穩，就是處在最危險的狀況下；而當自己的情緒安定，心情非常平衡，才是最安全的時候，連帶身旁的整個環境都是安全的。

我是用禪修的觀念與方法來幫助人安心。禪的觀念，一定要相信因果和因緣；禪的方法，則一定要修禪定和智慧。

禪修的方法，首先是放鬆身心，之後身心才能統一，這時你的心理負擔和身體負擔就會消失，叫作「無事一

身輕」，也就是從身安、心安，直到身心統一，你才會
知道所謂「身心的安定」是什麼滋味。

　　進一步是我們的身心和我們所處的自然環境、社會環
境統一，不是對立的，而是一體的、整體的。如果有了
這種經驗，你會發現自己絕對是平安的。

　　其實將平安與和平分享給大家，並不是只有特定團體
去做，而是我們每一個人都可以做、都應該做：首先，
自己的心裡要平安；其次，我們每天要為全世界的人祈
禱和平、祈禱平安；然後，見到每一個人都對他説：「我
祝福你平安！」我們經常用喜悦的、友善的、關懷的心
和態度，將自己的平安，分享給與我們接觸的人，以及
所有的人，這樣的話，我們自己和周圍環境裡面的人，
以及全世界的人，慢慢地都會得到平安。（〈心安就有平
安〉，《法鼓》，235、236、238、239 期，2009 年 7-8 月、
10-11 月，版 7）

十二月二十三日，自美返臺。

**十二月二十五日，於農禪寺撰文追悼李元松居士。李居士
　　為近年崛起之佛教界奇人，為「現代禪」開創人，兩
　　週前過世。**

　　我在近一年內，接到過李元松先生兩次便條，一次是
寄我一本新作的封面內頁，表示向我致歉，説他以往的
態度，讓教界的前輩困擾。接著他也拜訪了法鼓山，可

惜我不在山上，未能相晤。第二次是今年（二○○三）十月十六日，李先生發給教界的一份啟事，他說：

> 凡夫我由於生了一場病，九月下旬方覺過去的工夫使用不上，從而生起疑情；過去所謂的「悟道」，應只是自己的增上慢。我為往昔創立的現代禪在部分知見上不純正之一事，深感慚愧，特向諸佛菩薩、護法龍天、十方善知識、善男子、善女人至誠懺悔。
>
> 我今至心發願往生彌陀淨土，唯有「南無阿彌陀佛」是我生命中的依靠。
>
> 南無阿彌陀佛
>
> 　　　　　　李元松頓首二○○三年十月十六日

李先生是佛教界的一位奇人，對於佛法有他獨特的認知及體驗，他有過人的閱讀能力和抉擇能力，也有他自己的思考模式。他的文字著述，有驚人的說服力和感動力，看來是理性的，又是充滿了感性的，因此而風靡於青年群眾。

我與李先生雖未謀面，他的著述，多少也看過一些，除了於證悟的知見不能苟同之外，他對於佛法的使命感和熱切心，我是很佩服的。在今天的佛教界，要想找到像李先生這樣有洞察力、說服力、群眾魅力、為法願力的人，還真不易。尤其他在得病後，悔悟到他的「悟道」，原係「增上慢」，才是他的人格的最高尚處。以此可見，李先生早期以為的悟道，是可以理解的，最後所承認的「增上慢」，不僅不會損害他一生的修為，實足以成為

他一生中真誠面對自己的最高修養。如果他是一個作假
的「未證謂證」者，他是絕對不會自我否定的。就這一
點來看，李先生的確是一位近代佛教的高人。（〈李元松
居士——推廣佛法為使命〉，《悼念II》，法鼓全集3輯11冊，
法鼓文化，頁119-121）

十二月二十六日，伊朗巴姆（Bam）古城遭強烈地震，災
情嚴重。法師指示慈基會捐款十萬美元救助，透過國
際救援組織協助購置災區所需物資，並立即送至災區。
翌日出席榮譽董事會舉辦之「榮董感恩晚會」時，帶
領現場近二千五百人共同念誦「南無阿彌陀佛」聖號，
為受災的人們祈福迴向並勸請在場善心人士，共同為
伊朗受苦難人民盡一分心力。（〈師父籲請各界協助伊朗
震災〉，《法鼓》，169期，2004年1月1日，版1）

上午，以色列駐臺北經濟文化辦事處代表康露思（Ruth
Kahanoff），至農禪寺拜訪法師，對法師以色列、巴
勒斯坦之行，為和平所作努力致意。

十二月二十七日，出席榮譽董事會舉辦「圓滿一個願——
榮董感恩晚會」。由新聞主播陳月卿、葉樹姍主持，
內容包括「法鼓禪心」、「飛天妙供」、「法鼓山組
曲」，約二千五百人參加。聲樂家張杏月、鄧吉龍演
唱由作詞家黃瑩、作曲家黃佩勤合作之《我們的師父》

組曲，以音樂述說法師追求佛法故事。

十二月二十七日，法鼓山大殿舉行「圓滿一個願——榮董感恩晚會」，節目中，由聲樂家張杏月、鄧吉龍演唱一曲《我們的師父》。《我們的師父》，是由作詞家黃瑩、作曲家黃佩勤兩人攜手合作，網羅十八至二十世紀的中外名曲，重新填詞。兩位音樂人以史詩般的氣勢、交響詩般的風格，運用流暢的音樂情境，述說師父在大時代中追求佛法的故事。

即使作詞功力已是頂尖，為譜出師父的音樂傳記，黃瑩一連數日，挑燈夜讀《歸程》、《聖嚴法師學思歷程》等書。某夜，莫名靈犀，〈慧塵出身〉、〈執劍護教〉、〈方寸海天〉、〈東攀靈峰〉等一首首令人驚歎的創作，於焉誕生。

編曲者黃佩勤，為中國大陸的國家一級指揮、作曲家。身體長期不佳的他，十分珍惜為《我們的師父》編曲的因緣。而他與堂兄黃瑩兩人的合作，也成為兩岸音樂界的一大盛事。

黃佩勤以堅毅的生命力，在圓滿其創作心願後，於去年十一月二十三日，遽昇極樂，也為《我們的師父》一曲，添上格外動人的一章。（〈聽！聖嚴師父的歸程〉，《法鼓》，176 期，2004 年 8 月 1 日，版 7）

十二月三十一日，指示僧團開辦禪學院，以培養禪修人才，傳承漢傳佛教。

案：經三年籌畫，法鼓山僧伽大學六年制禪學系於二○○六年秋成立招收新生。

十二月，《淨土在人間》由法鼓文化出版。係輯錄法師歷年來弘講人間淨土相關文章編成，有〈序〉說明「人間淨土」理念根據與弘傳重心。

人間淨土的依據，一是《彌勒下生經》，另外則是散見於阿含部及許多的大乘聖典。如果以中國漢傳佛教的兩大主流而言，信仰彌陀淨土的歷代善知識，大概是以求生西方淨土為修持的目標；禪宗的諸善知識，大概是以自心淨土的開發為修持的目標。可是，彌陀淨土的修行者，除了持名念佛及願生西方淨土，也必須先在人間修種種福業，乃至發大菩提心，利益眾生、修清淨梵行，才能成就往生上品淨土的功德。禪宗雖然是以開發自心淨土的明心見性為目的，卻以「道在平常日用中」為修行的原則，因此《六祖壇經》的〈無相頌〉之中，就有這樣的四句話：「佛法在世間，不離世間覺；離世覓菩提，猶如求兔角。」足見不論是修的西方淨土還是修的自心淨土，他們的著力點，都不能脫離現實的人世間。

無可諱言的是，晚近數百年間的中國漢傳佛教徒們，由於不重視弘化人才的培養，普遍走向消極厭世的一面。例如以「了生死」三字為藉口，修淨業的人，就光靠念佛，求生淨土，竟忽略了修種種福德行；標榜禪修的行者，就知道坐破幾十個蒲團、走破幾千雙草鞋，唯求頓

悟破關，竟忽略了穿衣吃飯、待人接物皆是禪。

　　我所主張的人間淨土，即是根據大小乘的佛陀遺教，同時也參考中國佛教史上幾位大善知識的思想。例如《阿含》、《般若》、《華嚴》、《法華》、《維摩》、《無量壽》等諸經典之中，均可見到人間淨土的印象。又如天台智者大師、法藏賢首大師、六祖惠能大師、永明延壽禪師、蕅益智旭大師等所說的，妄心濁世皆是與淨心淨土相即相應。到了現代的太虛、印順二位大師，便更明白地提出了人生佛教、人間淨土、佛在人間的主張。我不敢說，我有什麼新的看法，我只是依據佛經及祖語，希望把人間淨土的思想，推展成為人人都能實踐的一種生活方式。（〈《淨土在人間》自序〉，《書序Ⅱ》，法鼓全集 3 輯 10 冊，法鼓文化，頁 193-194）

案：此書未收入《法鼓全集》，因本書多篇係輯錄自已出版之各書。然第六、七、八篇：〈人間淨土的實踐〉、〈人間淨土的展現〉、〈人間淨土對現代人的重要性〉等三篇未收入《全集》。

今年，*Complete Enlightenment*（《完全證悟》）由 Asoka Nieuwerkerk 發行荷蘭文版。

民國九十三年／西元二○○四年

聖嚴法師七十五歲

國內外重要大事

- 中華民國第十一任總統、副總統選舉,發生三一九槍擊事件,總統陳水扁與副總統呂秀蓮以不到三萬票微小差距當選連任。
- 美國第四十三任總統選舉,喬治‧布希(George Bush)當選連任。
- 南亞地區發生大海嘯大災難,南亞、東非十一個國家十數萬人罹難、數十萬人受傷、數百萬人無家可歸。
- 慶祝印順長老百歲嵩壽,法鼓山、慈濟、佛光山及佛教弘誓學院合作,共同舉辦「印順長老與人間佛教」學術研討會。
- 華梵大學創辦人曉雲法師圓寂,享年九十三歲。
- 福智佛學院創辦人日常法師圓寂,享年七十六歲。

法師大事

- 出席「世界宗教領袖理事會」於美國紐約召開之「防止恐怖主義研討會」。
- 出席「世界宗教領袖理事會」於泰國曼谷召開之「亞太地區世界青年和平高峰會」。
- 舉辦「世界青年和平高峰會臺北論壇」。

- 出席於約旦召開之「世界宗教領袖理事會」董事會,並擔任主席主持會議。
- 主持法鼓人文社會學院動土典禮。
- 榮獲義大利「斐德烈二世和平獎」。
- 推動法鼓山人文社會獎助學術基金會與臺灣大學、北京清華大學合作設置「法鼓人文講座」。
- 至新加坡、澳洲弘法。於瑞士主持默照禪七。
- 推出「自我提昇日課表」行動方案。
- 因眼膜嚴重出血,住院一週治療。
- 首度刊布預立遺囑。
- 出版:《聖嚴法師教默照禪》、《人間世》、*Song of Mind: Wisdom from the Zen Classic Xin Ming*(《禪無所求——聖嚴法師的〈心銘〉十二講》)。

訂定本年年度主題為「和喜自在」,勉勵「我和人和,心和口和,歡歡喜喜有幸福;內和外和,因和緣和,平平安安真自在。」

一月一日,於《法鼓》雜誌(一六九期)刊布〈二〇〇四新春開示——和喜自在迎新歲〉,向會員大眾報告近年整體成績:榮獲「總統文化獎」、出席聯合國千禧年宗教領袖和平大會、世界經濟論壇、成為世界宗教領袖理事會主席團成員、護送阿閦佛頭返回大陸、晉山高雄紫雲寺、「出家體驗暨僧才養成班」開辦招生、

法鼓山園區女寮完工、臺東信行寺動工興建、桃園齋明寺整修加建、臺北農禪寺正式登記成為合法寺院、象岡道場加建寮房、法鼓山大殿進行內部裝修，並預告二〇〇四年舉辦任何一項活動，都是朝向二〇〇五年法鼓山園區落成作籌備。而對今年年度主題「和喜自在」之意涵，與提出「自我提昇日課表」行動方案更是詳細指點。（〈二〇〇四年新春賀詞──和喜自在迎新歲〉，《法鼓山的方向 II》，法鼓全集 8 輯 13 冊，法鼓文化，頁 21-33）

一月二日，八時，僧伽大學拍攝招生影片，法師參與入鏡並兼任導演。

九時四十分，法師偕同大殿、接待大廳、齋堂等建築顧問及專案人員至法鼓山園區，實地考察即將進行之內部設計工程建築。

此行集合了國內業界頂尖的營運管理、空間設計、建築結構等專家顧問群，包括法鼓山執行顧問──亞都麗緻飯店總裁嚴長壽、享譽國際的建築師黃永洪、姚仁喜、蘇喻哲，還有法鼓山建築規畫小組及僧團負責法鼓山營運規畫組。顧問及專家們為整體動線規畫提出多項寶貴的建議。（〈專業顧問、設計群為法鼓山營造最佳空間〉，《法鼓》，170 期，2004 年 2 月 1 日，版 1）

一月三日，上午，出席法鼓山於士林劍潭青年活動中心舉
　　辦之「第十屆佛化婚禮」。七十對新人由法師授三皈
　　依祝福，並由法鼓山菁英禪修營學員知名影星林青霞
　　及政務委員蔡清彥主婚完成典禮。法鼓山推動禮儀環
　　保舉辦佛化聯合婚禮，今年為第十屆，十年來已有
　　四百二十二對新人響應，接受三寶祝福。

下午三時半，於農禪寺接受《聯合報》記者梁玉芳專
　　訪，談以巴和平之行、二○○四法鼓山和喜自在年等，
　　法師並勉勵政治領袖學習「慈悲與智慧」。

　　在耶路撒冷，聖戰的解釋是，誰搶走了我們的土地，
我們誓言抗戰到底，這就是「聖戰」。我曾在聯合國總
部作客時，遇到一位伊斯蘭教的學者，他卻說「聖戰」
應該是「戰勝自己內心的邪惡」。

　　我非常同意「戰勝自己內心的邪惡」的說法，佛教也
說要調伏自己的內心。

　　在宗教裡，沒有族群問題——佛教都已經講眾生平等
了，哪還會分你是哪裡人呢？在佛法裡，要把人看成是
「現在菩薩」，是「未來佛」，對方既然是佛、是菩薩，
哪裡會有分別呢？

　　而且，如果看所有的人都是敵人，就讓自己陷入最不
安全的境地。心量要大，化敵為友，任何事才能可長可
久；這不是唱高調，而是我的信仰就是如此。

　　法鼓山推動心靈環保，今年主題是「和喜自在」。「和」

表示和樂、和敬、和平,「喜」表示歡喜,「自在」就是說,如果能夠和樂、和敬、和平又能夠歡喜,我們的心就能夠得到自在。

臺灣近來平不平安,要問大家自己心安不安?心安就是平安。這社會大家覺得亂,這很正常。《法華經》裡形容這個世界是個「火宅」,可是如果能把持住自己的心,不受環境影響,就能「活在清涼」,這時火宅正是修福修慧的道場。(〈聖嚴:慈悲無敵　敵人在自己的內心〉,《聯合報》,2004 年 1 月 26 日,版 A6)

四時,演藝人員柯受良遺孀宋麗華菩薩及子女至農禪寺拜訪法師,感謝法鼓山對往生者及家屬溫暖關懷。柯受良在法鼓山皈依三寶,曾參加社會菁英禪修營,去年十二月九日在大陸上海逝世。

一月四日,下午一時三十分,至中視攝影棚錄製《不一樣的聲音》節目。

一月六日,天下文化特約撰述潘煊至農禪寺專訪,談以巴和平之行目的與收穫。

一月七日,於農禪寺一樓新禪堂設宴邀請宗教線媒體記者餐敘,感謝媒體記者長期對法鼓山活動熱情報導,並與媒體分享即將完工第一期法鼓山工程建設現況,記

者也就當今社會現況向法師請益。

一月八日，上午七時半，於農禪寺方丈寮為出席世界宗教
精神領袖理事會演說撰寫演說文稿。

九時，於農禪寺大殿，對法鼓山全體僧眾及專職「精
神講話」：「和喜自在的法鼓山」，說明唯有個人及
團體各層面皆努力提昇，才能使法鼓山整體運作更完
善，共同推動普及佛法。同時勉勵善用〈人品提昇日
課表〉，成長自己，利益他人。約二百七十人參加。

下午二時三十分，出席於法鼓山教育行政大樓海會廳
召開之自然灑葬規畫會議及探勘。

一月九日，上午十時，至臺灣大學，代表法鼓山人文社會
獎助基金會與臺灣大學簽署合作協議，設置「法鼓人
文講座」。簽約儀式，由法師與臺灣大學校長陳維昭
共同簽署。此係繼去年十月與大陸北京大學合作設置
「法鼓人文講座」後，又一所高等學府共同合作從學
校落實人文精神。（〈法鼓山、臺灣大學合作設置法鼓人
文講座〉，《法鼓》，170 期，2004 年 2 月 1 日，版 1）

下午四時，於農禪寺接受《中國時報》記者專訪，就
三月總統大選熾熱選情請益。法師表示，選舉前後將

推出系列文宣，推動心靈環保，並期盼各界和平共榮。

即日起至十六日，法鼓山伊朗賑災關懷團由法鼓山基
金會副祕書長謝水庸領隊，僧團國際事務組常智法師、
慈基會代表祁止戈及公共衛生專家江鴻基顧問一行四
人，赴巴姆災區關懷慰訪。（〈法鼓山赴伊朗賑災 擬定
關懷方向〉，《法鼓》，170 期，2004 年 2 月 1 日，版 1）

一月十日，上午七時，前往樹林棲霞山海明寺探望悟明長
老，至臺北汀洲路聖靈寺探望今能長老，至華嚴蓮社
探望成一長老；問候長老賀節，並敬贈《阿閦佛頭像
復歸紀實》專冊，及報告日前以世界宗教精神領袖理
事會主席身分，走訪中東以色列及巴勒斯坦等工作。

中午，於農禪寺與護法總會北區悅眾圍爐團圓，北部
七個轄區約七百位勸募會員參加。法師祝福大家新年
快樂，期勉眾人以「和喜自在」為目標，運用「人品
提昇日課表」自我提昇。法師並與大眾同誦法鼓山今
年共勉語：「我和人和，心和口和，歡歡喜喜有幸福；
內和外和，因和緣和，平平安安真自在」，勉勵大眾
以此為努力方向。

第四十四次社會菁英禪修營共修會於農禪寺舉行，法
師於晚間為學員總結開示。

一月十一日,上午九時,泰國華宗尊長仁得長老與信眾一
行至農禪寺拜訪,法師親至三門迎接。法師致贈長老
《法鼓全集》,並感謝其給予諸多幫助。(〈泰國仁得
長老參訪農禪寺〉,《2004 法鼓山年鑑》,法鼓山基金會,
2005 年 8 月初版,頁 97-98)

十時半,於農禪寺主持「和喜自在——祈福皈依大
典」。為每年固定於一月、三月、七月、十月舉行四
場大型皈依典禮之首場。計有一千六百多位民眾皈依
三寶。今年主題為「和喜自在年」,法師勉勵大眾將
「和喜自在」四字做為今年,乃至今生遵奉之座右銘。
同時叮嚀大眾,除要遵守佛教基本五戒,也要謹記法
鼓山所訂定三戒:不得以法鼓山的名義,從事任何與
政治、選舉有關之活動;不得有不正常的男女關係;
不可以有金錢借貸和商業往來。法師說明,遵守戒律
目的在使內心平安、社會安定和諧。

下午三時,於農禪寺新簡介館為世界宗教精神領袖理
事會一月二十八日舉行之倫理計畫會議錄製演講影
片。因屆時法師無法出席,現場將播放錄影,並由代
表出席之李世娟教授口頭英譯。

七時半,去年(二〇〇三)底「榮董感恩晚會」順利
圓滿,榮董會舉辦感謝茶敘,法師出席感謝參與悅眾

全力付出。

即日起至十八日，中華佛學研究所首次舉辦師生中階
止觀禪七，於教職員宿舍佛堂進行。佛研所所長特別
助理果徹法師擔任總護，法師兩次到場關懷，勉勵佛
研所師生，能夠「宗通」與「說通」並行並舉，更帶
動園區禪修風氣。（〈佛研所首次舉辦師生禪七〉，《2004
法鼓山年鑑》，法鼓山基金會，2005 年 8 月初版，頁 249）

一月十二日，於農禪寺接受民視邀請錄製《台灣廣場》節
目，法師以「和喜自在」為題講述，共錄製五個單元：
如何在逆境中找到自在、如何提昇自我的品質、如何
走出憂鬱、如何面對順逆兩種因緣、如何營造和喜自
在的人我環境。

下午四時，於農禪寺接見廣達基金會祕書長楊秀月，
楊祕書長代表林百里總裁向法師請示該基金會與法鼓
山合作，致力社會公益之可能。

一月十三日，上午九時半，印度國會議員沙胡（Anadi
Charan Sahu）由外交部祕書黃克夫陪同，至農禪寺拜
訪法師。
　　這次主要來臺出席亞太地區國會議員安全會議的 Sahu
議員，在印度時，即經常聽聞印度駐臺外交人員對法鼓

山的諸多肯定，因此特地在百忙之中，安排此項拜訪行
程。

　聖嚴法師表示，世界宗教理事會正在推動一項普世的
世界倫理價值觀，這裡的普世價值並不等同於世界各地
的傳統、風俗或是宗教信仰，而是當今全人類所共同需
要的一種普遍性的價值觀。佛教在印度雖已走入歷史，
不過近年來的幾任印度總理都對佛教的態度相當友好，
法師肯定地說，佛教即代表了印度的世界觀。（〈印度國
會議員 Sahu 拜訪聖嚴師父〉，《2004 法鼓山年鑑》，法鼓山
基金會，2005 年 8 月初版，頁 100-101）

十時，召開《法鼓》雜誌整體文宣策畫討論會議，研
議如何有效運用《法鼓》雜誌，以達成護法總會「十
萬勸募、百萬人護持」之標的，並協助法鼓山人文社
會獎助學術基金會、慈基會等募款。同時討論法鼓山
各募款單位勸募窗口整合事宜，以方便捐款者。

晚七時，荷蘭萊頓大學（University Leiden）漢學研究
院現代中國學教授施耐德（Axel Schneider）伉儷，由
中華佛研所董事會常務董事方甯書教授陪同至農禪寺
拜訪法師。施教授提議法鼓人文社會學院與萊頓大學
共同合辦東、西方佛學學術研討會，增進中國佛教與
西方學界交流。

九時五十分,立法委員江綺雯、中正大學成人及繼續教育研究所教授黃富順至農禪寺拜訪法師,就成人教育推動立法,向法師請益。

一月十四日,中午,於農禪寺出席基金會專職人員之歲末感恩聯誼會。

下午三時,雲嘉南扶輪社總監楊文俊夫婦、財務長蔡營機夫婦等人,由護法總會總會長陳嘉男陪同,至農禪寺拜訪,擬邀請法師參加該會三月二十八日舉行之社員大會,為兩千名社員專題演說。法師告以行程繁忙,已婉謝多種邀約,包括第二屆總統文化獎頒獎、本月底於聯合國舉行之主題演說均未克親至。唯因該會殷切邀請,建議以預製錄影分享。

一月十五日,應邀以總統文化獎得獎主身分,出席文化復興總會舉辦之藝文午宴。

前「春暉印經會」負責人翁嘉瑞、程淑儀夫婦,至農禪寺拜見法師,並供養僧團法師及贊助中華佛研所教育獎助金。佛研所初創時期,翁居士即大力護持。法師感謝稱:「當年若不是春暉的贊助,沒有勇氣創辦法鼓山。」

一月十六日，法鼓山伊朗賑災關懷團於晚間返國。法師立
　　即聽取簡報，並指示法鼓山除前已捐助之十萬美元，
　　將再捐助十萬美元，做為伊朗災區失學孤兒教育獎助
　　學金。

　　關懷團領隊謝水庸表示，由於臺灣與伊朗並無邦交，
這次伊朗能接受法鼓山所伸出的溫暖的手，是由於師父
為世界宗教領袖理事會的主席之一，透過該理事會的關
係，伊朗政府對於關懷團相當禮遇。全程除由伊斯蘭文
化與關係組織的工作人員蘇阿尼陪同，深入災區進行慰
問與了解；關懷團並拜會肯麥省副省長等政府官員，成
為唯一與官方有互動的國際民間團體。

　　此外，關懷團亦陪同紅星月會（該國紅十字會）人員
發送救濟物資給災區民眾，確認法鼓山在發生震災後隔
天所捐出的第一筆十萬美元，已確實分送到最需要的災
區民眾手上。在為期一週的行程中，伊朗政府代表們一
再地對關懷團表示：「你們能夠來到這裡，就是給我們
最好的關懷了！」（〈法鼓山赴伊朗賑災　擬定關懷方向〉，
《法鼓》，170 期，2004 年 2 月 1 日，版 1）

大陸工程董事長殷琪至法鼓山園區拜訪法師，請益佛
　　法。

一月十七日，經中華民國駐羅馬梵蒂岡大使戴瑞明推薦，
　　法師榮獲義大利「斐德烈二世和平獎」。

七時四十分，接受榮總腸胃科醫師林懷正問診。林醫師每週六晚間至農禪寺擔任醫療義工，法師將於十九日至榮總例行性檢查，因先行問診。法師返臺前，前往中東及加拿大，行程緊湊、休息不足，以致胃口不佳。林醫師建議應多休息，留意腎功能是否正常。

一月十八日，上午，首屆「法鼓山僧伽大學出家體驗暨僧才養成班」舉行「出家體驗班結業式」，共有二十一位女眾、五位男眾學僧完成一年出家體驗生活，完成實習後，於二月底進入第二階段「僧才養成班」，為法鼓山僧才培育計畫展新猷。法師開示，期許學僧不忘出家初衷，對難以割捨之俗情，以開闊心學習放下，深化出家人心態，提起感恩心、懺悔心砥礪自己，斷除過去在家時習氣，奉獻自我為眾生服務。

中午，前往桃園齋明寺與信徒代表及前任住持江張仁居士之眷屬聚會圍爐。

一月十九日，上午八時，至石牌榮總醫院進行例行健康檢查。檢查結果，身體狀況良好、持續平穩、但須注意鹽分攝取及用藥。

下午二時，聽取亞都飯店總裁嚴長壽近期親近法鼓山之觀察與體會。嚴總裁受邀擔任法鼓山整體營運執行

顧問。法師讚賞肯定嚴總裁用心與細膩觀察，進而邀請嚴總裁參與禪修活動，體驗法鼓山核心精神，俾能將專業規畫理念融入法鼓山。嚴總裁雖未當場接受重託，但承諾與法鼓山內部關鍵人士逐一晤談，彙整法鼓山資源以取得大眾共識，並且訴諸文字，建立核心價值，並協助培養法鼓山未來種子部隊。

三時，臺北市政府文化局局長廖咸浩、民政局局長吳秀光及都市發展局局長許志堅，為農禪寺申請指定歷史建築事宜，至農禪寺訪查召開會議，徐伯瑞建築師專案簡報。

一月二十日，上午九時五十分，聽取法鼓山園區開山紀念館專案負責人楊慧華菩薩報告專案進度，副都監果廣法師、營建部監院果懋法師及果祥法師陪同。

下午四時，於農禪寺接見臺灣大學哲學所博士生林建德一行。林生日前出版印順導師思想相關著述《諸說中第一》，經中華佛研所所長李志夫轉陳法師，法師經覽後，請侍者去電約見，稱許並鼓勵。

四時三十分，前往文化館探視「生活禪影像館」施工情形。法師自地下室開始往上逐層巡視，住持鑑心法師全程陪同解說。至三樓祖堂，法師禮拜東初老人並

報告：「您老說要蓋一間辦教育的學校，我現在已完成您老的心願了。」

為施叔青《心在何處——追隨聖嚴法師走江湖訪禪寺》撰〈序〉。施女士為法師傳記《枯木開花——聖嚴法師傳》作者，二〇〇二年十月隨行參加法鼓山大陸寺院巡禮，此書即為隨團參訪之記述。書於今年三月出版。（參見三月九日譜文）

一月二十二日（大年初一），即日起至二十五日，法鼓山園區舉辦新春早課及新春普佛法會祈福活動，於臨時寮大殿、觀音殿、男寮及教育行政大樓等同步進行。上午，法師向來山大眾祝福並開示，下午，則至農禪寺關懷大眾。

八時，與美國作家威普納（Kenneth Wapner）晤談，威普納將為法師撰寫英文傳記，此行實際走訪法鼓山各地道場及昔日閉關處美濃朝元寺。

十時半，金山鄉前鄉長暨現任議員許春財，前來法鼓山上拜見法師。

十一時，臺北市市長馬英九及金山鄉鄉長游忠義、鄉代表、民意代表等人至法鼓山上拜訪法師。法師帶領

眾人至大殿禮佛,隨後趨車至圖資館參觀,與馬市長
互贈賀禮,並與鄉長、鄉代表等人詳談金山鄉活動整
體規畫與法鼓山相結合等事宜。

下午四時二十分,至文化館關懷參與千佛懺法會信眾,
並向住持鑑心法師拜年,祝福八十歲生日平安。法師
向法會悅眾果慈菩薩致謝其帶領大眾拜懺,祝福大眾
新春愉快。

五時,拜訪方甯書教授夫婦。

一月二十五日,九時半,交通部部長林陵三夫婦、公路局
　　局長陳晉源、北觀處處長蔡振聰及觀光局局長蘇成田
　　等人,至法鼓山上拜訪法師。部長等人係為法鼓山聯
　　外道路與金山地區觀光開發規畫來訪。

　　三時四十分,潤泰集團董事長尹衍樑與榮總醫師陳維
　　熊至法鼓山上拜年。

一月二十六日,即日起至二月一日,第十屆在家菩薩戒於
　　農禪寺分兩梯次舉行,每梯次為期四天三夜。聖嚴法
　　師、果如法師、惠敏法師擔任尊證師,共有海內外
　　八百六十多位信眾參加。

五時三十分，海基會董事長辜振甫及其夫人辜嚴倬雲，偕同大女兒夫婦趙元修、辜懷箴及小女兒辜懷如，至農禪寺拜訪法師，請益佛法。法師見辜董事長題字書法甚佳，建議辜董事長伉儷以書法抄寫《心經》、《金剛經》、《維摩詰經》或《法華經》，作為佛法功課，亦可與大眾結緣。

東初長老皈依弟子王士祥、郭婉華夫婦全家至農禪寺向法師拜年，法師致贈相關著作留念。

一月二十八日，世界宗教領袖理事會於美國紐約聯合國大廈舉行「防止恐怖主義：以教育來促進世界和平及催生全球共通的倫理價值」研討會，由於法師在臺灣主持菩薩戒會，不克前往，因此播放預錄之演說，呼應聯合國去年（二〇〇三）發起之「和平教養計畫」，建議以學校教育、社會教育、宗教教育、家庭教育等四項教育來重建全球倫理價值，而全球共通倫理原則即是：以寬容取代對抗，以敬愛取代暴力，以療傷止痛取代報復仇恨。

　　什麼是全球共通的倫理價值？那便是尊重每一個生命。承認每一個人都有生存的權利，每一個人也都有保護及愛惜一切人的責任。如果是以傷害任何一個族群來保護自己的族群，那便不是全球倫理所允許的。一旦世界人類，都能把全球的每一個生命，看做是自己的同胞

兄弟和姊妹，並且努力營造彼此之間的敬愛和包容，便不會再有計較正義和不正義的問題了。

如何來建立全球倫理的價值觀呢？它的原則，必須以寬容來取代對抗、以敬愛來取代暴力、以療傷止痛的方式來取代報復仇恨。如果在各民族的聖典及古訓中，發現有違背全體人類和平相處的原則，必須用全球倫理的角度，來給予新的詮釋。因為二十一世紀的世界人類社會，必須是一個開放的、多元的、又是整體互動的環境，也必然是一個彼此尊重、相互學習的環境，應該如中國古人所說，是一個「求其同、存其異」的社會。

如何來建立全球倫理的價值觀呢？它的方法，是通過全球的學校教育、社會教育、宗教教育、家庭教育等多層面的教育機制，來普遍和持久地推動。焦點都是集中在尊重生命，承認每一個人都有生存活命的權利，每一個人都要有包容異己的心量，每一個人都應負擔起保護全體人類平安幸福的責任。（〈以教育來建立全球共通的倫理價值〉，《致詞》，法鼓全集 3 輯 12 冊，法鼓文化，頁69-72；另參見：〈建立全球共通倫理價值的重要性〉，《致詞》，法鼓全集 3 輯 12 冊，法鼓文化，頁 67）

一月二十九日，上午，於農禪寺主持第十屆菩薩戒第一梯次正授典禮。

一月三十一日，晚九時，於農禪寺主持菩薩戒會傳幽冥戒

並開示。

一月，《聖嚴法師教默照禪》及「智慧掌中書」系列：《如
　何培養自信》、《快樂自己決定》，由法鼓文化出版。

　　《聖嚴法師教默照禪》收錄法師主持默照禪修之指導
　開示，為法師多年來傳授默照禪法之菁華。
　　同時傳承了中國禪宗臨濟（話頭禪）與曹洞（默照禪）
　兩個法脈的聖嚴法師，早期，是以教導數息觀以及參話
　頭為主，但是到了一九八〇年，開始在禪修期間指導默
　照禪法，並且從一九九八年開始，陸續舉辦專修默照的
　禪七、禪十、禪十四、禪四十九。至今，聖嚴法師已親
　自主持超過十次以上的密集默照禪修活動，受益者不計
　其數，然而法師卻遲遲未有一完整講授默照禪法的專書。
　因此本書的出版，可謂圓滿了各界多年來的殷切期盼。
　　由於聖嚴法師每次禪修期間的開示，都會依據參與禪
　眾的程度，以及現場問答互動的狀況而有所不同。也就
　是中心主旨不變，內容或有雷同，但講授的風格、角度
　卻相當多樣，由此也看出法師接引禪眾之善巧，運用禪
　法之靈活。因此，本書也特別收錄了三次禪期的開示，
　以期讀者能從法師所開的不同的「門」進入，而又門門
　相通。（〈編者誌〉，《聖嚴法師教默照禪》，法鼓文化，
　2004 年 1 月初版，頁 3-4）

二月一日，上午八時，於農禪寺主持菩薩戒第十屆第二梯
　　次正授典禮。

　　下午兩點，出席護法總會於土城教育訓練中心舉辦之
「法鼓山全省悅眾聯席會」，共有來自各地二百多位
召委、副召委參加。法師重申法鼓山辦理活動須有教
育與關懷功能，並預告組織體系之調整方向與精神。
　　十餘年來，法鼓山歷經多次的轉型，為了配合未來更
多元的發展，整個管理組織體系也會漸次地調整；在運
作管理上，或許會有些許改變，但基礎、方向、目標並
不會更改，未來將會成立總管理處，各地方分院辦事處
等則是管理處的微型，每位召委、副召委將負責統合地
方的各項資源與運用，所肩負的責任也會更重。法師則
勉勵大家，學習分層交付任務，讓大家都有為他人服務
的機會，也有成長的空間。（〈法鼓山全省悅眾聯席會展
開〉，《2004 法鼓山年鑑》，法鼓山基金會，2005 年 8 月初版，
頁 207-208）

二月三日，上午，法緣會約七十位會員於農禪寺新簡介館
　　拜見法師，另有十多位貴賓受邀前來皈依三寶。法師
　　期許每位會員成為法師化身，推動人文獎助基金之募
　　集。
　　經過這幾年來的努力，法鼓山「心靈環保」的理念廣
為世界其他宗教所知悉並且接納，而自己本身也是世界

宗教領袖理事會主席團成員之一,正在國際間推廣全球性的新倫理觀念,目前也計畫在聯合國成立方案來推展,而這些都將是基金會所努力的重點工作,希望所有菩薩都能齊心協力共同成就。(〈法緣會新春拜見師父〉,《法鼓》,171 期,2004 年 3 月 1 日,版 2)

下午二時半,於法鼓山階梯教室為第一屆「生命自覺營」學員講授「出家心行」。「生命自覺營」由法鼓山僧伽大學佛學院主辦,二月一日起至十四日為首屆,共有二十五位男眾、六十位女眾海內外青年參與體驗二週短期出家生活。課程依照僧大佛學院生活及課程規畫,重視解行並重,福慧互資。

二月四日,中華民國駐教廷特命全權大使戴瑞明伉儷暨女公子至法鼓山上訪問,法師、李志夫所長陪同參觀園區。

二月五日,第一屆「生命自覺營」舉行授戒典禮,法師擔任得戒和尚,都監果品法師擔任教授阿闍梨,正授學員「行者八戒」,成為出家行者。法師開示說明,出家是隨佛出家,目的在出離三界生死輪迴苦,出離貪、瞋、癡煩惱苦,出離世間種種情欲苦,受戒正是用來完成離苦願望和目的。出家人是以梵行為根本,梵行就是離欲心,要學習著在這幾天之中,把出家心行建

立起來。(〈生命自覺營受戒典禮開示:盡形壽受持出家戒〉,
《法鼓》,171 期,2004 年 3 月 1 日,版 8)

下午三時,至法鼓山上海會廳出席法鼓山全山水資源
運用整合會議,與會者有潤泰營造及法鼓山工務室代
表等人。法師於聽取工業技術研究院能源與資源研究
所研究員報告後表示,法鼓山自來水來源極不穩定,
旱季時舉辦大型法會用水及興建法鼓大學時,必須預
作節水設備措施。會議結束後,並至現場勘察。

二月六日,右眼膜嚴重出血,立即赴臺北市立仁愛醫院,
隨後轉往臺大醫院。經群醫診斷,囑令住院治療。(〈二
○○五新春賀詞——再迎和喜自在的一年〉,《法鼓山的方
向 II》,法鼓全集 8 輯 13 冊,法鼓文化,頁 37-38)

二月十三日,下午,於臺大醫院住院滿一週,辦理出院。

二月十四日,首屆「生命自覺營」圓滿,舉行捨戒典禮,
學員卸下縵衣,恢復在家居士身分。法師勉勵大眾珍
惜此難得出家體驗,作為日後人生修行動力,亦期許
優秀青年加入佛門,成為淨化自己、淨化社會之法門
龍象。

下午四時,於法鼓山方丈寮召集果光法師、果幸法師、

常寬法師等談話，關心詢問舉辦生命自覺營收穫及檢
討。

二月十五日，搭機南下高雄，參加護法總會於高雄紫雲寺
　　舉行之南區「法鼓傳薪」活動。午後二時三十分，先
　　與高雄縣縣長楊秋興共同為楊縣長致贈之「聖績長興」
　　匾額揭幕。揭幕儀式後，隨即出席南區「法鼓傳薪」
　　活動，關懷來自嘉義、臺南、高雄、屏東及潮州等地
　　二百五十位悅眾。法師開示：以「自我提昇日課表」
　　檢視所學是否實踐佛法。

　　　午齋時，師父親臨紫雲寺關懷，大眾對因眼疾剛從醫
　　院回來的師父，風塵僕僕地趕來為大家祝福，表示感恩。
　　師父指出，佛教是實踐的宗教，從學術研究或知識的角
　　度理解佛教，雖然對於社會有用，但作用不大。「佛法
　　必須透過實踐，用來幫助自己，也幫助他人，才是真正
　　的學佛。」師父表示，「自我提昇日課表」可幫助菩薩
　　們每日省視自己是否與「四種環保」、「心五四」運動
　　及「四眾佛子共勉語」相應。在每日的自我檢視的功課
　　裡，自我的品格必定能夠提昇。（〈法鼓傳薪暨自我提昇
　　方案全省展開〉，《法鼓》，171 期，2004 年 3 月 1 日，版 2）

　　下午，關懷於紫雲寺舉行之「南區醫界精進禪修營」。
　　該營繼去年北部、中部舉辦社會菁英醫界禪修營後於
　　十四、十五兩日舉行，嘉義以南醫學界菁英，包括成

功大學醫學院教授趙可式、高雄醫學大學護理系主任
楊美賞、署立臺南醫院院長簡聰健等，共四十九位學
員參加。法師開示指出：「提昇人品的重要歷程，在
於自我消融」。活動結束後，並有二十六位學員由法
師親授皈依，成為三寶弟子。（〈南區醫界精進禪修　體
驗自我獲益多〉，《法鼓》，171 期，2004 年 3 月 1 日，版 1）

中華電子佛典協會（CBETA）於本日正式發表《大正
藏》校勘版、《卍續藏經》數位化成果與讀經工具。

二月十六日，於法鼓山方丈寮撰擬〈聖嚴法師出院謝啟〉，
感謝各界友朋護法居士之關懷慰問，及醫護人員之悉
心照料。文刊三月《法鼓》雜誌。（文見三月一日項下）

撰〈預立遺言〉刊布於四月《法鼓》雜誌。（文見四
月一日項下）

二月十七日，大陸工程董事長殷琪第三度至法鼓山上拜訪
法師，並請益佛法。

二月十八日，上午，至農禪寺出席「農禪寺歷史建築專案
評鑑」。係由臺北市政府文化局、民政局及都市發展
局相關代表，邀集辛晚教、南方朔、李乾朗等學者專
家組成專案審查小組，至農禪寺會勘，就人文歷史、

歷史建物及庭院設施等三大項目，評估是否列為臺北市歷史建物。法師除陪同專案審查小組參觀了解農禪寺固有建物，亦出席會議回應學者提問。

下午三時半，於法鼓山教育行政大樓四樓佛堂，中華佛研所「創辦人時間」為師生開示。

二月十九日，上午九點二十分，出席僧伽大學第二屆「出家體驗暨僧才養成班」開學典禮暨新生講習。法師開示出家四大殊勝：出家一定比在家好；雖辭親出家，仍會盡孝道與責任照顧家人，並非棄而不顧；現在是出家最適當的時機；到法鼓山出家，是最有智慧，也最有福報。（〈珍惜出家的福德因緣〉，《法鼓家風》，法鼓全集 8 輯 11 冊，法鼓文化，頁 101-112）

十時四十分，安徽省大九華觀音峰寺住持宏成長老一行至法鼓山園區拜訪，由僧團男眾副都監果醒法師陪同參訪各單位，並與法師會晤。

十一時，澳洲新南威爾斯佛教理事會（New South Wales Buddhist Council）一行由會長葛雷恩（Graeme Lyall）帶領，參訪法鼓山園區。葛雷恩近年在澳洲推廣佛教功不可沒，法師譽稱為「澳洲佛教之父」。

二月二十日，上午八時，由營建部監院果懋法師、組員果
　悅法師、果治法師陪同，巡視法鼓山園區工地現場，
　經圖資館下方至大殿後方、禪堂及戶外開山觀音。對
　景觀及相關工程多所指示。

九時半，於僧伽大學「創辦人時間」講授「珍惜出家
　的福德因緣」。（〈珍惜出家的福德因緣〉，《法鼓家風》，
　法鼓全集 8 輯 11 冊，法鼓文化，頁 101-112）

即日起至二十三日，法鼓山首屆「海外共識觀摩研習
　營」於農禪寺及法鼓山上舉辦，共有來自美國、馬來
　西亞、澳洲、香港、新加坡等海外各地悅眾六十二人
　參加。法師親自帶領，期能藉此增強凝聚力、深化共
　識。法師並期許以共修處為中心，推廣佛法理念。
　　我們法鼓山推動的是人間化佛教，是用清淨的佛法淨
　化人心、提昇人品的團體，而不是只求自修自學的佛學
　社，必須積極對外推動心靈淨化的工作。然而要提醒大
　家的是，共修處和聯絡處主要是開會、凝聚向心力的地
　方，不只是用來拜懺、念佛和打坐，我們是要將佛法和
　法鼓山理念推廣出去，做到「家家蓮社，戶戶禪堂」。
　　由於國情不同，全球各地的共修處和聯絡處各有特色，
　期許大家在不同的差別當中，凝聚願力和共識，為淨化
　人心、提昇人品的理念，一起努力。（〈把佛法智慧帶回
　去──聖嚴師父對海外悅眾的叮嚀〉，《2004 法鼓山年鑑》，

法鼓山基金會，2005 年 8 月初版，頁 309）

二月二十三日，上午八時半，前往臺大醫院門診。

　　下午兩點至四點，指導「海外共識觀摩研習營」學員大地觀禪修，而後全程聽取學員研習心得及討論。

　　四時二十分，大陸中國佛教協會副會長聖輝法師、學誠法師及明生法師，由佛光山住持心定法師陪同，至法鼓山園區參訪並拜會法師。

二月二十四日，率領六位臺灣傑出青年代表，至泰國曼谷，參加由世界宗教領袖理事會（簡稱「世理會」）舉行之「亞太地區世界青年和平高峰會」（Asia Pacific World Youth Peace Summit）。六位青年代表為：常智法師、自鼐法師、慧聖法師、邱大剛、何麗純、林恕安，分別來自佛教界、企業界和學術界。此會議為聯合國總部計畫於今年（二〇〇四）十月於非洲肯亞召開世界大會前，第一場區域性會議。本次會議共有來自三十九個國家七百多位青年菁英參加，為和平願景努力。

　　法師於機場召開行前會議，期許於會議中傳達和平理念，並提出從道德、解決問題、應用三層次，請團員

思考並在會議上踴躍表述。

　　一、道德感的層次──有道德感才能省思並實踐心靈環保,希望青年領袖可思考自己對自己、世界及未來有什麼責任。二、解決世界問題的層次──佛法能為世界人類的心靈問題,提供有效提昇品質的觀念與方法。期許各宗教之間要和諧相處、關懷每一個族群,如此才有助於世界和平。三、應用的層次──如何將以上所述的理念實際應用在各領域、各階層?須以專業找出可行之道。師父的行前叮嚀,提醒了代表團對自己應有的期許,團員們也看到了法師對青年的期許與願景,這並不只是口號,而是對於人間淨土的承諾與實踐。(〈世界青年和平高峰會亞太會議記行〉,《2004 法鼓山年鑑》,法鼓山基金會,2005 年 8 月初版,頁 314-316;另參見:〈師父率團出席世理會青年和平高峰會〉,《法鼓》,171 期,2004 年 3 月 1 日,版 1)

晚間,前往曼谷近郊 Sathira-Dhammasathan 和平中心出席亞太地區青年和平高峰會歡迎晚會。與美國基督教瓊安・坎貝爾牧師(Rev. Joan Brown Campbell)、以色列猶太教魯拉比及世理會副祕書長迪娜・梅瑞恩同席用餐。

節目進行至由宗教領袖與青年領袖傳遞「Light of Peace and Love」燈火,該中心創辦人瑪依琪・珊莎妮

法師（Mae-Chee Sansanee）禮請聖嚴法師為晚會點燃
第一支白色蠟燭，傳給與會青年領袖，象徵智慧及和
平之光，代代相傳不絕。

二月二十五日，至朱拉隆功佛教大學（Mahachulalongkorn-
rajavidyalaya University）出席會議。上午為「世界宗
教領袖代表論壇」，下午為「世界青年領袖代表論
壇」。上午會議由世理會祕書長巴瓦・金主持，法師
受邀擔任論壇總結發言時表示，一切宗教信仰均不應
主張戰爭，青年領袖應正確認知宗教，即可避免戰爭
發生。

　　會議的第一天，主席巴瓦・金首先拋出「為何有時宗
教反而是衝突的來源」等問題，讓大家進行討論，各國
宗教領袖分別向在場的青年們，提出自己對世界和平的
看法與立場，意見紛呈。直到會議結束前，主席巴瓦・
金請聖嚴法師作總結。法師語重心長地表示：宗教本身
沒有問題，問題在於人類為私利對宗教作不正確的解讀
與利用，而挑起不必要的衝突。他並期許青年代表從自
己做起，讓宗教領袖們、各國代表們都能成為朋友，大
家共同為和平而努力。自此，宗教與青年二條原本各自
而行的路，才開始有了交集。（〈世界青年和平高峰會亞
太會議記行〉，《2004 法鼓山年鑑》，法鼓山基金會，2005
年 8 月初版，頁 314-316）

下午兩點，世理會祕書長巴瓦・金邀請所有世理會宗
教領袖前往大會堂正門接迎泰國公主蒞臨。公主致詞
後，由法師代表世理會，將臺灣帶來的一尊觀音琉璃
呈獻公主。

晚八時四十分，因身體不適，由陳天明護送就醫，常
寬法師隨行。

二月二十六日，上午，至朱拉隆功佛教大學出席世理會董
事會，並受推舉擔任會議主席。法師報告一月間，經
世理會協助至伊朗賑災關懷，以及去年十二月訪問以
色列、巴勒斯坦宗教領袖之成效。團員領隊江弘基亦
代表法鼓山，簡報前往伊朗巴姆地區關懷震災情形。
　　會中主要針對全球兒童、婦女、貧窮、戰爭和宗教等
問題進行探討，並研商如何與聯合國及相關組織展開合
作。師父在會中，簡報了今年一月期間，法鼓山透過世
理會協助到伊朗賑災關懷的成效，並說明跨越宗教、民
族的關懷之行，已實質發揮了宗教和平的功能。董事會
並決議，有關推動全球性倫理教育、伊朗災區孤兒教育
培植計畫二項任務，往後將由法鼓山主導與支持。（〈亞
太世青和平高峰會於曼谷舉辦〉，《2004 法鼓山年鑑》，法
鼓山基金會，2005 年 8 月初版，頁 312-313）

由於師父在中東和平之行所做的諸多努力，促成了猶

太教全球最高領袖魯拉比、耶路撒冷聖地及全巴勒斯坦東正教的山比總主教（Archbishop Pietro Sambi），兩位宗教領袖皆表示願意加入世理會，與各宗教領袖一起致力世界和平。這對一向較為封閉的中東世界而言，可說開啟了與其他宗教的對談與交流之門。（〈師父率團出席世理會青年和平高峰會〉，《法鼓》，171 期，2004 年 3 月 1 日，版 1）

下午五時，經由世理會安排，至泰國副僧皇府拜會副僧皇。

七時，與伊朗伊斯蘭教精神領袖阿拉基（Ayatollah Araghi）、巴瓦・金、世界青年和平高峰會特別顧問大衛・曼帝斯（David Mendies）討論伊朗賑災第二階段計畫——建立孤兒獎學金贊助金相關事宜。聖嚴法師與伊朗伊斯蘭文化暨關係組織會長阿拉基已於前一日會面，並約定進一步研商伊朗巴姆城賑災後續關懷工作。阿拉基會長為伊朗伊斯蘭教最高領袖，負責接待一月間法鼓山至伊朗巴姆賑災關懷行，因深受感動而出席本次在曼谷召開之會議。

本日，青年高峰會移師聯合國亞太總部大廈，進行「願景研討會」分組討論，就「對人的尊重、文化與全球化、維持人類與環境資源、經濟差異性與不平等性、

科技與平等、政府管理、國內外衝突」等七項主題會
談,以期樹立和平願景。法師二月十二日為世理會錄
製之演說,再度於青年和平高峰會上播放。(〈師父率
團出席世理會青年和平高峰會〉,《法鼓》,171 期,2004
年 3 月 1 日,版 1)

二月二十七日,至曼谷聯合國大廈出席世理會召開之理事
  會。青年高峰會則於同地大會廳進行。法師接受主持
  人朱拉隆功佛教大學校長泰梭蓬(Phra Thepsophon)
  之邀,抽空前往亞太區世界青年和平高峰會簡短開示,
  勉勵青年代表將安全感和尊重帶給別人。

二月二十八日,下午,率團返抵國門,隨即在中正機場第
  二航廈舉行「亞太地區世界青年和平高峰會返臺記者
  會」分享成果。

　　代表團此行不僅受到官方相當隆重的接待,聖嚴師父
亦被推選為世理會董事會的主席。

　　聖嚴師父於記者會中表示,身為地球村的一員,應該
集合大家的力量來為人類和平、幸福及未來作出貢獻。
法鼓山護法總會會長陳嘉男表示,代表團在曼谷期間,
聖嚴師父與伊朗伊斯蘭教精神領袖阿拉基,以及世青高
峰會祕書長巴瓦·金商討伊朗災區孤兒的教育扶助工程,
且表示法鼓山將提供教育經費補助。對此,阿拉基先生
相當感動,並表示回國後,將提供相關基本資料予法鼓

山。此外,巴瓦‧金也承諾,世界宗教理事會願意參與
協助此教育扶助工程。

聖嚴師父期勉大家要結合各種世界性的資源與力量,
共同來努力。未來,法鼓山也將更積極與國際組織合作,
為人類的幸福、未來一起奉獻。(〈亞太世青高峰會臺灣
代表返臺〉,《2004 法鼓山年鑑》,法鼓山基金會,2005 年
8 月初版,頁 317)

**二月二十九日,下午,偕同中華佛研所所長李志夫與前所
長方甯書,至新莊天主教輔仁大學,於羅光總主教靈
前緬懷致意。羅光總主教於昨日逝世。輔仁大學由田
默迪神父代表接待,對法師與總主教間跨越宗教真摯
友誼,表示十分感動。**

一九九四年,總主教擔任中國文化復興運動總會宗教
研究委員期間,曾委由中華佛學研究所辦理「佛教與中
國文化」國際學術會議,而與法鼓山締結友好的合作因
緣。一九九六年,法鼓山舉行工程奠基大典,總主教還
曾親自參與給予祝福。去年一月,聖嚴法師在榮總接受
例行檢查,意外獲悉總主教也在醫院裡靜養,便前往探
視。當時因接受治療、不便言語的總主教,則對於法鼓
山僧伽教育的辦學成果表達了深切的關懷。

羅光總主教,一生致力於中西文化交流,並推動各宗
教間的和諧互動。他於一九九六年起擔任臺北總主教,
一九七八年接任輔仁大學校長,至一九九一年退休。享

年九十三高壽的羅光總主教,曾榮獲一九八二年行政院
文化獎得主,且被喻為「聖堂學者」。(〈法鼓山追思緬
懷天主教羅光總主教〉,《2004法鼓山年鑑》,法鼓山基金會,
2005年8月初版,頁210)

**三月一日,〈聖嚴法師出院謝啟〉刊布於《法鼓》雜誌,
感謝各界關懷。**

由於個人業力,加上疏於調護色身,以致於本年二月
六日右眼膜嚴重出血,立即赴臺北市立仁愛醫院,隨後
轉往臺大醫院。經群醫診斷,囑令住院治療。

迄二月十三日下午出院期間,雖以此係個人小事,不
欲驚動他人,並謝絕僧俗弟子探訪。但因有媒體不知從
何方得知,予以報導,成為國內、外的新聞之後,來自
世界各地的慰問函電絡繹不絕。

現在我的眼疾已漸恢復健康,除了對各界人士的關懷
致謝,亦對十數位醫護人員的悉心照料致謝,並對海內
外一切關心我,為我祝福的菩薩們致謝。(〈聖嚴師父出
院謝啟:感謝各界關懷〉,《法鼓》,171期,2004年3月1
日,版1)

**中央研究院瞿海源教授針對臺灣佛教變遷之學術研究
計畫,至法鼓山園區拜訪請益法師。瞿教授長期關注
臺灣社會與文化遷演,二十年前即曾至農禪寺專訪法
師。有鑑於佛教近二十年來,不僅深入民間社會,且**

帶動社會脈動發展，於是有此計畫探索佛教發展與當代社會遷演互動關係。

三月二日，上午九時，於法鼓山僧伽大學「高僧行誼」課程講授「行誼化世，風範長存」，介紹刺血寫經之壽冶老法師、美國佛教會前會長敏智老法師及早期護持甚力之王澤坤居士。（〈行誼化世，風範長存〉，《法鼓家風》，法鼓全集 8 輯 11 冊，法鼓文化，頁 220-228）

上午十時半，接見王澤坤老居士後人，包括子媳王俊德、陳惠美夫婦等。王澤坤老居士伉儷早年護持法師留學日本，為法師極為讚歎之居士典範。法師除感念王澤坤老居士，親題「信貞行實」墨迹紀念老居士百歲冥誕，並期勉王家後輩子孫信佛、學佛，當以王老居士為典範。

三月四日，上午七時，前往臺中拜訪佛像雕刻家謝毓文，實地看察佛像泥塑樣品暨相關事項。佛像小組果懋法師及施建昌陪同。

下午五時半，返回法鼓山上時，巡視聯外道路口山徽石安立工程。

三月五日，上午，閱讀羅光總主教《病中日誌》。下午，

出席交通部公路總局「年度幹部研習會」。該會於法
鼓山園區舉行，公路總局局長陳晉源及全臺各地幹部
約二百人參加。法師開示勉勵「造一條路給大家走」
之公路局同仁，也能為個人走出一條生路。(〈交通部
公路總局於法鼓山舉辦成長營〉，《2004 法鼓山年鑑》，法
鼓山基金會，2005 年 8 月初版，頁 114-115)

三月六日，上午十時，錄製《大法鼓》節目。本次起，該
節目改換新型態，由法師針對製作單位所擬問題回答，
地點亦改於法鼓山男寮佛堂拍攝。

三月七日，上午十點五十分，於農禪寺與前政治大學校長
及前法行會會長鄭丁旺談話，邀請鄭教授著手規畫校
園人品提昇專案。

下午三時四十分，於農禪寺邀集榮譽董事會劉偉剛、
連智富及專案祕書廖雲蓮開會，就榮董大會活動成效
與護法總會勸募系統統合進行討論。

三月八日，上午十時，前往臺大醫院，醫師建議，配戴心
臟心電圖監視器二十四小時，觀察心臟全日活動狀況。

下午四時，於農禪寺會見前護法會會長楊正居士。楊
居士元配日前往生，法鼓山體系全力協助，因特前來

感恩。

三月九日，農曆二月十九日觀世音菩薩誕辰，上午，於農
　禪寺舉行剃度典禮，計有十八位發心出家行者，於農
　禪寺大殿圓滿剃度，並有三十二位出家體驗班同學，
　發心受行同沙彌戒。

　典禮由法師擔任戒和尚，今能長老擔任教授阿闍梨。
　法師開示，法鼓山是觀音道場，選在觀音菩薩聖誕日
　舉辦剃度典禮，即是期許受度者學習觀音菩薩慈悲智
　慧，發揮救苦救難菩薩精神；出離煩惱、世俗牽絆，
　加入法鼓山推動「心靈環保」關懷社會。出家「辭親」，
　不是不要父母親，而是擴大關懷對象；父母親將摯愛
　子女奉獻給三寶、眾生，更是難捨能捨大功德。
　　十八位新戒法師，包括五位男眾、十三位女眾，年紀
　最大為五十一歲，最小為二十五歲。除了來自美國東初
　禪寺的西方青年常聞法師外，其他皆為第一屆「僧伽大
　學出家體驗暨僧才養成班」的學僧。
　　十七位首屆僧才養成班的學僧都是歷經一年的出家生
　活體驗班課程，培養出家心行、生活及威儀，經過僧團
　的審核評估，並衡量個人的因緣，在多方條件具足後，
　才真正決定踏上出家奉獻三寶之路。（〈法鼓山舉行今
　年首次剃度典禮〉，《2004 法鼓山年鑑》，法鼓山基金會，
　2005 年 8 月初版，頁 116-117）

下午二時半，受邀前往臺北市建國南路金石堂書局，出席作家施叔青新作《心在何處——追隨聖嚴法師走江湖訪禪寺》新書記者發表會。該書係作者二〇〇二年，隨同法師至中國大陸探巡禪宗行旅之紀錄。法師有〈序〉云：

> 與這趟禪宗古蹟巡禮之行相關的著作，在本書問世之前，已有兩種，那就是鄧美玲女士的《雲水吟——禪宗溯源之旅》和我的《五百菩薩走江湖》，足徵這一趟旅程，乃是世紀級的一樁大事。不過，這三本書的時空背景雖然相同，由於三人的立場不同、視角不同、思索的焦點不同，採取的素材不同，寫出來的文章內容，也就各有其特色了。（〈序施叔青居士《心在何處》〉，《書序Ⅱ》，法鼓全集 3 輯 10 冊，法鼓文化，頁 93-95）

三月十一日，十時，於法鼓山園區海會廳召開藥草植物園專區討論會議。會前，先至藥草植物園專區巡視，果品法師、果懋法師等陪同。

即日起至十四日，於法鼓山臨時寮主持第二十三屆社會菁英禪修營。本日下午四時三十分，學員報到，至十四日下午圓滿，法師全程指導。

三月十四日，下午三時三十分，於法鼓山臨時寮大殿聽取第二十三屆社會菁英禪修營學員圓滿日綜合心得報告

並開示。

三月十五日，元亨佛學院教授吳老擇居士暨慈仁文教基金
　　會澈定法師等人，由中華佛研所所長李志夫等人陪同，
　　至法鼓山上拜訪法師，研商宗教研修學院立法進度及
　　其他教育設施問題。

三月十六日，為僧伽大學一年級學僧授課「高僧行誼」。

三月十九日，上午九時，為僧伽大學佛學院、出家體驗班
　　學僧「創辦人時間」講授「精神，從力行中體現」，
　　提示：威儀度眾以及正確積極之投票觀念與態度。（〈精
　　神，從力行中體現〉，《法鼓家風》，法鼓全集 8 輯 11 冊，
　　法鼓文化，頁 88-93）

　　下午三時，應邀前往臺灣大學共通教育通識課程講座，
　　發表「佛教思想的傳統及其現代化」，介紹傳統佛教
　　與現代佛教特性，並回應同學提問女權與法鼓山宗風。
　　　課後開放三十分鐘發問時間，其中有學生以傳統戒律
　　的「八敬法」，請教師父如何在傳統戒律的框限中，回
　　應現代的女權問題。師父表示，傳統戒律的制定，有其
　　時代背景，在因時制宜的前提下，如果傳統戒律放諸現
　　代已不合時宜，可考慮以「存而不論」的方式處理。
　　　一位臺灣大學哲學系博士班學生請教師父，法鼓山如

何調和傳統與現代佛教思想,定位出法鼓山的宗風。法
師表示,法鼓山是一個立足漢傳佛教,融攝各宗派的道
場,而這種多元多樣的發展定位,勢將成為未來各宗教
的發展主流。(〈聖嚴師父臺灣大學演講「佛教思想的傳統
及其現代化」〉,《法鼓》,172 期,2004 年 4 月 1 日,版 1)

六時,於農禪寺舉行電視媒體記者會,就陳水扁總統、
呂秀蓮副總統於臺南競選活動中遭受槍擊意外事件,
呼籲民眾理性,並為總統大選祝福。發言前,法師先
宣讀祈福文云:

> 祝福二千三百萬臺灣民眾有了一場精彩的大選,
> 也祝福二千三百萬臺灣民眾努力創建一個
> 和諧、安定、和平、快樂的臺灣社會。
> 民主精神的可貴,是尊重每一個人的選擇。
> 民主制度的可喜,是少數服從多數的精神。
> 幸福的智慧是:
> 面對事實,接受事實,
> 處理之後,放下得失之心。
> (〈聖嚴師父呼籲全民理性面對總統大選〉,《2004 法鼓
> 山年鑑》,法鼓山基金會,2005 年 8 月初版,頁 216)

聖嚴法師得知總統、副總統在造勢活動中受傷,隨即
指示法鼓山體系為國家正副元首祈福,祝禱早日康復。
同時為二千三百萬同胞祝福,創建安定、和平、快樂

臺灣社會。

三月二十日,中華民國第十一任總統、副總統選舉,並合併第一次公投。法師前往北投國中投票。

三月二十一日,於農禪寺主持「和喜自在——祈福皈依大典」,共有一千七百位參加皈依。法師親授三皈五戒,開示勉勵新皈依弟子。活動外場同時舉辦法鼓山會團迎新博覽會,以接引新皈依弟子及陪同之觀禮親友認識法鼓山護法組織。

下午三時,於農禪寺召開法鼓山永續經營策略研討會,針對法鼓山定位、特色、願景、精神等議題進行研討,與會者有雲門舞集創辦人林懷民、大元建築師事務所負責人姚仁喜、臺灣大學校長陳維昭、豐群投資公司董事長張宏嘉、中央研究院副院長曾志朗等人。主持人則邀請亞都麗緻飯店總裁嚴長壽擔任。

即日起至二十八日,於法鼓山臨時寮大殿,主持社會菁英禪七。

三月二十二日,泰國朱拉隆功佛教大學佛學研究中心主任沙維法師(Phramaha Sawai Chotiko)一行,至法鼓山園區拜訪聖嚴法師。

三月二十三日，立法院三讀通過「私立學校法第九條修正案」，開放私立大學或宗教法人向教育部申請，設立單一宗教研修學院；未來宗教學院，經教育部核可，即可頒發正式學位。法師多年來為宗教教育納入教育部正式體制而努力，如今得獲法源。法師由衷感謝恆清法師等促成立法相關人員。

　　聖嚴師父二十幾年來，不斷為中華佛研所納入教育部正式體制而努力，曾經兩度親自到立法院拜會各黨團負責人，且致函給程序委員會請求正視宗教學位的問題。二○○三年四月，佛研所所長李志夫與臺灣大學哲學系教授恆清法師共同出席旁聽立法院教育委員會，當天通過「私立學校法修正第九條修正案」，但一直未能送院會二讀。各大宗教學院遂組成「宗教研修學院促進會」，於今年一月八日集合五十位學院負責人赴立法院為「私立學校法第九條修正案」請願，這次私校法的三讀通過，代表各界宗教人士的努力終獲成果。

　　聖嚴師父對恆清法師等諸多協助法案通過的教界人士表示由衷感謝，李志夫所長更期許在私校法三讀通過後，能有助於提昇佛教的國際地位，進一步促進國際佛學研究的互動交流。

　　私立學校法第九條修正為：私立大學校院或宗教法人為培養神職人員及宗教人才，並授予宗教學位者，得依相關法規向教育部申請，經核准後設立宗教研修學院。私立學校不得強迫學生參加任何宗教儀式，但宗教研修

學院不受此限。（〈「私立學校法」修正案三讀通過〉,《2004
法鼓山年鑑》,法鼓山基金會,2005 年 8 月初版,頁 258）

上午八時,為僧伽大學「高僧行誼」及出家體驗暨僧
才養成班「出家心行」合併上課。

三月二十六日,聖嚴法師與單國璽樞機主教共同發表「總
　　統大選之後　期盼和平共榮」聯合聲明,期盼總統大
　　選後,各界人士應以和平為念,以求國家社會安定與
　　安全,共存共榮。

　　這次臺灣總統選舉,受到全世界的矚目。我們宗教人
士所期盼的是雙方均宜以高度的智慧來處理,以冷靜的、
坦誠的、敞開心胸的、合情合理而又明快正確的方式來
化解紛爭。

　　執政者務必尋求正義公道,盡量讓各方疑慮能撥雲見
日,早日消解疑團。在野人士應以和平為念,以求國家
社會的安定與安全共存共榮。

　　臺灣是一個多族群的社會,這不僅不是一個負數,還
是豐富的資源,只要我們學習互相欣賞,採各族之長,
形成一個多彩多姿的生命共同體。大家該努力的是把這
些族群的豐富資源加起來,乘起來,互相補助,互相扶
持,而不是互相虧損,互相抵銷。

　　臺灣的族群有不同的信仰,或信不同的宗教,但都可
以懷有一種宗教情操,就是彼此視同一家人,以手足之

情站在別的族群立場上看事、想事、決定重大的事。有
什麼比我們大家共同的前途更重大？有什麼決定比在建
設與破壞間，在同理同心與寡情寡誼間，在慈悲與硬心
間做一適當的選擇更有關鍵性？要互相贏得對方，大家
都須以同是一家人的胸懷彼此寬恕接納，追求共同的正
義，達致內外的和平。（聲明當日刊載於中時電子報及中
央社；另參見：〈聖嚴師父與單國璽樞機主教聯合聲明：總
統大選之後　期盼和平共榮〉，《法鼓》，172 期，2004 年 4
月 1 日，版 1）

三月三十一日，中國時報系總管理處總經理黃肇松伉儷，
　　至安和分院拜訪法師，討論世界青年高峰會臺北論壇
　　相關事宜。

三月，「智慧掌中書」系列：《別怕人生變化球》、《習
　　慣好壞大不同》，以及《人間世》由法鼓文化出版。

　　《人間世》文稿原為 *OpenWeekly* 週刊專欄，自二〇〇
一年六月起每週一篇，刊載約一年半。法師有〈序〉云：
　　這本小書，是我的意外之作，沒有計畫，未作準備，
但卻花了我不少的時間，耗了我相當多的心血。
　　這個專欄，每篇只要六百到七百個字，每期都以中、
英兩種語文對照刊出。那是由該週刊的總編輯許淑晴女
士派遣記者，來到農禪寺錄音採訪所寫成的文稿；每次

採訪兩小時，可以向我提出五至六個當時社會大眾所關心的話題，要我做疏導式的回應，以期有助於社會人心的安定，以利於人生視野的開拓、生命品質的提昇、生活態度的調整、人際關係的改善，以及對於生活環境的重新認知。目的是讓社會大眾，都能有突破各種挫折阻礙的勇氣，也有接納各種不同族群、不同文化、不同意見、不同立場的雅量，並且發起自利利人作無限奉獻的大悲願心，使得生活在這個地球村中的每一個人，大家都能轉大好運。（〈自序：祝願人間平安多〉，《人間世》，法鼓全集 8 輯 9 冊，法鼓文化，頁 3-5）

三月起，法師講經 CD「經典學院」系列講經有聲書，贈送全國各大醫院安寧病房、安養中心、身心障礙福利團體、各地監獄、撫育院等機構。

這項「布施培福」助印專案，由承辦單位法鼓文化發函給身心障礙、偏遠地區的機構，了解各地的需求狀況，許多海外的佛學院、偏遠地區的佛教圖書館，都回函表示相當需要。而「經典學院」有聲書贈送，第一批名單已於三月下旬送往海內海外五十五個機構。（〈助印「經典學院」讓更多人滿願〉，《法鼓》，172 期，2004 年 4 月 1 日，版 6）

四月一日，於《法鼓》雜誌一七二期（二〇〇四年四月一日）第一版刊載〈聖嚴預立遺言〉，對後事、遺產、

遺作及教團未來發展等事預作指示。計有十條，另一偈。

一、出生於一九三〇年的中國大陸江蘇省，俗家姓張。在我身後，不發訃聞、不傳供、不築墓、不建塔、不立碑、不豎像、勿撿堅固子。禮請一至三位長老大德法師，分別主持封棺、告別、荼毘、植葬等儀式。務必以簡約為莊嚴，切勿浪費鋪張，靈堂只掛一幅書家寫的輓額「寂滅為樂」以作鼓勵；懇辭花及輓聯，唯念「南無阿彌陀佛」，同結蓮邦淨緣。

二、身後若有信施供養現金，悉數移作紀念獎助學金之用。我生前無任何私產，一切財物，涓滴來自十方布施，故悉歸屬道場，依佛制及本僧團規章處理。

三、凡由我創立及負責之道場，均隸屬法鼓山的法脈，除了經濟獨立運作，舉凡道風的確保、人才的教育、互動的關懷及人事的安排，宜納入統一的機制。唯在國外的分支道場，當以禪風一致化、人事本土化為原則，以利純粹禪法之不墮，並期禪修在異文化社會的生根推廣。

四、法鼓山總本山方丈一職，不論是由內部推舉，或從體系外敦聘大德比丘、比丘尼擔任，接位之時亦接法統，承繼並延續法鼓山的禪宗法脈，亦不得廢止法鼓山的理念及方向，是為永式。佛說：「我不領眾，我在僧中」，方丈是僧團精神中心，督策僧團寺務法務僧斷僧行，依法、依律、依規制，和樂、精進、清淨。

五、我的著作，除了已經出版刊行發表者，可收入全

集之外，凡未經我覆閱的文稿，為免蕪濫，不再借手後人整理成書。

六、在國內外的版稅收入，一律捐作印贈我的著作給適當而需要的圖書館、團體及個人。

七、在我身後，請林其賢教授夫婦，將我的「年譜」，補至我捨壽為止，用供作為史料，並助後賢進德參考。故請勿再編印紀念集之類的出版物了。

八、我的遺言囑託，請由僧團執行。我的身後事，不可辦成喪事，乃是一場莊嚴的佛事。

九、僧俗四眾弟子之間，沒有產業、財務及權力、名位之意見可爭，但有悲智、和敬及四種環保的教育功能可期。諸賢各自珍惜，我們有這番同學菩薩道的善根福德因緣，我們曾在無量諸佛座下同結善緣，並將仍在無量諸佛會中同修無上菩提，同在正法門中互為眷屬。

十、在這之前本人所立遺言，可佐參考，但以此份為準。

末後說偈：

無事忙中老，空裡有哭笑，本來沒有我，生死皆可拋。

（〈聖嚴預立遺言〉，《法鼓》，172 期，2004 年 4 月 1 日，版 1）

大陸工程董事長殷琪至法鼓山上向法師請益佛法，並就法鼓山未來整體營運提供建議。

四月四日，電話關懷國安局局長蔡朝明。局長因總統遭槍
　　擊事件去職，於翌日辦理交接，法師以非他之過，鼓
　　勵其學佛修行。

四月六日，上午八時，為僧伽大學「高僧行誼」及出家體
　　驗暨僧才養成班「出家心行」合併上課。

四月七日，上午，總統陳水扁前往法鼓山園區拜訪聖嚴法
　　師，法師提供簡易禪法，並以「宗教家奉獻的心」相
　　期。
　　　　陳總統抵園區後，在師父引領下參觀圖書資訊館、「蓮
　　華藏」（校史館），並於會客室中題寫「慈悲和平」留
　　贈法鼓山做為紀念，這是繼二〇〇〇年三月陳總統在農
　　禪寺書寫「利益眾生」四字後，二度拜訪師父。
　　　　席間，聖嚴師父提供陳總統一套簡易的禪修方法，並
　　建議總統不妨每天撥出一點時間禪坐，放鬆身心。隨後
　　在法師引導下，總統開始進行簡單的禪修練習，從眼睛
　　放鬆、腦袋放空、保持平常呼吸等步驟，去體驗呼吸、
　　享受呼吸，師父並建議總統在百忙之中，每天只要撥
　　十五分鐘至半小時練習禪坐，便可以達到放鬆身心的效
　　果。
　　　　陳總統也針對目前社會諸多紛擾現象，請教聖嚴師父
　　該如何面對、處理。師父則與總統分享了「存異求同」
　　的觀點。對於目前社會上的紛擾，聖嚴師父表示，當以

同體、平等的慈悲心去處理。法師強調，政治是為了人民謀求福祉、保障人民的安全而存在，因此偉大的政治家必定是宗教家，而宗教家的胸懷，就是奉獻心，宗教家胸懷每一個眾生，而不僅是一部分的人。（〈陳水扁總統選後訪法鼓山〉，《2004 法鼓山年鑑》，法鼓山基金會，2005 年 8 月初版，頁 123）

四月八日，上午九時，於農禪寺大殿，對法鼓山全體僧眾及專職「精神講話」：「佛度有緣人」，勉專職禮敬三寶，學習菩薩道。約二百七十人參加。

下午三時半，續於農禪寺召開「青年和平高峰會臺北論壇籌備會前會」，討論亞太區青年高峰會代表團成員、基金會籌辦人員、籌備進度。法師期許參與十月肯亞大會能學習、建立橋樑，解決心靈貧窮，把臺灣引介至國際舞台；同時成立一正式、統一單位以對外聯繫。

四月九日，於僧伽大學「創辦人時間」講授「安住道場，行同事攝」。法師先以「為何要來法鼓山出家？」提問，從出家目的分辨行腳參方與安住道場，開示：出家，一定要先學習常住道風，融入團體，並學習觀世音菩薩，適應每一眾生，成為有影響力、教化力之領袖。

　　我們要學觀世音菩薩，度眾生時要適應眾生，在團體裡要適應每一個人，你能適應每一個人，你就是團體裡的領袖。

　　當然這裡所說的「領袖」，不是當方丈的意思。領袖，有意見的領袖、有職務的領袖、有德行的領袖。德行的領袖是以德服人，這類人不見得有什麼大名聲，就是默默地在道場住上幾十年，但在這幾十年中，他的一言一行都能影響人。

　　法鼓山的理念，適應我們的時代、我們的社會，這是在法鼓山出家的殊勝。有的道場走的是守舊、復古的路，但這條路是走不通的，因為時代是往前走的，標榜復古，那就進入歷史、成了古董，不僅很難產生弘化的功能，可能連生存也會有問題。所以，我們的團體要承先啟後，本著古大德的典範與精神，開啟適應時代、適應社會的弘化之路。（〈安住道場，行同事攝〉，《法鼓家風》，法鼓全集 8 輯 11 冊，法鼓文化，頁 202-209）

四月十日，駐印度弘化之悟謙長老由淨耀法師陪同，至農禪寺拜訪聖嚴法師，並與法師研討漢藏佛教交流事宜。

四月十一日，上午，法鼓人文社會學院於校園預定地舉行灑淨祈福及動土典禮，聖嚴法師、護法總會總會長陳嘉男與立法院院長王金平、教育部部長黃榮村、臺北縣縣長蘇貞昌及金山鄉鄉長游忠義共同執鏟動土。參

與貴賓與信眾達二千餘人。

案:「法鼓人文社會學院」之籌設,始於一九九二年九月,經中華佛研所董事會決議,由聖嚴法師為代表人,向教育部申請;一九九三年七月,經教育部審核通過;同年九月,成立「法鼓人文社會學院」籌備委員會。一九九八年六月,「法鼓人文社會學院」經教育部核准許可籌設。後因建校用地地主無法找齊等原因,建設日期一再拖延。

下午三時,出席於法鼓山園區海會廳舉行之「法鼓山精神永續發展研討會」。

四月十一日,傍晚,於農禪寺出席第四十五次社會菁英禪修營共修會並開示。

四月十二日,下午三時半,於農禪寺召開四月十五日前往新加坡、澳洲弘化之行前會議,團員十多人,法師指派果品法師為新加坡行領隊、果禪法師為澳洲行領隊,並指示:守時、團隊一體、傳播法鼓山形象即是弘法、勿以合照談話打擾法師。

七時四十五分,於舉行出國前例行擴大主管聯席會報,法師指示:

　　一、此型態的會議已持續多年,僅有彼此告知之效,

沒有提供彼此意見及討論的效果,是屬於消極式的會議型態,應使調整改變為是能夠在會議上有提供建議及互相討論的效果的積極性會議,否則會使團體沒有動力。

二、各會團目前大都是供需不平衡,應虛心向他人請教,邀請專人來規畫調整策略,以促進組織成長。

三、法鼓山目前處於募款資金不足狀態,我們若不積極地募款,很可能會隨時停工。

四、我們不能守成,法鼓山應是能夠帶動社會風氣的團體,目前有人要研究法鼓山,但平心而論我們是很慚愧的,我們的組織並不謹嚴,我們的基金會與護法團體組織還有很多很大努力的空間。(《隨師日誌》未刊稿)

四月十三日,晨八時,於法鼓山為僧伽大學「高僧行誼」及出家體驗暨僧才養成班「出家心行」合併上課。

九時,法鼓山上所有常住法師、學僧、專職、義工等,為法師出國送駕,法師再三強調大眾來到法鼓山,成為法鼓山一分子,是為理念而來。

九時半,於法鼓山園區海會廳,聽取建築規畫小組報告各項專案進行狀況。

下午三時,於農禪寺召開「法鼓山落成開山典禮籌備會議」,決議由副都監果廣法師總負責、果光法師參

辦，籌備主要單位及人員另有：劉偉剛、護法總會總
會長陳嘉男、法鼓山基金會祕書長黃銀滿。

四月十四日，下午兩點，至臺北安和分院出席「世界青年
和平高峰會臺北論壇」記者會，宣布臺北論壇將於五
月起陸續展開。記者會由協辦單位《中國時報》總經
理黃肇松主持，法鼓山人文獎助學術基金會執行長曾
濟群、廣達電子公司董事長林百里等人出席。該論壇
由法鼓山人文社會獎助學術基金會主辦。

聖嚴師父於會中指出，現今臺灣社會的自殺人口以年
輕人居多，這顯示現在社會上的青年活得不快樂、沒有
安全感，缺乏人生的方向和希望；而且一般青年多關心
名利、前途，卻很少關心自己的心靈是否快樂、幸福與
安定。

聖嚴師父十分擔憂身為未來世界主人的青年，如果現
在沒有方向感，我們的社會將看不到未來的希望。因此
他希望推動世界和平運動，由宗教發起帶頭作用，以關
懷人類為起點，為不同種族、信仰的青年菁英搭起溝通、
討論的平台，藉由互相關懷、了解、產生共識的過程，
解決人類的問題；同時，也提供青年菁英一個拓展國際
視野的機會，讓他們能夠「認識今天的世界，走出明天
的世界」。

「世界青年和平高峰會」雖以青年為出發點，實際上
是一個為解決所有人類問題的和平運動。聖嚴法師希望

現代青年朋友不要只將人生目標放在求學、找工作等物
質追求方面，而是應積極去認識現今的世界，打開生命
視野，才能走出自己及世界的美好未來。（〈世青和平高
峰會臺北論壇開辦前記者會〉，《2004法鼓山年鑑》，法鼓
山基金會，2005年8月初版，頁124-125）

四月十五日，搭機前往新加坡，展開為期六天弘法之旅。
此為法師第三度至新加坡弘法。

中午十二時半，農禪寺常住大眾及義工專職於大殿為
法師送駕。留學日本獲取博士學位返臺之果鏡法師敬
呈學位證書，並與法師合照。

午後二時半，抵桃園中正機場，護法總會總會長陳嘉
男、前會長楊正、法鼓人文社會學院籌備處主任曾濟
群、中華佛研所所長李志夫、耕莘文教院馬天賜神父
等前來送機。

六時四十分，飛抵新加坡，下榻麗晶酒店（Regent
Hotel）。八時四十分起，分三梯次，聽取工作人員簡
報。

四月十六日，上午十時二十分，出席於麗晶酒店會議廳舉
行之新加坡弘法記者會。

即日起至十八日，主持新加坡分會假光明山普覺禪寺
舉辦之「社會菁英禪修營」，九十七位各界菁英參加。
　　首次在臺灣、美國以外地區舉辦的菁英禪修活動。這
次活動吸引了新加坡政界、學術界、企業界、藝術界等
九十七位社會菁英參加，包括當地的市長、議員、企業
主管、醫生、律師、教授、雕塑家、演員等各行各業人士；
參與學員各具不同宗教背景，有初入佛門與學佛多年的
佛教徒，也有天主教徒、基督教徒、道教徒與無信仰者。
短短四十八小時的課程中，學員們無不積極學習，最後
心得分享時，不少學員紛紛發願要將佛法種子深植新加
坡的土地中。(〈首屆菁英禪修營　近百人參與〉，《法鼓》，
173 期，2004 年 5 月 1 日，版 2)

晚九時，接見洪孟珠及吳一賢、黃淑玲伉儷。此次舉
辦菁英禪修營係由洪女士與吳夫人建議促成。

即日起至二十一日止，法鼓山紐約州聯絡處於象岡道
場舉辦西方禪五，由聖嚴法師二位西方法子約翰‧克
魯克博士及賽門‧查爾得醫師主持。

四月十七日，上午九時四十分，由光明山普覺禪寺住持廣
聲法師陪同至自度庵拜訪隆根長老。法師禮佛後，被
引領至會客室等候。當隆根長老進入會客室，立即頂
禮，長老急忙拉起法師。法師敬贈五角水晶、阿閦佛

專冊及 VCD 等。

四月十八日，下午三時，於光明山普覺禪寺齋堂聽取菁英禪修營綜合心得報告暨總結開示，感謝參與菩薩，並勉勵義工感恩有服務機會。

八時起，連續兩晚，於光明山普覺禪寺宏船老和尚紀念館，舉行大型公開演講。每場均有近七千人與會。法師以「超越生命的關卡」為題，針對「什麼是關卡」以及「如何超越關卡」開示：佛教具有三種功能，信仰的、生活的、原則的，三種功能各有其理論基礎與實踐方法。因此佛教徒相應須具備三種條件：虔敬信仰、調心方法，以及道德生活標準。

「人生的關卡有五種，第一是生活的問題，第二是感情的問題，第三是失業的問題，第四是健康的問題，最後一個是生死的問題。

佛教具有三種功能，第一是信仰的，第二是生活的，第三是原則的，這三種功能都有理論的基礎和實踐的方法。

首先說信仰的功能。所有宗教都重視信仰，佛教也同樣重視信仰，比方有人希望求長壽，就念「藥師佛」；希望平安，就念「觀世音菩薩」；希望能往生西方極樂世界，就念「阿彌陀佛」。

其次說到生活的功能。學佛人可以隨時運用佛法，調

整日常生活中的觀念和行為，得到安身、安心的效果。例如當我們遇到了困擾，可能會產生憤怒、憂愁的情緒，佛教徒如何運用佛法，去處理這些問題？最簡單的方法，就是念「阿彌陀佛」或「觀世音菩薩」。至於這樣是不是能把問題給解決呢？不一定，但至少自己不會那麼生氣。

再說到原則的功能。身為佛教徒，有許多事必須做，也有許多事不能做，這當中的標準就是原則。一個信仰佛教的人，首先不能殺人；第二不可以做強盜土匪；第三不可以有混亂的性關係；第四不可以用言語去傷害人、欺騙人；第五不可以酗酒、吸毒、賭博，這些原則也是最基本的生活規範。

因此，做為一個佛教徒必須具備三種條件：虔敬的信仰、調心的方法，以及道德的生活標準。

佛法最深的目的，是要我們從生死中解脫。生死的解脫有兩種不同狀況，一種是這一生結束以後，再也不到娑婆世界來投生，從此不生不死。這是一種解脫，也叫作小乘的涅槃。

另一種是大乘菩薩的解脫，是從對生死的恐懼得自在、從對生死的煩惱得自由。他們既不戀生死，亦不畏生死，在此生結束以後還是會到人間來，跟眾生生活在一起，來度煩惱生死中的眾生，這叫作大乘菩薩的解脫。

至於如何達到解脫？那就要修行，而修行的第一步就是要學習佛法。

　　佛法，又叫作安心的法門，心安就有平安。如果自心不平安，而希望環境平安，那是永遠不可能的；如果自心平安，自然不會受到環境現象的影響了。（〈超越生命中的關卡〉，《法鼓》，180-181、183-185 期，2004 年 12 月、2005 年 1 月、3-5 月，版 5）

演講會後，法師為現場七千人主持皈依儀式，在現場諸僧侶包括廣聲法師、南傳、北傳及藏傳僧侶祝福下，完成皈依三寶，成為正信佛教徒。法師強調，他至新加坡弘法，目的在與大眾結善緣，勉勵大眾要多多親近本地法師大德，向他們請法。（〈新加坡每場近 7000 人前來聽講〉，《法鼓》，173 期，2004 年 5 月 1 日，版 2）

四月十九日，上午九時三十分，新加坡雙林寺住持惟嚴法師至麗晶酒店拜訪。稍後，新加坡總理吳作棟的夫人陳子玲女士亦至飯店拜訪。

十時三十分，前往法鼓山當地分會新加坡圖書館，關懷悅眾。法師感謝前任召委朱盛華、周鼎華發心設立聯絡處接引大眾，並期勉大眾具體落實分會教育功能與關懷任務，使參與會眾獲得身心健康與成長。

晚七時三十分至十時，繼續昨晚於光明山普覺禪寺舉行之講座。

四月二十日，晨間，結束新加坡弘法活動，搭機前往澳洲
　　展開為期五天弘法行。光明山普覺禪寺住持廣聲法師
　　與新加坡聯絡處數十位信眾前來送行。下午六時五十
　　分，飛抵澳洲雪梨。

四月二十一日，出席由雪梨大學（University of Sydney）
　　宗教系、新洲佛教協會、法鼓山雪梨聯絡處共同舉
　　行，歡迎聖嚴法師至澳洲弘法之記者會。另並接受澳
　　洲 TVB 電視專訪，談恐怖主義與世界和平相關議題。
　　（〈聖嚴師父抵澳洲弘法〉，《2004 法鼓山年鑑》，法鼓山
　　基金會，2005 年 8 月初版，頁 322）

四月二十二日，下午一時至二時，應澳洲雪梨大學宗教系
　　之邀專題演講「禪宗對俱解脫的看法──心解脫者與
　　慧解脫者之關係」。（《人生》，260 期，2005 年 4 月，
　　頁 102-105）

　　演講後，代表中華佛研所與澳洲雪梨大學宗教系簽訂
　　學術交流備忘錄，該系由澳洲雪梨大學文學院副院長
　　瓊・辛克萊（June Sinclair）教授代表簽署。

　　晚七時，接受新洲佛教協會邀請，參加於雪梨華僑文
　　教中心舉辦之跨宗教論壇，與七個不同宗教代表，對
　　談「如何從宗教中尋求內心的平靜」。

四月二十三日，晚，於雪梨大學東方大道禮堂（Eastern
　　Avenue Auditorium）舉行公開演講，講題為「禪與心
　　靈環保」。演講由雪梨禪修中心創始人保羅・馬隆尼
　　（Paul Maloney）擔任主持人，約七百名外籍人士與
　　華僑與會，與會者有雪梨華僑文教中心主任張玉枝、
　　臺北經濟文化辦事處處長林錦蓮，以及當地漢傳、南
　　傳佛教團體出家眾。法師並在演講結束後，親授三皈
　　依及五戒。

四月二十四日，晨出發，搭機前往墨爾本，午時抵達。
　　下午兩點，應澳洲心理學會之邀擔任該會全國年
　　度研討會之主題演說，於墨爾本迪金大學（Deakin
　　University）主講「禪與心理健康」，從唯識學觀點看
　　五蘊與修行關係。演講主持人由該學會佛學與心理學
　　小組負責人麥克・安德生（Michael Anderson）擔任，
　　與會人士約三百人，大多為澳洲心理學會佛學與心理
　　學小組會員，多有修行經驗與佛學基礎。
　　　聖嚴師父從素有「佛法心理學」的唯識學觀點，來看
　　五蘊「色、受、想、行、識」和修行的關係，進而提出
　　佛法對於解決心靈問題的看法；並指出人的心念不斷地
　　在改變，一般人均將這因五蘊而不斷變化的心當成是
　　「我」，於是產生執著，若運用禪修的方法和觀念，直
　　接觀照內心，觀察出心的種種變化，即能幫助放下執著
　　與心識活動所產生的情緒。師父並分別說明臨濟宗和曹

洞宗的修行方法，亦指出在西方社會，多使用臨濟宗參話頭、公案的方法，最常用的提問即是「Who am I？（我是誰？）」，這在禪宗公案中是找不到的，這個話頭，其實問的是「執著」的究竟是什麼東西？而在中國，曹洞宗所使用的方法，是不斷地放下心中的執著，放到沒有東西能放，即是開悟。（〈聖嚴師父應澳洲心理學會之邀 演說「禪與心理健康」〉，《2004 法鼓山年鑑》，法鼓山基金會，2005 年 8 月初版，頁 324-325）

法師演講極受重視與肯定，一年後澳洲心理學會尚來專函致謝並捐款。（〈澳洲心理學會來函感謝師父〉，《法鼓》，183 期，2005 年 3 月 1 日，版 1）

即日起兩日，法鼓山中華佛研所與佛光山文教基金會、慈濟大學宗教與文化研究所、佛教弘誓學院於中央研究院共同舉辦「慶祝印順長老百歲嵩壽——印順長老與人間佛教」海峽兩岸學術研討會，與會學者與人員共七百餘人。法師刻在澳洲弘法，無法到場參加，仍特致電恭賀，並推崇印順長老所帶領「人間佛教」思想將會在二十一世紀發揚光大。

四月二十五日，下午兩點，受邀至澳洲墨爾本曼寧翰市政廳大樓活動中心（Manningham Function Centre）舉行大型公開演講暨皈依儀式。曼寧翰市長派翠西亞·楊

（Patricia Young）、澳洲國會議員陳之彬等貴賓，以及墨爾本市周邊華僑、佛教團體等約九百位聽眾與會。演講主題為「禪與人間淨土」，法師指出：「每個人的本質其實都一樣，只要你與人相處的觀念轉變，自己的態度轉變，你的世界就會改變。」

中國禪宗的「禪」，並非只是印度的禪定，它代表著定慧不二的心體、心相和心用。只要能使心安定、清淨，能夠有慈悲心和智慧心，就是「禪」。所以「禪」是用來淨化人間、社會、人心，以及淨化人與人之間的關係，也就是「環保」。法鼓山提倡「心靈環保」、「生活環保」、「禮儀環保」、「自然環保」，這四種環保就是運用禪的觀念和方法，達到淨化內在心境、也淨化外界環境的目的。

一般人只曉得禪是一種打坐的方法，其實禪是要我們用一種沉澱心境的方法，使我們回到自己的本來面目，也就是每個人的本質──安定、清淨、智慧、以及慈悲的心。

請諸位一定要弄清楚：要讓他人平安快樂，首先要讓自己平安快樂；唯有他人平安快樂，自己才能真正的平安快樂。能夠這樣，心內外的環境，一定是和諧的，這樣才算在做「心靈環保」，這樣才能建設人間淨土。（〈禪與人間淨土〉，《法鼓》，187-189 期，2005 年 7-9 月，版 5）

晚七時半，與澳洲各宗教領袖以「亂世中的個人信仰」

為主題展開對談，共同為推動和平努力。主持人由世界宗教和平會議（World Conference of Religions of Peace）澳洲主席戴斯蒙‧查希爾（Desmond Cahill）教授擔任，澳洲維多利亞省多元文化委員會主席喬治‧雷卡奇斯（George Lekakis）應邀致詞。

聖嚴師父本日晚上出席澳洲墨爾本聯絡處在墨爾本君悅飯店舉行的跨宗教領袖論壇，此場論壇，邀請了澳洲維多利亞省（Victoria）八個宗教包括基督教、回教、天主教、東正教、佛教、巴哈伊教等，不同派別的十七位宗教領袖，以「亂世中的個人信仰」（Faith in Troubled Times）為主題進行對談，並邀請師父為此座談擔任開場引言及結論致詞。

開場時，聖嚴師父向大家解釋世界宗教領袖理事會成立目的，及目前世理會正在推動全球倫理價值觀建立的工作，主要是希望尋求不同宗教間的共通點，找出世界和平的解決之道，師父也呼籲各宗教間須相互尊重、彼此了解。

最後，聖嚴法師於結論時表示，在多元文化中，宗教扮演相當重要的角色，然而在宗教交流中，必須遵守「承認所有的宗教都是好的」以及「選擇不同信仰的人也都是最好的」這兩個原則。他並且指出宗教衝突是人們對宗教的誤解造成的，而不是宗教本身；如果宗教本身僅止於信仰是不夠的，還必須配合修行，無論是透過瑜伽、內觀、祈禱等修行方式，宗教信仰加上修行，身心便能

獲得安定，世界也才會有和平。（〈聖嚴師父與澳洲各宗
教領袖對談〉，《2004 法鼓山年鑑》，法鼓山基金會，2005
年 8 月初版，頁 326）

四月二十六日，中午，法師於澳洲弘法行圓滿時召集墨爾
本地區悅眾關懷，期許運用慈悲智慧與西方人士相處，
讓其享受到佛法利益，進而發心學習佛法。海外學習
大乘禪法不易，法師因鼓勵大眾把握因緣，發願回國
至法鼓山參加禪七，精進修行。

墨爾本聯絡處成立於二〇〇〇年初，為法鼓山在澳洲
首先成立之護法據點，成員多具有相當的職場專業背景。
雪梨聯絡處成立於二〇〇二年，成員多為華裔移民第二
代。聖嚴法師此次前往澳洲弘法，即當面勉勵這群青年
鼓手。

由於在海外要承擔大型弘法活動十分不容易，因此師
父在關懷墨爾本悅眾時，特別帶領眾人誦念：「需要人
做的事、正要人做的事、沒人要做的事，我來吧」，也
勉勵大眾，只要募人來學佛，就是募人來護持、關心法
鼓山。（〈澳洲護法雙璧：雪梨、墨爾本聯絡處〉，《法鼓》，
174 期，2004 年 6 月 1 日，版 8）

四月二十七日，下午，自墨爾本機場離開澳洲，飛往瑞士。

四月二十八日，飛抵瑞士，展開瑞士弘法行。瑞士籍弟子

麥克斯・卡林醫生、碧坦堡（Beatenberg）禪修中心負責人弗列德・凡・爾門（Fred Van Allmen），以及中華民國駐瑞士代表處耿國樑及鍾明芬，至蘇黎士機場迎接。此為法師首度蒞臨當地，將進行兩場演講、一期默照禪七。（〈聖嚴師父首度蒞瑞士　主持默照禪七〉，《法鼓》，174 期，2004 年 6 月 1 日，版 1）

四月三十日，於瑞士伯恩施瓦特媒體中心（Medienzentrum Schulwarte Bern）專題演講「禪在日常生活中」，約有一百七十多人參加。

四月，隨身經典系列《五根五力講記》由法鼓文化出版。該書內容為二〇〇一年十月至十二月，分五次講於美國紐約東初禪寺。（《五根五力》，法鼓全集 7 輯 14 冊之 3，法鼓文化，頁 45）

五月一日，於《法鼓》雜誌一七三期第一版刊登〈「預立遺言」小啟〉，感謝各方關懷。

　　一、《法鼓》雜誌一七二期（二〇〇四年四月一日）刊出我的「預立遺言」後，受到許多人的關心，在此深致謝意。

　　二、刊出「預立遺言」是我對方向性遺訓的宣示。原意並在：

　　1. 鼓勵現代人都能預立遺言（或遺囑）。

　　2.隨時做好臨終的準備工夫。

　　三、但因其內容與法律上遺囑的規定，尚有不夠周延的地方，有待補充。正式的遺囑另訂之。（〈「預立遺言」小啟〉，《法鼓》，173 期，2004 年 5 月 1 日，版 1）

　　下午，於瑞士碧坦堡禪修中心，為數十位已有基礎之禪修者舉行禪修問答座談會。該中心由弗列德・凡・爾門負責，已成立三年，每年邀請南傳、北傳、藏傳等世界級禪師來此地教導。

　　五月二日，即日起至九日，於瑞士碧坦堡禪修中心，主持默照禪七。來自瑞士、英國、美國、俄羅斯、波蘭等十五國八十多位男、女禪眾參加，其中有十多位為南、北傳禪修及瑜伽老師，其他學員亦多有多年修行經驗，因此法師指導更為直接且細微。

　　五月九日，瑞士默照禪七圓滿，搭機返回紐約東初禪寺，結束從新加坡起將近一個月弘法行程。

　　五月十六日，於東初禪寺講授「八正道」。

　　五月二十三日，東初禪寺舉行浴佛慶典，由聖嚴法師、仁俊長老共同主持，約有各地信眾五百多人參與。當天亦於東初禪寺講授「八正道」。

五月二十七日,即日起至六月五日,於紐約象岡道場主持
　話頭禪十。

五月,「智慧掌中書」系列:《做個現代新女性》、《如
　何做好新手父母》,由法鼓文化出版。

六月,農禪寺經審議通過,成為臺北市歷史建築,並據以
　取得合法寺廟登記。臺北市政府更期許農禪寺增建,
　成為臺北市代表性寺院。二層樓農舍、入慈悲門牌樓
　均受到保存。農禪寺所在地因納入「關渡平原保護區」
　所面臨之拆遷問題得以消解。本案於今年二月,由法
　鼓山提出申請,經臺北市政府文化局、民政局及都市
　發展局專案小組古蹟委員會成員現場會勘後,於四月
　該委員會審議通過,今則經臺北市政會議通過定案。

　　長期以來,在臺北市政府的寺廟登記裡,農禪寺不歸
　寺廟,而是一個神壇!為什麼呢?因為我們沒有土地的
　所有權,無法申請加入佛教會成員,也不能完成寺廟登
　記。房子蓋得不像廟,也不列入寺廟登記,那就成了神
　壇囉!

　　一直到二〇〇四年春天,農禪寺終於有了一個新契機。
　在臺北市民政局、文化局及都市發展局組成的「臺北市
　古蹟暨歷史建築審查委員會」經多次審查之後,正式將
　農禪寺提為臺北市歷史建築之一。根據《文化資產保存
　法》第三條內文,歷史建築乃是指未被指定為古蹟,但

具有歷史、文化價值，足以為時代表徵的古建築物、傳統聚落、古市街及其他歷史文化遺蹟。

農禪寺是法鼓山的發源地，法鼓山近年來已發展成國際性的團體，尤其推動「心靈環保」理念，在臺灣和國際間均引起深刻回響，深獲各界肯定。有鑑於此，臺北市政府不希望農禪寺遷離臺北市；如果農禪寺離開了臺北，對臺北市民應是一項損失。在「臺北市古蹟暨歷史建築審查委員會」將農禪寺提為臺北市歷史建築之後，同年六月，也獲臺北市政府市政會議通過。

農禪寺成為臺北市歷史建築之後，我們終於擁有這塊土地的所有權，市政府也允許我們變更此地為建築用地，土地歸中華佛教文化館所有。至此，農禪寺成為合法登記的寺廟法人，除可保有原來一百坪的原始建築和三門之外，市政府也希望農禪寺增建，成為臺北市的代表性寺院。（《法鼓山故事》，法鼓文化，2007 年 2 月初版一刷，頁 197-206；另參見：〈農禪寺通過臺北市歷史建築審查〉，《法鼓》，173 期，2004 年 5 月 1 日，版 1；另參見：〈特別報導：法鼓山發源地──農禪寺〉，《2004 法鼓山年鑑》，法鼓山基金會，2005 年 8 月初版，頁 120-121；〈法鼓山發源地農禪寺　成為臺北市歷史建築〉，《法鼓》，175 期，2004 年 7 月 1 日，版 7）

六月二十四日，即日起至七月四日，於紐約象岡道場主持默照禪十，開示時講解〈坐禪儀〉、〈坐禪箴〉。

六月，聖嚴法師音樂傳記《歸程》（CD）、《心靈5書
——聖嚴法師法語精選集》，由法鼓文化出版。

七月一日，法鼓人文社會學院籌備處出版《法鼓人文學報·
創刊號》，法師有〈序〉述發刊宗旨與願景。

　　我從一九八九年創立法鼓山，就提倡「心靈環保」作
為對治世紀亂象的藥方。三界火宅，有身皆苦，二十一
世紀人類離苦得樂的根本正道，唯有求之於心靈之淨化。
只有徹底講求「心靈環保」，才能將人文關懷、自然關
懷真正實踐於大眾生活之上。

　　本於上述理念，我們經過長期的籌備，即將創辦法鼓
人文社會學院，以教化青年，接引後學，為國家社會培
育新時代的人才。《法鼓人文學報》的創刊，正是法鼓
人文社會學院的重要基礎工作之一。這份學報自立於從
嚴謹的學術立場，探索人文學術的各種議題，尤其對「心
靈環保與人文關懷」的相關課題進行深入的學術研究，
我們希望以《法鼓人文學報》作為海內外人文學術界對
話的平台，並以學報帶動本校人文學術研究的高度、廣
度與深度，我們更希望，這份學報能與關心人文學術的
朋友，共同深入挖掘，我們東方人文思想的傳統，融舊
鑄新，並參與二十一世紀諸大宗教與文化的對話，以致
力於世界的和平與人心的平安。（〈序《法鼓人文學報》
創刊號〉，《書序 II 》，法鼓全集 3 輯 10 冊，法鼓文化，頁
97-98）

七月二日，敏督利颱風過境臺灣，引進氣流帶來豐沛雨量，造成中部地區百年來最嚴重水患，各地災情頻傳。七月三日起至八月五日，慈基會啟動緊急救援系統投入敏督利颱風引發之「七二水災」救災工作。（〈敏督利颱風造成臺灣中部嚴重災情〉，《2004 法鼓山年鑑》，法鼓山基金會，2005 年 8 月初版，頁 222-223）

七月六日，晚十時，法師等一行自美返臺，常住法師、專職主管、悅眾暨義工菩薩等近五十人在桃園中正機場接機，為歷來人數最多一次。馬天賜神父年事已高，仍堅持到機場接機，法師見到與之親切擁抱。

十一時三十分，返抵農禪寺。近鄰「天山商行」老闆黃天海居士日前因癌症往生，翌日下午舉行公祭。法師感念黃居士一生行誼及對農禪寺長年關照，於抵達農禪寺巡視後，即轉往黃府悼念關懷。

七月十日，傍晚，於農禪寺出席第四十六次社會菁英禪修營共修會並開示，從《心經》經句：「行深般若波羅蜜多時，照見五蘊皆空」，介紹什麼是般若、五蘊、空。

七月十一日，下午，出席於臺北圓山飯店舉行之「二〇〇四年世界青年和平高峰會臺北論壇」，參與會談者另有：廣達電腦董事長林百里、亞都麗緻飯店總裁嚴長

壽,由《中國時報》總經理黃肇松擔任主持人,共有
七百位青年與會。此係該論壇第三場座談,前兩場於
臺中、高雄舉行,本場次主題為「宗教、科技與觀光」,
與談人一致認為:包容與尊重是人類共存共榮基礎。
(〈世界青年和平高峰會臺北論壇〉,《法鼓》,176 期,
2004 年 8 月 1 日,版 1)

七月十二日,於農禪寺召開僧團全體會議,勉勵大眾:要
　　隨眾,要注重威儀;強調法鼓山以漢傳佛教為根本、
　　以禪為中心。

七月十三日,下午三時二十分,法鼓山上所有單位為法師
　　接駕。三時半,為出家體驗暨僧才養成班授課「出家
　　心行」。

　　四時四十分,前往臨時寮關懷教師禪修營學員,後轉
　　往巡視移樹植栽灌溉情形。

七月十四日,上午九時三十分,於法鼓山園區海會廳,為
　　九十三學年度中華佛研所新生講習開示。

　　十時,為「生命自覺營」培訓營開示勉勵。

七月十五日,上午九時,於農禪寺大殿,對法鼓山全體僧

眾及專職「精神講話」:「法喜充滿」為題,從教育、整合、義工心態及禪修四面向闡述,期勉培養志工心態,歡喜奉獻。同時指出,明年(二〇〇五)將續為「和喜自在年」。約二百七十人參加。

七月十六日,上午九時,於農禪寺聽取「念佛禪七」籌備報告。念佛禪七將自七月三十日起舉辦,由果廣法師、果醒法師等擔任內外護勤。法師針對監香威儀、對禪眾照顧及飲食衛生、安全等層面指示。

七月十七日,上午十時,於農禪寺主持「法鼓山祈福皈依大典暨會團博覽會」,計有一千六百四十人皈依三寶。法師開示:應以七二水災為念,提起慈悲心,為人類及一切有情眾生安全、幸福著想。(〈皈依大典 1640 人成三寶弟子〉,《法鼓》,176 期,2004 年 8 月 1 日,版 1)

下午四時四十分,於農禪寺聽取開山紀念館專案負責人楊慧華及專案小組簡報。簡報及討論後,法師指示:造價與維護成本為重要考量;空間宜配合法鼓山簡樸、明朗精神以符境教;流芳堂應呈現每位護持信眾照片、簡傳,可考慮以數位呈現;流芳堂與榮董功德堂,應放大呈現;法師簡介不需要大,相片只能兩張,全山只此兩張,應思考未來五十年傳承規畫。

即日起至二十八日，「第二屆生命自覺營」於法鼓山臨時寮舉辦。法師為學員講授「出家心行」，舉佛陀為父母說法、幫助父母從煩惱中解脫為例，說明出家人並非無情，而是將俗情轉化為道情，以十方道場為家、以眾生離苦為念。法師期勉學員，在短短十幾天中，用心投入出家生活，學習出家人慈悲喜捨，以期發起大菩提心，進入如來家，荷擔如來家業。

七月十八日，上午八時二十分，至護法總會主辦之「二〇〇四年正副召委暨會團長成長營」關懷並指示：法鼓山未來重心著重於年輕化及國際化。「成長營」十七日至十八日於法鼓山上教育行政大樓階梯教室舉行，共有一百五十一位來自各地正副召集委員、及各會團正副團長參加。（〈師父的開示：法鼓山將朝向國際化、年輕化發展〉，《法鼓》，176 期，2004 年 8 月 1 日，版 3）

下午四時半，會見桌球國手莊智淵及其家人。莊菩薩即將代表我國參加今年雅典奧林匹克運動會，由於深受體壇人士期許，壓力沉重，為此前來求法。法師慈予開示：打好每一個球，不必在乎前一球或下一球打得好不好，身心要放鬆。母子三人同時皈依三寶。

七月二十日，上午九時，於法鼓山階梯教室為生命自覺營學員授課「出家心行」。

中午，於法鼓山上設宴迎接榮獲博士學位返回法鼓山奉獻之果鏡法師及純因法師，由李志夫所長、惠敏法師、果廣法師、果肇法師等人陪同出席。果鏡法師曾任僧團監院、都監，純因法師為中華佛研所校友。

下午三時三十分，於法鼓山上為體驗班授課「出家心行」。

六時，前往法鼓山興建中的接待大廳，關懷四號大樹移植情形。

七月二十一日，於法鼓山園區為生命自覺營學員主持正授典禮。殷重開示云：

出家的因緣難得，受戒的戒體非常重要，確實地按照所受的行者八戒，如實地奉行，就能夠成就一切的善根福德因緣。受了出家戒之後，是盡形壽受持，直到這一期生命結束為止，珍惜自己的善根福德因緣，來保護戒體。佛說戒如渡海浮囊，受戒之後，就是從生死的此岸渡向涅槃的彼岸的開始，請諸位善思珍惜這一次在這裡受出家戒的因緣。

人生短暫，要把握生命；佛說人身難得，佛法難聞，而要發出離心出家更不容易。雖然是來體會出家生活，受出家戒時，一定要非常誠懇地發出離心、發出家願，否則就是在演戲，受戒之後，要把身心奉獻給三寶，真

正學習出家的心態。(《隨師日誌》未刊稿)

七月二十二日,上午九時,接受《天下》雜誌特約撰述潘
　煊專訪,此為其撰寫法師傳記計畫之第七次專訪。採
　訪重點為出席世界宗教暨精神領袖高峰會等相關會
　議,首要傳遞精神為何?青年與世界和平議題,以及
　為世界和平奔走所遭遇難題。

　　全球宗教女性領袖和平運動創始人迪娜・梅瑞恩,至
　法鼓山園區參訪,參觀教育行政大樓、圖資館及興建
　中大殿、禪堂、女寮等建築。梅瑞恩曾於聯合國「千
　禧年世界宗教暨精神領袖和平高峰會」擔任副主席,
　與法師有多次共事經驗。

七月二十三日,即日起,「世界青年和平高峰會臺北論
　壇」第二階段:「青年菁英論壇」於臺北市立國立臺
　灣科學教育館舉辦,展開為期三天「國際青年領袖專
　業培訓課程」。法師以承辦單位負責人出席與會,與
　會貴賓另有:世界青年和平高峰會主席巴瓦・金、
　全球宗教女性領袖和平運動創始人迪娜・梅瑞恩、曼
　谷聯合國環境與永續發展部前部長拉斐・梭內(Ravi
　Sawney)、天主教樞機主教單國璽、世界佛教華僧會
　會長淨心長老等人,一起與一百二十一位臺灣青年代
　表、三十位來自美國、日本、泰國及西非等國青年代

表,共同關切與世界和平相關議題與發展。

法師以世界宗教領袖理事會主席,於開幕典禮致詞指出,「世界青年和平高峰會」為「世界宗教領袖理事會」重點項目,主要意義是結合青年與各國政府、工商業界力量,以推動全球性和平運動。法師對台下青年深切期許,勉勵在場青年能以和喜、和諧、和平為主軸,匯集眾人智慧,站上世界舞台、為和平發聲。

(〈「世界青年和平高峰會臺北論壇」開幕致詞〉,《致詞》,法鼓全集 3 輯 12 冊,法鼓文化,頁 111-113)

七月二十四日,上午八時四十分,應邀於「世界青年和平高峰會議臺北論壇」專題演講「認識心靈環保」。

　一、環保觀念必須突破
　(一)檢討現代文明的環保觀念:
　1. 是在保護自然資源的永續使用:但是除了太陽能和雷電等,沒有幾樣自然資源是可被永續開發和永續使用的,這包括空氣、水、土地、地下的礦藏等。
　2. 是在保護自然生態的永久平衡:但是自然生態必須依靠自然資源,自然資源的流失,必定會給自然生態帶來災難。所以光是倡導自然資源和自然生態的環保觀念,乃是不夠積極的。
　3. 是在以科技的開發來保護地球環境:現代的科技文

明，的確為人類的生活條件，增加了許多的便利，但是否也消耗了自然資源、破壞了自然生態？是否也為地球環境製造了汙染、增加了垃圾？二十一世紀的現代人，比起五百年前的古人，是否生活得更快樂，並且有了更多免於恐懼和苦難的自由呢？

（二）如何突破既有的環保觀念？

1. 是以珍惜自然資源取代不必要的浪費和汙染。

2. 是以尊敬自然界的各種生命取代控制性的生態保護。

3. 是以珍惜自然資源、尊敬自然生命的立場來發展科技生產。

類此環保觀念的突破及改革，便與我們法鼓山所提倡的心靈環保是相一致的。因為心靈環保便是著重在舊觀念的檢討和新觀念的建立。

二、心靈環保與心靈貧窮的關聯性

（一）心靈環保的定義：

1. 心靈的層面可有三種：那就是心理的、思想的、精神的三個層面。心理的層面是屬於情意的，思想的層面是屬於理智的，精神的層面是屬於情意和理智的昇華，也就是把我們從自我中心的束縛之中釋放出來，所出現的慈悲和智慧，那是平等而無條件的愛。因此，心靈環保是以情意及思想為基礎的著力點，使得我們淨化或轉化成為具有高尚的品德標準，並有無限愛心的偉大人格。

2. 心靈的事實表現可有三種：那就是對於自然世界充滿了平等而無私的愛心，對於每一個生命都抱持崇高的敬意，在和任何人相遇相處之時，都能絕對的真誠與絕對的謙卑。

3. 心靈環保的內涵有四種：那就是以保護自然資源及自然生態而言，稱為自然環保；以生活的節儉、整潔和簡樸而言，稱為生活環保；以真誠、謙卑和禮貌與人相處而言，稱為禮儀環保；以上三種環保的出發點，乃是出於人的情意、觀念（思想）、精神的淨化，稱為心靈環保。因此我們法鼓山這個團體，是以心靈環保為主軸，提倡四種環保。

（二）心靈環保如何落實？

1. 從情緒的穩定做起：穩定情緒的方法可有很多，最好的方法應該是宗教的靈修祈禱，或者是學習佛教的禪修。

2. 從觀念及思想的疏導做起：健康和優良的觀念及思想，應該是以平等的愛心為起點，是以追求人類共同的倫理價值及永久的安全和平為目標。有了平等無私的愛心，必定會生起尊敬心及感恩心，必定會以真誠心待人接物、會以謙卑心自我約束。

3. 從精神層面的提昇做起：精神，是從心理情緒的穩定及思想的淨化所產生的心靈層次，因為心理層面及思想層面，有健康和不健康的兩種可能，也是可以隨著身心及環境狀況的影響而有起伏改變的。至於精神層面，

則是可以通過文字、藝術、哲學、宗教等的欣賞、思辨、修養、實踐，而能體驗到個人的內心世界，與外在的環境世界，是不可分割的，這時便會以平等而無私的愛心，看待一切人和一切物了。心靈環保的核心價值，是在於淨化及深化每一個人的心靈，來提昇精神的層面。

4. 心靈環保可以消弭心靈的貧窮：物質的貧窮，只會使人類的生活陷於困苦，心靈的貧窮，則可能為地球世界帶來毀滅性的災難。凡是有人不顧他人的安全、不顧全球性的倫理價值，只為一己之私的利益，或者只為一個族群的利益之私，而永無休止地追求權勢、追求強大、追求財富，便是屬於心靈貧窮的人；他們可能會破壞自然地球環境，也可能會破壞社會環境秩序，製造人與人的對立、族群與族群的衝突，乃至發動大小毀滅性的戰爭，這都是由於他們的貪欲，永遠無法得到滿足的緣故。如果能以心靈環保的理念和方法，讓大家體驗到個人的物質生命是短暫的而渺小的，全體的精神生命是不受時間和空間限制的，便可以化解由心靈貧窮所帶來的災難和危機了，這就是心靈環保。（〈認識心靈環保──闡明心靈環保的精義，以及與心靈貧窮的關聯〉，《致詞》，法鼓全集 3 輯 12 冊，法鼓文化，頁 73-78；〈世界青年和平高峰會臺北論壇〉，《2004 法鼓山年鑑》，法鼓山基金會，2005 年 8 月初版，頁 147-148）

下午三時，出席「世界青年和平高峰會議臺北論壇」

聆聽天主教樞機主教單國璽「和平運動的推動者」專
題演說。樞機主教演說圓滿後,至貴賓休息室晤談。
單樞機主教讚歎青年菁英擅於提問,勇於發言,相當
可喜。

七月二十五日,上午,「世界青年和平高峰會議臺北論壇」
邀請世界青年和平高峰會主席巴瓦・金、全球宗教女
性領袖和平運動創始人迪娜・梅瑞恩專題演講,由臺
灣大學外文系教授高天恩主持。而後有「塑造青年的
未來高峰論壇」,由聖嚴法師、巴瓦・金、迪娜・梅
瑞恩、拉斐・梭內對談,仍由高天恩教授擔任主持。
下午,出席大會聽取青年學員的心得,並簡短談話勉
勵。而後舉行閉幕典禮,由各組青年代表致詞及宣誓
簽署「和平行動宣言」。(〈世界青年和平高峰會臺北論
壇特別報導:我們可以為世界和平做更多〉,《法鼓》,177期,
2004年9月1日,版7)

七月三十日,即日起至八月六日,於農禪寺主持念佛禪七,
海內外學員包括僧才養成班全體學員,以及澳洲、香
港、新加坡、馬來西亞等地信眾,共計三百六十一位
參加。念佛禪七曾於四年前首次舉辦,法師每天早晚
親臨開示,特別說明專心念佛亦是禪修法門。
　　傳統中,念佛常被歸於淨土法門,因此師父在第一天
晚上開示時,特別說明禪修其實沒有一定的方法,凡是

能達到離苦得樂、消業除煩惱的目的，都可以是修行的
方法，因此，念佛也可以是禪修的一種方法。師父進一
步表示，一心念佛能心生淨念、正念，祛除煩惱妄想，
更可以生淨土、成佛，是非常簡單又實用的修行方法。
最後一天，法師勉勵所有學員要像參加馬拉松賽跑，任
何時候都要衝刺和精進，不能懈怠。（〈念佛禪七　聖嚴
師父親臨指導開示〉，《法鼓》，177 期，2004 年 9 月 1 日，
版 1、版 5）

七月三十日，尼泊爾列些林佛學院（Karma Lekshey Ling
School）院長彭措喇嘛一行八人，至法鼓山園區參訪
中華佛研所、僧伽大學及圖資館等處。彭措喇嘛來訪
主要為了解佛研所、佛學院課程規畫，並交流辦學經
驗。

七月三十一日，上午十時二十分，至中視攝影棚錄製《不
一樣的聲音》節目，與長跑選手林義傑談「追求極限
的自我挑戰」；與名造型師林莉談「重新出發的力量」、
與林莉、黃絗語母女談「愛與傾聽——找回了親子關
係」；與國華高爾夫球場副董事長何麗純談「新世紀
新世代，未來領袖應有的特質」；與國華高爾夫球場
何忠雄董事長及副董事長何麗純談「找尋心靈休憩的
殿堂」。

七月，「智慧掌中書」系列：《競爭不鬥爭》、《別再吵
了吧！》及《福慧自在──金剛經生活（修訂版）》
由法鼓文化出版。

八月三日，為僧伽大學、佛學院和僧才養成班學僧「創辦
人時間」以「死生交予常住，生命付予龍天」為題開
示「出家心行」。

　　「死生交予常住，生命付予龍天」是出家應有的心態。
既然決定進入常住，那麼自己就不該有個人的想法或作
法，應依循道場的制度、規律、生活作息，不能自己單
獨要求什麼或不參與什麼。

　　出家人只有工作的責任，沒有階級大小的分別。要出
家，首先必須將心磨平。道場的道風如何，就要接受，
這樣才能安住僧團。

　　雖然出家人沒有階級，但是出家人以戒臘為尊、為貴，
應尊敬戒長的法師；即使對方的戒臘不比自己久，但負
責團體中較高層的職務，此時應以職務為重，要尊重職
務。（〈死生交予常住生命付予龍天〉，《法鼓山僧伽大學
九十三～九十五學年度年報》，法鼓山僧伽大學，2008 年 10
月，頁 41-46）

八月四日，上午，法鼓山園區舉行「開山觀音安座灑淨典
禮」，聖嚴法師、全度法師、果品法師擔任主法。此
座觀音像係由原觀音殿供奉之泥塑像翻修成銅鑄以永

久保存。法師特別邀請三十位從早期即一路護持法鼓
山之信眾，感念其護法熱誠；並於儀式後致詞，讚歎
全度法師開山功德。

　　儀式完成後，師父隨即進行安座開示。師父表示，自
己並不是第一個開山的人，如果真要說開山，第一個應
是觀音菩薩，若以第一人來說，則是全度法師。全度法
師在一九八五年開山以後，便塑立了此一觀音像，盼有
教界大德接續道場、住持佛法，並持誦〈大悲咒〉許願；
就在同時，農禪寺因「關渡平原保護區」公布，面臨了
拆遷問題，於是聖嚴師父領著一千多位念佛會成員，共
同持誦二十一遍〈大悲咒〉，盼請觀世音菩薩慈悲，能
覓得新道場。在如此因緣下，農禪寺找到了全度法師在
金山的道場，其後成為現在的法鼓山。

　　在開山觀音的安座典禮上，有三十位非常特別的護法
貴賓，他們是十五年前就和聖嚴師父結緣的，其中包括
第一位開山的全度法師、提供中華佛研所獎助學金的李
春金老太太，以及捐贈冬令救濟物資，自東初老人時代
至今四十多年，不曾間斷的歌林企業李徐緞老太太。
（〈開山觀音重回法鼓山　安座最高點〉，《法鼓》，177 期，
2004 年 9 月 1 日，版 2）

八月八日，即日起兩天，於法鼓山園區召開「法鼓山大未
　　來策略研討會」，期迎接翌年法鼓山落成典禮及凝聚
　　願景共識。法師於晨七點三十分研討會開議前，為與

會大眾開示勉勵；並於晚上七時，聽取小組報告心得。

八月九日，午後一點半，自桃園中正機場啟程前往約旦出席世界宗教領袖理事會之董事會議，常濟法師、果耀法師隨行，《不一樣的聲音》節目製作人張光斗隨行拍攝。出發前，叮囑日昨開議之「策略研討會」繼續討論，將於回國時聽取結論。

八月十日，即日起兩天，至約旦首都安曼訪問，出席世界宗教領袖理事會董事會，並被推選為董事會主席，主持全程兩天會議，聽取約旦官員報告該國安全狀況及硬軟體設施，再由世界宗教領袖理事會評估是否在該國舉辦「世界青年和平高峰會」。（〈二○○五年新春賀詞──再迎和喜自在的一年〉，《法鼓山的方向 II》，法鼓全集 8 輯 13 冊，法鼓文化，頁 35-44）

八月十二日，晚十一時，自約旦返臺。

八月十五日，出席於桃園農工舉辦「二○○四和喜自在人品提昇博覽會」，主持皈依大典。一千五百人學習「自我提昇日課表」，六百多位民眾皈依三寶。

八月十七日，晨六時三十分，於法鼓山男寮早齋開示，就出家人穿著及作息，明確指示方向及原則。

九時，於法鼓山海會廳為中華佛研所一年級新生暑期宗教專題授課「比較宗教學」。

下午三時半，為僧才養成班授課「出家心行」，部分參與禪七圓滿返寺之僧大佛學院學僧共同聽課。

晚七時半，召見園區服務中心總幹事指示：服務中心負責日常運作橋樑，亦負責外來信眾參訪事宜及硬體建設設施等維修養護庶務。除整體財產管理，仍須經常了解實際運作，不可僅於書面管理，應符合現實狀況。如水、電、瓦斯、電話及傳真、網站等資源，應了解使用狀況以達節約目的。各空間應加強清潔維護及門禁安全，並對進入園區車輛有所管制。

八月二十日，傍晚，內政部部長蘇嘉全至農禪寺拜訪，就社會治安問題向法師請益，並表達將全力配合推動法鼓山推廣「環保自然葬」理念。

八月二十一日，即日起至二十七日，於農禪寺舉辦梁皇寶懺法會，期間因艾利颱風來襲，法會順延一日至二十八日圓滿，並於二十八日下午舉行瑜伽焰口法會。七天法會，約有近三萬人次參與共修。（〈法鼓山梁皇寶懺祈福平安法會〉，《2004法鼓山年鑑》，法鼓山基金會，2005年8月初版，頁161-162）

八月二十五日，艾利颱風侵臺造成三重、新竹地區嚴重災情，慈基會緊急啟動救援系統，至各災區發放食物及礦泉水等救災物資。

八月二十六日，晚六時四十分，於臺北安和分院召開會議，研擬法鼓山未來組織架構。

八月二十七日，晨七時，至北投公館路巡視新農禪寺（日後名為雲來寺）工地，副都監果廣法師陪同。

午時，中華航空公司新任董事長江耀宗至農禪寺拜訪法師。江董事長上任後，為歷年空難往生者作佛事。法師帶引江董事長至法會功德堂禮佛，探視牌位，至大殿佛前拈香禮佛。

八月二十八日，上午十時，前往安和分院，主持法鼓人文社會學院董事會，與會者有莊南田董事長、李亦園院士、何周瑜芬女士及果肇法師等董事。

下午三時三十分，接受中華郵政公司董事長許仁壽邀請，至中華郵政公司演講，六百五十位郵政人員到場聽講。法師以「是非要溫柔」為題，勉勵郵政人員建立利他價值觀。

　師父首先說明「是非要溫柔」就是當我們在面對是與

非、正面或負面、逆境或順境時，都要心平氣和地去接受，如果能夠做到，至少可讓自己少受傷害。師父引用佛經中的一個比喻，當一個人被射了一箭時很痛，此時千萬別再拿起箭來射自己，使自己身體痛苦又再加上心理痛苦，造成雙重傷害。（〈聖嚴師父受邀至中華郵政演講〉，《法鼓》，178 期，2004 年 10 月 1 日，版 1）

八月三十日，僧大佛學院第四屆新生報到，並於八月三十一日至九月三日進行新生講習。

八月，聖嚴法師講解《地藏菩薩本願經》（6CD）有聲書由法鼓文化出版。

九月一日，晨五時，於法鼓山園區巡視並爬山健行。

九時二十分，於法鼓山園區創辦人辦公室接受大陸工程董事長殷琪請益佛法，作家潘煊現場記錄。殷董事長問法已歷年餘，今日與往常問答不同，法師先從指導禪修開始。

師父指導殷董事長從放鬆身心和體驗呼吸，其次是練習自我消融。「當自我中心的執著非常強的時候，會使得我們心中的佛性，即佛的光明生起障礙和阻隔；若是自我中心能夠少一些，我們的心便與佛性，無有分別。」師父表示，當自我中心能夠消融之時，身心會感覺到很

舒暢、很清涼,而融化於佛的智慧或慈悲的光明之中,一種沒有障礙的無限的「明」。禪修體驗過後,殷董事長取出了筆記本,就事前擬妥的學佛疑問,一一向師父請益,包括:一、如何跨越守戒的障礙,如五戒之一的「不妄語」,在商場與職場上持守,並不容易;二、佛家常說,人的一生,每件事情都是過程。假若凡事只是過程,什麼才是有意義的事?三、如何是生命的安心之道。(《隨師日誌》未刊稿;另參見:《慢行聽禪:殷琪問法・聖嚴解惑》,臺北:天下文化,2007 年 1 月 20 日第一版,頁 130-133)

九月二日,下午四時,於法鼓山創辦人辦公室會見臺中分院監院果理法師及地區護法陳治明、賴忠星、賴忠明、李東枝等,聽取說明臺中分院籌建及土地等事宜,法師指示可積極進行。

五時半,於園區巡視並爬山健行。

九月三日,上午九時,出席於法鼓山階梯教室舉行之僧伽大學新生講習,以「大善根 大福報」開示,恭喜勉勵新生。

第一個恭喜:發願選擇出三界的路,這需要有大善根、大福報,才能有這樣的選擇,請大家珍惜出家這條路。

第二個恭喜:在法鼓山僧團出家,是一項智慧的選擇,是福德因緣成熟了才在法鼓山出家。

　　第三個恭喜：來法鼓山出家的好處，既是終身受教育，也是終身從事教育。

　　第四個恭喜：發菩提心，修菩薩行。在家人總有許多牽掛煩惱，出家就是從種種世俗糾葛纏繞得解脫，出家人每天都知道生活在無常邊緣，有無常心會隨時提起道心，隨時提起無常觀，就會是快樂平安的人。（〈大善根大福報〉，《法鼓山僧伽大學九十三～九十五學年度年報》，法鼓山僧伽大學，2008 年 10 月，頁 35-37）

下午五時，巡視戶外開山觀音平台、佛像方位及藥王園，果品法師等人隨行。

九月四日，上午十時，於法鼓山國際會議廳主持中華佛研所、僧伽大學、漢藏佛教文化交流班九十三學年度開學暨畢結業聯合典禮，邀請法鼓山顧問陳朝威、耕莘文教院馬天賜神父、蒙藏委員會科長徐榮科、廣州中山大學哲學系教授龔雋等貴賓，與學生、家長等參加。

　　聖嚴師父致詞時表示，法鼓山是站在漢傳佛教的立足點上，以宏觀的角度思考佛教教育，與南傳、藏傳佛教等系統彼此互動、學習；法鼓山透過宗教及學術文化兩個面向，孕育佛教未來人才，也因此，師父期許培養宗教師的僧大佛學院，以及養成學術文化人才的佛研所，能積極互動、凝聚觀念。最後，師父勉勵每位新生，善加利用法鼓山此一修行的環境，努力學習，讓學識和修

行兼具。

今年新生總共有五十三位，包括僧伽大學佛學院十九位、佛研所二十三位，漢藏班十一位，皆為來自世界各地、不同學科領域、不同佛教系統的優秀人才。

除了迎接新生，典禮也歡送佛研所十六位、漢藏班十三位畢結業生。（〈法鼓山教育單位 93 年聯合典禮展現多元化、國際化特質〉，《法鼓》，178 期，2004 年 10 月 1 日，版 6）

下午四時三十分，越南中央佛教會副主席智廣法師率領該會十位法師，至法鼓山上拜訪。智廣法師為法師留日時期同窗，相隔已三十五年，因此，熱切關懷別後弘法經歷。

智廣長老表示，自己於一九七五年從日本返回越南，一年後正值南、北越統一，佛教事業推展不易。直到一九八一年，三所佛教大學陸續在越南成立，弘法事業才逐漸展開。而中間這段期間，他則致力於佛法的教授和僧才的培養。對於法鼓山致力國際弘法的努力，長老深感敬佩，並表示未來希望有機會與法鼓山共同合作，將佛法普及世界。

師父亦向智廣長老闡述法鼓山的教育願景，師父表示，未來法鼓山園區將以世界性的佛教教育為主，包含藏傳佛教、漢傳佛教、南傳佛教，但生活型態仍然以漢傳佛教的戒律為依歸。未來預計整個校區將可容納三千人，

師父並強調，法鼓山園區目前正積極推行佛學資料電子化的工程，目的要讓佛教教育急起直追，不在這個數位化的時代落後。

智廣長老最後則代表越南中央佛教會，誠摯邀請師父到越南中央佛教會蒞臨指導。（〈越南中央佛教團拜訪聖嚴師父〉，《法鼓》，178 期，2004 年 10 月 1 日，版 1）

九月六日，於農禪寺早齋開示，布達僧團執事榜。原本每年常住請執為農曆七月，現為配合整體運作調整，正式請執改為翌年二月。

九月七日，早齋後召集果廣法師、常智法師及常濟法師等，就法鼓山國際公關與宣傳事務現況與待改善之處研議。法師於討論後，對即將成立之國際事務處深所期許。法師指示：

一、現有「國際事務組」，名稱雖是國際性的，實質上僅從事於中英文本翻譯，未含及其他國際語文，亦不負責國際事務的處理。

二、法鼓山國際事務組的範疇應包括：新聞、公共關係、翻譯、接待、國際禮儀及對外聯絡窗口等工作，整體推廣法鼓山的理念。目前，不同單位之間常見功能重複，或是作業零散。

三、國際事務處之於法鼓山，等同於一國的外交部，凡國際貴賓來訪，由國際事務處統籌接待。（《隨師日誌》

未刊稿）

九月十一日，凌晨豪雨，造成臺北縣市多處嚴重淹水，慈
基會立即動員至汐止東方科學園區收容中心、中山區
緊急應變中心慰訪關懷，並提供食物、礦泉水等物資，
協助受災居民。

上午十時，至中視攝影棚錄製《不一樣的聲音》節目，
與王品集團董事長戴勝益談「挑戰百岳，暢遊人間百
境」、「從零開始的人生」；與珠寶設計師龔遵慈談「琢
磨後的光彩」；與現代婦女基金會董事張淑芬談「心
靈高峰有雪洞（個人的修行經驗）」。

九月十二日，於農禪寺對全體僧眾早齋開示：出家修行，
當不忘菩提心與出離心，具足正知、正見、正信、正
行。

下午三時，長期旅居美國洛杉磯之聖琉長老，上午剛
返國，即至農禪寺拜會。交流弘化經驗，並談及附佛
法外道等新興宗教。
　師父表示，正確學佛知見非常重要，有些人在修行上
雖有體驗，但因知見偏差，容易生起增上慢心或打妄語。
然而，臺灣是一個非常開放且多元的社會，若有人自稱
已經成佛，我們不能反對。佛，沒有註冊商標。

　　長老隨行弟子禪旻法師，三年前遵循長老指示，至美國象岡道場跟隨聖嚴師父打默照禪七，有很好的體驗。此後，保持每日打坐，修行更得力。長老為弟子進步感到高興，特別向法師致謝。當日陪同一起接待長老者有：果廣法師、果肇法師、果光法師等弟子。（《隨師日誌》未刊稿）

　　下午四時，於農禪寺召集會議，關懷研議護法總會義工團運作現況及未來發展，副都監果廣法師、基金會輔導師果燦法師、祕書長黃銀滿及現任義工團團長秦如芳等人與會。

九月十三日，地藏菩薩聖誕日，上午九時，於農禪寺主持剃度典禮。法師擔任得戒和尚，果醒法師擔任教授阿闍梨。受度者包括一位男眾、六位女眾，皆為僧伽大學佛學院二年級學僧；另有六位男眾受行同沙彌戒、十三位女眾受行同沙彌尼戒。聖嚴法師勉勵以菩提心為著力點，全生命奉獻。

　　下午三時，中華電信董事長賀陳旦至農禪寺拜訪，推薦中華電信近期贊助之《生命》紀錄片。
　　該紀錄片為吳乙峰導演新作，記錄九二一大地震後，四個災區家庭如何從抗拒、悲傷，而後冷靜面對，最後走出悲情、迎接新生命歷程。雖以大地震為背景，但關

懷層面更寬廣，是對生命整體關懷。

　　法師極為肯定《生命》一片用心與成果，然而也希望訪客諒解，法鼓山一向很少參與企業主辦或贊助之活動，而是全心推動心靈環保工作。（《隨師日誌》未刊稿）

九月十四日，上午九時，於法鼓山為僧伽大學新生「高僧行誼」課程授課。本課程往後將改以錄影帶方式上課。

九月十五日，上午十時，於法鼓山海會廳出席中華佛研所臨時董事會，討論宗教學院設置相關準備事項。

　　下午三時至六時，於海會廳錄製《大法鼓》節目。

九月十七日，上午九時，為僧伽大學全體學僧「創辦人時間」開示。

九月十八日，上午七時半，由果東法師陪同，前往「雲門舞集」總監林懷民住處，為林老太太誦念《心經》一部及說法。林母前日安詳往生。
案：林母生前數月以書寫《心經》為課，林懷民日後稱此為「《心經》未了，橫軸留白，彷彿印證『諸法空相』。」（〈心經〉，林懷民，《聯合報・副刊》，2014年9月16-17日）

九時，於法鼓山臨時寮，指導弟子如何準備茶水、毛巾、點心及午餐等接待來賓事宜。

下午三時，召見即將派往美國之果明、果謙等法師談話，副都監果廣法師在場陪同。

四時，召見僧伽大學佛學院及僧才養成班部分學僧談話。

九月十九日，上午十時，前往中視攝影棚錄製《不一樣的聲音》節目，與現代農夫賴青松談「種下一片淨土」；與新世代網路作家敷米漿談「Ｅ世代文學」；與漫畫家蔡志忠談「畫佛，話佛」。

九月二十一日，上午九時，於法鼓山園區為僧大學生授課「高僧行誼」。首次採用播放影帶教學，法師同在現場觀看。

下午二時半，於法鼓山女寮大教室指導僧眾弟子們如何奉茶、報告、送物品等進退禮儀與培養恭敬心。

接受《澳洲人報》駐北京特派記者凱瑟琳·阿蜜特格（Catherine Armitage）女士專訪。訪問主題有：個人生平、如何創建法鼓山、對當代臺灣佛教觀察、對未

來大陸宗教展望……等，以及二〇〇二年，將隋代石
雕「阿閦佛」首，無條件捐贈，成全佛首復歸佛身。

九月二十二日，前往臺北縣樹林、北市濟南路和汀州路，
　　分別向悟明長老、成一長老及今能長老問安，祝賀秋
　　節。

九月二十三日，晨八時半，撰寫「法華鐘」海報文案。

　　即日起，分別在農禪寺法堂及法鼓山上階梯教室，透
　　過視訊，以「佛教──漢傳佛教──禪佛教」為題，
　　於九月二十三日、二十四日、十月七日、二十一日分
　　四次對法鼓山僧團大眾闡明法鼓山所弘傳漢傳佛教禪
　　法內涵、確認法鼓山定位，並建立僧團中心思想。法
　　師首次提出建立「中華禪法鼓宗」，並說明立宗緣由
　　與目的。法師先敘述總體宗教現象，而後從佛教、漢
　　傳佛教、漢傳佛教中的禪佛教、禪佛教中法鼓山的佛
　　教、法鼓山如何成為與世界接軌的現代佛教等五節，
　　逐層闡明法鼓山所傳禪法精神與內涵。

　　一、法鼓山禪佛教的宗教師
　　　我希望我們的常住眾能夠有一個共識，這個共識是什
　　麼？「我們是宗教師」，即佛教的宗教師，漢傳佛教的
　　宗教師，漢傳禪佛教的宗教師，漢傳禪佛教裡法鼓山禪

佛教的宗教師。

（一）法鼓山的宗教師是做什麼的

法鼓山禪佛教的宗教師是做什麼的？是要實踐及傳揚漢傳佛教裡的禪佛教，而與現在的以及未來的世界佛教接軌，從而貢獻漢傳佛教，協助全球人類，不論是不是願成為佛教徒，卻都願意接受此非常實用、活用的生活智慧。目前我在東西方社會，已經做著這項工作，而且效果良好，因此這是我們的責任，我們必須培養共識。

（二）世界傳統宗教的現況

世界性的傳統宗教據說有十種，但以少數人的宗教占多數。多數人的宗教，首先是天主教，包括：東正教（舊教）、基督教（新教），加起來約有二十億人口；其次是伊斯蘭教約九億到十億人口，印度教約三億到四億人口，佛教徒則不到二億人口。

（三）漢傳佛教的危機

從世界各國及各大宗教的角度來看，漢傳佛教的危機是非常重的。但是，我們卻有不少的出家眾認為，漢傳佛教已經沒有希望了，最好趕快去學藏傳佛教、趕快去學南傳佛教，最好是做喇嘛，或者是到南傳佛教重新受比丘戒！試問這樣一來，漢傳佛教還有前途和未來嗎？

漢傳佛教的智慧、漢傳佛教的功能、漢傳佛教的性質，是最具包容性與消融性的，它賦予了佛教積極住世、化世的精神，所以現在提倡「人間佛教」的，主要是包括中國大陸在內的漢傳佛教。這點請諸位認清楚，希望大

家對漢傳佛教有信心。

然而漢傳佛教之中，只有禪宗最具有持續、普及性的教團和教化功能，其他諸宗多半不具備這一特質，此在藏傳及日本等國的佛教則不成問題。因為他們的寺院有派內的延續和傳承，不會由於住持的更換，連宗派的歸屬也跟著換。對這一點，漢傳佛教寺院的穩定性相當脆弱，所以必須特別小心。

二、佛教與宗教

（一）宗教的功能

宗教的功能是什麼？宗教的功能是屬於信仰的層次，讓人在徬徨無依、無可奈何的狀況下有希望，在茫然不知所以的生活之中有未來感。

佛教也是宗教的一種，信仰佛教也能夠達成宗教的功能、效果和利益。因此我說，佛教的出家眾就是佛教的宗教師。

（二）佛教與一般宗教的不同

佛教最重要的特色是「緣起」，它的內容是四聖諦、十二因緣。四聖諦就是苦、苦集、苦滅、滅苦之道。苦是結果，苦集是因素，苦滅也是結果，滅苦之道則是滅苦的因素，這就是因果。苦集與苦是生死流轉的因果關係，滅苦之道與苦滅是生死還滅的因果關係。這是佛法根本的教義，叫作因果因緣。十二因緣的兩重因果，一重是流轉的因果，另一重是還滅的因果，即緣起和緣滅。

（三）佛教的發展與流布

佛教可以分為原始的根本佛教、發展的部派佛教,以及適應時空的大乘佛教。大乘佛教在印度發展到末期,就是大乘密教。中國佛教的經典,是以部派佛教所傳的四阿含經以及各部的律、論,這是基礎的部派佛教;同時也把大乘佛教初、中期的「中觀」、「唯識」、「如來藏」的思想陸陸續續地從印度、西域傳到中國。西藏的藏傳佛教,原則上是由印度傳入的大乘密教;藏傳佛教之所以要說勝於漢傳佛教,因為他們認為顯教的大小諸乘是共法,密乘是不共大乘的最上乘法。

漢民族的儒家思想,是以人為本位,而不是以天、神為本位的。因此在漢文化的社會裡,藏傳的密教一次一次的進來,總是無法與漢文化結合。

三、漢傳佛教的特色

漢傳佛教的特色,在於使大乘的佛法跟中國的儒道思想能夠互動,因此上一代的佛教大善知識們,主張以佛學為基礎,以儒、道二學為輔助,也就是要精通儒、釋、道三教(雖然儒家和道家的基本教義派永遠是排斥佛教的),就能夠使佛法為中國人所接受。儒家是入世的,以人為本的;道家是出世的,以煉仙、長壽、長生不老為目標;佛教的小乘是以出世(解脫)為根本,大乘佛教則是以救世為根本,嚴淨國土,成熟有情,以淨化社會、淨化人心的菩薩道來普度眾生。

（一）大乘佛法的極致發揮

中國佛教是把大乘佛法做了極致的發揮，菩薩乘的基礎，必須具備人天的善法，也必須具備修行解脫的法門。大乘佛教講的解脫，跟小乘相同的是同出三界生死，不同的是「即生死而出生死」，也就是禪宗《六祖壇經》所說的：「佛法在世間，不離世間覺。」因此，菩薩的意思是「覺有情」，自覺覺他，又叫作「大道心眾生」。菩薩是要求自己覺悟，同時也要幫助他人覺悟。這個覺悟是知道煩惱是什麼，知道生死是什麼，而鼓勵眾生不要貪戀生死，亦不畏懼生死，不要被這兩種煩惱所困擾，這就是大乘菩薩的解脫，也就是漢傳大乘佛教的特色，而與小乘以出離三界生死的解脫很不相同。

漢傳佛教被否定的原因，是因近代漢傳佛教培養專精於漢傳的人才太少，解行並重的人、真修實悟的人不多見。因為深入漢傳佛教而能有修有證者不多，自我否定的漢人佛教徒就多了。將來我們法鼓山的僧俗四眾，會不斷地接觸到南傳和藏傳的高層僧侶，如果我們對漢傳佛教都不會講、不懂得如何修行、不清楚漢傳佛教的立足點，當然就會跟著人家走了。這麼一來，毋須多久，法鼓山就可能變成世界諸宗共住的佛教園區。往好的方向瞻望，可能成為佛教諸宗研究的重鎮，像當年印度的那爛陀寺有中觀與唯識競美，法鼓山則印度佛學系及藏傳佛學系興盛；可悲的是，漢語系的漢傳佛教變成旁落而衰微，又豈是世界佛教的好消息？尤其嚴重的是，漢

傳佛教被置於修學的中心之外，人間性、生活化的禪佛教，也將會在法鼓山的教團中隱退，這絕對是世界佛教的大損失！所以我要再三強調，我們的教團必須站穩漢傳禪佛教的立場，否則世人要學漢傳佛教，只有去日本及越南，或要寄望於中國大陸了。

我也必須在此聲明，我絕對是以印度佛教為依歸的，我寫《正信的佛教》，是以《阿含經》為準則，我在臺灣及美國亦開講過數次《中觀論》及《成唯識論》，並且也出版了《八識規矩頌講記》，在佛教的法義方面為我增長了廣度與深度。所以，我從佛法的普及信仰和生活化的實踐面、適應面著眼，要承先啟後大力維護闡揚漢傳的禪佛教，並不表示是反對其他各系佛教的。

（二）大乘八宗

在漢傳佛教之中，擁有僧團和眾多的寺院，而且重視法脈代代傳承的，唯有禪宗。事實上，禪定是大小三乘的共軌，淨土是大乘諸宗所同歸，淨土皆是諸佛菩薩發的本願所成，願度眾生，就必須要建設淨土，在嚴淨國土的過程中度眾生，在度眾生的過程中嚴淨國土，那個國土就是淨土，所以不是唯有西方的彌陀淨土才算淨土。也不是唯有淨土宗的人才念佛，事實上大乘諸宗都念佛、都信有淨土，禪宗也念佛、也信有淨土。而禪宗是法脈未斷、寺院處處的唯一例外。

（三）融合諸宗精華的禪宗

中國漢傳佛教的特色，就是完成於中唐，迄今依舊遍

及全國的禪宗。

太虛大師站在中國漢傳佛教的立場,把佛法根據八宗而歸納為三大系:「法性空慧宗」、「法相唯識宗」和「法界圓覺宗」。「法性空慧宗」指的是三論宗,由吉藏大師完成;「法相唯識宗」指的是唯識宗,由玄奘、窺基大師完成;「法界圓覺宗」是指法性、法相兩宗以外,其餘六宗皆是法界圓覺。在太虛大師的著作裡,分量最多的即是法界圓覺宗,他個人也是偏重法界圓覺宗的。

印順導師提出的印度大乘佛法三大系,則與太虛大師的漢傳佛教三大系有些不同。他講的三大系,即「性空唯名」、「虛妄唯識」和「真常唯心」。

他把「性空唯名」作為大乘佛教的最根本,這跟印度《阿含經》的佛教思想是相通的;但是,印順導師並沒有就把《阿含經》當成最高的佛教,他以「性空唯名」的中觀大乘佛法為佛的本懷,這跟太虛大師的想法以「法界圓覺(如來藏)」的空有圓融為本懷是不同的。唯此兩位大師都是思想家,卻皆未能及身組成持續而普及的教團。我則參考了太虛大師及印順長老的偉大思想,站在現代人所見漢傳禪佛教的立足點上,希望把印度佛教的源頭以及南、北傳諸宗的佛法作一些溝通,因為我所見、所知漢傳禪佛教的特色,就是釋迦牟尼佛化世的本懷。

四、漢傳禪佛教的範疇

（一）含攝整體的佛法

漢傳的禪佛教，並沒有一定的範圍。天台的《釋禪波羅蜜》說，禪波羅蜜總攝一切波羅蜜，禪既是大小三乘的共軌，漢傳的禪佛教便是含攝了整體的佛法。

（二）從人本的立場修解脫道

漢傳的佛教是重視於人文的，禪宗就是站在人的本位上修解脫道，來淨化人心、淨化社會，所以在漢民族的社會裡受到普遍歡迎而持久的盛行。

漢傳佛教的本質是人本的。中國佛教的特色是屬於人間性的，以人為本位的，也可以說這是漢傳禪法的特色。目下臺灣宗教界，標榜是禪師的人也不少，正統佛教的及外道的都有，因此我在國際間是知名的禪師，在國內我則寧可被稱為法師。

五、法鼓山所弘揚的禪佛教

佛法的源頭是從釋迦牟尼佛而來，最基礎的聖典是《阿含經》；我們法鼓山的禪法是結合了《阿含經》，並且運用中國禪宗的特色，而貼切、適應著今天的時代環境，在態度上是開放的，在觀念和方法的立足點上，則本於中國的禪宗。

法鼓宗的漢傳禪法究竟是什麼？便是我經過數十年的熏聞、閱讀和實修，將佛教的來龍去脈釐清整合。

我把漢傳禪法的臨濟及曹洞兩大宗，既分流又合用，也就是將大小乘次第禪及頓悟禪，與話頭禪及默照禪會

通,因應不同禪者的需要或不同時段狀況的需要,彈性
教以適當的方法,以利安心。而其宗旨,則皆匯歸於話
頭或默照的祖師禪,是跟平常人的現實生活密切結合的。
在傳承之時,原則上兩脈並傳,亦可視因緣而傳其中的
一脈。

立足於漢傳禪佛教的基礎上,不棄學術思想的研討,
不被言教文字所困囿,活用印、漢、藏三大主流的各派
佛學,才是無往而不利的,也是可以無遠弗屆的;又因
我們承繼了中國禪宗臨濟及曹洞兩系的法脈,所以名之
為「中華禪‧法鼓宗」。

六、建立「法鼓宗」之原因與目的

提出法鼓宗的原因有二:

(一)因法鼓山的禪法,繼承了臨濟、曹洞兩大法脈
的合流,所以必須重新立宗。指導學者,則仍可單傳一
脈或兩脈並傳。而修學者若能於其中一流得力,則另一
流亦必得力,所謂「一門通,門門通」。

(二)因法鼓山的禪法,是整合了印度及漢傳諸宗之
同異點,並且參考現今流行於韓國、日本、越南的禪法,
乃至南傳內觀法門、藏傳的次第修法,重新整理漢傳佛
教的傳統禪法之後的再出發。因為是在承襲傳統禪法之
外又有創新,所以必須重新立宗。

創新的內容,例如本書〈承先啟後〉一文中所說:將
傳統的話頭禪和默照禪整理後,除了保持頓悟法門的特

色，也在頓中開出次第化的漸修法門。並且將禪修過程由淺入深，分成四個階次：散亂心、集中心、統一心、無心，每個階次各有修行及進階修行的方法。

提出「法鼓宗」之目的有二：

1. 使禪佛教與義理之學互通。

2. 使禪佛教與世界佛教會通，並且接納發揮世界各系佛教之所長。

所以，提出「法鼓宗」之目的，可說是為了期勉法鼓山的僧俗四眾，以復興「漢傳禪佛教」為己任，擔負起承先啟後的使命和責任，以利益普世的人間大眾。

案：本文日後題為〈中華禪法鼓宗：宗教→佛教→漢傳佛教→禪佛教〉收入《承先啟後的中華禪法鼓宗》小冊，於二○○六年十月出版。

對全體僧眾授課同時，也針對僧團現任和曾任綱領執事、分院監院，及派駐事業體執事法師，分別於九月二十六日、十月十日、二十三日，以「如何培養法鼓山僧團優秀的執事」為主題進行三天課程，從「身為一個人到出家人、漢傳佛教出家人、漢傳佛教法鼓山出家人、現代世界及為法忘軀的漢傳佛教法鼓山出家人」等層次，開示宜站在漢傳佛教立足點上，以宏觀視野、開闊胸襟，致力將漢傳佛教與世界接軌。

九月二十五日，下午三時半，於農禪寺為護法總會北部七

　　　　轄區新勸募會員授證。二百零九位來自臺北、基隆、
　　　　宜蘭、桃園、新竹、花蓮等地新勸募會員與會，並於
　　　　受證後學習勸募相關課程。護法總會會長陳嘉男、關
　　　　懷中心監院果東法師全程關懷。法師開示，要求大眾
　　　　遵守法鼓山信眾三條規定，並重申勸募心要──以募
　　　　款為方法，以募心為目標。

九月二十六日，上午七時四十分，於農禪寺早齋時，聽取
　　　　常濟法師向大眾分享參與日本國際性青年高峰會心
　　　　得，而後為大眾開示。

　　　　八時三十分，於農禪寺接見「雲門舞集」總監林懷民
　　　　及其家人。林總監偕同胞弟林崇民、林牧民，與胞妹
　　　　林愛玲及弟妹楊銹美等，感謝法鼓山蓮友關懷林老夫
　　　　人告別式，前來禮謝。林家與法師因緣深厚，二十餘
　　　　年前，林父金生即由林崇民陪同，自行至文化館跟隨
　　　　法師打禪七；而後，林母亦曾與媳婦楊銹美，同在法
　　　　師座下學習禪修。

　　　　即起二日，淡水聖本篤修道院王修女及美國聖本篤修
　　　　道會會長米凱樂修女（Sister Michaela），至法鼓山園
　　　　區參訪，並在女寮掛單，體驗佛教出家人生活。

　　　　下午三時半，召見果廣法師及佛像專案小組果懋法師、

施建昌，關心法鼓山來迎觀音戶外雕像事宜。

七時，於農禪寺法堂，為綱領執事授課，參加人員為歷任分院監院、類任及適任執事等。

八時半，召集副都監果廣法師及果東法師、果醒法師，討論禪堂翌年二月啟用運作等事宜。

九月二十七日，晚間，法鼓山社會菁英禪修營、榮譽董事會及法行會於臺北市立國家音樂廳，舉辦「禮讚師恩音樂會」，藉由音樂向人間導師釋迦牟尼佛及聖嚴法師獻上最虔敬感念。法師出席與會，讚歎樂團配合無間，並開示要心存感恩，要有隨時向人學習之精神。

　　這場音樂會，由名指揮家張佳韻率領愚韻室內管弦樂團，首演名作曲家鍾耀光創作的《法鼓山開山交響詩》，繼而由知名女高音李靜美、男中音鄧吉龍，與法鼓山合唱團二百五十名團員，共同演唱《我們的師父》和《法鼓山組曲》。

　　師父也特別開示大家，凡是對我們有啟發性、有幫助者，即便只給過一句話，都是我們的老師，我們都要心存感恩、要有隨時向人學習的精神。師父還向身為基督徒的作曲家鍾耀光、指揮家張佳韻及全體愚韻管弦樂團表示敬意。並感謝他們如此無私地來為佛教音樂禮讚演出，希望大家向他們的胸懷學習。（〈法鼓山禮讚師恩音

樂會〉,《2004 法鼓山年鑑》,法鼓山基金會,2005 年 8 月
初版,頁 226-227)

即起三日,澳洲昆士蘭大學宗教系教授、佛學中心負
責人裴強克(Primoz Pecenko)博士,至法鼓山上參訪,
吸取佛典電子化經驗。

九月二十八日,下午三時半,為僧才養成班授課「出家心
行」,教導行走等威儀。

晚間,出席法鼓山僧伽大學於法鼓山臨時寮舉辦之中
秋月光晚會,與大眾共度中秋佳節。

九月三十日,即起三日,於法鼓山臨時寮主持第二十四屆
社會菁英禪修營。

晚間八時三十分,至貴賓宿舍探視來山小住之書法家
杜忠誥。杜老師係應法師邀約,偕同外甥來山揮毫。
三日間題寫有:心靈環保、人間淨土、本來面目、大
雄寶殿、法華公園、來迎觀音、開山觀音、登涅槃山、
上般若船、行菩薩道、環保生命園區、往生淨土、蓮
登上品、花開見佛、渡頭古道、對聯「選佛場內迦葉
微笑,傳燈會中阿難自悟」及短文:「心五四」運動、
「四眾佛子共勉語」等。

九月，隨身經典《七覺支講記》由法鼓文化出版。本書為
　　法師二〇〇二年四月至十二月於美國東初禪寺八次開
　　講之紀錄。

十月三日，晨間六時，率同第二十四屆社會菁英禪修營學
　　員環山經行。下午四時，於法鼓山臨時寮聽取學員圓
　　滿日綜合報告。

十月五日，上午九時，為僧伽大學學僧「高僧行誼」授課。

　　十時十五分，僧伽大學學僧前往桃園受大戒，出發前
　　向法師告假。計有男眾三人、女眾十人，係僧伽大學
　　第一批受大戒學僧。

　　下午二時三十分，為僧伽大學學僧「出家心行」授課。

　　下午三時四十五分，召集護法總會核心悅眾，關懷其
　　運作現況。與會者有：果東法師、果燦法師、總會長
　　陳嘉男及榮譽董事會副執行長黃楚琪等人。

　　六時十五分，聽取法華鐘專案負責人施建昌報告專案
　　進度。

　　七時四十分，於法鼓山海會廳召集會議，研議法鼓佛

教研修學院設立及課程規畫等事宜。與會者有中華佛研所師生、行政人員、曾濟群主任及僧團執事等。

十月七日，晚七時，於法鼓山階梯教室對全體僧眾續講「佛教——漢傳佛教——禪佛教」。此係第三次講授。（詳見九月二十三日譜文）

十月八日，上午九時，於法鼓山園區為僧伽大學學僧「創辦人時間」開示。法師指明法鼓山精神傳承自漢傳佛教、禪佛教；漢傳佛教特色為人間化，此與儒家思想有關。皆在適應環境、服務社會。

　　佛教傾向於離開人間，乃至是要出三界，這是就目標而言。若是就佛法的修行過程言，是不離三界、不離人間的。釋迦牟尼佛是在人間成佛，成佛之後在人間說法布教。「人間化」是中國大乘佛教的精神，這種精神實際上也是釋迦牟尼佛的根本精神。

　　太虛大師倡導「人成即佛成」的佛教，意思是：當我們做人做得成功了，我們就是和佛相應。「人成即佛成」所說的佛，並不是指究竟圓滿的佛，而是指成就了佛的功德。換言之，首先就是要將「人」做好，所以太虛大師主張「建設人間淨土」。法鼓山的理念有一句「建設人間淨土」，這句話最早提出的是太虛大師；還有一句「提昇人的品質」，意涵就是「人成即佛成」。「人成即佛成」且又提倡「建設人間淨土」，這兩句話彰顯了

漢傳佛教的特色，也是大乘佛教精神所在。

現在的乃至未來，佛教的發展與弘傳都要適應環境，才能生存下去。因此必須思考如何踏入社會，如何為社會服務。希望我們僧團的住眾，先學習生活中的每一項執事，先為僧團服務；如果能為僧團服務，就能為社會服務了。（〈法鼓山的精神〉，《法鼓山僧伽大學九十三～九十五學年度年報》，法鼓山僧伽大學，2008年10月，頁30-34）

十時三十分，歌林企業董事長夫人陳溫溫、女兒李淑如、兒媳林國黛等一行來訪法鼓山園區。陳女士與法鼓山法緣，開端於婆婆李徐緞老夫人。李老夫人畢生護持佛教，東初老人主持文化館時，即為護持信眾。法師於美濃山居閉關時，李老夫人特地託人贈送一盞煤油燈，法師感念不已。老夫人日前往生，法鼓山常住法師及多位蓮友前往助念關懷。陳女士等一行，特來拜訪禮謝。

十月九日，九時三十分，前往樹林海明寺祝賀悟明長老九十四歲嵩壽。長老歡喜接受祝福，並邀請法師於壽宴中致詞。

十一時，率同佛像專案小組施建昌、果懋法師等人，前往三門入口處來迎觀音預定場地巡視整地情形。

十月十一日，上午十一時，前往中視攝影棚錄製《不一樣
　　的聲音》節目，與國三女生沈芯菱談「知識的力量」；
　　與跆拳道奧運銀牌得主黃志雄談「銀的滋味」；與富
　　邦文教基金會執行長陳藹玲談「長腿叔叔的一封信」、
　　「讓孩子走自己的路」；與電影導演蔡岳勳談「花園
　　裡的星星」。

十月十二日，上午九時，於法鼓山為僧伽大學學僧「高僧
　　行誼」授課。下午則授「出家心行」。

十月十三日，即日起至十五日，於法鼓山臨時寮，主持「禪
　　七總護及小參培訓營」。該培訓營由禪修推廣中心籌
　　畫，自即日起舉辦三天，目的在培養擔任禪七總護及
　　小參之法師，共有二十八位僧團法師參加。聖嚴法師
　　並帶領與會大眾環山。

　　上午八時半，為培訓營開示。十時，於男寮門口迎接
　　同淨蘭若仁俊長老。長老由其弟子果慶法師陪同至法
　　鼓山上居停兩日。長老數月前返臺至慈濟醫院探視印
　　順導師，同時健康檢查，意外診斷出罹患大腸癌，隨
　　即手術靜養，今已出院。返美前夕，受邀前來。接駕
　　後，法師陪同長老安單、導覽園區。

　　下午三時半，於農禪寺召開會議，研商桃園齋明寺未

來規畫發展，邀請嚴長壽顧問提供建議。嚴顧問建議，齋明寺未來發展應與桃園市區中心道場一併思考規畫，以前者為區域性修行中心，後者為市區服務中心與學習中心。齋明寺古蹟修繕及整體工程，則建議延請國際級建築大師作主體概念設計，另邀國內建築師落實執行，此外尚須建立一行政負責小組。

十月十四日，於農禪寺大殿，對法鼓山全體僧眾及專職「精神講話」，以「和喜自在」為題期勉，無論身在職場，或是家中，與人相處都要學習和喜自在。

十月十五日，上午九時，迎接仁俊長老至法鼓山臨時寮為大眾開示，與會者有「總護小參培訓營」學員、僧伽大學學僧、中華佛研所師生與行政人員、園區服務中心專職義工等。長老並題寫四句詩偈：「平等觀怎麼開始？見一切人都是佛；見佛見人同等見，踐大平等泯優劣。」下午二時，法師至寮房陪同長老下樓上車，與僧大及體驗班學僧恭送長老下山。

午後一點，接獲消息，華梵大學創辦人曉雲法師於今日上午示寂，法師立即致電華梵大學校長馬遜致悼關懷。蓮華學佛園修慈法師旋亦來電告知曉雲長老尼身後佛事等事宜。

下午四時四十分，於法鼓山臨時寮大殿為「禪七總護
及小參培訓營」圓滿開示。

為沈芯菱於圓神出版社新書《一〇〇萬的願望》撰
〈序〉。沈芯菱曾應邀於《不一樣的聲音》中，擔任
特別來賓。（〈序沈芯菱居士《啟動教育新希望工程》〉，
《書序 II》，法鼓全集 3 輯 10 冊，法鼓文化，頁 99-100）
案：法師撰序時書名暫訂為《啟動教育新希望工程》，
正式出版時書名改為《一〇〇萬的願望》。

為北京華典偉業圖書公司即將出版之《太虛菩薩藏》
撰〈序〉，讚歎太虛大師「菩薩法藏」，乃當代漢傳
佛教新活力泉源。
　　太虛大師在現代的漢傳佛教史上，具有劃時代的重要
地位，他的思想，既是開創性的，也是保守性的，他雖
提倡教制、教理等的革命，他在宗教生活的實踐方面以
及漢傳佛教重心思想的衛護方面，乃是屬於漢傳佛教的
承先啟後者。他雖被人稱為革命和尚，他卻嚴守著漢傳
佛教菩薩比丘的本色，無論飲食衣著，威儀舉止，都是
中國禪和子的典範。
　　太虛大師是一位十足的以漢傳佛教本位的改革家，也
可明白，他要改革的，是漢傳佛教不健康的層面，而不
是漢傳佛教的核心層面。他是為了復興漢傳佛教，而不
是否定漢傳佛教。

　　漢傳佛教的特色，是在於能夠因時、因地、因人而作調整的人間性及適應性，但又不會違背佛陀覺世化眾的根本原則。太虛大師把握了這一特色和原則，他引進了當代世界的思潮，推出了許多復興漢傳佛教的想法和作法。例如，他接觸到了藏傳佛教，便以宗喀巴大師的下士道、中士道、上士道教判次第為藍本，也推出了三個次第：因緣所生法為五乘共學、三法印為三乘共學、一實相印為大乘不共學。不過藏傳佛教是以下士道及中士道作為上士道的基礎，上士道才是其終極。可是，太虛大師卻是以人的立場出發，又回到人的本位，所以主張「人成即佛成」，主張「人生佛教」，主張「建設人間淨土」，這種以人為本位的思想，就不是藏傳佛教的觀點了，乃是道道地地屬於漢傳佛教的特色。

　　「人間淨土」的觀念，首見於太虛大師三十歲那年的文獻，在他四十歲時，又主張：「當以人類為中心而施設契時機之佛學」，故以「人生的佛學」為題，作了一場演講。

　　如今，漢傳佛教的海峽兩岸，都在闡揚人間佛教及人間淨土，大陸有趙樸初長者，臺灣有印順、星雲、證嚴諸師；法鼓山則是由於先師東初老人宣導人生佛教，我則步其兩代的後塵，將整個生命來實踐「人間淨土」理念的建設，那已不僅是一句標語，而是從理論依據的深入探討到實踐方法的整體施設，結合海內外的僧俗四眾，已作了不少的努力。

這一切，都要感恩太虛大師的原創和啟發。所以我要說，太虛大師的「菩薩法藏」，乃是當代漢傳佛教新活力的泉源。（〈序《太虛菩薩藏》──《太虛菩薩藏》是漢傳佛教新活力的泉源〉，《書序Ⅱ》，法鼓全集 3 輯 10 冊，法鼓文化，頁 101-105）

十月十六日，上午十時，由營建部監院果懋法師及施建昌居士陪同，至中華佛研所圖資館鐘樓，試聽鐘聲。此係委託日本老子公司製作之僧伽大學校鐘，高一百六十九公分，外徑九十一公分。自前日（十月十四日）起，每天正午十二點，鳴鐘七響，聲遍園區，為時一分鐘。（參見：〈梵鐘響起更精勤──僧伽大學校鐘〉，《法鼓》，183 期，2005 年 3 月 1 日，版 7）

十時三十分，於法鼓山新建禪堂為天南寺籌建委員黃平璋、邱仁賢、陳世銘與劉偉剛等導覽解說禪堂建築及設施，供天南寺設計參考，營建部監院果懋法師等人隨行。

下午三時，至農禪寺出席護法總會勸募策略運作討論會議，二十多位曾參與社會菁英禪修營學員出席提供建言。另聘黃楚琪為護法總會副總會長，全力推動護法勸募。法師結語，請大家集思廣益將法鼓山理念、禪法分享出去。期以有限時間，奉獻給無限人群；以

世俗事業，經營佛法千年慧命，此即社會大眾之福祉。

下午，「戒嚴時期不當審判受難者追思祈福會」於臺北市公務人力發展中心卓越堂舉辦，為一百七十餘位受裁判往生者超薦。典禮由「戒嚴時期不當叛亂暨匪諜審判案件補償基金會」董事長蔡清彥、法鼓山僧團都監果品法師、關懷中心監院果東法師共同主持，約有六百位受裁判者及受難者家屬蒞臨會場，副總統呂秀蓮應邀到場拈香。

果品法師於典禮中宣讀聖嚴法師〈化解仇恨，跨越悲情〉一文。法師指出舉辦此次宗教儀式在為化解過去仇恨、跨越歷史悲情，惟有思考到「慈悲沒有敵人、智慧不起煩惱」，才能以愛、寬容與諒解，走出過去傷痛。

十月十七日，晨八時，法師率弟子至汐止向彌勒內院開山寬裕長老拜壽。長老今年適逢八十壽辰。長老親自引領法師參觀「近代佛教高僧影堂」。

十時二十分，於農禪寺主持皈依大典，計有一千七百多位信眾皈依三寶。

傍晚，於農禪寺出席第四十七次社會菁英禪修營共修

會並開示：「心淨則國土淨」。

十月十八日，下午三時，於法鼓山海會廳召開法鼓佛教研
修學院第一次董事會議。

十月十九日，上午，法鼓山上僧眾提前為法師送駕，法師
將於十月底出國。法師以「禮節、清淨與精進」開示
叮嚀。

下午，華梵大學校長馬遜及蓮華學佛園修慈法師拜會，
感謝法師日前去電關懷曉雲法師捨報。

十月二十一日，晚七時，於農禪寺法堂為僧團大眾授課，
續講「佛教──漢傳佛教──禪佛教」。此係第四次
講授。（詳見九月二十三日譜文）

十月二十二日，上午九時，於安和分院召開法鼓人文社會
學院董事會議，與會董事有：中央研究院院士李亦園、
前政治大學校長鄭丁旺、太子建設董事長莊南田、凌
陽科技公司董事施炳煌、中華佛研所副所長惠敏法師
及果肇法師、僧伽大學副院長果光法師。法鼓人文社
會學院籌備處主任曾濟群列席。會議進行董事長選舉，
由聖嚴法師連任；同時討論法鼓山成立宗教研修學院
案。

十時十分，續於安和分院召開法鼓人文社會獎助學術
基金會董事會議，與會董事有：中央研究院院士李亦
園、臺灣大學校長陳維昭、勤益會計師事務所主持人
王景益、中華佛研所副所長惠敏法師，由獎助學術基
金會執行長曾濟群主持。會中報告：推動與臺灣大學、
北京大學、北京清華大學合作設置「法鼓人文講座」，
預計明年與南京大學合辦；世界青年領袖和平高峰會
成果與回響……等。

十一時，續於安和分院召開法鼓山「心靈環保」理念
推廣實踐計畫討論會議。會議由滾石傳播董事長段鍾
沂主持，與會者包括：電視節目編劇工作者陳端端、
國家地理頻道臺灣地區總經理暨副總裁蔡秋安、臺北
藝術大學教授李道明、凌陽科技公司董事施炳煌、法
鼓人文社會獎助學術基金會執行長曾濟群及陳錦宗、
何美頤二位副執行長。會議就法鼓山心靈環保理念如
何與全球分享進行討論，針對表現方式、傳達媒介、
製作人選，及題材主軸，彼此交換意見。

下午五時，率領弟子前往華梵大學創辦人曉雲法師法
照前致悼。華梵大學為我國佛教史上，第一所由佛教
徒創辦之綜合性大學。曉雲法師為法師敬重之法友，
法師撰有輓聯：「覺之教育傳佛陀綸音；清涼畫藝揚
中國文化」；翌年（二〇〇五）五月十四日又撰〈曉

雲法師——創紀錄的一代高尼〉悼念。

　　曉雲法師是一位創造了許多項時代紀錄的高尼，比丘尼中畫藝造詣第一，比丘尼被聘大學教授兼所長第一，創辦大學第一，國際文化交流第一，著作等身第一，跨足禪教第一，說她是二十世紀的我國第一高尼，也不為過了。（〈曉雲法師——創紀錄的一代高尼〉，《悼念 II》，法鼓全集 3 輯 11 冊，法鼓文化，頁 85-91）

十月二十四日，下午二時三十分，出發前往新竹鳳山寺至日常法師靈堂致悼。副都監果廣法師、東初禪寺住持果元法師、法鼓山基金會輔導師果燦法師等人隨行。鳳山寺方丈如證法師、紐約莊嚴寺住持淨通法師等人接待。日常法師於十月十五日，在中國大陸示寂。

　　法師於旅途中口述悼文追念，並撰輓聯致祭：「美東大覺寺共住情同手足受益良多；臺灣法門中育材漢藏交流空性為宗」。法師一九七五年初抵美國紐約時，於美國佛教會與日常法師共住，並合作舉辦禪坐班及第一次禪七。日常法師發展讀書會推廣《菩提道次第廣論》甚力，先後創立慈心有機農業基金會、里仁公司，為法師十分敬重之法友。

　　我初到紐約不久，正好趕上一股西方人的禪修熱潮，當時美國有一位很活躍的禪師菲力浦‧凱普樓（Philip Kapleau），他寫的一本書《禪門三柱》，非常暢銷，後

來也被顧法嚴居士翻成了中文。日常法師有一段時間就是跟著他在紐約上州的羅契斯特禪中心學禪，準備著回大覺寺教禪修。可是日常法師聽說我在閉關時，是用禪修的方法，也在日本留學期間學禪，而我日本的老師伴鐵牛就是菲力浦・凱普樓的老師安谷白雲的同門師兄，他們都是原田祖岳的弟子。從日本禪修系統的輩分來看，我和菲力浦・凱普樓是屬於平輩。日常法師非常客氣地要我擔任禪修的老師，由他來擔任我的助手，我則是希望由我們兩個人一起來教。就這樣，我和日常法師開始在大覺寺舉辦禪修活動，前後辦了好幾次的禪訓班，從初級班到中級班，彼此之間的合作非常愉快。

那段期間來大覺寺學禪修的學生，多半是美國人。這群西方學生有十幾人，他們都讀過菲力浦・凱普樓的書，希望我也能夠帶禪七。因此我們就借了沈家楨居士的菩提精舍舉辦了第一次禪七，這也是我平生所主持的第一場禪七。這次禪修，雖然是以我為主，實際上有二位老師，另一位就是日常法師，對於禪堂作息，以及對於學生身心的照顧上，他幫了我許多的忙。

後來，我聽說日常法師到了美國西部的洛杉磯發展，有很好的法緣。又聽說他到了印度學藏傳佛教，一九九二年在臺灣建了僧團及好幾處道場，新竹湖口的鳳山寺是他們的本山。我曾經邀請他到農禪寺敘舊，一方面請教他到印度學法的心得，讓我也能夠成長，他說起在印度達蘭莎拉親近達賴喇嘛和幾位上師的過程。當

時他已在鳳山寺弘講《菩提道次第廣論》，也將歷次所
講的內容集結成錄音帶發行。我也買了這套，這是一套
影響深遠的偉構鉅作，根據它發展出了讀書會，遍及臺
灣各地。

　　日常法師的一生，雖然沒有成為公眾人物，但是臺灣
的佛教界，都知道他很有成就，特別是讀書會的影響，
深入人心。現在臺灣有許多的道場和善知識們，都很讚
歎這個讀書會的模式。一九九七年，他創設慈心有機農
業發展基金會，鼓勵農友們開設有機農場，栽培有機農
作物；又成立里仁公司，開發安全健康食品及生活用品，
做得非常成功，參與的人很多，甚至我也吃過他們所種
植的有機蔬菜。可見日常法師既重視僧尼的培養，也著
重生產事業，這些都是他晚年的成就。（〈日常法師──
西方弘法時的善知識〉，《悼念 II》，法鼓全集 3 輯 11 冊，
法鼓文化，頁 71-78）

十月二十五日，法鼓山人文社會獎助學術基金會於北京清
　　華大學設立「法鼓人文講座」，由該基金會執行長曾
　　濟群代表法鼓山前往簽署。清華大學為法鼓山在中國
　　大陸設立該講座之第二所大學，目的在推動心靈環保
　　理念。

十月二十六日，署立基隆醫院院長李懋華偕同院內同仁前
　　來拜會。李院長說明，署立基隆醫院自今年十月起已

開辦僧伽特別門診,設有專門醫護人員為僧眾進行醫療服務,並帶來二○○二年六月至法鼓山為僧眾進行的健康檢查報告。法師指示僧團副都監果廣法師陪同聽取,並指示應確實做好僧眾醫療照顧,可先行安排定期健康檢查及辦理健康講座。

十月二十八日,下午四時二十分,啟程前往桃園中正機場搭機赴美,臨行前為農禪寺大殿聚集送駕之二百多位四眾開示祝福。

晚十一時四十五分,抵紐約紐華克機場。

十月,聖嚴法師講解《永嘉大師證道歌》(12CD)有聲書由法鼓文化出版。

十一月六日,印度摩訶菩提協會(Maha Bodhi Society)會長默地(B. K. Modi)博士,由世界宗教領袖理事會祕書長巴瓦‧金陪同,至紐約東初禪寺拜會,請教如何拍攝佛教電影。法師表示,「和平」為佛教最重要之精神,但真正和平不僅止於沒有戰爭,而是內心平安。至於拍攝原則:則應忠於佛教史實和經典記載、高水準藝術表達、合於時代社會需求。

十一月七日,於東初禪寺主持皈依典禮及經典講授。二百

多人與會，二十二位受三皈五戒，其中十位為西方人
士。皈依儀式後，隨即開講《楞嚴經》。

聯合國教科文組織跨宗教及文化部首長多都‧迪尼
（Doudou Diene）經由全球女性和平運動創辦人迪娜‧
梅瑞恩女士引薦，至紐約東初禪寺拜訪聖嚴法師。
　　師父表示，許多宗教都認為自己是最好的，但在一個
多元族群共住的社會裡，這種觀念卻會造成族群之間的
隔離。對此建言，多都‧迪尼先生表示非常認同，並盼
日後常有機會與師父進行交流。（〈聯合國教科文組織
官員訪東初禪寺〉，《2004 法鼓山年鑑》，法鼓山基金會，
2005 年 8 月初版，頁 343-344）

十一月九日，*Song of Mind: Wisdom from the Zen Classic Xin
Ming*（《禪無所求》）由美國香巴拉（Shambhala）圖
書公司出版。*Song of Mind* 為法師第十四本英文著作，
為一九八五至一九八八年於美國東初禪寺主持禪七期
間，講述唐代牛頭法融禪師（五九四～六五七）開悟
詩偈〈心銘〉之紀錄。該書出版後，引發北美地區廣
大回響。
　　加拿大知名的佛教雜誌《香巴拉太陽》（*Shambhala
Sun*），於三月份（二〇〇五）發行的「修行專刊」中，
特別以超過十頁以上的篇幅，向廣大的北美讀者介紹聖
嚴師父所指導的漢傳禪法。（〈加拿大《香巴拉太陽》雜

誌介紹聖嚴師父〉,《2005 法鼓山年鑑》,法鼓山基金會,
2006 年 9 月初版,頁 407-408)

十一月十一日,上午,行政院大陸委員會舉行「第五屆從
事兩岸文教交流績優團體」頒獎典禮。法鼓山文教基
金會以二〇〇二年「流轉・聚首──祈願山東四門塔
阿閦佛重生」活動,獲頒藝術文化類績優團體獎項,
由關懷中心監院果東法師代表前往領獎。

十一月十三日,出席於美國紐約東初禪寺舉辦之「同心同
願聯誼會」並開示。聯誼會係由護持法鼓山之義工分
享一年來法務推展及成就,法師開示則以「落實『人
生佛教』,建設人間淨土」為題,簡述中國近百年佛
教發展及太虛大師、印順導師、東初老和尚人間佛教、
人生佛教理念,並自述繼承諸位大德而提倡人間淨土。
案:原刊於《法鼓》雜誌一八一期第七版,後經修潤以〈提
倡及建設人間淨土〉為題收入《法鼓山的方向 II》。(法
鼓全集 8 輯 13 冊,法鼓文化,頁 107-108)

十一月十五日,率領弟子一行十五人,前往新澤西州同淨
蘭若拜訪仁俊長老。長老非常歡喜,並主動提及月底
將訪視象岡道場。

十一月十九日,紀念東初老和尚九十七歲冥誕,於紐約象

岡道場撰文介紹〈東初老人的人生佛教〉。

東初老人有關人生佛教的遺作,至少有五篇,那便是〈人生佛教〉、〈人生佛教的根本原理〉、〈人生佛教的本質〉、〈宗教與人生〉及〈人生月刊奮鬥的生命〉(均收於《東初老人全集》)。並且知道東老人之所以會在一九四九年創辦《人生》月刊,就是因為當年他在臺北的北投旅社聯誼會,以「人生佛教」為主題,作了一場演講,有人建議把他寫成的講稿,鉛印成冊,便促成了他要發行一種定期刊物的動機。該刊便以「淨化現代人心,建設人生佛教」為宗旨。

他在〈人生佛教〉的講詞中說道:「佛是由人成的,人能信佛學佛,必能成佛。」又說:「這就是佛教要覺悟人類的根本,佛降生在人間,成佛在人間,三藏十二部經典,都是為拯救人類而說。」

他在〈人生佛教根本的原理〉中則說:「大乘佛法的淨土觀,娑婆即淨土,煩惱即菩提,乃至心淨故國土淨,是要我們不離開人間,要以人為本位,以入世為第一義諦。」同時他在這篇文章中,不厭其煩地,徵引了太虛大師的一長段話,發現太虛大師的主張,是「依於現代社會的人生化、群眾化、科學化為基礎,建設契時機的趨向無上圓滿的大乘佛學。」因此證明,佛法雖有人天、聲聞、緣覺、菩薩、佛的五乘,「但以(人乘)人格的完成為第一義。」同時也引用太虛大師所說「仰止唯佛陀,完成在人格,人成即佛成,是名真現實」的四句名

言，作為人生佛教的依據。

我提倡人間佛教，其實也提倡人生佛教，所以東初老人創刊的《人生》月刊，在我手上中斷了，又在我手上復刊了，並於一九八二年的復刊勉詞中，寫了如下的八句話：

人生要在平淡之中求進步，又在艱苦中見其光輝。

人生要在和諧之中求發展，又在努力中見其希望。

人生要在安定之中求富足，又在鍛鍊中見其莊嚴。

人生要在沉默之中求智慧，又在活躍中見其悲願。

此乃是以人生佛教的生活態度來推展人間淨土的理念，所以我與東初老人是一脈相傳的，雖在內容方面，多少亦有不同。（〈東初老人的人生佛教〉，《悼念 II》，法鼓全集 3 輯 11 冊，法鼓文化，頁 79-84）

十一月二十五日，仁俊長老率同同淨蘭若住持菩提比丘及弟子拜訪位於紐約的象岡道場。法師率領僧俗弟子，引導長老一行人參觀象岡道場禪堂、齋堂、比丘寮、比丘尼寮兼接待中心、方丈寮，以及新建落成兩大棟男、女禪眾寮房。

十一月二十六日，即日起至十二月五日，於紐約象岡道場主持話頭禪九。

十一月二十七日，佛教蓮花基金會成立十週年舉行感恩音

樂會，特別頒發聖嚴法師「高額贊助捐款人」獎項，
感謝法師關心生命教育、護持臨終關懷。典禮由關懷
中心監院果東法師代表出席受獎。

十一月，誠品書店出版《誠品報告二〇〇三》，就該店全
　臺四十六家分店於二〇〇三年的銷售量，進行暢銷統
　計排行，在該年出版人文宗教類書籍中，聖嚴法師共
　有二十六本著作入選「年度暢銷書排行榜」。

　　師父的著作在人文宗教類作者中，個人入選的書籍數
　量，排名第二；以總銷售量而言，排名第三。這兩組數字，
　除了顯示法師著作受歡迎的程度，也說明了社會大眾對
　佛法的需要和興趣，這對未來佛法的推廣方向，具有相
　當大的指示意義。

　　師父二十六本入選的書籍中，有二十五本是由法鼓文
　化所出版，其中以輕薄短小的「智慧掌中書」入選最多，
　高達了十二本。「智慧掌中書」為小巧精緻的圖文口袋
　書，每本書皆為現代人遭遇的人際關係、家庭、工作等
　問題，提供以佛法觀念化解的法門，像是《忍耐不忍
　氣》、《愈挫愈勇健》、《溝通萬事通》等等，同樣小
　巧精緻的「隨身經典」，也有三本入選。

　　「學佛三書」《正信的佛教》、《學佛群疑》及《佛
　教入門》，是許多人剛接觸佛教必讀的經典；為現代人
　提供紓解身心良方的禪修著作，像《聖嚴法師教禪坐》、
　《禪的智慧》等等，也都獲得入選。（〈聖嚴師父二十六

本著作入選《誠品報告》暢銷書排行榜〉,《法鼓》,181 期,
2005 年 1 月 1 日,版 6)

十一月,聖嚴法師講解《八識規矩頌》(7CD)有聲書、
隨身經典《八正道講記》由法鼓文化出版。《八正道
講記》為二〇〇三至二〇〇四年於美國東初禪寺開講
之紀錄。

十二月十一日,即起兩日,出席法鼓山美國分會於紐約東
初禪寺舉行之「悅眾成長營」。成長營學員為全美各
地八十位悅眾。

十二月十五日,即日起至十八日,法鼓山應「全球女性和
平促進會」(The Global Peace Initiative of Women)
邀請參加於約旦死海舉行之「中東女性和平會議」
(Women's Partnership for Peace in the Middle East)。
會議共有兩百多位來自世界各國代表出席,法鼓山由
僧團副都監果廣法師,率同果禪、常華兩位法師代表
與會,將法師強調「真正的和平,需從內心和平做起」
觀念,為化解以、巴雙方衝突,提供思考和解決方向。

十二月十八、十九日,第五場「WYPS 臺北論壇青年代表
培訓計畫」於三義 DIY 心靈環保教育中心展開。法師
錄影開示「禪修的方法」、「練習著跟自己相處」、

「獨立自主的人格」、「智慧是什麼」、「自我分析、自我體驗」等禪修觀念與要領。

十二月二十六日，法鼓山基金會假臺灣大學國際會議中心舉辦「歡喜看生死‧人生真善美──談環保自然葬」研討會，期建立正確健康生死觀及推廣環保自然葬法。內政部政務次長李進勇出席致詞，感謝法鼓山對改善喪葬禮俗、推動殯葬改革之努力。聖嚴法師亦發表致詞，由果品法師代為宣讀。法師表示：「自然葬法不僅符合自然環保，也牽涉生活環保和禮儀環保；唯有推行自然灑葬，臺灣才能永續享有美好的環境。」

在未來的社會，「自然葬法」乃是勢在必行的一項工程，除了符合「自然環保」，也牽涉到「心靈環保」、「生活環保」及「禮儀環保」。在本世紀內，世界人口極可能突破百億，死亡的人口如果不回歸大自然、融化於大自然，而是用土葬，或是用火葬後的骨灰存放，逐年逐年、一世紀一世紀的累積，很難想像有限的自然空間，將會受到多大的衝擊。

事實上，希望厚葬、希望往生後的遺體或遺骨，能占有一個特定的空間位置，這樣的觀念並不合時宜。以現代人來說，很少人會記得曾祖父以上的祖先名字叫什麼，除了少數家族清明節還會掃祖墓，多數人已不知道百年以前的祖先遺骨在何處，更何況遺骨終會化成泥土。

即使見不到遺骨所在，依舊可以進行緬懷追思。

二十一世紀的人類文明，應該配合環保的理念，改善傳統的殯葬方式，尤其臺灣是一個島嶼，空間面積不大，卻是世界人口密度最高的地區之一。唯有推行陸地及海洋的自然灑葬，才能讓我們所有的活人及亡者，共同來永續享用我們這個大好的自然環境。（〈「歡喜看生死」研討會致詞：永續享用大好的自然環境〉，《法鼓》，183 期，2005 年 3 月 1 日，版 6；另參見：〈環保自然葬研討會致詞〉，《致詞》，法鼓全集 3 輯 12 冊，法鼓文化，頁 115-116）

十二月二十六日，即日起至翌年元月二日，於紐約象岡道場主持默照禪七。

印尼蘇門答臘外海發生芮氏規模九級強烈地震，引發大海嘯造成逾十萬人罹難。法鼓山立即動員緊急救援系統，進行第一時間救援。

十二月，聖嚴法師講解《無量義經》（10CD）有聲書由法鼓文化出版。

聖嚴法師年譜（第三冊）

Master Sheng Yen's Chronicle in Four Volumes, Vol. III

編著	林其賢
出版	法鼓文化
總監	釋果賢
總編輯	陳重光
編輯小組	郭惠芯・胡琡珮・李金瑛・劉芳杏・胡麗桂
	釋常真・釋演化
封面設計	化外設計
地址	臺北市北投區公館路186號5樓
電話	(02)2893-4646
傳真	(02)2896-0731
網址	http://www.ddc.com.tw
E-mail	market@ddc.com.tw
讀者服務專線	(02)2896-1600
初版一刷	2016年2月
初版三刷	2018年1月
建議售價	新臺幣3000元（全套四冊）
郵撥帳號	50013371
戶名	財團法人法鼓山文教基金會—法鼓文化
北美經銷處	紐約東初禪寺
	Chan Meditation Center (New York, USA)
	Tel: (718)592-6593 Fax: (718)592-0717

法鼓文化

國家圖書館出版品預行編目資料

聖嚴法師年譜 / 林其賢編著 . -- 初版. -- 臺北
市 : 法鼓文化, 2016. 02
　　冊；　公分
　　ISBN 978-957-598-692-6（全套：精裝）

　1. 釋聖嚴　2. 年譜　3. 佛教傳記

229.63　　　　　　　　　　104027091